Stufenweise Wiedereingliederung nach § 28 SGB IX, § 74 SGB V

# Frankfurter Abhandlungen zum Sozialrecht

Herausgegeben von Ingwer Ebsen, Astrid Wallrabenstein
und Ulrich Wenner

Band 11

# PETER LANG

Frankfurt am Main · Berlin · Bern · Bruxelles · New York · Oxford · Wien

## DANKSAGUNG

Die vorliegende Arbeit hat der Juristischen Fakultät der Martin-Luther-Universität Halle-Wittenberg im Frühjahr 2010 als Dissertation vorgelegen. Die mündliche Prüfung fand am 11. Februar 2011 statt. Bis Anfang Januar 2011 veröffentlichte Literatur und Rechtsprechung wurden eingearbeitet.

Herzlicher Dank gilt meinem Doktorvater, Herrn Professor Dr. Wolfhard Kohte, der mir die Promotionsmöglichkeit eröffnet und mich durch seine kritischen Anmerkungen während der Fertigstellung der Arbeit sehr gewinnbringend unterstützt hat.

Ebenso bedanke ich mich bei Frau Professor Dr. Katja Nebe für die sehr schnelle Erstellung des Zweitgutachtens.

Ferner bedanke ich mich bei Herrn Erich Lenk und Herrn Rolf-J. Maier-Lenz von der Bundesarbeitsgemeinschaft für Rehabilitation in Frankfurt am Main, die mir im Jahr 2007 sehr bereitwillig einen Einblick in die von mir benötigten historischen Unterlagen gewährt haben.

Frau Dr. Annett Böhm, Rechtsanwältin und Fachanwältin für Arbeitsrecht in Lübeck, danke ich sehr für die zahlreichen angeregten Diskussionen.

Ganz besonderen Dank schulde ich meinen Eltern, Gerhard und Steffi Anton, die meinen Lebensweg durch ihre Wertvorstellungen und stetige Fürsorge geprägt haben.

Ganz besonderer Dank gilt auch meinem Ehemann, Rechtsanwalt Dr. Olaf Dyck. Er hat durch seine Hartnäckigkeit und vorbehaltlose Unterstützung einen wesentlichen Beitrag zum erfolgreichen Verwirklichen meines Promotionsvorhabens geleistet. Nur durch ihn ließ sich das Vorhaben neben meiner Berufstätigkeit und den Bemühungen um unsere beiden Kinder, Benjamin und Maximilian, realisieren.

Meinen Eltern, meinem Ehemann sowie meinen Kindern möchte ich diese Arbeit widmen.

Frankfurt am Main, Juni 2011                                    Jeannine Anton-Dyck

# INHALTSÜBERSICHT

---

[1] Paragraphen ohne Gesetzesangabe sind solche des SGB IX.

X

# ABKÜRZUNGSVERZEICHNIS

a.A. .................... anderer Ansicht
a.a.O. .................... am angegebenen Ort
abgedr. .................... abgedruckt
Abs. .................... Absatz/Absätze
Abl.EG .................... Amtsblatt der Europäischen Gemeinschaften
a.D. .................... außer Dienst
ADG .................... Antidiskriminierungsgesetz
ADS .................... Arbeitsrechtlicher Diskriminierungsschutz
a.F. .................... alte Fassung
AGG .................... Allgemeines Gleichbehandlungsgesetz
AH .................... Arbeitshilfe
AHB .................... Anschlussheilbehandlung
AiB .................... Fachzeitschrift „Arbeitsrecht im Betrieb"
ALG .................... Arbeitslosengeld
ALV .................... Arbeitslosenversicherung
AmtlMitt .................... Amtliche Mitteilungen
angef. .................... angefügt
Anm. .................... Anmerkung(en)
AnwBl. .................... Anwaltsblatt
AP .................... Arbeitsrechtliche Praxis (= Sammlung arbeitsrechtli-
cher Entscheidungen)
ArbG .................... Arbeitsgericht
ArbGG .................... Arbeitsgerichtsgesetz
ArbKrankhG .................... Arbeiterkrankheitsgesetz
ArbSchG .................... Arbeitsschutzgesetz
ArbStättV .................... Arbeitsstättenverordnung
ArbuR .................... Fachzeitschrift „Arbeit und Recht"
ArbZG .................... Arbeitszeitgesetz
Art. .................... Artikel
ASiG .................... Gesetz über Betriebsärzte, Sicherheitsingenieure und
andere Fachkräfte für Arbeitssicherheit
AT .................... Allgemeiner Teil
AuA .................... Fachzeitschrift „Arbeit und Arbeitsrecht"
Aufl. .................... Auflage
AU-RL .................... Arbeitsunfähigkeits-Richtlinien
AuS-Drs. .................... Drucksachen des Ausschusses für Arbeit und Sozial-
ordnung
Az. .................... Aktenzeichen

BA .................... Bundesagentur für Arbeit
BAG .................... Bundesarbeitsgericht

| | |
|---|---|
| BAGE .................... | Entscheidungen des Bundesarbeitsgerichts |
| BAnz. ......................... | Bundesanzeiger |
| BAR ......................... | Bundesarbeitsgemeinschaft für Rehabilitation |
| BArbl. ......................... | Bundesarbeitsblatt |
| BB ............................. | Fachzeitschrift „Betriebs-Berater" |
| BBiG ......................... | Berufsbildungsgesetz |
| BeamtStG .............. | Beamtenstatusgesetz |
| BBG .................... | Bundesbeamtengesetz |
| BfA ........................... | Bundesversicherungsanstalt für Angestellte |
| BehindR .................... | Fachzeitschrift „Behindertenrecht" |
| BEM ......................... | Betriebliches Eingliederungsmanagement |
| Beschl. v. .................... | Beschluss vom |
| BetrVG ....................... | Betriebsverfassungsgesetz |
| BG ............................. | Fachzeitschrift „Die Berufsgenossenschaft" |
| BGB ........................... | Bürgerliches Gesetzbuch |
| BGBl. ......................... | Bundesgesetzblatt |
| BGG ........................... | Behindertengleichstellungsgesetz |
| BGH ........................... | Bundesgerichtshof |
| BGHZ .................... | Entscheidungssammlung des Bundesgerichtshofes in Zivilsachen |
| BKK ........................... | Fachzeitschrift „Die Betriebskrankenkasse" |
| Bl. ............................. | Blatt/Blätter |
| BMA ........................... | Bundesministerium für Arbeit und Sozialordnung |
| BMV-Ärzte ................ | Bundesmantelvertrag-Ärzte |
| BPersVG .................... | Bundespersonalvertretungsgesetz |
| BRD ........................... | Bundesrepublik Deutschland |
| BR-Drs. ....................... | Bundesrats-Drucksachen |
| BRTV-Bau ................. | Bundesrahmentarifvertrag für das Baugewerbe |
| BSG ........................... | Bundessozialgericht |
| BSGE ......................... | Entscheidungssammlung des Bundessozialgerichts |
| BSG, USK ................. | Urteilssammlung des Bundessozialgerichts für die gesetzliche Krankenversicherung |
| BT .............................. | Bundestag |
| BT-Drs. ....................... | Bundestags-Drucksachen |
| BUrlG ......................... | Bundesurlaubsgesetz |
| BVerfG ................. | Bundesverfassungsgericht |
| BVerfGE .............. | Entscheidungen des Bundesverfassungsgerichts |
| BVerwG ..................... | Bundesverwaltungsgericht |
| BVerwGE .............. | Entscheidungen des Bundesverwaltungsgerichts |
| BVG ........................... | Bundesversorgungsgesetz |
| BV LH ...................... | Bundesvereinigung Lebenshilfe für Menschen mit geistiger Behinderung e.V. |
| bzgl. ........................... | bezüglich |
| bzw. ....................... | beziehungsweise |

| | |
|---|---|
| RehaAnglG | Rehabilitations-Angleichungsgesetz bzw. Gesetz über die Angleichung der Leistungen zur Rehabilitation |
| REHADAT | Informationssystem zur beruflichen Rehabilitation |
| RiA | Zeitschrift für den öffentlichen Dienst „Recht im Amt" |
| RiBAG | Richter am BAG |
| RL | Richtlinie(n) |
| Rs. | Rechtssache(n) |
| RVO | Reichsversicherungsordnung |
| RVT | Rentenversicherungsträger |
| RzK | Loseblattsammlung „Rechtsprechung zum Kündigungsrecht" |
| | |
| S. | Satz/Sätze |
| SAE | Fachzeitschrift „Sammlung Arbeitsrechtlicher Entscheidungen" |
| SchwbG | Schwerbehindertengesetz |
| SG | Sozialgericht |
| SGb | Fachzeitschrift „Die Sozialgerichtsbarkeit" |
| SGB | Sozialgesetzbuch/Sozialgesetzbücher |
| s.o. | siehe oben |
| SozR | Entscheidungssammlung „Sozialrecht" |
| SozV | Fachzeitschrift „Die Sozialversicherung" |
| SP | Fachzeitschrift „Sozialrecht und Praxis" |
| SPD | Sozialdemokratische Partei Deutschlands |
| | |
| Tsd. | Tausend |
| TzBfG | Teilzeit- und Befristungsgesetz |
| | |
| u.a. | unter anderem |
| u.ä. | und ähnliches |
| UN | engl.: United Nations (= Vereinte Nationen) |
| Unterabs. | Unterabsatz |
| Urt. v. | Urteil vom |
| u.U. | unter Umständen |
| | |
| VdAK/AEV | Verband der Angestellten-Krankenkassen/Arbeiter-Ersatzkassen-Verband |
| VDR | Verband Deutscher Rentenversicherungsträger |
| veröff. | veröffentlicht |
| VerwR | Verwaltungsrecht |
| vgl. | vergleiche |
| v.H. | von Hundert |
| Vors. | Vorsitzender |
| VSSR | Vierteljahresschrift für Sozialrecht |

| | |
|---|---|
| WHO | engl.: World Health Organisation (= Weltgesundheits-organisation) |
| WM | Fachzeitschrift "Wertpapier-Mitteilungen" |
| WzS | Fachzeitschrift „Wege zur Sozialversicherung" |
| z.B. | zum Beispiel |
| ZB | Zeitschrift Behinderte Menschen im Beruf |
| ZfA | Zeitschrift für Arbeitsrecht |
| ZFSH/SGB | Zeitschrift für Sozialhilfe und Sozialgesetzbuch |
| Ziff. | Ziffer |
| ZMV | Zeitschrift für die Praxis der Mitarbeitervertretung in den Einrichtungen der katholischen und evangelischen Kirche |
| ZPO | Zivilprozessordnung |
| ZTR | Zeitschrift für Tarif-, Arbeits- und Sozialrecht des öffentlichen Dienstes |

# TEIL 1: VORBETRACHTUNG

*„Obwohl die Norm das Sozialrecht betrifft, greift sie in das arbeitsrechtliche Verhältnis und damit in die Beziehungen des erkrankten Versicherten und seines Arbeitgebers ein, ohne substantiell dieses Verhältnis unter den gegebenen Bedingungen abzuklären."*

Hierbei handelt es sich um ein Zitat des Vizepräsidenten des BSG a.D., Erwin Brocke, aus dem Jahr 1990.[2] Es bezieht sich auf die für das Recht der GKV mit Wirkung zum 01.01.1989 mit nachfolgendem - bis heute unverändertem - Wortlaut in Kraft gesetzte[3] Vorschrift des § 74 SGB V:

*„Können arbeitsunfähige Versicherte nach ärztlicher Feststellung ihre bisherige Tätigkeit teilweise verrichten und können sie durch eine stufenweise Wiederaufnahme ihrer Tätigkeit voraussichtlich besser wieder in das Erwerbsleben eingegliedert werden, soll der Arzt auf der Bescheinigung über die Arbeitsunfähigkeit Art und Umfang der möglichen Tätigkeiten angeben und dabei in geeigneten Fällen die Stellungnahme des Betriebsarztes oder mit Zustimmung der Krankenkasse die Stellungnahme des Medizinischen Dienstes (§ 275) einholen."*

Dieses Zitat ist gerade vor dem Hintergrund der geänderten europarechtlichen Rahmenbedingungen keinesfalls missverständlich[4], passt gleichermaßen - wie in den nachfolgenden Kapiteln ausführlich zu zeigen sein wird - auf den zum 01.07.2001 zusammen mit dem überwiegenden Regelungskomplex des SGB IX in Kraft gesetzten[5] § 28 SGB IX[6] und verdeutlicht zugleich die höchst interessante und daher im Rahmen dieser Arbeit wissenschaftlich detailliert zu untersuchende Vielschichtigkeit des Rechtsinstituts der stufenweisen Wiedereingliederung.

Die Vorschrift des § 28 ist seit deren Inkraftsetzen in enger Anlehnung an den Wortlaut des § 74 SGB V wie folgt gefasst:

*„Können arbeitsunfähige Leistungsberechtigte nach ärztlicher Feststellung ihre bisherige Tätigkeit teilweise verrichten und können sie durch eine stufenweise Wiederaufnahme ihrer Tätigkeit voraussichtlich besser wieder in das Erwerbsleben eingegliedert werden, sollen die medizinischen und die sie ergänzenden Leistungen entsprechend dieser Zielsetzung erbracht werden."*

---

2    Vgl. SGb 1990, 45.
3    BGBl. 1988, Teil I, Seiten 2500, 2596.
4    A.A. v. Hoyningen-Huene, NZA 1992, 49, 50 (dort: Fn. 7), der die Formulierung *„greift in das arbeitsrechtliche Verhältnis ... ein"* als missverständlich bezeichnet.
5    BGBl. 2001, Teil I, Seiten 1046, 1139.
6    Paragraphen ohne Gesetzesangabe sind solche des SGB IX.

Sie zeichnet demnach - wie schon § 74 SGB V - ersichtlich ein Modell der allmählichen und kontinuierlichen Heranführung an die mit dem Arbeitsprozess verbundenen Belastungen nach, ohne jedoch § 74 SGB V 1:1 zu übernehmen.

Die vorliegende Arbeit geht daher im ersten Kapitel unter Berücksichtigung der Gesetzeshistorie, der Systematik und Regelungsgegenstände des SGB, insbesondere derjenigen des SGB V und SGB IX, zunächst der Frage nach dem Verhältnis dieser beiden Vorschriften nach. Darüber hinaus wird an dieser Stelle angesichts der zentralen Bedeutung der §§ 81, 84 für § 28 sowie deren europarechtlich komplexer Verflechtung eine ausführliche Darstellung des Normzusammenhangs von § 28 und §§ 81, 84 vorangestellt. Diese Darstellung schließt u.a. eine Auseinandersetzung mit der Frage ein, inwieweit § 81 auch einen Schutz im Anbahnungsverhältnis bietet. Ferner wird hierbei auf die noch immer umstrittene Reichweite des persönlichen Geltungsbereichs des § 84 Abs. 2 sowie auf die möglichen Rechtsfolgen bei unterlassenem BEM eingegangen. Seinen Abschluss findet das erste Kapitel schließlich mit Ausführungen zum Normzweck des § 28 sowie zur sozialrechtlichen Rechtsnatur der stufenweisen Wiedereingliederung, da hieraus wichtige Indizien für den konkreten Regelungsgehalt der Vorschrift bzw. des Rechtsinstituts gewonnen werden können.

Im zweiten Kapitel setzt sich die vorliegende Arbeit mit den einzelnen Tatbestandsvoraussetzungen des § 28 auseinander. In diesem Rahmen ist zunächst der Begriff der Arbeitsunfähigkeit näher zu beleuchten, da dieser insbesondere für die während der stufenweisen Wiedereingliederung bestehenden sozialrechtlichen Leistungsansprüche relevant ist. Ausgangspunkt ist dabei eine vergleichende Auseinandersetzung mit den Arbeitsunfähigkeitsbegriffen des BSG und des BAG, wobei unter Berücksichtigung aktueller BSG-Rechtsprechung der noch immer geäußerten These entgegen getreten wird, dass die beiden instanzabschließenden Fachgerichte von einem unterschiedlichen Begriffsverständnis ausgehen. Daran anschließend erfolgt eine Betrachtung von Inhalt, Bedeutung sowie Reichweite des Arbeitsunfähigkeitsbegriffs der zum 01.01.2004 in Kraft gesetzten AU-RL i.d.F. vom 01.12.2003.[7] Darauf folgend geht die Verfasserin im Zusammenhang mit dem in § 28 verwendeten Begriff des „Leistungsberechtigten" auf die Problematik ein, inwieweit eine stufenweise Wiedereingliederung auch bei arbeitslosen Versicherten in Betracht kommt oder ob § 28 nicht vielmehr zwingend das Bestehen eines Arbeitsverhältnisses voraussetzt. Abschließend im Zusammenhang mit der Bestimmung der Zielgruppe des § 28

---

[7]  Abgedr. im BAnz. 2004, Nr. 61, 6501 ff.; zuletzt geänd. durch Beschl. v. 19.09.2006 (vgl. BAnz. 2006, Nr. 241, 7356).

wird überdies die Frage erörtert, ob - wie vielfach angenommen -[8] tatsächlich nur Langzeiterkrankte angesprochen sind, so dass die Vorschrift tatbestandlich einer weitergehenden Einschränkung bedarf. Auf der Tatbestandsseite des § 28 ist darüber hinaus klärungsbedürftig, was unter der Wendung „bisherige Tätigkeit" zu verstehen ist, da hiervon abhängt, ob im Rahmen von § 28 die stufenweise Wiedereingliederung auch in einem anderen Betrieb oder gar auf der Basis einer anders gearteten Tätigkeit durchgeführt werden kann. Nachgegangen werden soll in diesem Rahmen außerdem der Frage, inwieweit § 28 auch für Konstellationen greift, in denen von vornherein nicht mit der vollen, sondern lediglich mit teilweiser Wiederherstellung der Arbeitsfähigkeit des Leistungsberechtigten zu rechnen ist.

Die Vorschrift des § 28 ist auf der Rechtsfolgenseite als „Soll-Vorschrift" ausgestaltet, ohne dabei ausdrücklich den angesprochenen Adressatenkreis zu benennen. Es muss daher einerseits erörtert werden, an welche Rechtsträger sich § 28 mit seinem „Handlungs-Soll" richtet. Zum anderen bedarf es einer Auseinandersetzung mit der Frage, welche Bedeutung der Ausgestaltung als „Soll-Vorschrift" zukommt. Zentral ist zudem die Klärung des Streitpunktes, inwieweit § 28 insbesondere vor dem Hintergrund seines arbeits- und vor allem sozialrechtlichen Kontextes sowie der gegebenen europarechtlichen Rahmenbedingungen - insbesondere durch die RL 2000/78/EG vom 27.11.2000[9] - rechtsverpflichtender Charakter zukommt, also ein Anspruch auf stufenweise Wiedereingliederung besteht, mit dem auch eine Teilnahmeverpflichtung seitens des Leistungsberechtigten korrespondiert. All diese Problemkreise werden sowohl in sozialrechtlicher als auch in arbeitsrechtlicher Hinsicht im dritten Kapitel dieser Arbeit erörtert. Hierbei wird u.a. ausführlich auf die grundlegende Entscheidung des BAG vom 13.06.2006 (Az.: 9 AZR 229/05)[10] eingegangen, welche im Einzelnen zum rechtsverpflichtenden Charakter der Vorschrift für den Arbeitgeber in Bezug auf den Personenkreis der schwerbehinderten Arbeitnehmer Stellung bezieht. Ferner wird an dieser Stelle die Rolle des Betriebsrats und der Schwerbehindertenvertretung im Zusammenhang mit der Vorbereitung und Durchführung einer Maßnahme zur stufenweisen Wiedereingliederung erörtert, genauso wie die möglichen Konsequenzen bei Nichtdurchführung einer stufenweisen Wiedereingliederung für den Arbeitgeber.

---

[8]  Dies hat ausdrücklich Ministerialdirektor Wilmerstadt in seinem Vortrag auf der arbeitsmedizinischen Herbsttagung des Verbands deutscher Betriebs- und Werksärzte am 22.10. 2004 „beklagt" (zit. nach Gagel/Schian/Dalitz/Schian, Forum B, Diskussionsbeitrag Nr. 6/ 2004, Seite 1).
[9]  Abl.EG L 303 v. 02.12.2000, Seite 16.
[10]  Abgedr. in NZA 2007, 91 ff.

Das vierte Kapitel der vorliegenden Arbeit befasst sich mit der arbeits-, sozial-rechtlichen, sozialmedizinischen sowie wirtschaftlichen Bedeutung des Rechts-instituts der stufenweisen Wiedereingliederung in der Praxis.

Das Verfahren zur Vorbereitung der stufenweisen Wiedereingliederung in der Praxis wird im fünften Kapitel dargestellt. Hierbei setzt sich die Verfasserin un-ter Berücksichtigung der in den AU-RL i.d.F. vom 01.12.2003[11] enthaltenen „Empfehlungen zur Umsetzung der stufenweisen Wiedereingliederung gem. § 74 SGB V und § 28" insbesondere mit der Bedeutung, Zielrichtung und dem Inhalt der ärztli-chen Untersuchung sowie den möglichen Initiatoren derselben auseinander. In diesem Rahmen wird ferner auf die zentrale Bedeutung des Inhalts der ärztli-chen Feststellung eingegangen, das Rechtsinstitut des Wiedereingliederungs-plans näher beleuchtet sowie die Rolle der möglichen beteiligten Rechtsträger im Zusammenhang mit der Erstellung des Wiedereingliederungsplans verdeut-licht.

Zu den Rechtsbeziehungen, welche während des Vollzugs der stufenweisen Wiedereingliederung zwischen dem Arbeitgeber und dem Leistungsberechtigten bestehen, schweigt sich § 28 genauso wie § 74 SGB V aus. Der Gesetzgeber vertraut diesbezüglich offenbar im Sinne einer größtmöglichen Flexibilität die-ses Rechtsinstituts weiterhin auf die Selbstbestimmung der beteiligten Rechts-träger sowie in Streitfällen auf die ergänzende Gesetzesauslegung durch die Ar-beitsgerichtsbarkeit. Im sechsten Kapitel befasst sich die vorliegende Arbeit da-her zunächst mit der arbeitsrechtlichen Rechtsnatur der stufenweisen Wieder-eingliederung sowie dem Inhalt des Wiedereingliederungsverhältnisses, insbe-sondere den daraus resultierenden Rechten und Pflichten einschließlich der Fra-ge der Haftung im Wiedereingliederungsverhältnis. Ferner werden Ausführun-gen zum Bestehen einer Verpflichtung zum Abschluss eines Wiedereingliede-rungsvertrages, dem Inhalt eines solchen sowie zu etwaig zu beachtenden Form-vorschriften getätigt, bevor ein Vorschlag für die Formulierung eines Wieder-eingliederungsvertrages unterbreitet wird. Abschließend erfolgt in diesem Kapi-tel eine Erörterung des sozialrechtlichen Vollzugs der stufenweisen Wieder-eingliederung in der Praxis unter Berücksichtigung der Rolle der einzelnen am Ver-fahren beteiligten Rechtsträger. Wesentlich dabei sind insbesondere eine regel-mäßige medizinische Kontrolle sowie die Möglichkeit der Anpassung des Wie-dereingliederungsplans an die individuellen Bedürfnisse.

---

[11]  Abgedr. im BAnz. 2004, Nr. 61, Seiten 6501 ff.; zuletzt geänd. durch Beschl. v. 19.09. 2006 (vgl. BAnz. 2006, Nr. 241, Seite 7356).

Die arbeitsrechtliche Rechtsnatur und der Inhalt des Wiedereingliederungsverhältnisses werfen ihrerseits rechtliche Probleme für das dem § 28 zugrunde liegende Sozialversicherungsverhältnis auf. Worin diese im Einzelnen bestehen, ob und wie diese gelöst werden können, wird im siebten Kapitel der vorliegenden Arbeit sowohl für den Zeitraum des Vollzugs der stufenweisen Wiedereingliederung als auch für den Zeitraum nach deren Beendigung näher dargelegt. Insbesondere wird der Frage nachgegangen, wie sich der Vollzug der stufenweisen Wiedereingliederung auf den Status des Leistungsberechtigten in den verschiedenen Zweigen der Sozialversicherung einschließlich der daraus resultierenden Ansprüche auswirkt. In Bezug auf den im SGB III geregelten Zweig der ALV stellt sich insbesondere die Frage nach dem Regelungsinhalt und der Reichweite der §§ 119, 120 SGB III. Im Zusammenhang mit einem möglichen Anspruch auf Übergangsgeld setzt sich die Verfasserin mit dem Regelungsgehalt des § 51 Abs. 5 auseinander, welcher die Weiterzahlung von Übergangsgeld bis zum Ende einer stufenweisen Wiedereingliederung regelt, sofern diese im unmittelbaren Anschluss an Leistungen zur medizinischen Rehabilitation erforderlich ist. Hierbei soll im Rahmen einer Auslegung der als problematisch - weil unbestimmt - erscheinende Begriff der „Unmittelbarkeit" näher konkretisiert werden, mit dem sich zuletzt grundlegend auch das BSG in den Entscheidungen vom 05.02.2009 (Az.: B 13 R 27/08 R)[12] sowie 20.10.2009 (Az.: B 5 R 44/08 R)[13] befasst hat.

Das achte Kapitel dieser Arbeit setzt sich mit praxisrelevanten Fragestellungen zur richtigen Geltendmachung des Anspruchs auf stufenweise Wiedereingliederung im Falle einer Verweigerungshaltung des Arbeitgebers auseinander, wobei u.a. der Frage nach der zutreffenden gerichtlichen Antragstellung nachgegangen wird.

---

[12] Abgedr. in SGb 2009, 217 f. (Kurzwiedergabe).
[13] Abgedr. in BSGE 104, 294 ff.

**TEIL 2:** **ARBEITS-, SOZIALRECHTLICHE SOWIE SOZIALMEDI-ZINISCHE BETRACHTUNG DES RECHTSINSTITUTS DER STU-FENWEISEN WIEDEREINGLIEDERUNG IN THEORIE UND PRAXIS**

## 1. Kapitel: Entstehung und Stellung des § 28 im Normengefüge des SGB

Für ein umfassendes Verständnis des Rechtsinstituts der stufenweisen Wiedereingliederung ist ein vorangestellter Umriss der Entstehungsgeschichte unabdingbar. Gleiches gilt für eine Darstellung der Stellung des § 28 im Normengefüge des SGB, des Normzwecks sowie der sozialrechtlichen Rechtsnatur der stufenweisen Wiedereingliederung. Dem wird mit den Ausführungen im ersten Kapitel Rechnung getragen.

## § 1 Entstehungsgeschichte

### A. Historie des SGB IX als Gesamtwerk

Nachdem es bereits Mitte der 70er Jahre im Zusammenhang mit der Schaffung des RehaAnglG[14] erste Überlegungen gab, ein einheitliches SGB für die Rehabilitation umzusetzen[15], ist als Ergebnis einer fast drei Jahrzehnte währenden Diskussion über das „Ob" und „Wie" eines einheitlichen Rehabilitationsrechts für behinderte Menschen am 01.07.2001 das SGB IX mit dem Titel „Rehabilitation und Teilhabe behinderter Menschen" in Kraft gesetzt worden.[16] Und dies, obwohl das BMA einen ersten „Referentenentwurf eines Sozialgesetzbuchs - Neuntes Buch - Rehabilitation und Eingliederung Behinderter" bereits am 15.11.1993[17] der Öffentlichkeit präsentiert hatte.[18] Dieser Referentenentwurf basierte auf einem „Diskussionsentwurf eines Sozialgesetzbuchs - Neuntes Buch - Rehabilitation und Eingliederung Behinderter" vom 30.06.1993. Eine Umsetzung in der 12. Wahlperiode des BT scheiterte allerdings nicht zuletzt an dem enormen Umfang eines solchen Vorhabens.[19] Erst im September 1995 und damit nahezu ein Jahr nach Beginn der 13. Wahl-

---

[14] Abgedr. in BGBl. 1974, Teil I, Seiten 1881 ff., zuletzt geändert durch Art. 9 und 17 der Gesetze vom 06.04.1998 (vgl. BGBl. 1998, Teil I, Seite 688).

[15] Vgl. PlPr 14/165 (Sitzung vom 06.04.2001), Seite 16114 (rechte Spalte).

[16] Vgl. BGBl. 2001, Teil I, Seiten 1046, 1139.

[17] Die Verfasserin erhielt am 20.09.2007 Gelegenheit, bei der BAR in Frankfurt a.M. Einsicht in den Diskussionsentwurf, Stand: 05.11.1993 zu nehmen. Dieser Entwurf deckt sich nachweislich verschiedener - ebenfalls eingesehener - Stellungnahmen zum Referentenentwurf vom 15.11.1993 im Wesentlichen mit dem Referentenentwurf vom 15.11.1993. Er berücksichtigte lediglich noch nicht die Beratungsergebnisse der letzten Sitzung der Arbeitsgruppe des Beirats für die Rehabilitation Behinderter.

[18] Vgl. Lachwitz/Schellhorn/Welti, SGB IX, Seite 12.

[19] Vgl. Lachwitz/Schellhorn/Welti, SGB IX, Seite 12; Kraus, PlPr 12/235, Seite 20676; Keller, BT-Drs. 12/8074, Seite 8.

periode wurde schließlich das Vorhaben zur Schaffung eines SGB IX wieder aufgegriffen und eine entsprechende Koalitionsarbeitsgruppe unter Leitung des vormaligen Bundesarbeitsministers, Norbert Blüm, sowie des Parlamentarischen Staatssekretärs beim BMA, Rudolf Kraus, eingesetzt.[20] Statt des für Ende 1995 angekündigten Gesetzesentwurfs[21] legte diese Arbeitsgruppe im Frühjahr 1996 lediglich einen „Vorschlag für ein Eckpunktepapier zur Einordnung des Rehabilitations- und Schwerbehindertenrechts ins Sozialgesetzbuch (SGB IX)" vor (Stand: 28.03.1996).[22] Erst unmittelbar nach Beginn der 14. Wahlperiode des Deutschen BT im Herbst 1998 beauftragte die Bundesregierung das BMA mit dem Beginn der Vorarbeiten zur Schaffung eines SGB IX, die am 06.05.1999 in der Vorlage von Diskussionspunkten mündeten.[23] Im Anschluss daran wurde eine 13-köpfige Koalitionsarbeitsgruppe Behindertenpolitik unter Vorsitz des vormaligen Bundesbeauftragten für die Belange der Behinderten, Karl Hermann Haack, eingesetzt, die im September 1999 (Stand: 16.09.1999)[24] einen Entwurf für Eckpunkte zum SGB IX vorstellte, dessen Endfassung schließlich am 28.10.1999 verabschiedet[25] und am 02.12.1999 anlässlich der Bundestagsdebatte zum Weltbehindertentag im BT vorgestellt wurde.[26] Mit diesem Eckpunktepapier war der Grundstein für einen konkreten Gesetzesentwurf gelegt, mit dessen Erarbeitung im Anschluss an die Bundestagsdebatte vom Dezember 1999 wiederum die Koalitionsarbeitsgruppe Behindertenpolitik um Herrn Karl-Hermann Haack betraut wurde. Noch im ersten Quartal des Jahres 2000 kam es zur Vorlage von mehreren Rohentwürfen eines SGB IX, u.a. dem vom 27.01.2000[27], welche zunächst vom BMA in einer Arbeitsgruppe des Beirats für die Rehabilitation der Behinderten beraten wurden. Daraus resultierten unmittelbar Arbeitsentwürfe mit Stand vom 25.04.2000 und 15.05.2000, die am 22.06.2000 in einem ersten Diskussionsentwurf mündeten. Nach Beratung dieses Diskussionsentwurfs im BMA unter Einbeziehung insbesondere von Rehabilitationsträgern, Behindertenverbänden und Verbänden der Freien Wohlfahrtspflege am 10.08.2000 legte die für

---

20  Vgl. Kraus, PlPr 13/88 (Sitzung vom 28.02.1996), Seite 7803 B (Anlage 17).
21  Vgl. Bläss, PlPr 13/169 (Sitzung vom 17.04.1997), Seite 15346 A.
22  Die Verfasserin erhielt am 20.09.2007 Gelegenheit, bei der BAR in Frankfurt a.M. Einsicht in dieses Dokument zu nehmen.
23  Vgl. Fn. 22.
24  Vgl. Fn. 22
25  Vgl. Fn. 22.
26  Vgl. PlPr 14/76, Seiten 6926 ff. sowie Harry Fuchs, in dtv-Textausgabe zum SGB IX (2006), Seite XIX *[Anm.: Harry Fuchs war zur Zeit der Vorbereitung des Gesetzgebungsverfahrens zum SGB IX in der 14. Wahlperiode Berater des Bundesbeauftragten für die Behinderten, Karl Hermann Haack, und als solches an den Diskussions- und Referentenentwürfen im Rahmen eines Beratervertrages mit beteiligt.]*; vgl. auch Lachwitz/Schellhorn/Welti, SGB IX, Seite 13.
27  Vgl. Fn. 22.

Rehabilitationsfragen zuständige Fachabteilung des BMA in enger Abstimmung mit der Koalitionsarbeitsgruppe Behindertenpolitik schließlich am 31.08.2000 einen zweiten Diskussionsentwurf vor, der in einen „Vor-Referentenentwurf eines Sozialgesetzbuchs - Neuntes Buch - (SGB IX) Rehabilitation und Teilhabe behinderter Menschen" vom 27.09.2000 mündete.[28] Letzterem folgten „Referentenentwürfe eines Sozialgesetzbuchs - Neuntes Buch - (SGB IX) Rehabilitation und Teilhabe behinderter Menschen" (Stand: 26.10.2000 sowie 04.12.2000).[29] Den Referentenentwurf vom 04.12.2000 brachten die Fraktionen der SPD und BÜNDNIS 90/DIE GRÜNEN am 16.01.2001 wortgleich[30] als „Entwurf eines Sozialgesetzbuchs - Neuntes Buch - (SGB IX) – Rehabilitation und Teilhabe behinderter Menschen" in den Deutschen BT ein[31], der am 19.06.2001 nach Durchlaufen des Gesetzgebungsverfahrens als SGB IX verkündet und am 22.06.2001 im BGBl. veröffentlicht wurde.[32]

## B. Historie des § 28

Die mit der Mehrheit der Regelungen des SGB IX am 01.07.2001 in Kraft getretene Vorschrift des § 28 wurde vom Gesetzgeber als kostenneutral eingeschätzt[33] und erfüllte damit die Voraussetzungen einer wesentlichen politischen Vorgabe des Gesetzesvorhabens.[34] Die Vorschrift sieht erklärtermaßen[35] für alle Trägerbereiche der medizinischen Rehabilitation die bisher ausdrücklich nur im Recht der GKV in § 74 SGB V vorgesehene Möglichkeit der stufenweisen Wiedereingliederung vor. Im abgelösten RehaAnglG existierte keine dem heutigen § 28 entsprechende Regelung, sondern fanden sich vielmehr ausschließlich allgemeine Regelungen zu Maßnahmen zur Rehabilitation.[36]

---

[28]  Vgl. Fn. 22.
[29]  Vgl. Harry Fuchs, in dtv-Textausgabe zum SGB IX (2008), Seiten XIX - XX; vgl. auch Lachwitz/Schellhorn/Welti, SGB IX, Seiten 13 ff.
[30]  Vgl. Harry Fuchs, in dtv-Textausgabe zum SGB IX (2008), Seite XX.
[31]  Abgedr. in BT-Drs. 14/5074.
[32]  Zum Gesetzgebungsverfahren im Einzelnen: vgl. PlPr 14/144, Seiten 14133 B - 14149 B; BR-Drs. 49/01 vom 26.01.2001; PlPr BR 760, Seiten 99 B - 103 D, BR-Drs. 49/01; BT-Drs. 14/5531, Anlage 2; BT-Drs. 14/5639; AuS-Drs.15/1374 vom 14.03.2001; BT-Drs. 14/1376 vom 15.03.2001; AuS-Drs. 14/1403 vom 27.03.2001; AuS-Drs. 14/1406 vom 27.03.2001; BT-Drs. 14/5786 sowie zusammenfassend Haines, in Dau/Düwell/Haines, Komm. zum SGB IX, Einf., Rdnrn. 17 ff.
[33]  Vgl. BT-Drs. 14/5074, Seiten 132 f., wo im Rahmen der Darstellung der finanziellen Auswirkungen für die Sozialleistungsträger die Vorschrift des § 28 nicht aufgeführt ist.
[34]  Vgl. zu dieser Forderung Kraus, PlPr 13/88 (Sitzung vom 28.02.1996), Seite 7803 B (Anlage 17); Haack, PlPr 13/169 (Sitzung vom 17.04.1997), Seite 15349 A.
[35]  Vgl. BT-Drucks. 14/5074, Seite 107.
[36]  Vgl. BGBl. 1974, Teil I, Seiten 1881 ff., zuletzt geändert durch Art. 9 und 17 der Gesetze vom 06.04.1998 (vgl. BGBl. 1998, Teil I, Seite 688).

Wegen der unglücklichen systematischen Einordnung des § 74 SGB V im Abschnitt über Beziehungen zu Ärzten und Zahnärzten im 10. Titel des SGB V sowie der Begrenztheit des rechtlichen Gehalts der Regelung[37] wurden bereits unmittelbar nach Inkrafttreten des § 74 SGB V erste krankenversicherungsübergreifende Institutionalisierungsbestrebungen des Rechtsinstituts der stufenweisen Wiedereingliederung im Rahmen eines vom BMA im Frühjahr 1989 ins Leben gerufenen Projektvorhabens erkennbar. Dieses Projekt hatte die Prüfung der Möglichkeiten einer Generalisierung verschiedener Modelle zur schrittweisen Arbeitsaufnahme im Bereich der Rehabilitationsträger und der Wirtschaft sowie die Analyse der Effektivität und Effizienz derartiger Maßnahmen zum Gegenstand. Im dahingehenden Forschungsbericht vom Juni 1990 sind dabei als Verbesserungsvorschläge u.a. die Institutionalisierung der stufenweisen Wiedereingliederung über die Regelungen des § 74 SGB V hinaus sowie die Ausweitung des Konzepts der stufenweisen Wiedereingliederung benannt.[38] Im Dezember 1991 schloss sich der VDR für den Bereich der GRV den dahingehenden Bestrebungen an, indem er forderte: „Der Gesetzgeber sollte die Möglichkeit einer stufenweisen Wiedereingliederung auch als Rehabilitationsleistung der gesetzlichen Rentenversicherung vorsehen."[39] Und schließlich schlug die BAR, welche bereits im Jahr 1992 eine Arbeitshilfe zur stufenweisen Eingliederung arbeitsunfähiger Menschen veröffentlicht hatte, im Sommer 1992 im Zusammenhang mit der beabsichtigten Kodifizierung des Behindertenrechts u.a. vor, die stufenweise Wiedereingliederung in den Arbeitsprozess auf eindeutige gesetzliche Grundlagen zu stellen und bei allen in Betracht kommenden Trägergruppen einzuführen. Die Kodifizierung des Behindertenrechts solle nämlich auch insoweit - so die BAR sinngemäß - für eine Verbesserung der trägerübergreifenden Zusammenarbeit in der Rehabilitation genutzt werden. Der auf die stufenweise Wiedereingliederung bezogene Vorschlag der BAR zur Regelung trägerübergreifender Aspekte des Rehabilitationsrechts in einem SGB IX lautete dabei konkret wie folgt: „ ... Die derzeit nur für den Bereich der Krankenversicherung vorgesehene stufenweise Wiedereingliederung Behinderter oder von Behinderung Bedrohter in das Erwerbsleben sollte in allen in Betracht kommenden Trägerbereichen auf eindeutiger gesetzlicher Grundlage ermöglicht und zugleich die entsprechenden Lohnersatzregelungen (z.B. Übergangsgeld, Verletztengeld) getroffen werden."[40] Im „Diskussionsentwurf eines Sozialgesetzbuchs - Neuntes Buch - Rehabilitation und Eingliederung Behinderter" vom 30.06.1993 fand sich zunächst noch

---

[37] Vgl. u.a. Brocke, SGb 1990, 45, 46; Schaaf, SGb 1993, 506, 510; Becker, Seite 58; v. Hoyningen-Huene, NZA 1992, 49, 50; Gitter, ZfA 1995, 123, 128.

[38] Vgl. Faßmann/Oertel, in Forschungsbericht BMA 204 (Gesundheitsforschung), Seiten 195 f.

[39] Vgl. VDR, Bericht der Reha-Kommission des VDR, Seite 87.

[40] Vgl. REHA-INFO der BAR Nr. 5/92 vom 19.08.1992, Seiten 8, 10 sowie Schaaf, SGb 1993, 506, 510.

keine dem heutigen § 28 entsprechende Vorschrift.[41] Aber bereits im Diskussionsentwurf vom 05.11.1993[42] sowie im diesbezüglich inhaltsgleichen Referentenentwurf vom 15.11.1993 war im dritten Kapitel unter den Leistungen zur medizinischen Rehabilitation - nahezu inhaltsgleich mit dem heutigen § 28 - in § 17 b unter der Überschrift „Stufenweise Wiedereingliederung" Folgendes geregelt: „Können arbeitsunfähige Leistungsberechtigte nach ärztlicher Feststellung ihre bisherige Tätigkeit teilweise verrichten und können sie durch eine stufenweise Wiederaufnahme ihrer Tätigkeit voraussichtlich besser wieder in das Erwerbsleben eingegliedert werden, sollen die medizinischen und die sie ergänzenden Leistungen *dieser Zielsetzung Rechnung tragen.*" Der Vorschlag zur Aufnahme einer dahingehenden Regelung stieß dem Grunde nach auf breite Zustimmung, auch wenn bereits hier u.a. Forderungen nach einer Ausdehnung der Regelung auf die Leistungen zur Eingliederung ins Arbeitsleben und nach einer klareren Formulierung hinsichtlich der Finanzierungsseite laut wurden.[43] Der nach den Wahlen zum 13. Deutschen BT vorgelegte „Vorschlag für ein Eckpunktepapier zur Einordnung des Rehabilitations- und Schwerbehindertenrechts ins Sozialgesetzbuch (SGB IX)" vom 28.03.1996[44] enthielt unter Ziff. 12 dann folgende allgemeine Forderung: „Die Möglichkeit der stufenweisen Wiedereingliederung soll für alle Trägerbereiche eröffnet werden." und machte damit deutlich, dass die dahingehenden Institutionalisierungsbestrebungen weiterhin bestanden. Demgemäß wurde das Eckpunktepapier in diesem Punkt auch erneut durchweg positiv aufgenommen. Insbesondere die BAR begrüßte in ihrer Stellungnahme vom 10.04.1996 ausdrücklich die vorgesehene Ausdehnung der Möglichkeit der stu-

---

[41] Das ergibt sich aus dem Zwischenvotum der BAR zum „*Diskussionsentwurf eines Sozialgesetzbuchs - Neuntes Buch - Rehabilitation und Eingliederung Behinderter*" vom 30.06.1993, in welchem auf Bl. 2 Folgendes ausgeführt wird: „*Zu erneuern ist der unberücksichtigt gebliebene Vorschlag der BAR vom 30.06.1992, die stufenweise Wiedereingliederung in den Arbeitsprozeß - als freiwillige Maßnahme zur Förderung der beruflichen Wiedereingliederung - bei allen in Betracht kommenden Trägergruppen einzuführen.*" Die Verfasserin erhielt am 20.09.2007 Gelegenheit, bei der BAR in Frankfurt a.M. Einsicht in dieses Dokument zu nehmen.

[42] Vgl. Fn. 22.

[43] Derartige Forderungen stellte insbesondere der VDR zu § 17 b des Referentenentwurfs vom 15.11.1993 auf. In seiner dahingehenden Stellungnahme, welche die Verfasserin in den Unterlagen der BAR in Frankfurt a.M. am 20.09.2007 eingesehen hat, unterbreitet der VDR konkret folgenden Vorschlag: „*Die Vorschrift sollte auf die Leistungen zur Eingliederung ins Arbeitsleben ausgedehnt und hinsichtlich der Finanzierungsseite klarer gefasst werden.*" Als Begründung führt der VDR dabei wörtlich Folgendes aus: „*Die vorgesehene Bestimmung wird zwar grundsätzlich begrüßt. Doch scheint es unanwendbar, zusätzliche Aussagen zur bislang noch offenen Frage der Barleistung während einer stufenweisen Wiedereingliederung zu treffen. Entsprechend den praktischen Bedürfnissen ist ferner eine Erweiterung der Vorschrift auf die Leistungen zur Eingliederung ins Arbeitsleben (z.B. nach § 27 des Entwurfs) angebracht.*"

[44] Vgl. Fn. 22.

fenweisen Wiedereingliederung in den Arbeitsprozess auf alle Trägerbereiche.[45]
Die beschriebene Institutionalisierungsforderung wurde dann im „Vierten Bericht
der Bundesregierung über die Lage der Behinderten und die Entwicklung der Rehabilitation"
vom 18.12.1997 dahingehend bekräftigt, dass die „Unterstützung der stufenweisen
Wiedereingliederung in allen Trägerbereichen" als ausdrückliche Zielsetzung im Zusammenhang mit der Weiterentwicklung des Rechts zur Eingliederung Behinderter benannt wurde.[46] Die nach der Wahl zum 14. Deutschen BT vorgelegten
neuerlichen Diskussions- bzw. Eckpunktepapiere vom Mai, September und Ok-
tober 1999[47] betonten über die bereits 1996 geäußerten Zielsetzungen hinaus
ausdrücklich die Absicht zur Förderung der Nutzung des Rechtsinstituts der stufenweisen Wiedereingliederung auch durch entsprechende Regelungen. Diese
Absicht stieß dem Grunde nach auf breite Zustimmung, wobei zugleich - wohl
angesichts der Erfahrungen aus den Referentenentwürfen vom November 1993 -
konkrete Umsetzungsanregungen geäußert wurden. So regte der VDR in seiner
Stellungnahme zum Diskussionspunktepapier (Stand: 06.05.1999) vom 01.06.
1999 zur Vermeidung von Kostenverlagerungen an, im Wege von Vereinbarungen klare Abgrenzungen zur Krankenversicherung vorzunehmen. Zudem stellte
der VDR die Forderung auf, dass eine Regelung zur stufenweisen Wiedereingliederung auch konkrete Bestimmungen zu den Barleistungen während dieser
Maßnahmen einschließen müsse, wobei er empfahl, „Übergangsgeld in Ergänzung
einer vorausgehenden Reha - z.B. einer Anschlußgesundungsmaßnahme - im Wege stufenweiser Wiedereingliederung bis zur vollen Arbeitsaufnahme vorzusehen".[48] Die BAR for-

---

[45] Auf Bl. 4 der von der Verfasserin am 20.09.2007 bei der BAR in Frankfurt a.M. eingese-
hehen Stellungnahme der BAR vom 10.04.1996 wird wörtlich Folgendes ausgeführt: „Die
vorgesehene Ausdehnung der Möglichkeit einer stufenweisen Wiedereingliederung in den
Arbeitsprozess auf alle Trägerbereiche wird begrüßt."

[46] Vgl. BT-Drs. 13/9514, Seite 145.

[47] Vgl. insbesondere Abschnitt III, Ziff. 12 des Diskussionspunktepapiers vom 06.05.1999
sowie Ziff. 9 der Eckpunktepapiere vom 16.09.1999 und 28.10.1999. Die Verfasserin erhielt am 20.09.2007 Gelegenheit, bei der BAR in Frankfurt a.M. Einsicht in dieses Dokument zu nehmen.

[48] Auf Bl. 19 der Stellungnahme des VDR vom 01.06.1999, welche die Verfasserin in den
Unterlagen der BAR in Frankfurt a.M. am 20.09.2007 eingesehen hat, führt dieser zu dem
Diskussionspunktepapier des BMA vom 06.05.1999 wörtlich Folgendes aus: „Die Möglichkeit der stufenweisen Wiedereingliederung für alle Trägerbereiche ist zu begrüßen.
Dies entspricht einer langjährigen Forderung der Rentenversicherung, weil die Eingliederung in das Erwerbsleben naturgemäß zu deren Aufgaben gehört. Um Kostenverlagerungen zu vermeiden, wären allerdings im Wege von Vereinbarungen klare Abgrenzungen
zur Krankenversicherung angebracht. Eine Regelung zur stufenweisen Wiedereingliederung muß auch konkrete Bestimmungen zu den Barleistungen während dieser Maßnahmen
einschließen. Das derzeitige Recht sieht die Zahlung einer Barleistung durch die Rentenversicherung losgelöst von einer Hauptleistung nicht vor. Um den Bezug zu einer rehabilitativen Hauptleistung herzustellen, bietet es sich an, Übergangsgeld in Ergänzung einer
vorausgehenden Reha - z.B. einer Anschlußgesundungsmaßnahme - im Wege stufenweiser
Wiedereingliederung bis zur vollen Arbeitsaufnahme vorzusehen (entspr. dem Vorschlag

derte in ihrer auf der 61. Vorstandssitzung am 28.10.1999 beschlossenen Stellungnahme zum Eckpunktepapier (Stand: 16.09.1999) ebenfalls den Einschluss von Barleistungen während der stufenweisen Wiedereingliederung sowie konkret eine Klarstellung dahingehend, dass es sich bei der stufenweisen Wiedereingliederung nicht um Leistungen zur Rehabilitation handelt, um Kostenverlagerungen zwischen den Leistungsträgern zu vermeiden. Zudem erfolgte die Anregung, das Verfahren der stufenweisen Wiedereingliederung auf der Ebene der BAR trägerübergreifend einheitlich zu regeln.[49] In den Roh- und Arbeitsentwürfen zum SGB IX aus dem ersten und zweiten Quartal des Jahres 2000 wurde im dritten Kapitel unter den Leistungen zur medizinischen Rehabilitation in § 19 a eine dem § 17 b des Referentenentwurfs vom 15.11.1993 entsprechende Regelung aufgenommen, ohne jedoch konkrete Bestimmungen zu den Barleistungen während dieser Maßnahme einzuschließen oder Klarstellungen in Bezug auf den Rechtscharakter der Maßnahme zu enthalten.[50] Dementsprechend kritisch fielen dann auch die Stellungnahmen hierzu im Detail aus.[51] Die Vorschrift des § 19 a

---

der Reha-Kommission des VDR, Kommissionsbericht 1991, Teil II, Ziff. 2.10 i.V.m. Teil III, Ziff. 2.1)."

[49] Auf Bl. 7 der von der Verfasserin am 20.09.2007 bei der BAR in Frankfurt a.M. eingesehenen Stellungnahme der BAR vom 16.09.1999 zu dem Eckpunktepapier der Koalitionsarbeitsgruppe Behindertenpolitik wird wörtlich Folgendes ausgeführt: „Die Eröffnung einer stufenweisen Wiedereingliederung in den Arbeitsprozess für alle Trägerbereiche ist zu begrüßen. Klargestellt werden sollte, daß es sich hierbei nicht um Leistungen zur Rehabilitation handelt, um Kostenverlagerungen zwischen den Leistungsträgern zu vermeiden. Eine Regelung zur stufenweisen Wiedereingliederung muss auch konkrete Bestimmungen zu den Barleistungen während dieser Maßnahmen einschließen. Das Verfahren der stufenweisen Wiedereingliederung sollte auf der Ebene der BAR trägerübergreifend einheitlich geregelt werden."

[50] Vgl. Fn. 22.

[51] Auf Bl. 8 der von der Verfasserin am 20.09.2007 bei der BAR in Frankfurt a.M. eingesehenen Stellungnahme der BAR vom 18.02.2000 zum „Rohentwurf 2 eines Sozialgesetzbuchs - Neuntes Buch - (SGB IX) Rehabilitation und Teilhabe behinderter Menschen (Stand: 27.01.2000)" wird wörtlich Folgendes ausgeführt: „Die Vorschrift ist insofern zu begrüßen, als sie nunmehr für alle Rehabilitationsträger die Möglichkeit der stufenweisen Wiedereingliederung eröffnet. Klargestellt werden sollte allerdings, dass es sich hierbei nicht um Leistungen zur Rehabilitation handelt, um Kostenverlagerungen zwischen den Kostenträgern zu vermeiden. Zu bemängeln ist daneben insbesondere, dass die Vorschrift keine konkreten Bestimmungen zu den Barleistungen während dieser Maßnahmen einschließt." Auf Seite 8 der Stellungnahme des Fachverbands Sucht e.V. zum „Arbeitsentwurf eines Sozialgesetzbuchs - Neuntes Buch (Stand: 25.04.2000)", welche die Verfasserin in den Unterlagen der BAR in Frankfurt a.M. am 20.09.2007 eingesehen hat, wird wörtlich Folgendes ausgeführt: „Es wird begrüßt, wenn das Instrument der stufenweisen Wiedereingliederung über den Bereich der gesetzlichen Krankenversicherung (§ 74 SGB V) hinaus auch für die Rentenversicherung als Möglichkeit eröffnet wird. Zielsetzung ist es, Menschen, die auf Grund gesundheitlicher Einschränkungen vorübergehend nicht am Arbeitsleben teilnehmen können, schrittweise wieder an die volle Leistungsfähigkeit heranzuführen. In diesem Zusammenhang müssen auch unterhaltssichernde Leistungen erb-

aus den Roh- und Arbeitsentwürfen fand schließlich inhaltlich unverändert Eingang in die nachfolgenden Diskussionsentwürfe vom Juni und August 2000 sowie in den Vorreferentenentwurf vom 27.09.2000.[52] Erst in den letzten Referentenentwürfen vom Herbst bzw. Anfang Dezember 2000 hat der heutige § 28 sowohl seinen Standort als auch seinen konkreten Wortlaut im SGB IX gefunden. Seit dem hat die Vorschrift jedoch keinerlei Änderung mehr erfahren, insbesondere nicht in den Gesetzentwürfen der Fraktionen der SPD und BÜNDNIS 90/DIE GRÜNEN sowie dem Entwurf der Bundesregierung oder im nachfolgenden Gesetzgebungsverfahren.[53] Auch der Bundesrat äußerte in seiner Stellungnahme keinerlei Änderungsbegehren im Hinblick auf die Regelung zur stufenweisen Wiedereingliederung.[54] Gleichfalls ließ die Beschlussempfehlung des Ausschusses für Arbeit und Sozialordnung den Wortlaut des § 28 unberührt.

## C. Zusammenfassung

Neben den redaktionell bedingten Standortverschiebungen der Vorschrift zur stufenweisen Wiedereingliederung fällt auf, dass praktisch in letzter Minute vor Inkraftsetzen des SGB IX der zweite HS des heutigen § 28 von der Formulierung: „sollen die medizinischen und die sie ergänzenden Leistungen *dieser Zielsetzung Rechnung tragen*" in: „sollen die medizinischen und die sie ergänzenden Leistungen *entsprechend dieser Zielsetzung erbracht werden*" geändert wurde. Keine Umsetzung gefunden hat dabei die zuvor geäußerte Forderung nach konkreten Regelungen zu Barleistungen, insbesondere nach einer Regelung zur Weiterzahlung von Übergangsgeld während einer stufenweisen Wiedereingliederung in Ergänzung zu einer vorausgehenden Rehabilitationsmaßnahme bis zur vollen Arbeitsaufnahme. Letztere wurde vielmehr erst durch die zum 01.05.2004 eingeführte Norm des § 51 Abs. 5 realisiert.[55] Ferner fehlte die ebenfalls geforderte klarstellende Aussage zum mangelnden Charakter der stufenweisen Wiedereingliederung als Leistung i.S. der medizinischen Rehabilitation. Entweder ging der Gesetzgeber

---

racht werden, damit die wirtschaftliche Sicherstellung des Rehabilitanden gewährleistet ist."
[52] Vgl. Fn. 22. In der Begründung zum Vor-Referentenentwurf wird in Bezug auf § 19 a dabei folgende Aussage getroffen: „Die Vorschrift verallgemeinert für alle Trägerbereiche der medizinischen Rehabilitation die bisher ausdrücklich nur in der Krankenversicherung (§ 74 Fünftes Buch Sozialgesetzbuch) vorgesehene Möglichkeit der stufenweisen Wiedereingliederung." Damit deckt sich die Begründung im Wesentlichen mit der Begründung zum Gesetzesentwurf der Fraktionen der SPD und BÜNDNIS 90/DIE GRÜNEN sowie der Bundesregierung.
[53] Vgl. BT-Drs. 14/5074 sowie BR-Drs. 49/01 vom 26.01.2001.
[54] Vgl. PlPr BR 760, Seiten 99 B - 103 D, BR-Drs. 49/01 sowie BT-Drs. 14/5531, Anlage 2, Seite 9.
[55] Vgl. BGBl. 2004, Teil I, Seite 606; im Einzelnen dazu unter Teil 2, 7. Kapitel, § 1, C, II, 1, b, cc, (2).

aufgrund der von ihm gewählten Systematik von der dahingehenden Eindeutigkeit seiner Formulierung des § 28 aus[56] oder er wollte es der Rechtsprechung überlassen, für den Fall des tatsächlichen Auftretens von befürchteten Kostenverlagerungsstreitigkeiten diesbezügliche Klarheit zu schaffen. Anhaltspunkte für die konkrete Intention des Gesetzgebers für sein diesbezügliches Untätigbleiben ließen sich im Zuge der Fertigung dieser Arbeit leider nicht finden.

Gleichwohl kann man zusammenfassend festhalten, dass in Bezug auf den Standort der Vorschrift zur stufenweisen Wiedereingliederung unter den Leistungen zur medizinischen Rehabilitation sowie in Bezug auf den Wortlaut sehr weitgehende Einigkeit bestand. Dies folgt schon daraus, dass - soweit ersichtlich - im Zuge der fast ein Jahrzehnt dauernden Diskussion keine konkreten anderen Formulierungen der Vorschrift in den Raum gestellt worden sind als diejenige, die bereits in den Referentenentwurf vom November 1993 Eingang gefunden hatte und letztlich nahezu wortgleich als heutiger § 28 in Kraft gesetzt wurde. Durch diese Einmütigkeit wurde eine für alle Rehabilitationsträger gleichermaßen geltende gesetzliche Regelung zum Rechtsinstitut der stufenweisen Wiedereingliederung ermöglicht. Andererseits verwundert es, dass trotz der vielfach dahingehenden Forderungen bereits im Zusammenhang mit § 74 SGB V[57] im Gesetzgebungsverfahren zum SGB IX nicht zugleich Stimmen laut geworden sind, das Rechtsinstitut ausdrücklich in Richtung einer arbeitsrechtlichen Anspruchsgrundlage zu formulieren. Dies könnte mit den damit im Detail wiederum verbundenen Problemen zu erklären sein, die in gleicher Weise bereits um die Vorschrift des § 74 SGB V aufgetreten sind. Es ist anzunehmen, dass keiner der Beteiligten unter dem bestehenden politischen Handlungsdruck das bereits über Jahrzehnte geplante Projekt eines SGB IX in der Gesamtheit gefährden wollte, so dass mit der Erstreckung des Rechtsinstituts auf alle Rehabilitationsträger und der Einordnung in das Kapitel 4 des SGB IX „Leistungen zur medizinischen Rehabilitation" ein konsensfähiger Kompromiss gefunden wurde. Hinzu kommt sicherlich der Umstand, dass es sich bei der Vorschrift um eine primär sozialrechtliche Regelung in einem klassisch sozialrechtlichen Umfeld bzw. Regelungswerk handelt, das für klarstellende arbeitsrechtliche Vorschriften nicht gerade prädestiniert erscheint, so dass auch an dieser Stelle ersichtlich eine Verlagerung der Klärung auf die gesetzesauslegende Rechtsprechung der Arbeitsgerichtsbarkeit erfolgt ist.

---

[56] Vgl. hierzu unter Teil 2, 1. Kapitel, § 4.
[57] Vgl. Faßmann/Oertel, in Forschungsbericht BMA 204 (Gesundheitsforschung), Seite 195.

## A. Bedeutung des SGB IX für die Rehabilitation und Teilhabe behinderter Menschen

Das SGB IX als das Recht der Rehabilitation und Teilhabe behinderter Menschen soll in Erfüllung des Entschließungsantrags des Deutschen BT vom 19.05.2000[58] zunächst grundlegend das bereits 1994 in Art. 3 Abs. 3 S. 2 GG aufgenommene Benachteiligungsverbot im Bereich der Sozialpolitik umsetzen, wonach niemand wegen seiner Behinderung benachteiligt werden darf. Dabei hat der Gesetzgeber jedoch nicht nur den Personenkreis der behinderten Menschen im Auge, sondern vielmehr soll zugleich der Schutz und die Förderung der von Behinderung bedrohten Menschen weiterentwickelt werden. Demgemäß bestimmt § 1 S. 1: „Behinderte oder von Behinderung bedrohte Menschen erhalten Leistungen nach diesem Buch und den für die Rehabilitationsträger geltenden Leistungsgesetzen, um ihre Selbstbestimmung und gleichberechtigte Teilhabe in der Gesellschaft zu fördern, Benachteiligungen zu vermeiden oder ihnen entgegen zu wirken." D.h. es soll die Selbstbestimmung und gleichberechtigte Teilhabe behinderter und von Behinderung bedrohter Menschen am Leben in der Gesellschaft insgesamt, aber auch speziell am Arbeitsleben gefördert und zugleich weiterentwickelt werden.[59] Weitere explizit benannte Ziele sind: Bürgernähe und verbesserte Effizienz der Sozialleistungen zur Teilhabe auf der Grundlage gemeinsamen Rechts (z.B. Errichtung gemeinsamer Servicestellen; Einführung eines neuen Verfahrens zur Klärung der Zuständigkeit etc.) sowie Anerkennung und Gleichbehandlung der Gebärdensprache im Sozialrecht.[60] Diese Zielsetzungen sollen durch ein zusammengefasstes und zugleich durch verschiedene Maßnahmen fortentwickeltes Rehabilitations- und Schwerbehindertenrecht erreicht werden. Hierbei bestimmt § 4 Abs. 1 grundlegend, dass die Leistungen zur Teilhabe die notwendigen Sozialleistungen umfassen, und zwar unabhängig von der Ursache der Behinderung, um die Behinderung oder Einschränkungen der Erwerbsfähigkeit oder Pflegebedürftigkeit abzuwenden, zu beseitigen, zu mindern, ihre Verschlimmerung zu verhüten oder ihre Folgen zu mildern, den vorzeitigen Bezug anderer Sozialleistungen zu vermeiden oder laufende Sozialleistungen zu mindern (Nrn. 1 und 2), die Teilhabe am Arbeitsleben entsprechend den Neigungen und Fähigkeiten

---

[58] Vgl. BR-Drs. 49/01, Seite 276. In diesem einstimmig angenommenen Entschließungsantrag wurde die *„Integration von Menschen mit Behinderung als eine dringliche politische und gesellschaftliche Aufgabe"* bekräftigt und eine Gesetzgebung gefordert, *„die den Anspruch von Menschen mit Behinderung auf Unterstützung und Solidarität als Teil selbstverständlicher und universeller Bürgerrechte erfüllt."*

[59] Vgl. BT-Drs. 14/5531, Seite 1.

[60] Vgl. BT-Drs. 14/5531, Seite 1.

dauerhaft zu sichern (Nr. 3) oder die persönliche Entwicklung ganzheitlich zu fördern und die Teilhabe am Leben in der Gesellschaft sowie eine möglichst selbständige und selbstbestimmte Lebensführung zu ermöglichen oder zu erleichtern (Nr. 4). Das SGB IX stellt sich damit insgesamt als zusammengefasstes Regelungswerk des Rechts der behinderten und von Behinderung bedrohten Menschen dar, auch wenn es keinen neuen Sozialleistungszweig schafft, sondern sich in das gegliederte System der sozialen Sicherung einordnet.

## B.   Rechtscharakter des SGB IX im Vergleich zum SGB V

Die Einbindung des SGB IX in das SGB bedeutet zum einen, dass die übrigen Teile, insbesondere das SGB I (AT) und das SGB X (Sozialverwaltungsverfahren und Sozialdatenschutz), soweit nicht ausdrücklich etwas anderes bestimmt ist, auch für das SGB IX gelten. Dies sind u.a. die Regelungen über die Leistungsträger (§§ 12, 18 ff. SGB I), die Aufklärung, Beratung und Auskunft (§§ 13 ff. SGB I), die Bestimmungen über einen bürgerfreundlichen Leistungszugang und das Sozialgeheimnis (§ 35 SGB I, §§ 67 ff. SGB X) sowie die Regelungen über die Mitwirkungspflichten (§§ 60 ff. SGB I) und das Verwaltungsverfahren nach SGB X. Demzufolge hat sich an der Zuständigkeit der einzelnen Sozialleistungsträger für die Leistungen für behinderte und von Behinderung bedrohte Menschen durch das SGB IX grundsätzlich nichts geändert. Dem SGB IX kommt vielmehr in erster Linie eine Koordinierungsfunktion dahingehend zu, die Leistungen für behinderte und von Behinderung bedrohte Menschen auf das gegliederte System der sozialen Sicherung anzupassen. Hierzu hat der Gesetzgeber insbesondere zwei Regelungsinstrumente zur Verfügung gestellt: (1) die Koordinations-, Kooperations- und Zuständigkeitsregelungen der §§ 10 ff., einschließlich des Instrumentariums der gemeinsamen Servicestellen nach §§ 22 ff. sowie (2) die Regelung in § 7, welche Folgendes festlegt: *„Die Vorschriften dieses Buches gelten für die Leistungen zur Teilhabe, soweit sich aus den für den jeweiligen Rehabilitationsträger geltenden Leistungsgesetzen nichts Abweichendes ergibt. Die Zuständigkeit und die Voraussetzungen für die Leistungen zur Teilhabe richten sich nach den für den jeweiligen Rehabilitationsträger geltenden Leistungsgesetzen."* Aus der Vorbehaltsregelung des § 7 S. 1 wird zugleich deutlich, dass es sich bei dem SGB IX - wenn man mal von den integrierten Regelungen des Schwerbehindertenrechts absieht - anders als beispielsweise beim SGB V nicht um ein Leistungsgesetz, sondern um ein Gesetz von eher allgemeinem Charakter handelt.[61] Aufgrund des Vorbehalts bleiben also die speziellen Regelungen der Rehabilitationsträger, also u.a. auch die des SGB V, weiterhin vorrangig gegenüber denjenigen des SGB IX.

---

[61] Kohte, in ZSR Sonderheft 2005, 7, 24 f. spricht vom SGB IX plastisch als *„sozialrechtliches Querschnittsgesetz"*.

Das SGB IX fasst demzufolge gem. § 7 S. 2 die Leistungsvoraussetzungen weder zusammen noch gestaltet es sie neu. Vielmehr muss in jedem Fall geprüft werden, ob die im SGB IX aufgefundene Norm auch in einem Leistungsgesetz für anwendbar erklärt wurde.

## C. Normzusammenhang von § 28 und 74 SGB V

Vor dem Hintergrund dieser grundsätzlichen Erwägungen ist im Nachfolgenden auch das Verhältnis des § 28 zu § 74 SGB V zu betrachten:
Die im Teil 1 der vorliegenden Arbeit vorgenommene Wortlautgegenüberstellung der beiden Vorschriften erweckt nach nahezu identischer Formulierung des ersten HS[62] den Eindruck, dass ihre Rechtsfolgenanordnungen gänzlich unterschiedlich sind. Dieser Eindruck wird dadurch erweckt, dass im Rahmen des § 74 SGB V scheinbar die Ausstellung einer ärztlichen Arbeitsunfähigkeitsbescheinigung, welche Auskunft über Art und Umfang der möglichen Tätigkeiten gibt, als Rechtsfolge benannt ist. Demgegenüber ordnet § 28 als Rechtsfolge an, dass die medizinischen und die sie ergänzenden Leistungen entsprechend der Zielsetzung der stufenweisen Wiedereingliederung erbracht werden sollen. Bei genauer Betrachtung jedoch stellt sich die scheinbare Rechtsfolge des § 74 SGB V als wesentliche Voraussetzung für den Vollzug der stufenweisen Wiedereingliederung dar, welche bei § 28 nicht explizit benannt wird. Denn ohne eine ärztliche Bescheinigung, welche Auskunft über Art und Umfang der stufenweisen Wiedereingliederung gibt, fehlt regelmäßig die Grundlage für eine dem Gesundheitszustand entsprechende Durchführung einer stufenweisen Wiedereingliederung. Hinzu kommt, dass ungeachtet des Streitpunktes bzgl. der unglücklichen systematischen Einordnung des § 74 im SGB V[63] seit je her Einigkeit darüber bestand, dass der rechtliche Gehalt der Regelung insbesondere hinsichtlich der Rechtsfolgen sehr begrenzt ist und eine Reihe von Fragen offen lässt.[64] Demzufolge stellt sich einzig die Frage, inwieweit die „Vollzugs"-Voraussetzung „Ausstellung einer ärztlichen Arbeitsunfähigkeitsbescheinigung nach ggf. erfolgter Einholung einer Stellungnahme des Betriebsarztes oder des Medizinischen Dienstes der Krankenkasse" des § 74 SGB V auch im Rahmen des § 28 Beachtung finden muss. Schon unter Berücksichtigung des beschriebenen Verhältnisses des SGB IX zum Leistungsgesetz des SGB V ergibt sich, dass die im 2. HS statuierte Voraussetzung auch im Rahmen des § 28 Relevanz besitzt, so dass der dahingehende Wortlautunterschied ohne jede praktische Rele-

---

[62]  Ausnahme: In § 28 ist nicht vom „Versicherten", sondern vom „Leistungsberechtigten" die Rede.
[63]  Vgl. u.a. Brocke, SGb 1990, 45, 46; Schaaf, SGb 1993, 506, 510; Becker, Seite 58.
[64]  Vgl. u.a. v. Hoyningen-Huene, NZA 1992, 49, 50; Gitter, ZfA 1995, 123, 128.

vanz bleibt.[65] Denn § 28 und § 74 SGB V sind derart untrennbar miteinander verknüpft, dass § 74 SGB V die Vorschrift des § 28 um diese fehlenden Hinweise ergänzt. Das folgt konkret aus der Vorbehaltsregelung des § 7 S. 1. Diese Vorschrift bestimmt allgemein („Die Vorschriften dieses Buches ..."), dass die Regelungen des SGB IX nur gelten, soweit sich aus den jeweiligen Leistungsgesetzen (etwa dem SGB V) nichts Abweichendes ergibt.[66] Unabhängig von der Frage, ob es sich bei der stufenweisen Wiedereingliederung um eine eigenständige Leistung der medizinischen Rehabilitation i.S. des § 26 handelt[67] und damit um eine Leistung zur Teilhabe i.S. der §§ 4, 5, stellt § 28 demzufolge eine trägerübergreifende, unmittelbar anwendbare Norm dar, wobei jedoch etwaig abweichende Regelungen in den jeweiligen Leistungsgesetzen, insbesondere in § 74 SGB V, zu beachten sind. Das bedeutet zwangsläufig zugleich, dass sämtliche Regelungsinhalte der im Leistungsgesetz auffindbaren Norm (§ 74 SGB V) auch für die im SGB IX auffindbare entsprechende Norm (§ 28) gelten. Das so erzielte Ergebnis entspricht auch dem gesetzgeberischen Willen, wonach mit § 28 in Anlehnung an § 74 SGB V eine trägerübergreifende Regelung zur stufenweisen Wiedereingliederung eingeführt werden sollte.

Zusammenfassend lässt sich also festhalten, dass die Vorschrift des § 28 untrennbar mit der krankenversicherungsrechtlichen Norm des § 74 SGB V verknüpft ist und demzufolge nur im Zusammenhang mit dieser Vorschrift gelesen werden kann und darf.

### D. Normzusammenhang von § 28 und §§ 81, 84

Der in § 81 Abs. 4 S. 1 Nr. 1 geregelte spezielle Beschäftigungsanspruch ist - wie später noch ausführlich zu zeigen sein wird -[68] für die stufenweise Wiedereingliederung von zentraler Bedeutung. Denn dieser kommt als Anspruchsgrundlage für eine Beschäftigung mit dem Ziel einer Wiedereingliederung in Betracht. Die Vorschrift des § 84 Abs. 2 stellt sich - wie später ebenfalls noch zu zeigen sein wird -[69] als verfahrensrechtliche Konkretisierung der materiellen Verpflichtung aus § 81 Abs. 4 dar und ist damit gleichfalls von grundsätzlicher Bedeutung für § 28, § 74 SGB V. Angesichts dessen und wegen der Komplexität der europarechtlich verflochtenen §§ 81, 84 soll deren Regelungsgehalt samt des europarechtlichen Kontextes bereits an dieser Stelle der Arbeit grundsätzlich

---

[65] So i.E. auch Schimanski, in GK-SGB IX, § 28 Rdnr. 5 sowie Grüner, in Wiegand, Komm. zum SGB IX, § 28 Rdnr. 4, beide allerdings ohne Begründung.

[66] Vgl. hierzu Löschau, in GK-SGB IX, § 7 Rdnrn. 5, 8, 13.

[67] Hierzu unter Teil 2, 1. Kapitel, § 4.

[68] Vgl. unter Teil 2, 3. Kapitel, § 2, C, III, 1, b, bb, 2, a.

[69] Vgl. unter Teil 2, 1. Kapitel, § 2, D, II, 4.

dargestellt werden, bevor jeweils im entsprechenden Sachzusammenhang, u.a. bei der Frage der Mitwirkungsverpflichtung des Arbeitgebers an einer Maßnahme zur stufenweisen Wiedereingliederung, deren konkrete Bedeutung für die Auslegung der § 28, § 74 SGB V erörtert wird.

## I. Verhältnis zu § 81

### 1. Europarechtlicher Kontext der Vorschrift

#### a) Einführung

Die Vorschrift des § 81 ist - wie auch § 28 - gemeinsam mit dem überwiegenden Regelungskomplex des SGB IX am 01.07.2001 in Kraft getreten[70], wobei § 81 Abs. 1, 3 und 4 im Wesentlichen der insoweit abgelösten Vorschrift des § 14 SchwbG entsprechen.[71] Mit § 81 Abs. 2 sollte nach dem gesetzgeberischen Willen[72] das in der „Richtlinie zur Festlegung eines allgemeinen Rahmens für die Verwirklichung der Gleichbehandlung in Beschäftigung und Beruf" vom 27.11.2000 (nachfolgend: RL 2000/78/EG)[73] verankerte Verbot der Diskriminierung wegen einer Behinderung in das deutsche Recht umgesetzt werden. Der sachliche Anwendungsbereich der RL 2000/78/EG erstreckt sich nach deren Art. 3 Abs. 1 Ziff. a, c insbesondere auf die Bedingungen für den Zugang zu unselbstständiger und selbstständiger Erwerbstätigkeit - einschließlich der Auswahlkriterien und Einstellungsbedingungen - sowie auf die Beschäftigungs- und Arbeitsbedingungen einschließlich der Entlassungsbedingungen. Gem. Art. 2 RL 2000/78/EG sind unmittelbare und mittelbare Diskriminierungen sowie Belästigungen zu bekämpfen. Der im Zusammenhang mit § 81 und § 28 besonders interessierende Art. 5 RL 2000/78/EG legt dabei fest, dass zur Gewährleistung der Anwendung des Gleichbehandlungsgrundsatzes auf Menschen mit Behinderung angemessene Vorkehrungen durch den Arbeitgeber zu treffen sind. Da die RL 2000/78/EG unter dem in Art. 5 verwendeten Begriff des Gleichbehandlungsgrundsatzes das Verbot unmittelbarer und mittelbarer Diskriminierung verstanden wissen will (vgl. Art. 2 Abs. 1 der RL), ist ersichtliche Zielrichtung dieser Vorschrift demzufolge der Schutz von Menschen mit Behinderung vor unmittelbaren und mittelbaren Benachteiligungen.[74]

---

[70] BGBl. 2001, Teil I, Seiten 1046, 1070 f., 1139.
[71] I.d.F. v. 26.08.1986 (BGBl. 1986, Teil I, Seiten 1421, 1550), zuletzt geändert durch Art. 20 des Gesetzes vom 20.12.2000 (BGBl. 2000, Teil I, Seite 1827), aufgehoben durch Art. 63 des Gesetzes vom 19.06.2001 (BGBl. 2001, Teil I, Seiten 1046, 1138).
[72] Vgl. BT-Drs. 14/5074, Seiten 92, 113 (linke Spalte).
[73] Abgedr. in Abl.EG L 303 vom 02.12.2000, Seiten 16 ff.
[74] So auch Leder, in „Das Diskriminierungsverbot wegen einer Behinderung", Seite 236.

## b)  Persönlicher Geltungsbereich des Art. 5 RL 2000/78/EG

In den Schutz des Art. 5 gelangen wegen des in Art. 3 Abs. 1 Ziff. a der RL auf
den Zugang zur Erwerbstätigkeit erstreckten Geltungsbereichs ersichtlich nicht
lediglich Personen, die bereits den Arbeitnehmerstatus innehaben, sondern auch
Bewerber und Bewerberinnen um einen Arbeitsplatz. Hingegen sind Menschen,
welche die Begriffsmerkmale einer Behinderung i.S. der RL 2000/78/EG nicht
erfüllen, vom persönlichen Anwendungsbereich derselben ausgenommen. Den
Begriff der Behinderung definiert dabei aber weder Art. 5 noch eine andere Vorschrift der RL und verweist dafür auch nicht auf das Recht der Mitgliedstaaten.
Daher ist der Begriff wegen des nach Art. 234 Abs. 3 EGV bestehenden „Ent-
scheidungsmonopols" des EuGH hinsichtlich der letztverbindlichen Auslegung
des gesamten Gemeinschaftsrechts und des Nichtvorliegens eines eine Abweichung rechtfertigenden Ausnahmetatbestandes einheitlich und autonom zu definieren.[75] Eine solche Definition hat der EuGH in der „Navas"- Entscheidung
vom 11.07.2006 (Az.: C-13/05) entwickelt.[76] Er hat sich dabei maßgeblich am
Regelungszweck der RL 2000/78/EG, nämlich der Schaffung eines allgemeinen
Rahmens zur Bekämpfung von Diskriminierungen in Beschäftigung und Beruf,
orientiert. Danach ist der Begriff der Behinderung so zu verstehen, „dass er eine
Einschränkung erfasst, die insbesondere auf physische, geistige oder psychische Beeinträchtigungen zurückzuführen ist und die ein Hindernis für die Teilhabe des Betreffenden im Berufsleben bildet". Nach Ansicht des EuGH sind daher vom Begriff der Behinderung
Fälle erfasst, in denen die Teilhabe am Berufsleben über einen langen Zeitraum
eingeschränkt ist, wobei jedoch eine Krankheit allein nicht mit dem Begriff der
Behinderung gleichzusetzen ist. D.h. eine Person, der von ihrem Arbeitgeber
ausschließlich wegen Krankheit gekündigt worden ist, wird nicht von dem durch
die RL 2000/78/EG zur Bekämpfung der Diskriminierung wegen einer Behinderung geschaffenen allgemeinen Rahmen erfasst. Nur wenn die Krankheit eine
Behinderung im vom EuGH definierten Sinne darstellt, ist der Schutzbereich
dieser RL tangiert.[77]

Zu berücksichtigen ist in diesem Zusammenhang ferner, dass nicht alle Arbeitnehmer, die behindert i.S. der geschilderten Rechtsprechung des EuGH und damit i.S. der RL 2000/78/EG sind, auch automatisch den Schutz der RL
2000/78/EG genießen. Denn ein zusätzliches Erfordernis im Hinblick auf die
Eröffnung des persönlichen Schutzbereichs ist stets die objektive Eignung des
Betreffenden in Bezug auf die konkret in Frage stehende Arbeitsstelle. Dies

---

[75]  Vgl. hierzu EuGH, Urt. v. 11.07.2006 - Rs. C-13/05 (Navas) -, NZA 2006, 839 m.w.N.
      Kohte, ZSR Sonderheft 2005, 7, 12; einschränkend: Domröse, NZA 2006, 1320.
[76]  Abgedr. in NZA 2006, 839 ff.
[77]  So auch Kraushaar, in Nägele, EG-ArbR, Seiten 101 f.

folgt zum einen unmittelbar aus Nr. 17 der Erlasserwägungen zur RL, welche klarstellt, dass „unbeschadet der Verpflichtung, für Menschen mit Behinderung angemessene Vorkehrungen zu treffen, nicht die Einstellung, der berufliche Aufstieg, die Weiterbeschäftigung oder die Teilnahme an Aus- und Weiterbildungsmaßnahmen einer Person vorgeschrieben [wird], wenn diese Person für die Erfuellung der wesentlichen Funktionen des Arbeitsplatzes oder zur Absolvierung einer bestimmten Ausbildung nicht kompetent, fähig oder verfügbar ist.". Deutlich wird dieses Erfordernis zum anderen auch durch die Rechtsprechung des EuGH zur Geschlechterdiskriminierung nach der Gleichbehandlungsrichtlinie, wonach ein unmittelbarer Verstoß gegen den Gleichbehandlungsgrundsatz vorliegt, wenn ein Arbeitgeber es ablehnt, mit einer von ihm für geeignet befundenen Bewerberin einen Arbeitsvertrag abzuschließen.[78] Hinzu kommt die Rechtsprechung des BAG zu § 611a BGB im Zusammenhang mit dem Fragerecht des Arbeitgebers nach einer Schwangerschaft vor einer Einstellung, wonach die grundsätzlich unzulässige Fragestellung ausnahmsweise nur dann legitim ist, wenn sie objektiv dem gesundheitlichen Schutz der Bewerberin und des ungeborenen Kindes dient.[79]

Ausgehend vom Erfordernis der objektiven Eignung für den in Aussicht genommenen Arbeitsplatz verlangt Art. 5 RL 2000/78/EG bei formeller Betrachtung offensichtlich die Vornahme sämtlicher Vorkehrungen als angemessene Maßnahmen, welche die Vergleichbarkeit zwischen behinderten Menschen und ihren nicht behinderten Arbeitskollegen im Hinblick auf die wesentlichen Arbeitsplatzfunktionen herstellen. Denn andernfalls ist die in Art. 5 erklärte Zielsetzung, die Gewährleistung der Anwendung des Gleichbehandlungsgrundsatzes auf Menschen mit Behinderung, nicht nachvollziehbar. Eine derartige Vergleichbarkeit ist ihrerseits unabdingbar für die Anwendbarkeit des formellen Gleichheitssatzes und damit des allgemeinen Diskriminierungsschutzes. Demzufolge erweitern angemessene Vorkehrungen den Kreis der durch die allgemeinen Diskriminierungsverbote geschützten Arbeitnehmer auf solche Menschen, die andernfalls mangels formeller Vergleichbarkeit nicht von ihnen erfasst würden. Daraus folgt zugleich, dass ein behinderter Mensch, der zur Ausübung der in Frage stehenden Position objektiv nicht in der Lage ist, dennoch in den Anwendungsbereich der RL 2000/78/EG einzubeziehen ist, wenn die fehlende Eignung durch das Bereitstellen angemessener, nicht mit unverhältnismäßigen Belastungen verbundener Vorkehrungen überwunden werden kann.[80] Ein solches

---

[78]   Vgl. EuGH, Urt. v. 08.11.1990 - Rs. 177/88 (Dekker) -, EuGHE I 1990, 3941-3977, Rdnr. 14; ABl EG 1990, Nr. C 304, 12; NJW 1991, 628 f.; NZA 1991, 171 ff.

[79]   Vgl. BAG, Urt. v. 15.10.1992 (Az.: 2 AZR 227/92), NJW 1993, 1154, 1155; Urt. v. 01.07.1993 (Az.: 2 AZR 25/93), NJW 1994, 148 f.

[80]   So auch Leder, „Das Diskriminierungsverbot wegen einer Behinderung", Seite 236; vgl. zudem Thüsing, ZfA 2001, 397, 405; ders./Wege, FA 2003, 296, 298.

Verständnis von der Reichweite des Art. 5 bedeutet zugleich, dass Anspruch auf die Vornahme einer angemessenen Vorkehrung nur diejenigen haben, die aufgrund einer Behinderung gerade nicht vergleichbar mit einem dritten Beschäftigten sind, aber durch die Vornahme der Maßnahme vergleichbar werden. Hierdurch unterscheidet sich Art. 5 der RL zugleich wesentlich von den allgemeinen Diskriminierungstatbeständen des Art. 2 der RL 2000/78/EG, die gerade voraussetzen, dass ein im Übrigen in allen tätigkeitsrelevanten Punkten vergleichbarer Beschäftigter allein wegen einer Behinderung benachteiligt wird.[81]

## c) Sachlicher Geltungsbereich des Art. 5 RL 2000/78/EG

### aa) Treffen angemessener Vorkehrungen durch den Arbeitgeber

Nach Nr. 16 der Erlasserwägungen zur RL 2000/78/EG spielen Maßnahmen, die darauf abstellen, den Bedürfnissen von Menschen mit Behinderung am Arbeitsplatz Rechnung zu tragen, eine wichtige Rolle bei der Bekämpfung von Diskriminierungen wegen einer Behinderung. Vor dem Hintergrund dieses erklärten Willens der Richtliniengeber versteht Art. 5 S. 2 der RL im Sinne des herkömmlichen Verhältnismäßigkeitsgrundsatzes unter „angemessenen Vorkehrungen" dabei alle geeigneten und im konkreten Fall erforderlichen Maßnahmen, die den Menschen mit Behinderung den Zugang zur Beschäftigung, die Ausübung eines Berufes, den beruflichen Aufstieg und die Teilnahme an Aus- und Weiterbildungsmaßnahmen gewährleisten, sofern diese den Arbeitgeber nicht unverhältnismäßig belasten.[82]

Nr. 20 der Erlasserwägungen zur RL konkretisiert den Begriff der Geeignetheit dabei wie folgt: „Es sollten geeignete Maßnahmen vorgesehen werden, d.h. wirksame und praktikable Maßnahmen, um den Arbeitsplatz der Behinderung entsprechend einzurichten, z.B. durch eine entsprechende Gestaltung der Räumlichkeiten oder eine Anpassung des Arbeitsgeräts, des Arbeitsrhythmus, der Aufgabenverteilung oder des Angebots an Ausbildungs-

---

[81] Vgl. Leder, „Das Diskriminierungsverbot wegen einer Behinderung", Seite 246.
[82] Das „Gesetz zu dem Übereinkommen der Vereinten Nationen vom 13. Dezember 2006 über die Rechte von Menschen mit Behinderungen sowie zu dem Fakultativprotokoll vom 13. Dezember 2006 zum Übereinkommen der Vereinten Nationen über die Rechte von Menschen mit Behinderungen" vom 21.12.2008 (vgl. BGBl. 2008, Teil II, Seiten 1419 ff.), mit dem für Deutschland die UN-Konvention über die Rechte von Menschen mit Behinderungen und ihr Fakultativprotokoll für verbindlich erklärt werden, definiert das Begriffspaar „angemessene Vorkehrungen" in Art. 2 Abs. 4 allgemein wie folgt: „notwendige und geeignete Änderungen und Anpassungen, die keine unverhältnismäßige oder unbillige Belastung darstellen und die, wenn sie in einem bestimmten Fall erforderlich sind, vorgenommen werden, um zu gewährleisten, dass Menschen mit Behinderungen gleichberechtigt mit anderen alle Menschenrechte und Grundfreiheiten genießen oder ausüben können".

und Einarbeitungsmaßnahmen." Die Frage, wie weit die dahingehende Verpflichtung des Arbeitgebers im Einzelnen geht, lässt sich aber auch anhand dieser Legaldefinition schwerlich beantworten. Hierzu bedarf es vielmehr u.a. einer näheren „Beleuchtung" der in der Definition implizierten Begriffsgruppe der „wirksamen und praktikablen Maßnahmen". Unter Berücksichtigung der beschriebenen Ziel- bzw. Zwecksetzung von Art. 5 der RL[83], kann dabei zunächst folgende erste Konkretisierung vorgenommen werden: Geschuldet werden nur solche Vorkehrungen, welche in Bezug auf die wesentlichen Arbeitsplatzfunktionen in der Lage sind, die formelle Vergleichbarkeit des Betreffenden herzustellen, nicht hingegen solche, welche sich lediglich auf sonstige und damit unwesentliche Arbeitsplatzfunktionen beziehen. Letztere sind also seitens des Arbeitgebers nicht vorzunehmen. Was „wesentliche Arbeitsplatzfunktionen" i.d.S. sind, wird in der RL 2000/78/EG zwar nicht gesagt. Insbesondere bei rechtsvergleichender Betrachtung und unter Berücksichtigung des natürlichen Sprachgebrauchs kann man darunter jedoch alle Arbeitsplatzfunktionen fassen, welche nach der verständigen Arbeitgebereinschätzung unter Beachtung der Umstände des Einzelfalles (Größe des Unternehmens, Anzahl der zur Verfügung stehenden Arbeitnehmer) unverzichtbar für die Ausübung des Arbeitspostens sind, deren Hinwegdenken den Arbeitsposten also fundamental verändern würde.[84] Aus der Tatsache, dass der durch Art. 5 geschützte Personenkreis dazu befähigt werden soll, die im Anforderungsprofil eines konkreten Arbeitsplatzes zum Ausdruck kommenden „wesentlichen Arbeitsplatzfunktionen" auszuüben, folgt zugleich die zweite Konkretisierungsmöglichkeit hinsichtlich des Begriffspaares „wirksame und praktikable Maßnahmen". Denn hierdurch wird deutlich, dass die von Art. 5 intendierten Maßnahmen gerade nicht zum Ziel haben, das vom Arbeitgeber im Rahmen seiner Unternehmerfreiheit vorgegebene Anforderungsprofil des konkreten Arbeitspostens zu modifizieren. Das bedeutet zugleich, dass der Arbeitgeber nicht dazu verpflichtet werden kann, auf eine wesentliche Arbeitsplatzfunktion zu verzichten. Andererseits darf er jedoch auch nicht freiwillig auf die Ausübung einer solchen Funktion verzichten, sofern er ebenso gut ihre Ausübung dem betreffenden behinderten Menschen durch die Vornahme einer angemessenen Vorkehrung ermöglichen könnte.[85] Da angemessene Vorkehrungen nach dem persönlichen Geltungsbereich des Art. 5 zudem nur zugunsten von behinderten, nicht aber zugunsten aller übrigen Beschäftigten vorzunehmen sind, sind die auf die Überwindung der fehlenden Vergleichbarkeit abzielenden Maßnahmen drittens auf die Beseitigung von behinderungsspezifischen Barrie-

---

[83]  Hierzu bereits unter Teil 2, 1. Kapitel, § 2, D, I, 1, a.
[84]  Vgl. hierzu unter Berücksichtigung der amerikanischen Rechtslage Leder, „Das Diskriminierungsverbot wegen einer Behinderung", Seiten 93 f.
[85]  Vgl. hierzu Leder, „Das Diskriminierungsverbot wegen einer Behinderung", Seite 254.

ren beschränkt. Demzufolge sind Hindernisse, welche für alle Beschäftigten unabhängig von einer Behinderung bestehen, nicht vom sachlichen Geltungsbereich des Art. 5 erfasst. Denn auch ein behinderter Beschäftigter kann letztere ungeachtet seiner konkreten Behinderung grundsätzlich überwinden.

Eine Legaldefinition des Begriffs der Erforderlichkeit findet sich in der RL 2000/78/EG nicht. Mit diesem Erfordernis soll nach Auffassung der Verfasserin angesichts der bereits enormen Reichweite des Begriffs der „Geeignetheit" unter Berücksichtigung der Zielsetzung des Art. 5 auch lediglich ergänzend zum Ausdruck kommen, dass für die Beurteilung der Notwendigkeit und des Umfangs einer entsprechenden Maßnahme - orientiert an Effektivitätsgrundsätzen zur Beseitigung behinderungsspezifischer Beschäftigungshindernisse - die Umstände des Einzelfalles maßgeblich sind.[86]

**bb) „Unverhältnismäßige Arbeitgeberbelastung" als einschränkendes Merkmal**

Ausgenommen sein von der in Art. 5 statuierten Verpflichtung sollen nur Maßnahmen, welche den Arbeitgeber unverhältnismäßig belasten, wobei Art. 5 der RL eine solche unverhältnismäßige Belastung beispielhaft für den Fall verneint, dass durch geltende Maßnahmen im Rahmen der Behindertenpolitik des Mitgliedstaates eine ausreichende Kompensation gegeben ist. D.h. bei der stets zu treffenden Abwägungsentscheidung zur Verhältnismäßigkeit einer Belastung sind staatliche Ausgleichsleistungen, selbst wenn diese „nur" in steuerlichen Vergünstigungen bestehen, einzubeziehen.[87] Darüber hinaus legt Nr. 21 der Erlasserwägungen zur RL fest, dass bei der Prüfung der Frage, ob die konkret in Aussicht genommenen Maßnahmen zu übermäßigen Belastungen führen, insbesondere der mit ihnen verbundene finanzielle und sonstige Aufwand sowie die Größe, die finanziellen Ressourcen und der Gesamtumsatz der Organisation oder des Unternehmens und die Verfügbarkeit von öffentlichen Mitteln oder anderen Unterstützungsmöglichkeiten berücksichtigt werden sollten.[88] Die weitere Grenzziehung in Bezug auf die Verhältnismäßigkeit ist hingegen ungleich schwierig. Nicht außer acht bleiben sollten vor dem Hintergrund der beschriebenen Zwecksetzung des Art. 5 jedoch der GdB sowie Art und Umfang des Einflusses auf andere Arbeitnehmer.[89] Letzteres insbesondere auch deshalb, weil

---

[86] So auch Leder, „Das Diskriminierungsverbot wegen einer Behinderung", Seite 250.
[87] Vgl. hierzu Thüsing, ZfA 2001, 397, 403; Schiek, NZA 2004, 873, 875; Fuchs/Marhold, EU-AR, Seite 113.
[88] Vgl. hierzu auch Schiek, NZA 2004, 873, 875; Fuchs/Marhold, EU-AR, Seite 113.
[89] So auch Thüsing, ZfA 2001, 397, 403; Fuchs/Marhold, EU-AR, Seite 113; vgl. zudem Wisskirchen, AGG, Seite 28.

man unter Berücksichtigung der im 20. Erwägungsgrund der RL beispielhaft angeführten Maßnahmen den Wortlaut des Art. 5 dahingehend interpretieren muss, dass er auch Interessen dritter Beschäftigter Rechnung tragen möchte. Denn insoweit benennt der Beispielskatalog möglicher Vorkehrungen u.a. die Anpassung des Arbeitsrhythmus oder der Aufgabenverteilung an die Bedürfnisse des behinderten Arbeitnehmers. Ein solches Erfordernis kann denknotwendig nicht ohne Einfluss auf andere Arbeitnehmer des Beschäftigungsbereichs bleiben, weil für den Fall, dass ein behinderter Beschäftigter zur Erledigung zwar nicht wesentlicher, aber dennoch auszufüllender Arbeitsplatzfunktionen nicht in der Lage ist, dieses „Defizit" regelmäßig von anderen Arbeitnehmern des Bereichs ausgeglichen werden muss.[90]

**cc) Beispiele für angemessene Maßnahmen**

Anerkannte Beispiele für angemessene Maßnahmen - vorbehaltlich der Verhältnismäßigkeit im Einzelfall - sind Computer mit Braille-Tastatur und -Drucker bzw. Voice-Funktion für einen blinden Mitarbeiter, Rampen und Fahrstühle, die gehbehinderten Beschäftigten den Zugang ermöglichen, aber auch der persönliche Assistent für Mehrfachbehinderte.[91] Da sich die Reichweite des Art. 5 zugleich auch auf den „Zugang zur Beschäftigung" erstreckt und zudem Fallkonstellationen erfasst, in denen die fehlende Eignung durch das Bereitstellen angemessener Vorkehrungen überwunden werden kann[92], ist nach Auffassung der Verfasserin auch die nachfolgende Fallkonstellation vom sachlichen Geltungsbereich erfasst: Ist etwa das Heben von 10 kg schweren Kisten zzgl. Ware von weiteren 10 kg eine wesentliche Voraussetzung des konkret in Frage stehenden Arbeitspostens, so kann das Gewähren einer Tragehilfe, die Anschaffung von Kisten mit weniger Gewicht bzw. das Verteilen des Gewichts auf mehrere Kisten eine angemessene Vorkehrung sowohl zugunsten eines wegen eines Rückenleidens behinderten Bewerbers als auch eines wegen eines Rückenleidens behinderten bereits tätigen Arbeitnehmers darstellen.[93]

---

[90]  Vgl. ausführlich Leder, „Das Diskriminierungsverbot wegen einer Behinderung", Seite 265; ders., LAGE Nr. 2 zu § 81 SGB IX, Seite 8. Für die Berücksichtigung der Interessen anderer Arbeitnehmer spricht sich auch Thüsing, in ZfA 2001, 397, 403 aus, allerdings ohne Begründung.

[91]  Praktische Beispiele für Maßnahmen zur Herstellung von Barrierefreiheit finden sich bei Moritz, ZFSH/SGB 2002, 204, 211 f.

[92]  Siehe unter Teil 2, 1. Kapitel, § 2, D, I, 1, b.

[93]  Ein ähnliches Beispiel findet sich bei Leder, „Das Diskriminierungsverbot wegen einer Behinderung", Seite 254.

## d) Nichtvornahme angemessener Vorkehrungen als eine Form der Diskriminierung

Zwingende Folge der beschriebenen Zielsetzung des Art. 5 - dem Schutz von Menschen mit Behinderung vor unmittelbaren und mittelbaren Benachteiligungen - ist, dass in der Nichtvornahme angemessener Vorkehrungen zugleich eine Art Diskriminierung gegenüber diesem Personenkreis liegt.[94] Denn die Verpflichtung zum Treffen angemessener Vorkehrungen ist damit untrennbarer Bestandteil der allgemeinen Diskriminierungsverbote, so dass es keinen Unterschied macht, ob ein Arbeitgeber ein Benachteiligungsverbot nach Art. 2 RL 2000/78/EG direkt verletzt oder indirekt dadurch, dass er es unterlässt, angemessene Vorkehrungen vorzunehmen und damit seine tatsächliche Anwendung ausschließt. Bestätigt wird die so gezogene Konsequenz durch einen Blick auf den Kommissionsentwurf zu den Gleichbehandlungsrichtlinien, der neben der unmittelbaren und mittelbaren Diskriminierung sowie der Belästigung noch das Erfordernis der Vornahme angemessener Vorkehrungen als Diskriminierungsform aufzählte.[95] Das „Gesetz zu dem Übereinkommen der Vereinten Nationen vom 13. Dezember 2006 über die Rechte von Menschen mit Behinderungen sowie zu dem Fakultativprotokoll vom 13. Dezember 2006 zum Übereinkommen der Vereinten Nationen über die Rechte von Menschen mit Behinderungen" vom 21.12.2008[96], mit dem für Deutschland die UN-Konvention über die Rechte von Menschen mit Behinderungen und ihr Fakultativprotokoll für verbindlich erklärt werden und das am 26.03.2009 in Kraft getreten ist, statuiert dies für Deutschland nun ausdrücklich. Denn nach dessen Art. 2 Abs. 3 umfasst der Begriff der Diskriminierung „alle Formen der Diskriminierung, einschließlich der Versagung angemessener Vorkehrungen".[97]

Demzufolge liegt im unter Teil 2, 1. Kapitel, § 2, D, I, 1, c, cc beschriebenen letzten Beispiel eine unzulässige Diskriminierung i.S. der RL 2000/78/EG vor, wenn der betreffende Arbeitgeber bei der Wahl zwischen einem Beschäftigten, der die 20 kg schweren Kisten von vornherein zu tragen vermag und einem Beschäftigten, der dazu erst nach Vornahme der so beschriebenen angemessenen Vorkehrungen in der Lage ist, allein wegen dieses Umstandes ersteren bevorzugt. Denn insoweit sind beide Beschäftigten vergleichbar.

---

[94] So ausdrücklich auch Schiek, NZA 2004, 873, 881 und Kohte, jurisPR-ArbR 47/2005, Anm. 1, C; vgl. zudem Thüsing, NZA 2001, 1061, 1063; Schaub, NZA 2003, 299, 300; Brors, DB 2003, 1734, 1735 f. sowie Schneider-Sievers, FS für Wissmann, 588, 594. Leder weist in „Das Diskriminierungsverbot wegen einer Behinderung", Seiten 240 ff. überzeugend nach, dass es sich um eine Diskriminierung „sui generis" handelt.

[95] Vgl. Art. 2 der Entwurfsfassung, KOM (1999) 565 endg., Seite 20; zit. nach Leder, „Das Diskriminierungsverbot wegen einer Behinderung", Seite 240.

[96] Vgl. BGBl. 2008, Teil II, Seiten 1419 ff.

[97] Vgl. BGBl. 2008, Teil II, Seiten 1419, 1423 f.

## 2. Regelungsgehalt des § 81

### a) Einführung

An den beschriebenen europarechtlichen Anforderungen muss sich der Regelungsgehalt von § 81 messen lassen. Denn die Umsetzung der RL 2000/78/EG ist für jeden Mitgliedstaat hinsichtlich des zu erreichenden Ziels verbindlich, auch wenn den innerstaatlichen Organen nach Art. 249 Abs. 3 und 4, Art. 10 EGV[98] die Wahl der Form und der Mittel überlassen bleibt. Die Erlasserwägung Nr. 28 zur RL 2000/78/EG und Art. 8 derselben stellen dabei allgemein klar, dass die RL Mindestanforderungen festlegt und es den Mitgliedstaaten somit freisteht, günstigere Vorschriften einzuführen oder beizubehalten, die Umsetzung der RL aber nicht eine Absenkung des in den Mitgliedstaaten bereits bestehenden Schutzniveaus rechtfertigen darf. Ob § 81 diesen Anforderungen gerecht wird, ist im Rahmen der Darstellung des sachlichen und persönlichen Regelungsgehalts im Einzelnen zu erörtern, wobei aus systematischen Gründen zunächst der sachliche Regelungsgehalt beleuchtet wird.

### b) Sachlicher Geltungsbereich

In Abs. 1 des § 81 werden dem Arbeitgeber insbesondere Prüfpflichten bezüglich der Beschäftigung von schwerbehinderten Menschen auf freien und frei werdenden Arbeitsplätzen auferlegt. Abs. 2 enthält in S. 1 ein ausdrückliches Benachteiligungsverbot, das auch nach Inkrafttreten des AGG fortgilt.[99] § 81 Abs. 2 S. 2 ist zeitgleich mit dem Inkrafttreten des AGG durch Art. 3 Abs. 10 des „Gesetzes zur Umsetzung europäischer Richtlinien zur Verwirklichung des Grundsatzes der Gleichbehandlung" dahingehend geändert worden, dass bezüglich der Einzelheiten des Benachteiligungsverbots auf die Regelungen des AGG verwiesen wird.[100] I.d.F. bis 17.08.2006[101] enthielt § 81 Abs. 2 S. 2 eine umfangreiche Regelung über den Schutz schwerbehinderter Beschäftigter vor Benachteiligungen bei Maßnahmen des Arbeitgebers, insbesondere bei der Begründung des Arbeits- oder sonstigen Beschäftigungsverhältnisses, beim beruflichen Aufstieg, bei einer Weisung oder einer Kündigung. Die Abs. 3 bis 5 sind durch das In-

---

[98]  Gesetz vom 07.02.1992 (Abl.EG Nr. C 340/1), zuletzt geändert durch EU-Beitrittsakte 2003 vom 16.04.2003 (Abl.EG Nr. L 236/33); abgedr. in Winkel, Europäisches WirtschaftsR, Band 1.

[99]  So ausdrücklich Düwell, BB 2006, 1741 und Biester, in jurisPR-ArbR 35/2006, Anm. 6, A, I, 1, d; vgl. auch Wisskirchen, AGG, Seite 28.

[100]  Vgl. BGBl. 2006, Teil I, Seiten 1897, 1909; abgedr. in NJW 2006, Beilage zu Heft 36, 3 ff.

[101]  Vgl. Fn. 4.

kraftsetzen des AGG unverändert geblieben. § 81 Abs. 3 gleicht dabei der bereits unter § 14 Abs. 3 SchwbG enthaltenen Regelung. Darin wird der Arbeitgeber angehalten, wenigstens so viele Arbeitsplätze behindertengerecht herzurichten, wie er gehalten ist, Behinderte nach der Quotenregelung des § 71 Abs. 1 einzustellen. Die Abs. 4 und 5 beschreiben konkret arbeitsplatzbezogene Pflichten des Arbeitgebers, mit denen konkrete Rechtsansprüche des schwerbehinderten Menschen korrespondieren. Auch wenn der im Zusammenhang mit § 28 besonders bedeutsame § 81 Abs. 4 keineswegs zur Umsetzung des Art. 5 RL 2000/78/EG „erschaffen" wurde[102], erinnern die darin statuierten materiellen Verpflichtungen stark an die in Art. 5 der RL geregelte Verpflichtung zum Treffen angemessener Vorkehrungen. Denn nach § 81 Abs. 4 S. 1 Nr. 1 hat der Arbeitgeber die Verpflichtung, schwerbehinderte Menschen so zu beschäftigen, dass diese ihre Fähigkeiten und Kenntnisse möglichst voll verwerten und weiterentwickeln können. Nach § 81 Abs. 4 S. 1 Nr. 2 genießt der schwerbehinderte Mensch eine bevorzugte Berücksichtigung bei innerbetrieblichen Aus- und Fortbildungsmaßnahmen, was nach § 81 Abs. 4 S. 1 Nr. 3 in zumutbarem Umfang auch für außerbetriebliche Maßnahmen der Weiter- und Fortbildung gilt. D.h. der Arbeitgeber ist verpflichtet, dem schwerbehinderten Menschen durch geeignete Maßnahmen die Teilnahme an außerbetrieblichen Fortbildungen zu ermöglichen und zu erleichtern. Dies kann z.B. durch eine besondere Arbeitszeitgestaltung, Hilfe bei der An- und Abreise sowie durch eine Unterstützung bei besonderen Unterbringungserfordernissen geschehen.[103] § 81 Abs. 4 S. 1 Nr. 4 verpflichtet den Arbeitgeber, die betriebliche Arbeitsstätte inklusive des Arbeitsplatzes, des Arbeitsumfeldes und der Arbeitsorganisation unter besonderer Berücksichtigung der Unfallgefahr behindertengerecht auszustatten. Hierzu gehören anerkanntermaßen neben der Einrichtung von behindertengerechten Parkplätzen und Sanitäranlagen auch Regelungen zur Dauer und Lage der Arbeitszeit (Lärm, Nässe, Hitze, Kälte und Staub).[104] Darüber hinaus ist der Arbeitsplatz individuell mit den erforderlichen technischen Hilfsmitteln auszustatten, die dem schwerbehinderten Menschen die Tätigkeit trotz seiner Behinderung überhaupt erst ermöglichen oder erleichtern. Dazu gehören etwa spezielle Sehhilfen, Hebe- und Drehvorrichtungen, Arbeitsstühle, Einrichtungen zur Verringerung des Kraftaufwandes etc. Nicht dazu gehören Hilfsmittel, die der allgemeinen Minderung oder Beseitigung der aus Körperschäden stammenden Erwerbsmin-

---

[102] Vgl. oben unter Teil 2, 1. Kapitel, § 2, D, I, 1, a.

[103] Vgl. Rolfs/Paschke, BB 2002, 1260, 1263 und Schröder, in Hauck/Noftz, Komm. zum SGB IX, § 81 Rdnr. 37.

[104] Rolfs/Paschke, BB 2002, 1260, 1263; Schröder, in Hauck/Noftz, Komm. zum SGB IX, § 81 Rdnr. 38 m.w. Bsp.; Kossens, in Kossens/von der Heide/Maß, Komm. zum SGB IX, § 81 Rdnr. 53.

derung dienen, wie Körperersatzstücke (Prothesen etc.).[105] Auch besteht kein Anspruch auf einen bestimmten Arbeitsplatz oder auf die Einrichtung eines zusätzlichen Arbeitsplatzes.[106]

Gem. § 81 Abs. 4 S. 3 stehen die in § 81 Abs. 4 S. 1 normierten Ansprüche - ähnlich der Regelung in Art. 5 der RL 2000/78/EG - unter dem Vorbehalt der Zumutbarkeit und Verhältnismäßigkeit. D.h. danach bestehen die Ansprüche immer dann nicht, soweit ihre Erfüllung für den Arbeitgeber nicht zumutbar oder mit unverhältnismäßigen Aufwendungen verbunden wäre oder soweit die staatlichen oder berufsgenossenschaftlichen Arbeitsschutzvorschriften oder beamtenrechtliche Vorschriften entgegenstehen. In der einschlägigen arbeitsrechtlichen Rechtsprechung und Literatur werden als Beispiele für eine Unzumutbarkeit dabei benannt:

- unverhältnismäßige Kosten für den Arbeitgeber, trotz der möglichen finanziellen Unterstützung durch das Arbeits- und Integrationsamt aus Mitteln der Ausgleichsabgabe oder
- die Maßnahme ist nur unter der Gefahr des Verlusts anderer Arbeitsplätze durchführbar oder führt zu unzumutbaren Belastungen anderer Arbeitnehmer des Unternehmens.[107]

Außerdem haben schwerbehinderte Menschen nach § 81 Abs. 5 einen Teilzeitanspruch, der gleichfalls unter dem Vorbehalt der Zumutbarkeit und Verhältnismäßigkeit steht.[108]

Das in den § 81 Abs. 2 i.V.m. §§ 7, 12, 15, 22 AGG enthaltene materielle Schutzniveau entspricht im Wesentlichen der zuvor in § 81 Abs. 2 S. 2 Nrn. 1 - 5 i.d.F. bis 17.08.2006 enthaltenen - dahingehend richtlinienkonformen - Regelung und ist auch so auszulegen, da sich ein gesetzgeberischer Wille zur Senkung dieses Schutzniveaus aus der Gesetzesbegründung zum AGG nicht entnehmen lässt.[109] In sachlicher Hinsicht sind zudem die Regelungen in § 81 Abs. 1, 3 - 5, durch welche Art. 5 RL 2000/78/EG eine partielle Entsprechung gefun-

---

[105] Vgl. Rolfs/Paschke, BB 2002, 1260, 1263; Neumann, in Neumann/Pahlen/Majerski-Pahlen, Komm. zum SGB IX, § 81 Rdnr. 40.

[106] LAG Rheinland-Pfalz, Urt. v. 09.02.2004 (Az.: 7 Sa 1099/03), LAGE Nr. 2 zu § 81 SGB IX mit Anm. Leder; Kossens, in Kossens/von der Heide/Maß, Komm. zum SGB IX, § 81 Rdnr. 56.

[107] Vgl. LAG Schleswig-Holstein, Urt. v. 23.10.2001 (Az.: 3 Sa 393/01), LAGReport 2002, 29; Rolfs/Paschke, BB 2002, 1260, 1263; Schröder, in Hauck/Noftz, Komm. zum SGB IX, § 81 Rdnr. 41; Rolfs, in ErfK, § 81 SGB IX Rdnr. 14 f.; Wisskirchen, AGG, Seite 28.

[108] Ausführlich hierzu unter Teil 2, 2. Kapitel, § 3, B, II.

[109] Vgl. Welti, Forum A, Diskussionsbeitrag Nr. 9/2006, Seite 6.

den hat[110], mit Art. 5 RL 2000/78 EG vereinbar.[111] Denn sie enthalten einen umfassenden Katalog an Maßnahmen zur besonderen beruflichen Förderung schwerbehinderter Menschen und zur behindertengerechten Ausgestaltung des Arbeitsplatzes.[112] Die so in § 81 beschriebenen Verpflichtungen der einzelnen Arbeitgeber sind auch verhältnismäßig i.S. des Art. 5 S. 2 und Art. 3 RL 2000/78/EG, da ihnen erhebliche Maßnahmen der Behindertenpolitik gegenüberstehen, nämlich die Möglichkeit der Arbeitgeber, begleitende Hilfen im Arbeitsleben durch das Integrationsamt gem. § 102 Abs. 3 Nr. 2 in Anspruch zu nehmen oder Leistungen der Rehabilitationsträger zur Teilhabe am Arbeitsleben gem. § 34 zu erhalten.[113] Unter Berücksichtigung der Vorgaben des Art. 5 S. 2 der RL 2000/78/EG ist jedoch § 81 Abs. 4 S. 3 richtlinienkonform dahingehend auszulegen, dass dem Gesichtspunkt der Zumutbarkeit keine eigenständige Bedeutung zukommt, sondern sich die Unzumutbarkeit allein am Maßstab der unverhältnismäßigen Arbeitgeberbelastung zu orientieren hat.[114]

### c) Persönlicher Geltungsbereich

### aa) Beschränkung auf schwerbehinderte Menschen

§ 81 gilt auch nach dem Inkrafttreten des AGG ausweislich seines Wortlauts, des amtlichen Klammerzusatzes zum 2. Teil des SGB IX (= Schwerbehindertenrecht) sowie nach dem expliziten Willen des Gesetzgebers[115] ausschließlich für „schwerbehinderte Menschen" bzw. über § 68 Abs. 1 für diesen gleichgestellte behinderte Menschen. Wer als schwerbehinderter oder einem solchen gleichgestellter Mensch anzusehen ist, wird in § 2 Abs. 2 und 3 legaldefiniert. Danach reicht für die Geltung der Regelung des § 81 nicht jede Behinderung i.S. des § 2 Abs. 1 aus. Vielmehr ist ein bestimmter GdB (wenigstens 50 bzw. 30) erforderlich. Zudem wird zusätzlich gefordert, dass der Betroffene seinen Wohnsitz, seinen gewöhnlichen Aufenthalt oder seine Beschäftigung auf einem Arbeitsplatz

---

[110] So auch Schneider-Sievers, FS für Wissmann, 588, 595. Thüsing, ADS, Rdnr. 408 geht davon aus, dass § 81 Abs. 4 die Entsprechung zu Art. 5 ist, in FA 2003, 296, 298 bezieht er - gemeinsam mit Wege - zusätzlich Abs. 3 mit in die Betrachtung ein. Welti geht in Forum A, Diskussionsbeitrag Nr. 9/2006, Seite 6 hingegen sehr weitgehend davon aus, dass die in Art. 5 RL 2000/78/EG enthaltene Pflicht durch den gesamten Regelungskomplex der §§ 80 - 100 sowie §§ 122 - 131 umgesetzt wird. Der Gesetzgeber äußert sich hierzu nicht in der Gesetzesbegründung.

[111] Das in Art. 5 RL 2000/78/EG aufgeführte Merkmal „Zugang zur Beschäftigung" wird unter dem Blickwinkel des persönlichen Regelungsgehalts betrachtet.

[112] So auch Schneider-Sievers, FS für Wissmann; Thüsing, ADS, Rdnr. 408 und Welti, Forum A, Diskussionsbeitrag Nr. 9/2006, Seite 6.

[113] So auch Welti, Forum A, Diskussionsbeitrag Nr. 9/2006, Seite 6.

[114] So auch Leder, LAGE Nr. 2 zu § 81 SGB IX, Seite 12.

[115] Vgl. BT-Drs. 14/5074, Seiten 92, 112 (linke Spalte).

rechtmäßig in der BRD hat. Da der Gesetzgeber in Kenntnis der genauen Differenzierung zwischen dem Begriff der Behinderung nach § 2 Abs. 1 und dem der Schwerbehinderung nach § 2 Abs. 2, 3 den gesamten Normenkomplex des 2. Teils des SGB IX eindeutig lediglich auf schwerbehinderte Menschen beschränkt hat, bleibt unter Berücksichtigung des in der „Navas"-Entscheidung des EuGH vom 11.07.2006[116] entwickelten Behindertenbegriffs sowie nach den im deutschen Recht anerkannten Grundsätzen zur Gesetzesauslegung[117] kein Raum für eine vom Wortlaut abweichende - gemeinschaftsrechts- bzw. richtlinienkonforme - weitere Auslegung. Insoweit sprechen sowohl die grammatikalische als auch die systematische Auslegung eindeutig dagegen.[118] Dem hat sich das BAG in der Entscheidung vom 03.04.2007 (Az.: 9 AZR 823/06) nunmehr ausdrücklich angeschlossen.[119] Die gegenteilige Auffassung[120], welche sich für die Möglichkeit einer richtlinienkonformen Auslegung ausspricht, ist vor diesem Hintergrund abzulehnen. Denn diese Auffassung verkennt eindeutig die Reichweite des Rechtsinstituts einer gemeinschaftsrechts- bzw. richtlinienkonformen Auslegung.[121] Dabei ist zu berücksichtigen, dass das Gebot zur gemeinschaftsrechtskonformen Auslegung nur innerhalb der Grenzen richterlicher Gesetzesauslegung gilt. Letztere wiederum werden bestimmt durch die allgemeinen Auslegungsregeln. Demzufolge gilt nichts anderes als für die verfassungskonforme Auslegung. Lassen der Wortlaut, die Entstehungsgeschichte, der Gesamtzusammenhang und Sinn und Zweck des Gesetzes mehrere Deutungen zu, von denen jedenfalls eine zu einem verfassungsgemäßen bzw. gemeinschaftsrechtskon-

---

[116] Abgedr. in NZA 2006, 839 ff.

[117] Vgl. hierzu allgemein Brox, BGB AT, § 3 Ziff. II m.w.N.

[118] So ausdrücklich ebenso Thüsing/Wege, FA 2003, 296, 297: „eine europarechtskonforme Gesetzesbeugung ist unzulässig"; ders./Wege, NZA 2006, 136: „eine Erweiterung des Schutzes durch Analogie ist nicht möglich" sowie Leder, LAGE Nr. 2 zu § 81 SGB IX, Seite 12; i.d.S. auch Thüsing, NJW 2003, 3441; ders., NZA 2004, Sonderbeilage zu Heft 22, Seiten 3, 12; Kohte, ZSR Sonderheft 2005, 7, 12, 32; ArbG Berlin, Urt. v. 13.07.2005 (Az.: 86 Ca 24618/04), NZA-RR 2005, 608, 609; Düwell, BB 2006, 1741, 1742; Annuß, BB 2006, 1629, 1631; Däubler, HK-AGG, § 1 Rdnr. 72; Suhre, Forum B, Diskussionsbeitrag Nr. 4/2009, Seite 4.

[119] Vgl. NZA 2007, 1098, 1099 f.

[120] Vgl. Rolfs/Paschke, BB 2002, 1260, 1262 sowie Schiek, NZA 2004, 873, 884.

[121] Das Gebot zur gemeinschaftsrechtskonformen Auslegung folgt nach Auffassung des EuGH unabhängig von der Intention eines umsetzungswilligen Gesetzgebers aus dem Grundsatz der Gemeinschaftstreue gem. Art. 10 EGV i.V.m dem Umsetzungsgebot gem. Art. 249 Abs. 3 EGV [vgl. EuGH, Urt. v. 10.04.1984 - Rs. 14/83 (von Colson und Kamann) -, Slg. 1984 I-1891, zu Nr. 26 der Gründe; Urt. v. 13.11.1990 - C-106/98 - (Marleasing) Sgl. 1990 I-4135, 4156, zu Nr. 8 der Gründe; Urt. v. 24.09.1998 - C-111/97 - (EvoBus Austria GmbH) Sgl. 1998 I-5411, 5427]. Das Gebot zur gemeinschaftsrechtskonformen Auslegung ist nach Auffassung sowohl des BVerfG, des BAG und des BGH für Zivilsachen mit deutschem Verfassungsrecht vereinbar [BVerfG, Entsch. v. 08.04.1987 (Az.: 2 BvR 687/84), BVerfGE 75, 223, 240; BAG, Entsch. v. 02.04.1996 (Az.: 1 ABR 47/95), BAGE 82, 349; BGH Entsch. v. 09.04.2002 (Az.: XI ZR 91/99), BGHZ 150, 248].

formen Ergebnis führt, so ist eine Auslegung geboten, die mit dem Grundgesetz bzw. dem Gemeinschaftsrecht in Einklang steht. Die verfassungs- und gemeinschaftsrechtskonforme Auslegung darf jedoch zu dem Wortlaut und dem klar erkennbaren Willen des Gesetzgebers nicht in Widerspruch treten.[122] Der Gehalt einer nach Wortlaut, Systematik und Sinn eindeutigen Regelung kann daher nicht im Wege der gemeinschaftsrechts- bzw. richtlinienkonformen Auslegung in sein Gegenteil verkehrt werden.[123] Die dahingehende Auslegungsgrenze steht in Übereinstimmung mit der Rechtsprechung des EuGH. Dieser hat mehrfach ausgeführt, das innerstaatliche Gericht habe das nationale Gesetz unter voller Ausschöpfung des Beurteilungsspielraums, den ihm das nationale Recht einräume, und *"soweit wie möglich"* richtlinienkonform auszulegen.[124] Folgerichtig hat Anfang des Jahres 2006 der EuGH der BRD attestiert, dass sie ihre „Verpflichtungen aus der RL 2000/78/EG verletzt hat, in dem sie nicht alle Rechts- und Verwaltungsvorschriften erlassen hat, die notwendig sind, um dieser Richtlinie in Bezug auf die Diskriminierung wegen ... einer Behinderung ... nachzukommen."[125]

### bb) Einbeziehung von (nicht schwerbehinderten) behinderten Menschen über das AGG

Vor diesem Hintergrund bedurfte es demzufolge der Einführung des AGG, um die dahingehende richtlinienwidrige Schutzlücke des § 81 zu schließen.[126] Der Begriff der Behinderung des AGG ist nach Auffassung der Verfasserin insoweit mit Art. 5 RL 2000/78/EG vereinbar. Denn er steht im Einklang mit der vom EuGH entwickelten Definition.[127] Zwar wird nach der Gesetzesbegründung zum AGG unter Zugrundelegung der Begrifflichkeiten der § 2 und § 3 BGG[128] in Be-

---

[122] Vgl. BVerfG, Entsch. v. 24.05.1995 (Az.: 2 BvF 1/92), BVerfGE 93, 37, 81 zu D I der Gründe; BAG, Entsch. v. 05.03.1996 (Az.: 1 AZR 590/92 (A)), BAGE 82, 211, 225 f., zu B II 2 b bb (1) der Gründe; sehr weitgehend für eine über den Wortlaut hinausgehende richtlinienkonforme Rechtsfortbildung unter Heranziehung der RL als Maßstab der Lückenfeststellung und Lückenschließung: Gebauer, in AnwBl. 2007, 314, 318 m.w.N.

[123] Vgl. hierzu grundlegend BAG, Beschl. v. 18.02.2003 (Az.: 1 ABR 2/02), AP Nr. 12 zu § 611 BGB Arbeitsbereitschaft, NZA 2003, 742 ff.; ausführlich auch Jarass, EuR 1991, 211, 217; Langenfeld, DÖV 1992, 955, 965.

[124] Vgl. EuGH, Entsch. v. 10.04.1984 - Rs. 14/83 [von Colson und Kamann] -, Slg. 1984 I-1891, zu Nr. 26 der Gründe; Entsch. v. 26.09.1996 - Rs. C-168/95 - [Arcaro] Slg. 1996 I-4705, 4719; Entsch. v. 27.06.2000 - Rs. C-240/98 bis C-244/98 - [Oceano Grupo Editorial] Slg. 2000, I-4941, 4963, zu Nr. 30 der Gründe.

[125] Vgl. EuGH, Urt. v. 23.02.2006 - Rs. C-43/05 -, Leitsatz abgedr. in NZA 2006, 553; Leitsatz und Gründe abgedr. in EuZW 2006, 216 ff.

[126] So ausdrücklich auch das BAG, Urt. v. 03.04.2007 (9 AZR 823/06), NZA 2007, 1098 (Ziff. 3 des Leitsatzes).

[127] Hierzu bereits unter Teil 2, 1. Kapitel, § 2, D, I, 1, b.

[128] Vgl. BT-Drs. 16/1780, auszugsweise abgedr. in NJW 2006, Beilage zu Heft 36, Seiten 14 ff.

zug auf die erforderliche Dauer der Einschränkung der Teilhabe am Berufsleben statt des vom EuGH allgemein geforderten Zeitraums von „langer Dauer" ein Zeitraum gefordert, der länger ist als sechs Monate. Es ist jedoch davon auszugehen, dass es sich bei dieser geforderten Mindestdauer von sechs Monaten um eine zulässige Ausfüllung des vom EuGH verwendeten Begriffs „lange Dauer" handelt. Selbst wenn man dieser Auffassung nicht folgt[129], ist angesichts des Fehlens einer von der EuGH-Rechtsprechung explizit abweichenden Legaldefinition im AGG selbst in jedem Fall eine dahingehende richtlinienkonforme Auslegung des Behindertenbegriffs möglich. Gleichwohl ist dem deutschen Gesetzgeber zur Vermeidung künftiger Unsicherheiten zu empfehlen, den Wortlaut der § 2 und § 3 BGG der flexibleren Formulierung des EuGH anzupassen, zumal auch in den einschlägigen Gesetzen anderer Nationen vielfach gleichermaßen flexible Formulierungen verwendet werden, so etwa in England, wo allgemein eine „langfristige Beschränkung ..." gefordert wird.[130] Die Benachteiligungsverbote des AGG gelten über den Verweis in § 81 Abs. 2 S. 2 i.d.F. seit 18.08.2006 auch für den Bereich des SGB IX. Demzufolge wird der Personenkreis der behinderten Menschen, die keine schwerbehinderten oder diesen gleichgestellte Menschen sind, nunmehr über die Benachteiligungsverbote des AGG geschützt.

An den gerade beschriebenen Grenzen der richtlinienkonformen Auslegung scheitert nach Auffassung der Verfasserin auch die richtlinienwidrige Einschränkung des persönlichen Geltungsbereichs des § 81 nach Wohnsitz-, Aufenthalts- oder Beschäftigungskriterien.[131] Denn durch diese Beschränkung entsteht eine - wenn auch geringe - Schutzlücke für schwerbehinderte Menschen, die nicht ihren Wohnsitz bzw. ihren gewöhnlichen Aufenthalt in der BRD haben oder keiner rechtmäßigen Beschäftigung nachgehen, also für schwerbehinderte Menschen, die aus einem anderen Mitgliedstaat kommen und sich in der BRD aufhalten, um eine Arbeitsstelle zu suchen und während der Zeit der Suche keinen Wohnsitz oder gewöhnlichen Aufenthalt begründen.[132] Diese Schutzlücke wird jedoch ebenfalls seit Inkrafttreten des AGG durch dessen Benachteiligungsverbote geschlossen. Denn das AGG knüpft richtlinienkonform nicht an Wohnsitzkriterien o.ä. an.[133]

---

[129] Krit. Leder, in „Das Diskriminierungsverbot wegen einer Behinderung", Seiten 149 f.
[130] Vgl. hierzu Thüsing, ZfA 2001, 397, 401 f.
[131] A.A. - allerdings ohne Begründung - ausdrücklich Düwell, in „Das reformierte Arbeitsrecht", Kapitel 8, A, IV, 2 sowie Schiek, NZA 2004, 873, 884.
[132] Vgl. Däubler, HK-AGG, § 1 Rdnr. 77.
[133] So ausdrücklich auch Däubler, HK-AGG, § 1 Rdnr. 78.

### cc) Schutz im Anbahnungsverhältnis?

Letztlich stellt sich im Rahmen des persönlichen Geltungsbereichs von § 81 die Frage, ob dieser nur für schwerbehinderte Menschen gilt, die bereits Arbeitnehmer sind oder auch für solche, die nach einem Arbeitsplatz suchen und sich auf eine ausgeschriebene Stelle bewerben. Jedenfalls der Wortlaut lässt ersteres vermuten. Für § 81 Abs. 2 folgt dies aus der Verwendung des Begriffs „schwerbehinderte Beschäftigte" in S. 1[134] und setzt sich fort im Wortlaut des § 81 Abs. 4, der lediglich einen Anspruch schwerbehinderter Menschen „gegenüber ihren Arbeitgebern" gewährt. Diese Beschränkung wird im Zusammenhang mit § 81 Abs. 2 i.E. bestätigt von der - zwar noch zum SchwG statuierten, aber noch immer gültigen - Rechtsprechung des BAG zum Fragerecht des Arbeitgebers bzgl. der Schwerbehinderung im Vorstellungsgespräch. Das BAG hält diese Frage unabhängig davon für zulässig, ob die Behinderung die Erfüllung der arbeitsvertraglichen Pflichten überhaupt berührt. Als Begründung hierfür stellt das BAG entscheidend darauf ab, dass das SchwbG keinen Einstellungsanspruch gibt und die positiven Pflichten des Arbeitgebers aus dem SchwbG nur für bereits beschäftigte Schwerbehinderte gelten.[135]

Zu fragen ist, inwieweit eine unter Berücksichtigung des systematischen und historischen Zusammenhangs sowie der ratio legis der Vorschrift vorgenommene Auslegung des § 81 zu einem weiteren Verständnis des persönlichen Geltungsbereichs führen kann.

### (1) § 81 Abs. 2:
Eine ausdrückliche Definition des Begriffs des „Beschäftigten" enthält das SGB IX selbst seit jeher nicht, insbesondere nicht dahingehend, dass davon lediglich Personen mit Arbeitnehmerstatus oder arbeitnehmerähnlichem Status erfasst werden. Der in § 7 Abs. 1 SGB IV[136] legal definierte Begriff der „Beschäftigung" konnte und kann gleichfalls keinerlei Indizien für eine Auslegung liefern, auch wenn das SGB IV i.S. einer Umklammerungswirkung gemeinsame Vorschriften für die Sozialversicherung enthält. Denn nach dessen § 1 Abs. 1 ist der sachliche Geltungsbereich des SGB IV auf die Zweige der gesetzlichen Krankenversicherungs-, Unfall- und Rentenversicherung (einschließlich der Alterssicherung der Landwirte) sowie die soziale Pflegeversicherung und mit Einschränkungen auf die Arbeitsförderung beschränkt. Hinzu kommt, dass die pri-

---

[134] Vgl. Thüsing/Wege, NZA 2006, 136, 137.
[135] So zuletzt BAG, Urt. v. 18.10.2000 (Az.: 2 AZR 380/99), abgedr. in AP Nr. 59 zu § 123 BGB.
[136] BGBl. 1976, Teil I, Seiten 3845 ff.

märe Zwecksetzung der in § 7 Abs. 1 SGB IV enthaltenen Legaldefinition, welche darin besteht, den Kreis der Pflichtversicherten in den benannten Sozialversicherungszweigen durch Festlegung eines wichtigen Begriffsmerkmals einzugrenzen[137], wegen der mangelnden Qualität des SGB IX als Leistungsgesetz[138] nicht ansatzweise auf das SGB IX übertragen werden kann. Seit dem Inkrafttreten des AGG kann jedoch unzweifelhaft auf die darin in § 6 Abs. 1 S. 1, 2 enthaltene europarechtskonforme - weil sämtliche nach der RL 2000/78/EG zeitlich zu regelnden Stadien erfassende - Legaldefinition zum Begriff des „Beschäftigten" zurückgegriffen werden. Denn durch den in § 81 Abs. 2 S. 2 enthaltenen Verweis auf das AGG wird hinreichend deutlich, dass der persönliche Anwendungsbereich beider Diskriminierungsverbote identisch sein soll. Auf der Basis der Rechtslage ab 18.08.2006 dürften demnach keine Zweifel mehr bestehen, dass der Schutz des § 81 Abs. 2 sich nicht lediglich auf schwerbehinderte Menschen bezieht, die bereits den Arbeitnehmerstatus oder einen arbeitnehmerähnlichen Status innehaben.

Berücksichtigt man, dass § 81 Abs. 2 S. 2 Nr. 1 i.d.F. bis 17.08.2006 bereits von dem Verbot der Benachteiligung „bei der Begründung des Arbeits- oder sonstigen Beschäftigungsverhältnisses" sprach, musste unter Einbeziehung des beschriebenen Regelungsgehalts der Nr. 1, der einen engen Bezug zum Wortlaut der RL 2000/78/EG aufwies, der Begriff des „Beschäftigten" im Rahmen des § 81 Abs. 2 nach Auffassung der Verfasserin seit je her dahingehend ausgelegt werden, dass hiervon gleichfalls Bewerberinnen und Bewerber für ein Beschäftigungsverhältnis erfasst wurden.[139] Die gegenteilige Auffassung, die sich primär auf den Wortlaut „schwerbehinderte *Beschäftigte*" stützte[140], war aus den beschriebenen sys-

---

[137] Vgl. hierzu BT-Drs. 7/4122, Seite 31: Nach der im RegEntw. enthaltenen Begründung zur Vorschrift handelt es sich bei dem Begriff der Beschäftigung um einen der Grundbegriffe des Sozialversicherungsrechts, an den vor allem die Vorschriften über die Versicherungspflicht anknüpfen. § 7 Abs. 1 sollte die notwendige und bisher fehlende Begriffsabgrenzung bringen, auch wenn ein (vollständiger) Regelungswille im Hinblick auf den Begriff der Versicherungspflicht angesichts der weiteren Tatbestandsmerkmale (z.B. Arbeitsentgelt) vom Gesetzgeber explizit verneint wurde.

[138] S.o. unter Teil 2, 1. Kapitel, § 2, B.

[139] So auch ausdrücklich LAG Sachsen, Urt. v. 14.09.2005 (Az.: 2 Sa 279/05), LAGE Nr. 6 zu § 81 SGB IX, allerdings ohne Begründung, sondern nur mit dem Hinweis, dass die Gesetzesformulierung unglücklich ist; ebenso Düwell, in „Das reformierte Arbeitsrecht", Kapitel 8, Rdnr. 12; Großmann, in GK-SGB IX, § 81 Rdnrn. 215, 219 ff.; Schröder, in Hauck/Noftz, Komm. zum SGB IX, § 81 Rdnr. 14; Müller-Wenner, in Müller-Wenner/Schorn, Komm. zum SGB IX, § 81 Rdnrn. 31 f.; Kossens, in Kossens/von der Heide/Maß, Komm. zum SGB IX, § 81 Rdnr. 16; Dopatka/Ritz, in Bihr/Fuchs/Krauskopf/Ritz, Komm. zum SGB IX, § 81 Rdnrn. 22 ff.; Rolfs/Paschke, BB 2002, 1260, 1261 und Messingschläger, NZA 2003, 301, 303.

[140] Thüsing/Wege, NZA 2006, 136, 137; Thüsing/Wege, FA 2003, 296, 298.

tematischen Gründen abzulehnen. Auch der 2. Senat des BAG hätte vor diesem Hintergrund - wenn er rechtzeitig Gelegenheit dazu erhalten hätte - sehr wahrscheinlich nicht an seiner noch zum SchwbG statuierten Rechtsprechung zum Fragerecht festgehalten.[141] Auf der Basis der Neuregelung seit 18.08.2006 ist eine Rechtsprechungsänderung schließlich unumgänglich.

**(2) § 81 Abs. 4, 5:**
Anders als § 81 Abs. 2 spricht § 81 Abs. 4 allgemein von „schwerbehinderten Menschen", denen Ansprüche gegenüber „ihren Arbeitgebern" gewährt werden. § 81 Abs. 5 gewährt „schwerbehinderten Menschen" einen Anspruch auf Teilzeitbeschäftigung und verpflichtet „die Arbeitgeber" zu diesem Zweck zur Förderung der Einrichtung von Teilzeitarbeitsplätzen. Fraglich ist daher, ob das im Rahmen des § 81 Abs. 2 gewonnene Auslegungsergebnis gleichfalls für § 81 Abs. 4 und 5 Gültigkeit haben kann, so dass auch diese Vorschriften bereits Bewerberinnen und Bewerber für ein Beschäftigungsverhältnis schützen.

**(a) Kein einklagbarer Rechtsanspruch auf Erfüllung**
Diese Frage wird in der arbeitsrechtlichen Literatur bezogen auf die in § 81 Abs. 4, 5 geregelten konkret arbeitsplatzbezogenen Leistungs- bzw. Erfüllungsansprüche abgelehnt. D.h. es besteht Einigkeit darüber, dass schwerbehinderte Bewerber keinen einklagbaren Rechtsanspruch auf Beschäftigung in der in § 81 Abs. 4 Nr. 1 geregelten Form, auf behindertengerechte Gestaltung von Arbeitsplatz und Umgebung nach § 81 Abs. 4 Nr. 2 oder einen Teilzeitanspruch nach § 81 Abs. 5 haben. Nach einer expliziten Begründung hierfür sucht man aber oft vergeblich. Vielmehr gehen die meisten Autoren ohne Begründung davon aus, dass die in § 81 Abs. 4 und 5 geregelten Rechtsansprüche nur „schwerbehinderten Arbeitnehmern"[142] zustehen bzw. ein Anspruch auf Erfüllung der normierten Pflichten nur „im laufenden bzw. bestehenden Arbeitsverhältnis"[143] oder nur „gegen ihre Arbeitgeber"[144] besteht bzw. sich konkret aus § 81 Abs. 5 kein „Anspruch auf Einstellung in Teilzeit ergibt".[145] Dirk Neumann stellt hingegen in Bezug auf § 81 Abs. 5 explizit klar, dass der Anspruch auf Teilzeit an sich von vornherein besteht, also

---

[141] So auch Düwell, BB 2006, 1741, 1743.

[142] Vgl. Rolfs/Paschke, BB 2002, 1260, 1263; Rolfs, in ErfK, § 81 Rdnrn. 9, 17; Schröder, in Hauck/Noftz, Komm. zum SGB IX, § 81 Rdnrn. 32 - 39, 43; Müller-Wenner, in Müller-Wenner/Schorn, Komm. zum SGB IX, § 81 Rdnrn. 56 f.; vgl. auch Schneider-Sievers, FS für Wissmann, 588, 594.

[143] Schröder, in Hauck/Noftz, Komm. zum SGB IX, § 81 Rdnr. 32; Müller-Wenner, in Müller-Wenner/Schorn, Komm. zum SGB IX, § 81 Rdnr. 57; Großmann, GK-SGB IX, § 81 Rdnr. 302.

[144] Kossens, in Kossens/von der Heide/Maß, Komm. zum SGB IX, § 81 Rdnr. 39; Dopatka/Ritz, in Bihr/Fuchs/Krauskopf/Ritz, Komm. zum SGB IX, § 81 Rdnr. 30.

[145] Kossens, in Kossens/von der Heide/Maß, Komm. zum SGB IX, § 81 Rdnr. 62.

auch beim Eingehen eines Arbeits- und Beschäftigungsverhältnisses, dieser aber wegen des gesetzlich ausgeschlossenen Einstellungsanspruchs[146] nicht durchgesetzt werden kann. Demzufolge könne erst nach Abschluss eines Arbeitsvertrages eine Teilzeit gefordert und bei Vorliegen der Voraussetzungen auch durchgesetzt werden.[147]

Die veröffentlichte und allgemein zugängliche arbeitsrechtliche Instanzrechtsprechung hatte sich bislang lediglich mit Fallkonstellationen zu befassen, in denen bereits beschäftigte Arbeitnehmer derartige Erfüllungsansprüche bzw. bei Nichterfüllung vertragliche Sekundäransprüche auf Ersatz des Nichterfüllungsschadens durchzusetzen versuchten.[148] Dabei lässt sich allenfalls der Entscheidung des LAG Rheinland-Pfalz vom 22.01.2004[149] diesbezüglich eine verallgemeinerungswürdige - weil vom Gesetzestext losgelöste - Aussage entnehmen, indem das Gericht in den Entscheidungsgründen feststellt, dass „das Schwerbehindertenrecht *im bestehenden Arbeitsverhältnis* einen klagbaren Anspruch darauf einräumt, im Rahmen der betrieblichen Möglichkeiten so beschäftigt zu werden, dass der Behinderte entsprechend seiner Vorbildung und seinem Gesundheitszustand seine Fähigkeiten und Kenntnisse möglichst voll verwerten und weiterentwickeln kann."

Auch nach Auffassung der Verfasserin können § 81 Abs. 4 und 5 nur so verstanden werden, dass sie die primären Erfüllungsansprüche und daraus im Falle der Nichterfüllung u.U. resultierenden Sekundäransprüche an das Bestehen eines Arbeitsverhältnisses knüpfen. Denn jedes andere Verständnis würde nicht nur dem Wortlaut, sondern auch der eindeutigen gesetzlichen Konzeption in § 81 Abs. 2 S. 2 i.d.F. seit 18.08.2006 i.V.m. § 15 Abs. 6 AGG (§ 81 Abs. 2 S. 2 Nr.

---

[146] Vgl. § 81 Abs. 2 S. 2 Nr. 2, HS 2 i.d.F. bis 17.08.2006 und § 81 Abs. 2 S. 2 i.V.m. § 15 Abs. 6 AGG.

[147] Vgl. Neumann, in Neumann/Pahlen/Majerski-Pahlen, Komm. zum SGB IX, § 81 Rdnr. 48.

[148] Vgl. BAG, Urt. v. 03.12.2002 (Az.: 9 AZR 481/01), AP Nr. 2 zu § 81 SGB IX; BAG, Urt. v. 03.12.2002 (Az.: 9 AZR 462/01), AP Nr. 1 zu § 124 SGB IX; LAG Niedersachsen, Urt. v. 01.07.2003 (Az.: 13 Sa 1853/02), veröff. in der juris-Datenbank; LAG Rheinland-Pfalz, Urt. v. 09.02.2005 (Az.: 7 Sa 1099/03), LAGE Nr. 2 zu § 81 SGB IX; LAG Rheinland-Pfalz, Urt. v. 03.02.2005 (Az.: 4 Sa 900/04), veröff. in der juris Datenbank; BAG, Urt. v. 10.05.2005 (Az.: 9 AZR 230/04), AP Nr. 8 zu § 81 SGB IX (Vorinstanz: LAG Rheinland-Pfalz, Urt. v. 22.01.2004, Az.: 6 Sa 1207/03, LAGReport 2004, 360 ff.); LAG Schleswig-Holstein, Urt. v. 07.06.2005 (Az.: 5 Sa 68/05), NZA-RR 2005, 514 ff.; LAG Schleswig-Holstein, Urt. v. 08.06.2005 (Az.: 3 Sa 30/05), NZA-RR 2005, 510 ff.; LAG Rheinland-Pfalz, Urt. v. 14.07.2005 (Az.: 11 Sa 253/05), veröff. in der juris Datenbank; BAG, Urt. v. 04.10.2005 (Az.: 9 AZR 632/04), AP Nr. 9 zu § 81 SGB IX (Vorinstanz: LAG Hamm, Urt. v. 09.08.2004, Az.: 8(17) Sa 1416/02, veröff. in der juris Datenbank); BAG, Urt. v. 14.03.2006 (Az.: 9 AZR 411/05), DB 2006, 1624 (Vorinstanz: LAG Baden-Württemberg, Urt. v. 22.06.2005, Az.: 2 Sa 11/05, BehindR 2006, 82 ff.).

[149] LAG Rheinland-Pfalz, Urt. v. 22.01.2004 (Az.: 6 Sa 1207/03), LAGReport 2004, 360 f.

2, HS 2 i.d.F. bis 17.08.2006), wonach gerade kein Anspruch auf Begründung eines Arbeits- bzw. Beschäftigungsverhältnisses besteht, zuwiderlaufen. Ein solches Verständnis ist auch richtlinienkonform, weil die RL 2000/78/EG den Mitgliedstaaten derartige Erfüllungsansprüche nicht vorschreibt, sondern in Art. 17 lediglich bestimmt, dass diese Sanktionen festlegen müssen, welche wirksam, verhältnismäßig und abschreckend sind.[150]

**(b) § 81 Abs. 4, 5 als Bestandteile des Diskriminierungsverbots**

Ungeachtet der Tatsache, dass § 81 Abs. 4 und 5 Bewerbern keinen einklagbaren Erfüllungsanspruch zur Verfügung stellen, ist der Frage nachzugehen, inwieweit diese schwerbehinderte Bewerber zumindest insoweit schützen als sie Bestandteile des Diskriminierungsverbots nach § 81 Abs. 2 sind.

Die arbeitsrechtliche Kommentarliteratur zu § 81 erörtert diese Frage nur vereinzelt. So spricht sich erneut Dirk Neumann in Bezug auf § 81 Abs. 5 explizit dafür aus, dass „ein Benachteiligungsverbot nach § 81 Abs. 2 eintreten oder umgangen werden" kann, „wenn der Arbeitgeber von vornherein Teilzeitarbeit ablehnt, obwohl die Voraussetzungen vorliegen", wobei der Verstoß nicht zu einem Teilzeitarbeitsverhältnis führe, sondern nur zu einem Entschädigungsanspruch.[151] Neumann geht also - wie wenige weitere Autoren -[152] explizit von einer konzeptionellen Anbindung der entsprechenden Regelungsmaterie an den Diskriminierungsschutz des § 81 Abs. 2 aus. Das übrige arbeitsrechtliche Schrifttum, welches die Vorschrift des § 81 spezifisch vor dem Hintergrund des Art. 5 RL 2000/78/EG und damit des Diskriminierungsschutzes betrachtet, ist geteilter Auffassung. Die einen verneinen entweder allein angesichts des Wortlauts der Vorschrift des § 81 Abs. 4[153]

---

[150] Vertiefend zu den kompensatorischen Möglichkeiten im Bewerbungsstadium vgl. Gagel, Forum B, Diskussionsbeitrag Nr. 12/2010.

[151] Vgl. Neumann, in Neumann/Pahlen/Majerski-Pahlen, Komm. zum SGB IX, § 81 Rdnr. 48; a.A. in Bezug auf § 4 Abs. 1 TzBfG m.w.N: MünchArbR-Schüren, Ergänzungsband, § 161 Rdnr. 47 [„§ 4 Abs. 1 TzBfG begründet Gleichbehandlungsansprüche nur für bereits im Betrieb beschäftigte Teilzeitkräfte. Arbeitsplatzbewerber können daraus keine Ansprüche auf Gleichbehandlung bei der Einstellung (Chancengleichheit) herleiten."].

[152] So allgemein insbesondere Großmann, GK-SGB IX, § 81 Rdnr. 220, der § 81 in seiner Gesamtkonzeption als „angemessene Vorkehrungen gegen eine mittelbare Diskriminierung" i.S. der RL 2000/78/EG betrachtet sowie Kohte, ZSR Sonderheft 2005, 7, 11, 32, der zum einen ausdrücklich betont, dass es sich bei den Ansprüchen in § 81 Abs. 4 und 5 „insoweit um Maßnahmen zur Anpassung und Gestaltung des Arbeitsplatzes handelt, die in Art. 5 der RL 2000/78 als spezifische Konsequenzen aus dem behinderungsrechtlichen Diskriminierungsverbot abgeleitet worden sind." und überdies Folgendes klarstellt: „Diese Normen dienen damit zugleich der Umsetzung von Art. 5 der RL 2000/78, weil ein effektiver Diskriminierungsschutz ohne Gewährung angemessener Vorkehrungen nur schwer denkbar ist."

[153] So Schaub, NZA 2003, 299, 300; Schiek, NZA 2004, 873, 881; Thüsing, ADS, Rdnr. 34.

oder überdies wegen ihrer mangelnden konzeptionellen Anbindung an den Diskriminierungsschutz[154] einen so weitgehenden Diskriminierungsschutz für Bewerber. Andere gehen hingegen davon aus, dass § 81 dahingehend - zumindest bei gemeinschaftsrechtskonformer Auslegung - nicht hinter dem Diskriminierungsschutz der RL 2000/78/EG zurückbleibt.[155] Die arbeitsrechtliche Judikatur hatte sich bislang, soweit ersichtlich, nicht mit derartigen Sachverhalten zu befassen.

Nach Auffassung der Verfasserin können die Abs. 4, 5 des § 81 - richtlinienkonform - ergänzend dahingehend ausgelegt werden, dass diese schwerbehinderte Bewerber zumindest insoweit schützen, als sie Bestandteil des Diskriminierungsverbots nach § 81 Abs. 2 sind.[156] Allein durch die textliche Nähe der entsprechenden Regelungsmaterien wird hinreichend deutlich, dass § 81 dahingehend einheitlich zu betrachten ist, § 81 Abs. 4, 5 sich also als wichtige Bestandteile des Benachteiligungsverbots des § 81 Abs. 2 darstellen. Der bereits zitierte Wortlaut der Regelungen steht einer Auslegung des § 81 Abs. 4, 5 als Bestandteil des Diskriminierungsschutzes keinesfalls entgegen, denn dieser trägt zum einen dem Umstand Rechnung, dass die Vorschriften zugleich als Anspruchsgrundlage für vertragliche Erfüllungs- und Nichterfüllungsansprüche für schwerbehinderte *Arbeitnehmer* dienen, also i.E. eine „Doppelfunktion" besitzen. Zum anderen ist der in den Vorschriften verwendete Arbeitgeberbegriff als Ausdruck der konkret arbeitsplatzbezogenen Ansprüche aus § 81 Abs. 4, 5 zu sehen. Auch wenn der deutsche Gesetzgeber trotz mehrfacher Hinweise auf diesbezügliche Umsetzungsdefizite des § 81 Abs. 4 bereits im Gesetzgebungsverfahren zum ADG darauf verzichtet hat, im Zuge des Inkraftsetzens des AGG den Wortlaut des § 81 Abs. 4, 5 entsprechend klarer zu fassen, ist dennoch nicht von einer bewussten - und damit einer ergänzenden Auslegung entgegenstehenden - Nichtregelung durch den Gesetzgeber auszugehen. Denn der deutsche Gesetzgeber wollte gleichwohl nach seinem erklärten Willen bereits mit § 81 das Benachteiligungsverbot u.a. wegen des Diskriminierungsmerkmals der Behinderung umfassend ins deutsche Recht umsetzen[157] und es spricht anerkanntermaßen eine Vermutung für den Willen des nationalen Gesetzgebers, dass dieser mit Normen, welche er zur Umsetzung einer RL erlässt, auch vollständig den Auf-

---

154 So mit ausführlicher Begründung Leder, LAGE Nr. 2 zu § 81 SGB IX, Seiten 10 f.; ders., „Das Diskriminierungsverbot wegen einer Behinderung", Seiten 235, 244, 248 f.; vgl. auch Thüsing, NZA 2001, 1061, 1063.

155 So ausdrücklich Schneider-Sievers, FS für Wissmann, 588, 595; vgl. auch Welti, Forum A, Diskussionsbeitrag Nr. 9/2006, Seite 6; Kohte, jurisPR- ArbR 47/2005, Anm. 1, C.

156 Vgl. hierzu allgemein Brox, BGB AT, § 3 Ziff. II m.w.N.

157 Siehe bereits oben unter Teil 2, 1. Kapitel, § 2, D, I, 2, c, bb.

trag der RL erfüllen will.[158] Dieses Ergebnis wird bestätigt durch die bereits beschriebenen Grenzen einer richtlinienkonformen Auslegung nach Art. 10 EGV.[159] Vor diesem Hintergrund wird deutlich, dass die zwar nicht ganz eindeutigen, aber dennoch auslegungsfähigen Abs. 4 und 5 des § 81 - gemeinschaftsrechtskonform - dahingehend verstanden werden müssen, dass diese als Bestandteil eines umfassenden Diskriminierungsschutzes auch Bewerber schützen.

## d) Fazit

Demzufolge enthält § 81 ein einheitlich zu sehendes Diskriminierungsverbot, das einerseits in sachlicher Hinsicht den Anforderungen der RL 2000/78/EG entspricht und andererseits auch in persönlicher Hinsicht unter Einbeziehung des daneben im AGG geregelten, den § 81 ergänzenden bzw. ausfüllenden Diskriminierungsverbots der RL 2000/78/EG gerecht wird. Problematisch ist einzig der Umstand, dass Art. 5 RL 2000/78/EG im AGG explizit keine eigenständige Regelung erfahren hat und im AGG explizit auch keine dem § 81 Abs. 4, 5 entsprechende Regelung aufzufinden ist, gleichwohl Georg Thüsing als geladener Einzelsachverständiger bereits im Gesetzgebungsverfahren zum ADG auf die Umsetzungsdefizite des § 81 und der damit einhergehenden Notwendigkeit einer solchen Regelung im ADG hingewiesen hat.[160] Demnach ist fraglich, inwieweit im nationalen Recht in Bezug auf die Gruppe der (nicht schwerbehinderten) behinderten Menschen die Pflicht zum Treffen angemessener Vorkehrungen nach Art. 5 RL 2000/78/EG ordnungsgemäß umgesetzt wurde. Aus Gründen des Sachzusammenhangs wird auf diese Problematik bei der Frage des Bestehens einer Mitwirkungspflicht des Arbeitgebers an einer Maßnahme zur stufenweisen Wiedereingliederung eingegangen.[161]

## 3. Schlussfolgerungen für § 28

Die in § 81 Abs. 2, 4 und 5 geregelten Pflichten bzw. Ansprüche stellen neben § 28 wichtige Instrumente der betrieblichen bzw. beruflichen Rehabilitationsförderung dar. Denn in ihrer Vielgestaltigkeit sind sie im Gesamtkonzept des SGB IX geeignet, einer Ausgrenzung von rehabilitationsbedürftigen Menschen entgegenzuwirken und sie in der betrieblichen Organisation zu halten. Unter Berücksichtigung ihres Regelungsgehaltes sind sie zugleich eng verknüpft mit § 28,

---

[158] Vgl. hierzu Jarass, EuR 1991, 211, 217 m.w.N.
[159] S.o. unter Teil 2, 1. Kapitel, § 2, D, I, 2, c, aa.
[160] Vgl. Thüsing, Stellungnahme zum Entwurf eines ADG - Arbeitsrechtlicher Teil (BT-Drs. 15/4538), in Drs. des Ausschusses für Familie, Senioren, Frauen und Jugend 15 (12) 440-C.
[161] Vgl. hierzu unter Teil 2, 3. Kapitel, C, III, 2.

was in den nachfolgenden Kapiteln noch eingehender zu zeigen sein wird. In der Praxis gilt es zunächst, insbesondere die in § 81 Abs. 4 und 5 geregelten Instrumente der betrieblichen bzw. beruflichen Rehabilitationsförderung stringent von einer Maßnahme zur stufenweisen Wiedereingliederung abzugrenzen.[162] Zudem ist es wichtig, deren gegenseitige Wechselwirkung zu erkennen und diese zur Erreichung optimaler Rehabilitationserfolge zielführend einzusetzen.

## II. Verhältnis zu § 84

### 1. Einführung

Durch das „Gesetz zur Förderung der Ausbildung und Beschäftigung schwerbehinderter Menschen" vom 23.04.2004[163] wurde das SGB IX zum 01.05.2004 geändert. Dabei hat der Gesetzgeber in § 84 das Erfordernis der betrieblichen Prävention im Rahmen des SGB IX konsequent weiterentwickelt und gegenüber der am 01.07.2001 in Kraft getretenen Vorgängerregelung[164], welche ihrerseits § 14 c SchwbG[165] abgelöst hatte, durch die Einführung eines sog. BEM weiter gestärkt.

---

[162] Vgl. zur Abgrenzung zu § 81 Abs. 5 insbesondere Teil 2, 2. Kapitel, § 3, B, II.

[163] BGBl. 2004, Teil I, Seiten 606, 608.

[164] § 84 i.d.F. bis 30.04.2004 (vgl. BGBl. 2001, Teil I, Seiten 1046, 1072) lautete wie folgt: „ *(1) Der Arbeitgeber schaltet bei Eintreten von personen-, verhaltens- oder betriebsbedingten Schwierigkeiten im Arbeits- oder sonstigen Beschäftigungsverhältnis, die zur Gefährdung dieses Verhältnisses führen können, möglichst frühzeitig die Schwerbehindertenvertretung und die in § 93 genannten Vertretungen sowie das Integrationsamt ein, um mit ihnen alle Möglichkeiten und alle zur Verfügung stehenden Hilfen zur Beratung und mögliche finanzielle Leistungen zu erörtern, mit denen die Schwierigkeiten beseitigt werden können und das Arbeits- oder sonstige Beschäftigungsverhältnis möglichst dauerhaft fortgesetzt werden kann.*
*(2) Der Arbeitgeber schaltet mit Zustimmung der betroffenen Person die Schwerbehindertenvertretung auch ein, wenn ein schwerbehinderter Mensch länger als drei Monate ununterbrochen arbeitsunfähig ist oder das Arbeits- oder sonstige Beschäftigungsverhältnis aus gesundheitlichen Gründen gefährdet ist. Die Schwerbehindertenvertretung schaltet mit Zustimmung der betroffenen Person die gemeinsame Servicestelle und bei schwerbehinderten Menschen auch das Integrationsamt ein. Die Sätze 1 und 2 gelten für behinderte und von Behinderung bedrohte Menschen entsprechend; in diesem Fall tritt an die Stelle der Schwerbehindertenvertretung die zuständige Interessenvertretung im Sinne des § 93. "*

[165] § 14 c SchwbG i.d.F. des am 01.10.2000 in Kraft getretenen Gesetzes zur Bekämpfung der Arbeitslosigkeit Schwerbehinderter vom 29.09.2000 (vgl. BGBl. 2000, Teil I, Seiten 1394, 1397, 1405) war wie folgt gefasst: „*Der Arbeitgeber schaltet bei Eintreten von personen-, verhaltens- oder betriebsbedingten Schwierigkeiten im Arbeitsverhältnis, die zur Gefährdung des Arbeitsverhältnisses führen können, möglichst frühzeitig die Schwerbehindertenvertretung und die in § 23 genannten Vertretungen ein, um mit ihnen alle Möglichkeiten und alle zur Verfügung stehenden Hilfen zur Beratung und mögliche finanzielle Leistungen zu erörtern, mit denen die Schwierigkeiten beseitigt werden können und das Arbeitsverhältnis möglichst dauerhaft fortgesetzt werden kann. "*

## 2. Sachlicher Geltungsbereich

Im Rahmen eines BEM nach § 84 Abs. 2 sollen möglichst frühzeitig präventive Maßnahmen zur Teilhabe am Arbeitsleben eingeleitet werden, welche die Arbeits- und Beschäftigungsfähigkeit (wieder-) herstellen, erhalten, verbessern bzw. fördern. Im Vergleich zu § 84 Abs. 1, der präventive Maßnahmen des Arbeitgebers nicht nur beim Eintreten sämtlicher personenbedingter, sondern auch verhaltens- oder betriebsbedingter Schwierigkeiten im Beschäftigungsverhältnis fordert, bezieht sich § 84 Abs. 2 nur auf personenbedingte Schwierigkeiten, die auf längerer oder häufiger Arbeitsunfähigkeit beruhen. Unter Berücksichtigung dieser gesetzlichen Systematik ist § 84 Abs. 2 gegenüber § 84 Abs. 1 als verdrängende speziellere Regelung anzusehen, wenn personenbedingte Schwierigkeiten im Arbeitsverhältnis auftreten, welche auf längerer oder häufiger Arbeitsunfähigkeit basieren.[166]

## 3. Persönlicher Geltungsbereich

Anders als § 84 Abs. 1, welcher angesichts seiner Formulierung eindeutig nur für schwerbehinderte oder diesen gleichgestellte Menschen gilt[167], bezieht sich § 84 Abs. 2 nach seinem Wortlaut auf alle *„Beschäftigten"*, die innerhalb eines Jahres länger als sechs Wochen ununterbrochen bzw. wiederholt arbeitsunfähig sind, d.h. auf langzeiterkrankte Arbeitnehmer, deren Arbeitsunfähigkeit länger als 42 Tage im Jahr andauert sowie auf mehrfacherkrankte Arbeitnehmer, die in der Summe mehr als sechs Wochen in einem Jahr krank sind. Klärungsbedürftig erscheint angesichts der allgemeinen sowie besonderen Stellung der Vorschrift im SGB IX, was unter dem Begriff der *„Beschäftigten"* zu verstehen ist. Diese Frage wird in der arbeits- und sozialrechtlichen Literatur sowie in der arbeitsrechtlichen Instanzrechtsprechung kontrovers diskutiert.

### a) Literaturauffassung

In der arbeits- und sozialrechtlichen Literatur werden zu dieser Frage insgesamt drei verschiedene Positionen eingenommen.

---

[166] So auch Gagel/Schian/Schian, Forum B, Diskussionsbeitrag Nr. 5/2004, Seite 3.
[167] Vgl. hierzu auch das Urt. des BAG v. 07.12.2006 (Az.: 2 AZR 182/06), NZA 2007, 617, 619 m.w.N.

## aa) Restriktive Auslegung: Anwendung lediglich auf Schwerbehinderte und Gleichgestellte

Teilweise wird vertreten, dass § 84 Abs. 2 lediglich auf schwerbehinderte und diesen gleichgestellte behinderte Menschen Anwendung findet.[168] Begründet wird dies mit gesetzeshistorischen sowie insbesondere systematischen Argumenten. So wird zunächst darauf verwiesen, dass § 84 Abs. 2 in seiner Fassung bis 30.04.2004 unstreitig lediglich den Personenkreis der schwerbehinderten und diesen gleichgestellten Menschen erfasst hat und dass die Gesetzesmaterialien keinen Hinweis darauf geben, dass der Gesetzgeber den Anwendungsbereich dieser Vorschrift erweitern wollte. Vielmehr zeigen die Gesetzesmaterialien eindeutig - so die Vertreter dieser Ansicht -, dass der Gesetzgeber den Geltungsbereich des § 84 Abs. 2 nicht erweitern wollte, obgleich er den Präventionsgedanken durch die Aufforderung zu einem BEM ergänzt hat. Denn so verwende der Gesetzgeber in der Gesetzesbegründung zunächst allgemein den Begriff der „Beschäftigten"[169] und spreche darüber hinausgehend sogar vom „betroffenen *behinderten* Arbeitnehmer".[170] Hinzu komme, dass § 84 Abs. 2 S. 3 i.d.F. bis 30.04.2004 die Regelung auf behinderte und von Behinderung bedrohte Menschen ausdehnte, wohingegen die Neufassung keine derartige explizite Ausdehnung des Anwendungsbereichs mehr enthalte.[171] Als entscheidendes Argument wird schließlich die systematische Einordnung des § 84 Abs. 2 angeführt. So werde schon mit der Stellung der Norm im 2. Teil des SGB IX unter „Besondere Regelungen zur Teilhabe schwerbehinderter Menschen" und dem Wortlaut des § 68 hinreichend deutlich, dass es im Rahmen des § 84 Abs. 2 ausschließlich um die Rechtsstellung der schwerbehinderten Menschen und der diesen gleichgestellten behinderten Menschen gehen kann, zumal der Gesetzgeber zusätzlich im Kapitel 3 des 2. Teils des SGB IX von „sonstigen" Pflichten der Arbeitgeber und von den Rechten der schwerbehinderten Menschen spreche[172] und § 68 Abs. 4 S. 3 eine zusätzliche eindeutige Eingrenzung des geschützten Personenkreises enthalte.[173] So werde in § 68 Abs. 4 S. 3 klargestellt, dass die besonderen Regelungen für schwerbehinderte Menschen für den dort benannten Personenkreis (= behinderte Jugendliche und junge Erwachsene während der Zeit einer Berufsausbildung,

---

[168] Vgl. Berger-Delhey, ZTR 2004, 347; Brose, DB 2005, 390 f.; Namendorf/Natzel, FA 2005, 162 f.; dies., DB 2005, 1794 f.; Balders/Lepping, NZA 2005, 854 f.; ohne Begründung: Rolfs, in ErfK, § 84 Rdnr. 4; unklar: Kossens, in Kossens/von der Heide/Maß, Komm. zum SGB IX, § 84 Rdnr. 12.

[169] Vgl. BT-Drs. 15/1783, Seiten 15 f. zu Nr. 20.

[170] Vgl. BT-Drs. 15/1783, Seite 12 zu A., II., 3.

[171] So insbesondere Balders/Lepping, NZA 2005, 854.

[172] So insbesondere Namendorf/Natzel, FA 2005, 162, 163; dies., DB 2005, 1794 f.

[173] So insbesondere Brose, DB 2005, 390 f.

auch wenn der GdB weniger als 30 beträgt oder ein GdB nicht festgestellt ist) mit Ausnahme von § 102 Abs. 3 Nr. 2 c nicht gelten. Auch folge aus dem systematischen Zusammenhang zu § 84 Abs. 1, dass der Gesetzgeber ausschließlich den Kreis der schwerbehinderten und diesen gleichgestellten Menschen gemeint hat. Denn auch § 84 Abs. 1 erfasse unstreitig lediglich diesen so eingeschränkten Personenkreis.[174]

**bb) Gemäßigte Auslegung: Anwendung auf den von §§ 1, 2 erfassten Personenkreis**

Daneben wird in der sozialrechtlichen Literatur vereinzelt die Auffassung vertreten, dass sich der Anwendungsbereich des § 84 Abs. 2 nicht nur auf schwerbehinderte und diesen gleichgestellte Menschen, sondern darüber hinausgehend auf behinderte sowie von Behinderung bedrohte Menschen und damit auf die von §§ 1, 2 erfassten Kreise erstreckt.[175] Eine explizite Begründung für diese Auffassung findet sich dabei nicht. Zurückgeführt wird diese Rechtsansicht offenbar auf den bis 30.04.2004 gültigen Wortlaut der Vorschrift sowie auf den allgemeinen Geltungsbereich des SGB IX. Auch vor dem Hintergrund, dass nach der Rechtsprechung des EuGH der Begriff der Krankheit nicht mit dem der Behinderung gleichgesetzt werden darf[176] und nicht jeder länger erkrankte Arbeitnehmer zugleich von Behinderung „bedroht" sein muss i.d.S., kommt dieser Rechtsauffassung gegenüber der nachfolgend dargestellten überwiegenden Rechtsansicht eigenständige Bedeutung zu. Denn von einer „drohenden Behinderung" i.d.S. ist nur auszugehen, wenn ihr Eintritt nach allgemeiner ärztlicher oder sonstiger fachlicher Erkenntnis mit hoher Wahrscheinlichkeit zu erwarten ist, wobei eine vage Wahrscheinlichkeit nicht genügt.[177]

**cc) Weite Auslegung: Anwendung auf alle Arbeitnehmer**

Mittlerweile hat sich herauskristallisiert, dass die überwiegende arbeits- und sozialrechtliche Literatur die Rechtsansicht vertritt, dass der Anwendungsbereich des § 84 Abs. 2 weder auf schwerbehinderte und diesen gleichgestellte behinderte Menschen noch auf behinderte und von Behinderung bedrohte Menschen beschränkt ist, sondern für alle Arbeitnehmer des Betriebs gilt.[178] Eine ausführliche

---

[174] So insbesondere Namendorf/Natzel, FA 2005, 162, 163.
[175] Vgl. Ritz, in Bihr/Fuchs/Krauskopf/Ritz, Komm. zum SGB IX, § 84 Rdnrn. 2, 4; Neumann, in Neumann/Pahlen/Majerski-Pahlen, Komm. zum SGB IX, § 84 Rdnr. 10.
[176] Vgl. NZA 2006, 839 ff.
[177] Vgl. Götz, in Kossens/von der Heide/Maß, Komm. zum SGB IX, § 2 Rdnr. 10.
[178] Vgl. Düwell, FA 2004, 200, 201; ders., FS für Küttner, 139, 146 f.; ders., jurisPR-ArbR 43/2005, Anm. 4; Gagel/Schian/Dalitz/Schian, Forum B, Diskussionsbeitrag Nr. 4/2004,

Begründung für diese Auffassung findet man jedoch eher selten. Vielmehr wird der Wortlaut des § 84 Abs. 2 offensichtlich für so eindeutig gehalten, dass die Autoren jegliche detaillierte Auseinandersetzung mit dieser Frage für entbehrlich halten. Siggy Britschgi[179] weist explizit darauf hin, dass sich jede andere Auslegung über den klaren Wortlaut der Neuregelung hinwegsetzen würde, weil im Gegensatz zu § 84 Abs. 2 a.F. als betroffener Personenkreis die „Beschäftigten" benannt sind. Die Autoren, welche sich mit der Frage eingehender auseinandersetzen[180], begründen ihre Auffassung neben dem Wortlautargument mit der historischen Entwicklung der Vorschrift und darüber hinaus mit systematisch-teleologischen Gesichtspunkten. So sehe § 84 Abs. 2 S. 1 explizit die Einbeziehung der Interessenvertretungen i.S. des § 93 vor, also auch die des Betriebsrats, welcher für alle Arbeitnehmer zuständig ist. Zudem schreibe die Vorschrift für den ausdrücklich geregelten Fall der Betroffenheit eines schwerbehinderten Arbeitnehmers vor, dass auch die Schwerbehindertenvertretung einzubeziehen ist. Unter Heranziehung des Wortlauts der Vorschrift des § 84 Abs. 1 sei dies ein erhebliches Auslegungsindiz, weil dort die Schwerbehindertenvertretung und die Interessenvertretung in jedem Fall gleichermaßen und nebeneinander zuständig sind, wohingegen § 84 Abs. 2 die Zuständigkeit der Schwerbehindertenvertretung nur vorsehe, wenn der betroffene Arbeitnehmer schwerbehindert ist. Ferner habe auch die Vorgängerregelung des § 84 Abs. 2 sich explizit auf Arbeitnehmer bezogen, die nicht schwerbehindert waren („behinderte und von Behinderung bedrohte Menschen"), und bereits die Differenzierung des Verfahrens (Zuziehung des Betriebsrats bei nicht schwerbehinderten Arbeitnehmern) gekannt. Letztendlich sei auch die erklärte und in § 3 allgemein verankerte Zielsetzung des BEM zu beachten, wonach der Gesundheitsprävention im Arbeitsverhältnis ein höherer Stellenwert eingeräumt werden soll, was zugleich bedeutet, dass der Eintritt einer Behinderung oder von chronischen Erkrankungen gerade vermieden werden soll.

---

Seite 3; dies. in Forum B, Diskussionsbeitrag Nr. 4/2006, Seite 4; Feldes, BehindR 2004, 187, 188; Gaul/Süßbrich/Kulejewski, ArbRB 2004, 308, 310; Cramer NZA 2004, 698, 703; Gagel, Forum B, Diskussionsbeitrag Nr. 1/2005, Seiten 2 ff.; Kohte, ZSR Sonderheft 2005, 7, 16, 33; Steinau-Steinrück/Hagemeister, NJW-Spezial 2005, 129; Magin/Schnetter, BehindR 2005, 52, 53; Blens ZMV 2005, 64; Kciuk, DÖD 2005, 151; Britschgi, AiB 2005, 284; Klaesberg, PersR 2005, 427; Schlewing, ZfA 2005, 485, 490 ff.; Löw, MDR 2005, 608, 609; Braun, ZTR 2005, 630 f.; Hunold, BB 2005, 1684, 1685; Zorn, BehindR 2006, 42; Bauschke, RiA 2006, 97, 104.; Franke, AuA 2006, 452; Faber, Forum B, Diskussionsbeitrag Nr. 11/2006, Seite 1; Gagel/Schian, Forum B, Diskussionsbeitrag Nr. 3/2007, Seite 1; Hunold, BB 2007, 724; Schröder, in Hauck/Noftz, Komm. zum SGB IX, § 84 Rdnr. 9.

[179] Vgl. AiB 2005, 284.
[180] So etwa Gagel, Forum B, Diskussionsbeitrag Nr. 1/2005, Seiten 2 ff.; Gaul/Süßbrich/Kulejewski, ArbRB 2004, 308, 310; Schlewing, ZfA 2005, 485, 490 ff.; Gagel/Schian/Dalitz/ Schian, Forum B, Diskussionsbeitrag Nr. 4/2006, Seite 4.

## b) Arbeitsrechtliche Rechtsprechung

In der arbeitsrechtlichen Instanzrechtsprechung hatten sich - soweit ersichtlich - zunächst das LAG Niedersachsen in den Entscheidungen vom 29.03.2005 (Az.: 1 Sa 1429/04)[181] und vom 25.10.2006 (Az.: 6 Sa 974/05)[182], das ArbG Lübeck in der Entscheidung vom 24.11.2005 (Az.: 1 Ca 1738/05)[183] sowie das LAG Hamm in der Entscheidung vom 24.01.2007 (Az.: 2 Sa 991/06)[184] eindeutig zu der Frage des dahingehenden persönlichen Geltungsbereichs des § 84 Abs. 2 positioniert. Angesichts der Entscheidungserheblichkeit dieser Rechtsfrage hatten dabei sowohl das LAG Niedersachsen in der Entscheidung vom 25.10.2006, das ArbG Lübeck als auch das LAG Hamm ihre Rechtsauffassung ausführlicher begründet. Wohingegen das ArbG Lübeck allein auf den Wortlaut des § 84 Abs. 2 abstellte, zog das LAG Niedersachsen in der Entscheidung vom 25.10.2006 zusätzlich einen Vergleich mit § 84 Abs. 1, führte den Wortlaut der bis 30.04.2004 geltenden Vorgängerregelung, die Gesetzesbegründung sowie das Ziel des Gesetzes an, um die Frage schlussends dahingehend zu beantworten, dass § 84 Abs. 2 seit seiner Neufassung für alle Arbeitnehmer im Betrieb gilt.[185] Zum gleichen Ergebnis gelangte auch das LAG Hamm, indem es neben dem Wortlaut auf die Entstehungsgeschichte, den Sinn und Zweck der Vorschrift und auf die Gesetzesbegründung abstellte. Alle anderen Instanzgerichte, die frühzeitig mit Fragen des BEM befasst gewesen sind, konnten die Frage offen lassen, so etwa das LAG Berlin in der Entscheidung vom 27.10.2005 (Az.: 10 Sa 783/05)[186], das LAG Schleswig-Holstein in der Entscheidung vom 17.11.2005 (Az.: 4 Sa 328/05)[187], das LAG Hamm in der Entscheidung vom 29.03.2006 (Az.: 18 Sa 2104/05)[188] sowie das LAG Nürnberg in der Entscheidung vom 21.06.2006 (Az.: 4 (9) Sa 933/05).[189] Denn dort waren die Kläger entweder schwerbehindert oder - wie in der Entscheidung des LAG Hamm - es kam nach Auffassung des Gerichts aus dem Grund nicht auf eine dahingehende Entscheidung an, weil auch bei Durchführung des BEM eine Kündigung nicht zu vermeiden gewesen wäre. Das ArbG Halberstadt, welches in seiner Entscheidung vom 11.05.2005 (Az.: 3

---

[181] Abgedr. in NZA-RR 2005, 523 f., BB 2005, 1682 ff.; zustimmend Hunold, BB 2005, 1684, 1685.
[182] Abgedr. in BB 2007, 719 ff.; zustimmend Hunold, BB 2007, 724.
[183] Veröff. in der juris-Datenbank.
[184] Veröff. in der juris-Datenbank; zustimmend Gagel, in jurisPR-ArbR 32/2007, Anm. 2.
[185] Vgl. BB 2007, 719, 721 f.
[186] Abgedr. in NZA-RR 2006, 184 ff., MDR 2006, 761 f.
[187] Abgedr. in BehindR 2006, 170 ff.
[188] Abgedr. in LAGE, § 1 KSchG Krankheit Nr. 39 (nachfolgend aufgehoben und zur neuen Verhandlung und Entscheidung zurückverwiesen von BAG, Urt. v. 12.07.2007 (Az.: 2 AZR 716/06), FA 2007, 285 (Kurzwiedergabe).
[189] Abgedr. in BB 2006, 2362 ff.

Ca 114/05)[190] zu der Frage hätte Stellung nehmen können, hatte eine solche Stellungnahme nicht abgegeben, weil es grundsätzlich die Rechtsansicht vertrat, dass die Durchführung eines BEM unter keinem Aspekt Wirksamkeitsvoraussetzung für eine Kündigung ist. Das BAG hat die Frage schließlich in seiner Entscheidung vom 12.07.2007 (Az.: 2 AZR 716/06)[191], in welcher es um einen nicht gleichgestellten Behinderten mit einem Behinderungsgrad von 30 ging, dahingehend beantwortet, dass die Regelung des § 84 Abs. 2 nicht nur auf schwerbehinderte und diesen gleichgestellte behinderte Arbeitnehmer anzuwenden ist, sondern auf alle Arbeitnehmer im Betrieb. In seiner Begründung stellt das BAG im Wesentlichen ebenfalls auf den Wortlaut, die gesetzliche Systematik sowie den Sinn und Zweck der Vorschrift ab.

### c)  Stellungnahme

Nach Auffassung der Verfasserin verdient die überwiegende Ansicht der arbeits- und sozialrechtlichen Literatur sowie der arbeitsrechtlichen Instanzgerichte, die mittlerweile höchstrichterlich bestätigt wurde, Zustimmung. D.h. der Arbeitgeber hat das BEM bei allen Arbeitnehmern durchzuführen. Dies folgt aus einer Auslegung des § 84 Abs. 2 anhand des Wortlauts sowie aufgrund historischer und systematisch-teleologischer Gesichtspunkte.

Auch wenn der in § 84 Abs. 2 verwendete Begriff der „Beschäftigten" schon angesichts der gegenständlichen Beschränkung auf das bereits bestehende Arbeits- und sonstige Beschäftigungsverhältnis („*im* Arbeits- oder sonstigen Beschäftigungsverhältnis") sachlich nicht derart weit wie in § 81 Abs. 2 S. 2 i.V.m. § 6 Abs. 1 S. 2 AGG verstanden werden kann, wozu auch aus europarechtlicher Sicht keinerlei Veranlassung besteht, so ist der Begriff nach dem natürlichen Sprachgebrauch offensichtlich gleichwohl weiter als der des „*schwerbehinderten* Arbeitnehmers". Demzufolge sind zwar Bewerberinnen und Bewerber aus dem persönlichen Geltungsbereich des § 84 Abs. 2 ausgenommen, im Übrigen besteht aber keinerlei Veranlassung, vom Beschäftigtenbegriff der seit 18.08.2006 in § 6 Abs. 1 S. 1 AGG enthaltenen Legaldefinition abzuweichen. Demzufolge ist der Begriff umfassend zu verstehen und erfasst daher nach der allein am Begriff des „Beschäftigten" orientierten Auslegung nicht nur „schwerbehinderte Arbeitnehmer" und auch nicht lediglich „behinderte oder von Behinderung be-

---

[190]  Kurztext abgedr. in AuA 2005, 567 f.; Langtext veröff. in der juris-Datenbank.
[191]  Vgl. FA 2007, 285 (Vorinstanz: LAG Hamm, Urt. v. 29.03.2006, Az.: 18 Sa 2104/05, LAGE, § 1 KSchG Krankheit Nr. 39).

drohte Menschen".[192] Diese Wortlautauslegung im engeren Sinne wird - zumindest was den Kreis der schwerbehinderten und diesen gleichgestellten behinderten Menschen betrifft - auch durch den weiteren Wortlaut des § 84 Abs. 2 im Zusammenspiel mit dem des § 84 Abs. 1 gestützt. Denn aus dem dahingehenden Wortlaut ergibt sich eine klare Differenzierung zwischen den Verfahren für schwerbehinderte Arbeitnehmer und anderen Beschäftigten. So wird einerseits in § 84 Abs. 1 durchgängig davon ausgegangen, dass die Regelung nur für Schwerbehinderte gilt, wohingegen andererseits in § 84 Abs. 2 die Einbeziehung der Schwerbehindertenvertretung als Besonderheit für den Fall hervorgehoben wird, dass schwerbehinderte Arbeitnehmer betroffen sind. Diese klare Differenzierung kann zur Begründung des Gegenteils nicht allein damit „abgetan" werden, dass hiermit dem Umstand Rechnung getragen werden sollte, dass nicht jeder Betrieb eine Schwerbehindertenvertretung hat.[193] Denn dann hätte § 84 Abs. 1 im Zuge der Gesetzesänderung zum 01.05.2004 gleichermaßen angepasst werden müssen. Hinzu kommt, dass die Interessenvertretung an erster Stelle aufgeführt und zusätzlich eine Unterscheidung nach der Hinzuziehung der gemeinsamen Servicestelle und des Integrationsamts vorgenommen wird.

Die Wortlautauslegung wird durch die Auslegung gestützt, die sich an der historischen Entwicklung des § 84 Abs. 2 orientiert. Denn so stellte § 84 Abs. 2 S. 3 i.d.F. bis 30.04.2004 explizit klar, dass die S. 1 und 2 gleichermaßen für behinderte und von Behinderung bedrohte Menschen gelten. In diesem Fall sollte an die Stelle der Schwerbehindertenvertretung die zuständige Interessenvertretung i.S. des § 93 treten. Demzufolge ging bereits die Vorgängerregelung des § 84 Abs. 2 weit über den Kreis der schwerbehinderten Arbeitnehmer hinaus. Aus der erklärten Zielsetzung der Neuregelung, der Stärkung der Prävention im Arbeitsverhältnis und damit einer Ausweitung des Regelungsbereichs[194], ergibt sich überdies eindeutig, dass mit der Verwendung der weiteren Begrifflichkeit „Beschäftigten" im Vergleich zu den „schwerbehinderten Menschen" nicht lediglich die Streichung des § 84 Abs. 2 S. 3 i.d.F. bis 30.04.2004 kompensiert werden sollte. Vielmehr wollte der Gesetzgeber deutlich machen, dass - anders als zuvor - nicht nur Schwerbehinderte, diesen Gleichgestellte, behinderte und von Behinderung bedrohte Menschen vom Anwendungsbereich erfasst sein sollen. Vor diesem Hintergrund erklärt sich auch, dass der Gesetzgeber in der Gesetzesbegründung keine Ausführungen zum Geltungsumfang getätigt hat. Hinzu kommt, dass die Vorgängerregelung gleichfalls die Differenzierung des Verfahrens

---

[192] Zu der streitigen Frage, ob auch Beamte in den Geltungsbereich des § 84 einbezogen sind, vgl. ausführlich und überzeugend Gagel/Schian/Schian, Forum B, Diskussionsbeitrag Nr. 3/2007 sowie Gagel, Forum B, Diskussionsbeitrag Nr. 4/2007, Seiten 1 ff.
[193] I.d.S. aber Brose, BB 2005, 390, 391.
[194] Vgl. BT-Drs. 15/1783, Seite 16.

(Einbeziehung des Betriebsrats bei nicht schwerbehinderten Arbeitnehmern) kannte.

Die Auslegung, welche sich an der Systematik des § 84 Abs. 2 orientiert, führt gleichfalls zu dem Ergebnis, dass die Regelung auf alle Arbeitnehmer des Betriebs/Unternehmens anzuwenden ist. Zwar ist sowohl der restriktiven als auch der gemäßigten Literaturansicht zuzugestehen, dass sich die Vorschrift im SGB IX befindet, das in seiner Gesamtheit behinderte und von Behinderung bedrohte Menschen schützt, und dabei nach ihrem äußeren Standort im Gesetz unter den ausschließlich für schwerbehinderte und diesen gleichgestellte behinderte Menschen geltenden Vorschriften aufzufinden ist. Dies spricht jedoch nicht gegen eine weitergehende Auslegung des Begriffs der „Beschäftigten". Denn eine solche Durchbrechung lediglich der äußeren Systematik ist letztendlich Ergebnis der bislang leider fehlenden Kodifizierung des Arbeitsrechts in einem einheitlichen Arbeitsgesetzbuch. Vor diesem Hintergrund war das SGB IX und insbesondere § 84 der beste Standort, die Materie des BEM einheitlich zu regeln. Die weniger wünschenswerte Alternative wäre eine zusätzliche Regelung in einem der unzähligen arbeitsrechtlichen Gesetze gewesen, die aber - rein von der Regelungsmaterie her - weniger passend als das SGB IX gewesen wären. Dass auch eine solche Durchbrechung der lediglich äußeren Systematik des Gesetzes nichts Ungewöhnliches ist, ergibt sich bereits aus § 83 Abs. 2 a Nrn. 4 - 6, welcher in seinem Anwendungsbereich ebenfalls jedenfalls über den Bereich der schwerbehinderten Arbeitnehmer hinausgeht, und zeigen zudem verschiedene andere arbeits- und sozialrechtliche Gesetze. Denn so gibt es einerseits zahlreiche arbeitsrechtliche Gesetze, welche an sich „nur" Arbeitnehmer schützen, die jedoch vor allem aus Schutzgesichtspunkten auf Personengruppen ausgedehnt werden, welche die Arbeitnehmereigenschaft - nach der allgemeinen, durch arbeitsrechtliche Rechtsprechung gefestigten Definition -[195] formal nicht erfüllen, so z.B. die unzähligen Regelungen über die Gleichstellung der zur Berufsbildung Beschäftigten (§ 2 Abs. 2 ArbZG, § 1 Abs. 2 EntgeltFG, § 2 BUrlG, § 20 Abs. 1 BEEG). Auch hier hat der Gesetzgeber eine Erweiterung des erklärten Anwendungsbereichs („Arbeitnehmer") vorgenommen, obgleich er dabei einen anderen Weg gegangen ist, nämlich den Weg, dass er abweichend von der klaren Zielsetzung des Ausbildungsverhältnisses (der Ausbildungszweck und nicht die Erbringung einer Arbeitsleistung steht im Vordergrund)[196] diese Personengruppe als Arbeitnehmer betrachtet, um eine Gleichstellung derselben aus Schutzge-

---

[195] Vgl. hierzu Preis, in ErfK, § 611 Rdnrn. 34 ff. m.w.N.
[196] Daher werden Ausbildungsverhältnisse nach dem BBiG nach der arbeitsrechtlichen Rechtsprechung nicht als Arbeitsverhältnisse betrachtet (vgl. BAG, Urt. v. 13.12.1972, Az.: 4 AZR 89/72, AP Nr. 26 zu § 611 BGB Lehrverhältnis; LAG Düsseldorf, Urt. v. 26.06.1984, Az.: 8 Sa 617/84, BB 1985, 593).

sichtspunkten zu bewirken. Dies ändert jedoch nichts daran, dass diese Personengruppe an sich nicht den allgemeinen Begriff des „Arbeitnehmers" erfüllt und daher ohne Klarstellung nicht vom Gesetzestext als Arbeitnehmerschutzgesetz erfasst würde. Der einzige Unterschied der vorliegenden Regelung, bei dem der erklärte äußere Anwendungsbereich („Schwerbehinderte und diese Gleichgestellte") ebenfalls durchbrochen wird, zur so gewählten Gesetzestechnik besteht darin, dass der Gesetzgeber hier die Gleichstellung nicht (mehr) besonders hervorgehoben, sondern diese durch die Verwendung des umfassenden Begriffs des „Beschäftigten" zum Ausdruck gebracht hat. Hinzu kommt, dass es auch keineswegs ungewöhnlich ist, dass arbeitsrechtliche Regelungen wegen ihrer Sachnähe zum Sozialrecht in Sozialgesetze aufgenommen werden, so etwa die Regelungen zur Kündigungsberechtigung und zum Befristungsgrund in § 41 SGB VI, zum Erörterungsanspruch bzgl. einer Arbeitszeitverringerung wegen des Anspruchs auf eine Teilrente nach § 42 Abs. 3 SGB VI sowie zur Haftungsbeschränkung nach §§ 104, 105 SGB VII. Gleiches ergibt sich auch aus der Diskussion um § 2 Abs. 2 S. 2 Nr. 2 SGB III (= § 2 Abs. 1 S. 2 Nr. 2 i.d.F. bis 31.12.2001)[197], bei der es um die Frage der Regelung von kündigungsschutzrechtlichen Fragen im SGB III geht.[198] Aus der vom Gesetzgeber so gewählten äußeren Systematik lassen sich auch keineswegs Rückschlüsse auf die - insoweit entscheidende - innere Gesetzessystematik ziehen. Denn trotz der Erweiterung des geschützten Personenkreises auf sämtliche Arbeitnehmer ist § 84 Abs. 2 mit den sonstigen Vorschriften des SGB IX vereinbar. Insoweit sind keinerlei Auswirkungen erkennbar, welche die Wirkung anderer Vorschriften in Frage stellen könnten. Dies umso mehr, als der Gesetzgeber bereits in der bis 30.04.2004 geltenden Vorgängerregelung mit § 84 Abs. 2 S. 3 den vorangestellten äußeren Anwendungsbereich durchbrochen hatte. Zusammenfassend kann an dieser Stelle daher festgehalten werden, dass es die äußere Systematik des SGB IX nicht ausschließt, dass sich § 84 Abs. 2 seinem Wortlaut nach auf alle Arbeitnehmer des Betriebs/Unternehmens bezieht.

Schlussendlich darf der Normzweck des § 84 Abs. 2 nicht unberücksichtigt bleiben. Aus der Begründung zum Gesetzesentwurf der Regierungsfraktionen geht hervor, dass mit § 84 Abs. 2 n.F. ein BEM bei gesundheitlichen Störungen ein-

---

[197] § 2 neugef. m.W.z. 01.01.2002 d. G. v. 10.12.2001 (BGBl. 2001, Teil I, Seite 3443); Abs. 2 S. 2 Nr. 3 angef., Abs. 5 Nr.2 neugef. d. G. v. 23.12.2002 (BGBl. 2002, Teil I, Seite 4607); Überschrift, Abs. 1, 1. HS, Abs. 2 S. 2 Nr. 3, Abs. 3 S. 1 geänd. m.W.z. 01.01.2004 d. G. v. 23.12.2003 (BGBl. 2003, Teil I, Seite 2848); Abs. 2 S. 2 Nr. 3 geänd. m.W.z. 31.12.2005 d. G. v. 22.12.2005 (BGBl. 2005, Teil I, Seite 3676); abgedr. in Aichberger, SGB.

[198] Vgl. zum Diskussionsstand Bepler, in Gagel, Komm. zum SGB III, § 2 Rdnrn. 36 ff.

gerichtet werden sollte.[199] Letztere können in einem Arbeitsverhältnis bei allen Arbeitnehmern auftreten, unabhängig von einer etwaigen, wenn auch nur drohenden, (Schwer-)Behinderung. Zudem ist es Ziel des § 84 Abs. 2, der Gesundheitsprävention im Arbeitsverhältnis einen höheren Stellenwert einzuräumen, was aber zugleich bedeutet, dass der Eintritt einer Behinderung einschließlich einer chronischen Erkrankung oder auch nur das Erreichen des Stadiums einer erst drohenden Behinderung bzw. chronischen Erkrankung gerade vermieden werden soll. § 84 ist dabei Ausdruck des in § 3 verankerten Präventionsvorrangs auf betrieblicher Ebene. Hinzu kommt, dass das BEM funktional auch auf die bessere Verwirklichung des Anspruchs auf gesundheits- und sicherheitsgerechte Einrichtung des Arbeitsplatzes und der Arbeitsorganisation gem. § 618 BGB zielt, der ebenfalls für alle Arbeitnehmer gilt. All dies stützt demzufolge die Auslegung nach dem Wortlaut sowie der Historie, so dass § 84 Abs. 2 für alle Arbeitnehmer gilt, die länger als sechs Wochen ununterbrochen oder wiederholt arbeitsunfähig sind.[200] Dass hierbei zumindest bereits das Stadium einer drohenden Behinderung bzw. chronischen Erkrankung erreicht sein muss, ist aus den bereits benannten Gründen nicht erforderlich. Eine solche Differenzierung würde sich auch angesichts der tatsächlichen Schwierigkeiten im Feststellungsverfahren als wenig praktikabel erweisen.

### 4. Rechtsfolgen bei unterlassenem BEM

Neben der Problematik des persönlichen Geltungsbereichs des § 84 Abs. 2 stellt sich ferner die Frage, welche Konsequenzen die Nichtdurchführung des BEM durch den Arbeitgeber nach sich zieht. Hierbei ist zunächst festzuhalten, dass § 84 Abs. 2 angesichts der insoweit eindeutigen Regelung in S. 7 der Vorschrift offensichtlich nicht lediglich als unverbindliche Handlungsoption des Arbeitgebers verstanden werden darf.[201] Denn danach haben die zuständige Interessenvertretung und ggf. die Schwerbehindertenvertretung darüber zu wachen, dass der Arbeitgeber die ihm nach dieser Vorschrift obliegenden „Verpflichtungen" erfüllt.

---

[199] Vgl. BT-Drs. 15/1783, Seite 15.

[200] Nach Gagel/Schian/Dalitz/Schian, Forum B, Diskussionsbeitrag Nr. 4/2006, Seite 4 wurde der dahingehend gewollte Geltungsbereich mittlerweile auch mehrfach vom zuständigen Ministerium bestätigt.

[201] So ausdrücklich Brose DB 2005, 390, 391 f.; Steinau-Steinrück/Hagemeister, NJW-Spezial 2005, 129; Schlewing, ZfA 2005, 485, 486; Klaesberg, PersR 2005, 427 f.; Braun, ZTR 2005, 630, 631; a.A. nur Namendorf/Natzel, DB 2005, 1794, 1796 f.; dies., FA 2005, 162, 164; Zorn, BehindR 2006, 42, 45.

## a) Rechtscharakter der in § 84 Abs. 2 normierten Verpflichtung

Fraglich ist aber, welchen konkreten Rechtscharakter die dahingehende Verpflichtung des Arbeitgebers hat, denn davon hängen die möglichen Konsequenzen für den Fall des Unterlassens eines BEM ab.

### aa) Verpflichtung mit rein appellativem Charakter

Vereinzelt wird die Ansicht vertreten, dass der Vorschrift des § 84 Abs. 2 keinerlei normative Wirkung zukommt, sondern die darin statuierte Verpflichtung ausschließlich appellativem Charakter besitzt.[202] Zur Begründung wird neben dem Wortlaut („nach dieser Vorschrift *obliegenden* Verpflichtungen"), den vom Gesetzgeber geschaffenen Anreizen (Gewährung von Prämien und Boni nach § 84 Abs. 3) auf die Vorschrift des § 2 Abs. 2 SGB III verwiesen, die strukturell gleich angelegt sei und der als in das Sozialversicherungsrecht integrierte Norm gleichfalls kein arbeitsrechtlich verpflichtender Charakter beigemessen werden könne. Letzteres habe das BAG in seiner Entscheidung vom 29.09.2005 (Az.: 8 AZR 571/04) schließlich explizit so festgestellt, indem es klargestellt hat, dass das Unterlassen des nach § 2 Abs. 2 Satz 2 Nr. 3 SGB III gebotenen Hinweises keinen Schadensersatzanspruch auslöst.[203]

### bb) Rein öffentlich-rechtliche Verpflichtung

Nach anderer Auffassung in der arbeitsrechtlichen Literatur begründet § 84 Abs. 2 eine rein öffentlich-rechtliche Verpflichtung des Arbeitgebers im Rahmen der Gesundheits- und Behindertenpolitik zur Vermeidung von Arbeitsunfähigkeit, Behinderung und Ausgliederung.[204] Ein darüber hinaus gehender privatrechtlicher Charakter in der Form, dass mit ihr ein - einklagbarer und auch vollstreckbarer - privatrechtlicher Anspruch des Arbeitnehmers auf Durchführung eines BEM korrespondiert, wird der Vorschrift von diesen Vertretern abgesprochen. Begründet wird diese Rechtsmeinung damit, dass § 84 Abs. 2 schon wegen der in Abs. 3 normierten Förderungsmöglichkeiten und der fehlenden Bußgeldbewährtheit eines Verstoßes nicht als anspruchsbegründende Norm ausgestaltet und der Arbeitnehmer auch nicht als geschützter Normadressat, sondern nur als „Beteiligter" des Verfahrens benannt sei.

---

[202] Vgl. Namendorf/Natzel, DB 2005, 1794, 1796 f.; dies., FA 2005, 162, 164; Zorn, BehindR 2006, 42, 45.

[203] Abgedr. in NZA 2005, 1406 ff.

[204] Schlewing, ZfA 2005, 485, 499; Balders/Lepping, NZA 2005, 854, 857; so wohl auch das ArbG Halberstadt, Urt. v. 11.05.2005 (Az.: 3 Ca 114/05), AuA 2005, 567, 568.

### cc) Verpflichtung auch privatrechtlicher Natur

Die überwiegende arbeits- und sozialrechtliche Literatur und auch die mit dieser Frage befassten Gerichte der Arbeitsgerichtsbarkeit, einschließlich das BAG in seiner Entscheidung vom 12.07.2007 (Az.: 2 AZR 716/06)[205], sprechen der Vorschrift des § 84 Abs. 2 entweder ausdrücklich[206] oder konkludent (durch das grundsätzliche Zuerkennen von nachteiligen Konsequenzen)[207] über ihren öffentlich-rechtlichen Charakter hinaus auf privatrechtlicher Ebene zwingenden Charakter zu. Begründet wird diese Rechtsansicht neben dem Wortlaut des § 84 Abs. 2 S. 6, 7[208], dem gesetzgeberischen Willen[209] sowie dem Sinn und Zweck der Vorschrift[210] insbesondere damit, dass sich die primär öffentlich-rechtliche Pflicht des § 84 Abs. 2 erkennbar auf das privatrechtliche Arbeitsverhältnis auswirke, wodurch sie zugleich zu einer privatrechtlichen Vertragspflicht dahingehend werde, die dem Vertragspartner dienlichen Pflichten sorgfältig wahrzunehmen. Die so normierte öffentlich-rechtliche Verpflichtung konkretisiere dabei entweder die Fürsorgepflicht des Arbeitgebers oder führe unmittelbar zu einer selbstständigen - auch einklagbaren - arbeitsvertraglichen Nebenpflicht.[211]

---

[205]  Vgl. FA 2007, 285 (Kurzwiedergabe).

[206]  So etwa Gagel/Schian/Dalitz/Schian, in Forum B, Diskussionsbeitrag Nr. 4/2004, Seiten 3 f.; dies., Forum B, Diskussionsbeitrag Nr. 4/2006, Seiten 4 f.; Brose DB 2005, 390, 391 f.; Gagel, in Forum B, Diskussionsbeitrag Nr. 1/2005, Seiten 4 f.; ders., jurisPR-ArbR 50/2006, Anm. 3, D; Kohte, jurisPR-ArbR 6/2005, Anm. 5, E; ders., jurisPR-ArbR 47/2005, Anm. 1, C; ders., jurisPR-ArbR 21/2006, Anm. 4, D; ders., jurisPR-ArbR 27/2006, Anm. 2, D; ders., jurisPR-ArbR 49/2006, Anm. 6, C; ders./Faber, jurisPR-ArbR 36/2006, Anm. 2, D; Steinau-Steinrück/Hagemeister, NJW-Spezial 2005, 129; Klaesberg, PersR 2005, 427 f.; Braun, ZTR 2005, 630, 631; Trenk-Hinterberger, in Lachwitz/Schellhorn/Welti, HK-SGB IX, § 84 Rdnrn. 21 ff.; LAG Niedersachsen, Urt. v. 25.10.2006 (Az.: 6 Sa 974/05), BB 2007, 719, 722; a.A. nur ArbG Halberstadt, Urt. v. 11.05.2005 (Az.: 3 Ca 114/05), AuA 2005, 567, 568.

[207]  So etwa Gaul/Süßbrich/Kulejewski, ArbRB 2004, 308, 311; Feldes, BehindR 2004, 187, 192 f.; Britschgi, AiB 2005, 284, 287 f.; Hunold, AuA 2005, 422; Düwell, jurisPR-ArbR 43/2005, Anm. 4, C; Neumann, in Neumann/Pahlen/Majerski-Pahlen, Komm. zum SGB IX, § 84 Rdnr. 17; LAG Berlin, Urt. v. 27.10.2005 (Az.: 10 Sa 783/05), NZA-RR 2006, 184 ff., MDR 2006, 761 f.; LAG Schleswig-Holstein, Urt. v. 17.11.2005 (Az.: 4 Sa 328/05), BehindR 2006, 170, 174; ArbG Lübeck, Urt. v. 24.11.2005 (Az.: 1 Ca 1738/05), veröff. in der juris-Datenbank; LAG Hamm, Urt. v. 29.03.2006 (Az.: 18 Sa 2104/05), LAGE, § 1 KSchG Krankheit Nr. 39; LAG Nürnberg, Urt. v. 21.06.2006 (Az.: 4 (9) Sa 933/05), BB 2006, 2362 ff.

[208]  So insbesondere Steinau-Steinrück/Hagemeister, NJW-Spezial 2005, 129; Brose DB 2005, 390, 391 f.; Braun, ZTR 2005, 630, 631; LAG Niedersachsen, Urt. v. 25.10.2006 (Az.: 6 Sa 974/05), BB 2007, 719, 722.

[209]  Vgl. Brose DB 2005, 390, 391 f.; Klaesberg, PersR 2005, 427, 428.; LAG Niedersachsen, Urt. v. 25.10.2006 (Az.: 6 Sa 974/05), BB 2007, 719, 722.

[210]  So insbesondere Klaesberg, PersR 2005, 427 f.

[211]  So insbesondere Gagel/Schian/Dalitz/Schian, in Forum B, Diskussionsbeitrag Nr. 4/2004, Seiten 3 f.

Insbesondere Wolfhard Kohte[212] versteht die Vorschrift als gesetzliche privat-rechtliche Handlungspflicht, welche auf den aus Art. 5 RL 2000/78/EG folgen-den Anpassungs- und Gestaltungspflichten beruht und durch welche die materi-ell-rechtliche Verpflichtung des § 81 Abs. 4 eine verfahrensrechtliche Konkreti-sierung bzw. Entsprechung gefunden hat. Danach soll also das Verfahren nach § 84 Abs. 2 gleichfalls zu den Anpassungsverfahren nach Art. 5 der RL 2000/78/EG gehören, zu deren Einhaltung der Arbeitgeber verpflichtet ist.

**dd) Stellungnahme**

Nach Auffassung der Verfasserin folgt zunächst grundlegend aus dem europa-rechtlichen Kontext des § 84 Abs. 2, dass dieser neben seinem primär öffentlich-rechtlichen Charakter zwingenden privatrechtlichen Charakter besitzt, dessen Nichteinhaltung nachteilige arbeitsrechtliche Auswirkungen für den betreffen-den Arbeitgeber haben kann. Denn Art. 5 RL 2000/78/EG verpflichtet den Ar-beitgeber zum Treffen angemessener Vorkehrungen, die den Menschen mit Be-hinderung u.a. die Ausübung eines Berufes gewährleisten, sofern der Arbeitge-ber durch die Vorkehrungen nicht unverhältnismäßig belastet wird. Nr. 21 der Erlasserwägungen zur RL legt dabei fest, dass bei der Prüfung der Frage, ob die konkret in Aussicht genommenen Maßnahmen zu übermäßigen Belastungen führen, u.a. die Verfügbarkeit von öffentlichen Mitteln oder anderen Unterstüt-zungsmöglichkeiten berücksichtigt werden sollten.[213] Materiell-rechtlich hat der deutsche Gesetzgeber bezogen auf die Gruppe der schwerbehinderten und die-sen gleichgestellten behinderten Menschen die aus Art. 5 RL 2000/78/EG fol-gende Anpassungsverpflichtung durch § 81 Abs. 4 Nrn. 1, 4, 5 richtlinienkon-form umgesetzt.[214] Zu berücksichtigen ist allerdings, dass die Umsetzung dieser Verpflichtung in der arbeitsrechtlichen Praxis angesichts der unbestreitbar z.T. komplexen Prüfungserfordernisse tatsächlich effektiv nur dann erfolgen kann, wenn von Arbeitgeberseite rechtzeitig unter Heranziehung des innerbetriebli-chen sowie außerbetrieblichen (Sozialversicherungsträger und Integrationsäm-ter) Sachverstands die Fragen des „Ob" und ggf. des „Wie" der Anpassungs-und Gestaltungsmöglichkeiten zügig geklärt werden. Und gerade für diesen Klä-rungsprozess stellt der Gesetzgeber das seit 01.05.2004 in § 84 Abs. 2 geregelte BEM zur Verfügung, mit dem speziell die Fragen der Änderung der Beschäfti-

---

[212] Vgl. insbesondere in ZSR 2003, 443, 451; ZSR Sonderheft 2005, 7, 21 f.; jurisPR-ArbR 47/2005, Anm. 1, C; jurisPR-ArbR 49/2006, Anm. 6, C; vgl. zudem Faber, in Forum B, Diskussionsbeitrag Nr. 11/2006, Seite 1.

[213] Hierzu bereits unter Teil 2, 1. Kapitel, § 2, D, I, 1, c, bb.

[214] Siehe hierzu ausführlich bereits unter Teil 2, 1. Kapitel, § 2, D, I, 2, b, c, bb; zur Gruppe der (nicht schwerbehinderten) behinderten Menschen vgl. die Ausführungen unter Teil 2, 3. Kapitel, C, III, 2.

gungsbedingungen rechtzeitig erörtert und einer Klärung zugeführt werden sollen. Darin liegt neben der Regelung des § 81 Abs. 4 ebenfalls zugleich eine Umsetzung der aus Art. 5 RL 2000/78/EG resultierenden Verpflichtung, auch wenn der Gesetzgeber selbst - wie auch schon bei § 81 Abs. 4 - die Einführung des BEM nicht mit einem solchen Umsetzungswillen begründet hat.[215] Denn sowohl das in § 84 Abs. 2 S. 1 vorgesehene Verfahren zur Durchführung des Klärungsprozesses als auch die in § 84 Abs. 2 S. 4 und Abs. 3 in diesem Rahmen zu erlangenden unterstützenden Leistungen zur Teilhabe oder begleitender Hilfen im Arbeitsleben sowie die generelle Förderungsmöglichkeit durch Prämien oder Boni ergänzen bzw. konkretisieren die materielle Verpflichtung aus § 81 Abs. 4 und beeinflussen zugleich die in diesem Rahmen durchzuführende Verhältnismäßigkeits- bzw. Zumutbarkeitsprüfung. Demzufolge ergibt sich aus dem Normenzusammenhang mit Art. 5 RL 2000/78/EG und der materiell-rechtlichen Verpflichtung des § 81 Abs. 4, dass § 84 Abs. 2 sehr wohl auch auf privatrechtlicher Ebene Rechtswirkungen entfaltet, also neben seinem primär öffentlichrechtlichen Charakter eine privatrechtliche Verpflichtung darstellt.

Dieses Ergebnis erzielt man gleichfalls, wenn man auf den Wortlaut der Vorschrift abstellt. Denn so folgt bereits aus der Verwendung der Formulierung „der Arbeitgeber klärt", dass eine entsprechende Prüfungspflicht des Arbeitgebers mit dem Ergebnis der Herbeiführung einer Klärung zwingend ist. Vervollständigt wird diese Annahme dadurch, dass § 84 Abs. 2 S. 6 ein „Einforderungsrecht" und § 84 Abs. 2 S. 7 eine „Wächterfunktion" der Interessen- und Schwerbehindertenvertretungen vorsieht. Dass § 84 Abs. 3 eine Fördermöglichkeit durch Prämien oder Boni regelt, ist kein Umstand, der zwingend gegen die Annahme einer privatrechtlichen Verpflichtung spricht. Insoweit ist zu berücksichtigen, dass der Arbeitgeber durch § 84 Abs. 2 nicht verpflichtet wird, ein formalisiertes und damit vielfach zugleich effektiveres BEM einzuführen, welches gleichfalls unter dem Oberbegriff BEM geführt wird. Vielmehr ist entscheidend, dass der Arbeitgeber - auf welche Art und Weise auch immer - in jedem Einzelfall seiner in § 84 Abs. 2 statuierten Prüfungs- bzw. Klärungspflicht nachkommt. Es ist davon auszugehen, dass der Gesetzgeber mit § 84 Abs. 3 dem Arbeitgeber einen Anreiz für ein - i.E. effektiveres - formalisiertes, d.h. in kollektivrechtlichen Vereinbarungen oder verbindlichen einseitigen RL festgelegtes, Verfahren zur Durchführung eines BEM schaffen wollte. Auch der Umstand, dass sich aus § 84 Abs. 2 selbst keinerlei Rechtsfolge für den Fall einer Pflichtverletzung entnehmen lässt, spricht nicht gegen das Vorliegen einer privatrechtlichen Verpflichtung. Denn so ist die explizite Anordnung einer irgend gearteten Rechtsfolge in einer Vorschrift anerkanntermaßen nicht zwingend für die Annahme

---

[215] Vgl. BT-Drs. 15/1783, Seiten 4, 15 f.

einer entsprechenden Rechtspflicht (vgl. nur §§ 612 a BGB, 623 BGB), weil sich vielfach die Rechtsfolgen aus den allgemeinen zivilrechtlichen Rechtssätzen (etwa §§ 125, 134, 280 ff. BGB) entnehmen lassen. Wichtig ist nur, dass man die Art der normierten Verpflichtung als Konkretisierung der arbeitgeberseitigen Fürsorgepflicht oder gar als echte arbeitsvertragliche Nebenpflicht näher spezifizieren kann. Demzufolge ergibt eine am Wortlaut orientierte Auslegung, dass § 84 Abs. 2 neben seinem primär öffentlich-rechtlichen Charakter eine privatrechtliche Verpflichtung darstellt.

Der Einstufung des § 84 Abs. 2 ausschließlich als öffentlich-rechtliche Verpflichtung widerspricht nach Auffassung der Verfasserin auch die ratio legis. Zwar folgt aus der amtlichen Überschrift der Norm „Prävention", dass es sich primär um ein Instrument der Früherkennung von gesundheitlichen Beeinträchtigungen im Beschäftigungsverhältnis handelt, das u.a. dem Zweck dient, die hohen von der Allgemeinheit zu tragenden Kosten langer Arbeitsunfähigkeit, gleich ob durch lang anhaltende oder wiederholte Ausfallzeiten, einzudämmen. Nichts desto trotz kommt in der Vorschrift neben diesem gesellschaftlichen Aspekt auch der Anspruch eines jeden Einzelnen auf entsprechende Unterstützung zum Ausdruck. Denn das in § 84 Abs. 2 geregelte Verfahren zur Durchführung eines BEM betrifft gerade das privatrechtlich ausgestaltete Beschäftigungsverhältnis und bleibt schon wegen der allgemeinen Verpflichtung zur Rücksichtnahme auf die Interessen des anderen Vertragspartners bzw. der Verpflichtung zur sorgfältigen Wahrnehmung der dem Vertragspartner dienlichen Pflichten zwangsläufig nicht ohne Auswirkungen auf dieses. Demzufolge stützt die Auslegung nach dem Normzweck die Auslegung unter Berücksichtigung des Normzusammenhangs sowie des Wortlauts.

Letztlich kann auch nicht unberücksichtigt bleiben, dass der Gesetzgeber von einer entsprechenden privatrechtlichen Verpflichtung ausgeht, indem er in der einschlägigen BT-Drs. 15/1783 auf Seite 16 ausführt: „... dass die Akteure unter Mitwirkung des Betroffenen zur Klärung der zu treffenden Maßnahmen *verpflichtet* werden".

Demzufolge ergibt eine Auslegung des § 84 Abs. 2, welche als Ausgangspunkt die europarechtliche Einordnung und das Verhältnis zu § 81 Abs. 4 näher beleuchtet, eindeutig, dass dieser im Beschäftigungsverhältnis privatrechtlich verpflichtenden Charakter besitzt.

## b)  Kündigungsrelevanz des § 84 Abs. 2

Vor diesem Hintergrund stellt sich zwangsläufig die weitere Frage, welche konkreten Konsequenzen sich für den Fall einer Verletzung dieser privatrechtlich ausgestalteten Verpflichtung insbesondere im Hinblick auf eine ausgesprochene personenbedingte Kündigung ergeben. Hierbei muss zunächst danach unterschieden werden, ob es sich um eine krankheitsbedingte Kündigung handelt, welche unter dem Blickwinkel des KSchG zu betrachten ist oder um eine solche, die sich außerhalb des Anwendungsbereichs des KSchG bewegt.

## aa)  Kündigungen im Anwendungsbereich des KSchG

### (1)  Keine formelle Wirksamkeitsvoraussetzung

Einigkeit besteht dabei in der arbeits- und sozialrechtlichen Literatur[216] sowie in der Instanzrechtsprechung der Arbeitsgerichtsbarkeit[217] - soweit ersichtlich - noch insoweit, dass die Einhaltung des Präventionsverfahrens nach § 84 Abs. 2 keine formelle Wirksamkeitsvoraussetzung einer krankheitsbedingten Kündigung ist. D.h. die Durchführung des in § 84 Abs. 2 vorgesehenen Verfahrens stellt neben der im Rahmen einer krankheitsbedingten Kündigung anerkanntermaßen bislang vorzunehmenden Drei-Stufen-Prüfung (negative Gesundheitsprognose, erhebliche Beeinträchtigung betrieblicher Interessen und Interessenabwägung) keinen zusätzlichen vierten Prüfungspunkt dar, so dass die Nichtdurchführung eines Präventionsverfahrens nicht per se zur Unwirksamkeit einer krankheitsbedingten Kündigung führt. Das BAG hatte Ende 2006 zunächst Gelegenheit, hierzu im Zusammenhang mit § 84 Abs. 1 Stellung zu nehmen.[218] Im Juli 2007[219] hat es schließlich die Frage - angesichts des beschriebenen Verhältnisses von § 84 Abs. 1 und § 84 Abs. 2[220] erwartungsgemäß - inhaltsgleich auch für § 84 Abs. 2 beantwortet. Dabei hat sich das BAG der ganz herrschenden Literaturauffassung sowie der Instanzrechtsprechung angeschlossen, wonach die

---

[216]  Vgl. Gagel/Schian/Dalitz/Schian, Forum B, Diskussionsbeitrag Nr. 5/2006, Seiten 1, 3; Pick, Forum B, Diskussionsbeitrag Nr. 6/2006, Seite 4; Düwell, FS für Küttner, 139, 151; vgl. auch  KR-Etzel, Vor §§ 85 - 92 SGB IX Rdnr. 36 sowie Kohte, ZSR Sonderheft 2005, 7, 20, 33.

[217]  So ausdrücklich ArbG Lübeck, Urt. v. 24.11.2005 (Az.: 1 Ca 1738/05), veröff. in der juris-Datenbank; vgl. auch ArbG Halberstadt, Urt. v. 11.05.2005 (Az.: 3 Ca 114/05), AuA 2005, 567; LAG Berlin, Urt. v. 27.10.2005 (Az.: 10 Sa 783/05), NZA-RR 2006, 184, 185; LAG Hamm, Urt. v. 24.01.2007 (Az.: 2 Sa 991/06), veröff. in der juris-Datenbank.

[218]  Vgl. BAG, Urt. v. 07.12.2006 (Az.: 2 AZR 182/06), NZA 2007, 617, 619.

[219]  Vgl. BAG, Urt. v. 12.07.2007 (Az.: 2 AZR 716/06), abgedr. in FA 2007, 285 mit ausführlicher Anmerkung Kohte, DB 2008, 582 ff.

[220]  Vgl. unter Teil 2, 1. Kapitel, § 2, D, II, 2.

Durchführung des BEM keine formelle Wirksamkeitsvoraussetzung für eine personenbedingte Kündigung aus krankheitsbedingten Gründen darstellt.

## (2) Materielle Wirksamkeitsvoraussetzung?

Zum Teil wird die Auffassung vertreten, dass sich mit der gesetzlichen Verpflichtung des Arbeitgebers zur Durchführung eines BEM bereits die Anforderungen an die auf erster Stufe zu prüfende negative Gesundheitsprognose erhöhen, weil ohne eine entsprechende Klärung der Möglichkeiten i.S. des § 84 Abs. 2 die Prognose als nicht vollständig und damit fehlerhaft anzusehen ist.[221]

Nach Auffassung der überwiegenden arbeits- und sozialrechtlichen Literatur ist die Verpflichtung zur Durchführung eines BEM hingegen grundsätzlich auf der zweiten bzw. dritten Stufe des dreistufigen Schemas zur Prüfung der Wirksamkeit einer krankheitsbedingten Kündigung festzumachen. Ausgehend von dem Umstand, dass das BAG bei der krankheitsbedingten Kündigung die Verhältnismäßigkeitsprüfung nicht als eigenständigen Prüfungspunkt sieht, sondern diese teilweise bereits in der zweiten Prüfungsebene (keine erhebliche Beeinträchtigung betrieblicher Interessen bei anderweitigen Weiterbeschäftigungsmöglichkeiten) und teilweise in der dritten Prüfungsebene (Prüfung weiterer Überbrückungsmaßnahmen im Rahmen der Interessenabwägung) ansiedelt[222], legen sich die Vertreter dieser Rechtsauffassung nicht fest, auf welcher Prüfungsstufe genau das BEM zu „verorten" ist. Vielmehr wird entweder allgemein auf den Verhältnismäßigkeitsgrundsatz (Übermaßverbot) abgestellt oder - und so ganz überwiegend - speziell der ultima-ratio-Grundsatz als dogmatischer Anknüpfungspunkt gewählt, wobei letzterer - wenig nachvollziehbar - teilweise nicht als Bestandteil des Verhältnismäßigkeitsgrundsatzes betrachtet wird, obwohl dieser im Rahmen der Verhältnismäßigkeitsprüfung unzweifelhaft dem Merkmal der Erforderlichkeit zuzuordnen ist.[223] Denn Erforderlichkeit i.d.S. bedeutet, dass von mehreren gleichermaßen geeigneten Mitteln stets dasjenige zu wählen ist, das den Arbeitnehmer am wenigsten belastet. Nach dieser Rechtsauffassung ist die krankheitsbedingte Kündigung unverhältnismäßig und damit sozialwidrig,

---

[221] Vgl. Gagel/Schian/Dalitz/Schian, Forum B, Diskussionsbeitrag Nr. 4/2004, Seiten 2 und 8; dies., Forum B, Diskussionsbeitrag Nr. 4/2006, Seite 5; Kciuk, DÖD 2005, 151, 153; Kohte, ZSR Sonderheft 2005, 7, 20 f.

[222] Vgl. BAG, Urt. v. 02.11.1989 (Az.: 2 AZR 366/89), RzK III, 1b, 13; Urt. v. 29.04.1999 (Az.: 2 AZR 431/98), AP Nr. 36 zu § 1 KSchG 1969 Krankheit; Urt. v. 29.07.1993 (Az.: 2 AZR 155/93), EzA § 1 KSchG Krankheit Nr. 40.

[223] So ausdrücklich auch das BAG, Urt. v. 07.12.2006 (Az.: 2 AZR 182/06), NZA 2007, 617, 619 f. sowie BAG, Urt. v. 12.07.2007 (Az.: 2 AZR 716/06), FA 2007, 285 (Kurzwiedergabe).

wenn zuvor kein BEM durchgeführt worden ist, sofern der insoweit darlegungs- und beweisbelastete Arbeitgeber nicht den Nachweis erbringen kann, dass die Durchführung des BEM im Einzelfall nicht das damit verfolgte Ziel der Sicherung des Arbeitsverhältnisses hätte erreichen können, die Kündigung also auch dann nicht vermeidbar gewesen wäre, oder der Betroffene die erforderliche Zustimmung zur Durchführung verweigert hat. Der Arbeitgeber müsse - so die Vertreter dieser Auffassung - unter Inanspruchnahme der Möglichkeiten des BEM ordnungsgemäß prüfen, ob die Kündigung tatsächlich die einzige und letzte Möglichkeit sei, der Situation der Beteiligten Rechnung zu tragen.[224]

Die arbeitsrechtliche Rechtsprechung schließt sich der herrschenden Literaturauffassung an und nimmt an, dass durch § 84 Abs. 2 das dem Kündigungsrecht innewohnende „ultima-ratio-Prinzip" für den Fall der krankheitsbedingten Kündigung verstärkend konkretisiert werde. Die in § 84 Abs. 2 benannten Maßnahmen gäben dem Arbeitgeber dabei das Maß an Prüfung vor, das er zur Verhinderung der krankheitsbedingten Kündigung zur Geltung bringen müsse. Eine Klärung nach Maßgabe des § 84 Abs. 2 durch den Arbeitgeber müsse dabei insbesondere mit den dort genannten Akteuren stattfinden.[225]

An der herrschenden Literaturauffassung und arbeitsgerichtlichen Rechtsprechung wird von den Vertretern, welche § 84 ausschließlich öffentlich-rechtlichen Charakter zusprechen, folgende Kritik geäußert: Das Präventionsverfahren könne schon deshalb keine materielle Wirksamkeitsvoraussetzung sein, weil es an der Kongruenz der Prüfungszeitpunkte fehle und den Arbeitnehmer keinerlei Obliegenheit zur Teilnahme am BEM treffe. Insbesondere eine „Verortung" in der negativen Gesundheitsprognose komme nicht in Betracht, da es hierfür allein auf objektive Tatsachen ankomme, welche die Besorgnis weiterer

---

[224] Gaul/Süßbrich/Kulejewski, ArbRB 2004, 308, 312; Gagel, Forum B, Diskussionsbeitrag Nr. 1/2005, Seite 1; Brose, DB 2005, 390, 393; Klaesberg, PersR 2005, 427, 429; Braun, ZTR 2005, 630, 632; Steinau-Steinrück/Hagemeister, NJW-Spezial 2005, 129, 130; Britschgi, AiB 2005, 284, 287; Düwell, jurisPR-ArbR 43/2005, Anm. 4, C; Kohte, ZSR Sonderheft 2005, 7, 21, 33; ders., jurisPR-ArbR 49/2006, Anm. 1, C; Kohte/Faber, jurisPR-ArbR 36/2006, Anm. 2, D; Pick, Forum B, Diskussionsbeitrag Nr. 6/2006, Seiten 4 f.; so alternativ zur Verneinung der negativen Gesundheitsprognose auch Gagel/Schian/Dalitz/Schian, Forum B, Diskussionsbeitrag Nr. 4/2004, Seiten 2 und 8; dies., Forum B, Diskussionsbeitrag Nr. 4/2006, Seite 5; dies., Forum B, Diskussionsbeitrag Nr. 5/2006, Seiten 1, 3 f.; Kciuk, DÖD 2005, 151, 153; vgl. auch KR-Etzel, Vor §§ 85 - 92 SGB IX Rdnr. 36 unter Bezugnahme auf das Urt. d. BAG v. 07.12.2006 (Az.: 2 AZR 182/06).

[225] LAG Berlin, Urt. v. 27.10.2005 (Az.: 10 Sa 783/05), NZA-RR 2006, 184 ff., MDR 2006, 761 f.; LAG Hamm, Urt. v. 29.03.2006 (Az.: 18 Sa 2104/05), LAGE, § 1 KSchG Krankheit Nr. 39; LAG Niedersachsen, Urt. v. 25.10.2006 (Az.: 6 Sa 974/05), BB 2007, 719, 722; zu § 84 Abs. 1: BAG, Urt. v. 07.12.2006 (Az.: 2 AZR 182/06), NZA 2007, 617, 619 f.; für § 84 Abs. 2: BAG, Urt. v. 12.07.2007 (Az.: 2 AZR 716/06), FA 2007, 285.

Erkrankungen rechtfertigen. Allein anhand der Tatsache, dass ein Arbeitgeber ein BEM nicht eingeleitet und durchgeführt bzw. jedenfalls versucht hat, könne nicht zwangsläufig ausgeschlossen werden, dass die negative Gesundheitsprognose nicht etwa aus anderen Gründen gerechtfertigt sei. Durch eine Verankerung des BEM im „ultima-ratio-Prinzip" würde zudem die Durchführung desselben faktisch zur formellen Wirksamkeitsvoraussetzung. Denn an die Darlegungslast des Arbeitgebers würden Anforderungen gestellt, die dieser nicht erfüllen könne. Insbesondere ließe sich im Kündigungsschutzprozess nicht feststellen, ob die Durchführung des BEM überhaupt ein geeignetes und milderes Mittel zur Vermeidung der Kündigung dargestellt hätte, das dem Arbeitgeber überdies zumutbar gewesen wäre. Insoweit sei zu berücksichtigen, dass das BEM nach der gesetzlichen Konzeption Prozesscharakter habe und ergebnisoffen sei. Die Akteure haben einen Gestaltungsspielraum, den es zu respektieren gelte und der sich einer späteren Kontrolle in Form des Nachzeichnens eines hypothetischen Verlaufs und Ergebnisses eines BEM entziehe.[226]

Nach Auffassung der Verfasserin verdient die Rechtsansicht der arbeitsrechtlichen Rechtsprechung und herrschenden Literatur Zustimmung. Der Kritik der Gegenauffassung ist insgesamt nicht zu folgen, sowohl hinsichtlich der Verankerung in der negativen Gesundheitsprognose als auch hinsichtlich der „Verortung" in der Verhältnismäßigkeitsprüfung. Zwar stellt die Möglichkeit des BEM für sich genommen noch keine Alternative dar. Jedoch lässt sich oft erst im Zusammenwirken von Arbeitgeber und Arbeitnehmer, Ärzten und Sozialleistungsträgern feststellen, inwieweit durch das BEM die Gesundheitsprognose beeinflusst werden kann. Demzufolge ist das BEM ein gesetzlich vorgesehenes Instrument für die Ermöglichung einer umfassenden und gründlichen Prognoseentscheidung, also i.E. ein institutionalisiertes Verfahren für die Prognose. Der Kritik an der „Verortung" in der Verhältnismäßigkeitsprüfung ist Folgendes entgegenzuhalten: Es stimmt nicht, dass hierdurch an die Darlegungslast des Arbeitgebers im gerichtlichen Verfahren derart hohe Anforderungen gestellt werden, welche dieser nicht erfüllen kann. Denn wenn man das BEM entsprechend der gesetzlichen Konzeption versteht, greift dieses bereits in einem sehr frühen Stadium ein. Insoweit ist zu berücksichtigen, dass das BEM die erste Reaktion auf krankheitsbedingte Schwierigkeiten im Arbeitsverhältnis darstellen soll. Dessen Funktion ist es nämlich, krankheitsbedingte Störungen des Beschäftigungsverhältnisses zum Anlass zu nehmen, sich gemeinsam mit allen im Betrieb maßgeblichen Akteuren, den Sozialleistungsträgern sowie dem Integrationsamt mit der Sicherung des Arbeitsplatzes zu befassen, bevor sich überhaupt erst der Gedanke an eine Kündigung konkretisiert. Demzufolge kann der Ar-

---

[226] So ausführlich insbesondere Schlewing, ZfA 2005, 485, 493 ff.

beitgeber in jedem Fall im Kündigungsschutzprozess seiner entsprechenden Darlegungs- und Beweislast nachkommen, sofern sich spätestens am Ende der Durchführung des BEM vor Ausspruch einer krankheitsbedingten Kündigung herausgestellt hat, dass es keine Möglichkeit gibt, den Arbeitsplatz zu erhalten, den Mitarbeiter anderweitig einzusetzen oder der Mitarbeiter auch unter Mitwirkung der vorgesehenen internen und externen Stellen nicht dazu bewegt werden konnte, seine Zustimmung zur Durchführung eines BEM zu erteilen. Insgesamt kann daher Folgendes festgehalten werden: Zwar stellt das mit dem BEM verbundene Klärungsverfahren - dogmatisch gesehen - selbst keine im Verhältnis zur Kündigung mildere Maßnahme dar.[227] Anders verhält es sich jedoch unzweifelhaft mit den aus der Durchführung des Klärungsverfahrens möglicherweise resultierenden geeigneten Maßnahmen zur Vermeidung einer krankheitsbedingten Kündigung. Demzufolge hat der Arbeitgeber zwingend als Ausfluss des Grundsatzes der Verhältnismäßigkeit, wonach eine Beendigungskündigung nur dann in Betracht kommt, wenn keine gleich geeigneten, zumutbaren und den Arbeitnehmer weniger belastenden arbeitsrechtlichen Maßnahmen (z.B. Schaffung eines leidensgerechten Arbeitsplatzes durch die Möglichkeiten des § 81 Abs. 4 S. 1 Nrn. 4, 5; Versetzung auf einen leidensgerechten Arbeitsplatz etc.) existieren, vor Ausspruch einer krankheitsbedingten Kündigung das Verfahren nach § 84 Abs. 2 anzustrengen. Er muss dieses dann solange ohne Ausspruch einer Kündigung betreiben, wie noch nicht abschließend eine Aussichtslosigkeit des Klärungsverfahrens durch die beteiligten Rechtsträger nachweislich festgestellt wurde, und sei dies nur deshalb, weil der betreffende Mitarbeiter auch nach Einschaltung der zu beteiligenden internen und externen Stellen seine Mitwirkung verweigert. Unterlässt der Arbeitgeber hingegen das - zumeist ergebnisoffene - erforderliche Klärungsverfahren, kann er vor Gericht auch schwerlich vortragen, welches Ergebnis sich nach dessen Durchführung gezeigt hätte. Dies wird ihm nur dann gelingen, wenn das Verfahren nach § 84 Abs. 2 von vornherein offensichtlich ungeeignet war, die Zielfrage des BEM zu beantworten: „Wie kann die Arbeitsunfähigkeit überwunden werden?" Dies wird nur in ganz seltenen Fallkonstellationen in Betracht kommen, z.B. bei feststehender dauernder Erblindung des Chefpiloten einer kleinen Luftfahrtgesellschaft oder allgemein bei (dokumentierter) nachhaltiger und endgültiger Verweigerungshaltung des Mitarbeiters.

**bb) Kündigungen außerhalb des Anwendungsbereichs des KSchG**

Auch der Arbeitgeber eines Kleinbetriebs bzw. eines Arbeitnehmers, der noch nicht in den persönlichen Geltungsbereich des KSchG fällt, ist ersichtlich Ad-

---

[227] So auch Düwell, FS für Küttner, 139, 150.

ressat des Gesetzesauftrags in § 84 Abs. 2.[228] Genauso wie bei Kündigungen, die sich im Anwendungsbereich des KSchG bewegen, führt die Nichtdurchführung des BEM jedoch nicht per se zur Unwirksamkeit einer solchen Kündigung. Vielmehr sind derartige Kündigungen insbesondere an den Grundsätzen der Treu- bzw. Sittenwidrigkeit i.S. des § 242 BGB bzw. § 138 BGB zu messen.[229] Hierbei ist zu beachten, dass im Zusammenhang mit der bloßen Nichtdurchführung des BEM kaum ein (nachweisbares) verwerfliches Motiv des Arbeitgebers zu bejahen sein wird und auch kein krasser Verstoß gegen Grundrechte des Arbeitnehmers angenommen werden kann. Dies wäre jedoch wegen der gesetzgeberischen Grundentscheidung der §§ 1, 23 KSchG für die Annahme einer Sittenwidrigkeit i.S. des § 138 BGB zwingend erforderlich.[230] Demzufolge wird sich im Zusammenhang mit derartigen, ohne Durchführung eines BEM ausgesprochenen Kündigungen regelmäßig allenfalls die Frage stellen, ob sich die Kündigung möglicherweise als treuwidrig i.S. des § 242 BGB und damit als willkürlich erweist. Vor dem Hintergrund der Abgrenzung zum Anwendungsbereich des KSchG ist jedoch ein Rückgriff auf § 242 BGB nur eingeschränkt möglich. Insbesondere folgt aus der Existenz und dem beschränkten Geltungsbereich des KSchG die gesetzgeberische Wertung, dass der Arbeitgeber bei allen anderen Kündigungen keinem materiellen Begründungserfordernis unterworfen sein soll.[231] Fraglich ist, ob der Arbeitgeber dennoch den Grundsatz der Verhältnismäßigkeit und dabei insbesondere das ultima-ratio-Prinzip zu beachten hat.

Vertritt man - wie das BAG in der Entscheidung vom 28.06.2007 (Az.: 6 AZR 750/06)[232] - die Auffassung, dass dem Grundsatz der Verhältnismäßigkeit nur im Rahmen des normierten Kündigungsschutzes Bedeutung zukommt[233] und es im Übrigen lediglich auf das Vorliegen eines irgend gearteten einleuchtenden Sachgrundes bzw. auf das Fehlen von sachfremden Motiven ankommt, würde

[228] So auch Düwell, FS für Küttner, 139, 151; Gagel/Schian/Schian/Pick, Forum B, Diskussionsbeitrag Nr. 6/2006, Seiten 1, 5; LAG Schleswig-Holstein, Urt. v. 17.11.2005 (Az.: 4 Sa 328/05), BehindR 2006, 170, 174.

[229] Vgl. hierzu ausführlich Preis, NZA 1997, 1256, 1262 ff.; Kiel, in ErfK, § 4 KSchG, Rdnr. 4; § 13 KSchG, Rdnrn. 18 ff.

[230] Vgl. Preis, NZA 1997, 1256, 1266 m.w.N.

[231] Vgl. hierzu ausführlich Preis, Prinzipien des Kündigungsrechts bei Arbeitsverhältnissen, Seiten 295, 397 ff.; ders. NZA 1997, 1256, 1267 m.w.N.; vgl. auch LAG Schleswig-Holstein, Urt. v. 17.11.2005 (Az.: 4 Sa 328/05), BehindR 2006, 170, 174.

[232] Vgl. NZA 2007, 1049, 1052 mit krit. Anm. Gagel, jurisPR-ArbR 39/2007, Anm. 1, C.

[233] I.d.S. auch schon BAG, Urt. v. 21.02.2001 (Az.: 2 AZR 579/99), AP Nr. 26 zu § 611 BGB Abmahnung; LAG Niedersachsen, Urt. v. 06.05.1999 (Az.: 14 Sa 1380/98), LAGE, § 1 KSchG Verhaltensbedingte Kündigung Nr. 72; vgl. auch Preis, Prinzipien des Kündigungsrechts bei Arbeitsverhältnissen, Seiten 295, 399; ders., in Stahlhacke/Preis/Vossen, Kündigung und Kündigungsschutz im Arbeitsverhältnis, Rdnr. 247; Schaub, NZA 1997, 1185, 1186.

außerhalb des KSchG regelmäßig die Annahme einer Treuwidrigkeit bei unterlassenem BEM ausgeschlossen sein. Andererseits könnte man argumentieren, dass über die grundrechtliche Schutzpflicht bei allen Gestaltungsrechten die Anwendung des Verhältnismäßigkeitsgrundsatzes im Privatrecht legitimiert ist.[234] Möglich ist es jedoch auch, bei einer erkennbaren Interessenwertung eine Verhältnismäßigkeitsbindung als verfehlt zu betrachten, so dass bei der Beurteilung u.U. eine Differenzierung danach vorgenommen werden muss, ob es sich um eine langjährige Vertragsbeziehung handelt oder um eine Kündigung innerhalb der Wartezeit des KSchG.[235] Bejaht man, was nach Auffassung der Verfasserin wegen der anerkannten Pflicht zur Auslegung der §§ 138, 242 BGB im Lichte der Verfassung angezeigt ist, jedenfalls bei Kündigungen nach der Wartezeit die Anwendung des Verhältnismäßigkeitsgrundsatzes und damit auch des ultima-ratio-Prinzips, so kann sich bei einer Einzelfallbetrachtung eine streitgegenständliche Kündigung bereits als willkürlich darstellen, wenn konkrete Anhaltspunkte dafür existieren, dass durch das BEM der/ein Arbeitsplatz hätte erhalten, also durch ein ordnungsgemäß durchgeführtes Präventionsverfahren die Kündigung hätte vermieden werden können. Dies gilt selbstverständlich nur, wenn der betreffende Mitarbeiter - ggf. auch erst nach Hinzuziehung interner oder externer Träger - bereit gewesen wäre, am Klärungsverfahren nach § 84 Abs. 2 mitzuwirken.[236] Es ist dabei grundsätzlich Sache des Arbeitnehmers, nach den Grundsätzen der abgestuften Darlegungs- und Beweislast Tatsachen vorzutragen, welche die Treuwidrigkeit der Kündigung indizieren bzw. als nicht ausgeschlossen erscheinen lassen. Die Rechtsansicht, wonach wegen des besonderen Prüfungsmaßstabs außerhalb des KSchG die Kündigung allenfalls dann willkürlich ist, wenn sich ein Arbeitgeber überhaupt nicht der Intention des § 84 Abs. 2 stellt, er die Zielsetzung des SGB IX also vollkommen ignoriert[237], geht nach Auffassung der Verfasserin indes zu weit. Denn diese Auffassung läuft entscheidend dem verpflichtenden Rechtscharakter des Präventionsverfahrens zuwider, wonach es gerade nicht ausreichend ist, dass der Arbeitgeber Beliebiges unternimmt, er muss vielmehr konkret seinen aus § 84 Abs. 2 resultierenden Pflichten nachkommen. Dafür, dass sich eine krankheitsbedingte Kündigung bereits als treuwidrig darstellt, wenn konkrete Anhaltspunkte dafür existieren, dass durch das BEM der/ein Arbeitsplatz hätte erhalten oder allgemein der Kün-

---

[234] I.d.S. BAG, Urt. v. 25.04.2001 (Az.: 5 AZR 360/99), AP Nr. 14 zu § 242 BGB Kündigung; BAG, Urt. v. 06.02.2003 (Az.: 2 AZR 672/01), AP Nr. 30 zu § 23 KSchG 1969; so auch Oetker, ArbuR 1997, 41, 52.

[235] Vgl. zum Ganzen Preis, NZA 1997, 1256, 1267 m.w.N.

[236] So ausdrücklich Gagel/Schian/Schian/Pick, Forum B, Diskussionsbeitrag Nr. 6/2006, Seiten 1, 5.

[237] So das LAG Schleswig-Holstein, Urt. v. 17.11.2005 (Az.: 4 Sa 328/05), BehindR 2006, 170, 174.

digigungsgrund hätte ausgeräumt werden können, spricht ferner die Entscheidung des BAG vom 02.11.1983 (Az.: 7 AZR 65/82)[238], wonach sich eine Kündigung als treuwidrig erweisen kann, wenn der Arbeitgeber dem betroffenen Arbeitnehmer keine Gelegenheit zur Stellungnahme gibt, obwohl die Kündigung lediglich auf unsubstantiierte Vorwürfe und nicht auf hinreichende objektive Tatsachen gestützt wird. Das BAG hat in derartigen Konstellationen eine Anhörungspflicht des Arbeitgebers bejaht, deren Verletzung zur Unwirksamkeit der Kündigung wegen eines Verstoßes gegen § 242 BGB führen kann. Wenn das BAG in der bereits zitierten Entscheidung vom 28.06.2007 zumindest für den Bereich der Wartezeitkündigungen nunmehr klargestellt hat, dass eine Treuwidrigkeit nicht schon dann anzunehmen ist, wenn zum Kündigungszeitpunkt die Möglichkeit einer anderen zumutbaren Beschäftigung bestand und die unterbliebene Durchführung des Verfahrens nach § 84 Abs. 2 keinerlei kündigungsrechtliche Folgen hervorruft, so vermag dies nicht zu überzeugen. Denn die vom BAG zur Begründung angeführte Anlehnung des Wortlauts des § 84 Abs. 2 an das KSchG greift nicht durch. Insoweit fehlt ein konkreter Anhaltspunkt dafür, dass mit der Benennung der verschiedenen Gruppen von Kündigungsgründen, die auch im KSchG zu finden sind, eine Begrenzung gemeint war. Der vom BAG ebenfalls angeführte § 90 Abs. 1 Nr. 1 hat überdies mit der Verpflichtung zur Prävention nichts gemein, sondern betrifft lediglich die Zustimmungspflichtigkeit der Kündigung, nicht aber die im Vorfeld notwendigen Maßnahmen zur Erhaltung des Beschäftigungsverhältnisses.

## 5. Schlussfolgerungen für § 28

Das BEM nach § 84 Abs. 2 stellt eine Verfahrensregelung dar, welche selbst zwar keine materiellen Ansprüche auf Beschäftigung oder Hilfen begründet, jedoch in Umsetzung der aus Art. 5 RL 2000/78/EG resultierenden Verpflichtung zum Treffen angemessener Vorkehrungen als Teil des Diskriminierungsverbots dazu dient, die Möglichkeiten zum Erhalt der Beschäftigung zu klären und zu organisieren. Mit allen verfügbaren und betrieblich beeinflussbaren Möglichkeiten, die zugleich zumutbar sind, soll die Arbeitsunfähigkeit möglichst überwunden, einer erneuten Arbeitsunfähigkeit vorgebeugt und der Arbeitsplatz erhalten werden. In Betracht kommen dabei insbesondere Anpassungen des Arbeitsplatzes oder der Arbeitszeit, Veränderungen in der Art der Tätigkeit sowie Unterstützungsleistungen bei der Wiedererlangung der Arbeitsfähigkeit. Damit stellt sich die stufenweise Wiedereingliederung nach § 28, § 74 SGB V als mögliches Ergebnis des in § 84 Abs. 2 vorgesehenen Klärungsverfahrens sowie als eine Möglichkeit dar, die von § 84 Abs. 2 verfolgten Ziele zu erreichen. Denn diese

---

[238] Abgedr. in DB 1984, 407 f., AP Nr. 29 zu § 102 BetrVG 1972.

hat ersichtlich die stufenweise Wiedererlangung der möglichst vollen Arbeitsfähigkeit sowie eine Vermeidung langer Entfremdung vom Betrieb zum Ziel.[239] Das BEM nach § 84 Abs. 2 konkretisiert insgesamt den in § 3 enthaltenen Grundsatz präventiver Vorsorge und stellt damit gleichfalls - neben § 81 Abs. 4, 5 und § 28 - ein wichtiges Instrument der betrieblichen bzw. beruflichen Rehabilitationsförderung i.S. der Erhaltung der Teilhabe am Arbeitsleben dar.[240] Als verfahrensrechtliche Konkretisierung der materiellen Verpflichtung aus § 81 Abs. 4 ist die Vorschrift des § 84 Abs. 2 gleichfalls von zentraler Bedeutung für § 81 Abs. 4 als mögliche Anspruchsgrundlage für eine Beschäftigung mit dem Ziel einer stufenweisen Wiedereingliederung.[241]

## § 3 Normzweck

Dem in § 28 festgeschriebenen Rechtsinstitut der stufenweisen Wiedereingliederung kommt eine Doppelfunktion zu.[242]

## A. Primärzweck

Der Primärzweck besteht darin, arbeitsunfähige Leistungsberechtigte wieder in den Arbeitsprozess einzugliedern, indem die medizinischen und die sie ergänzenden Leistungen entsprechend dieser Zielsetzung erbracht werden. Dahinter verbirgt sich konkret der Gedanke, dass es oft sinnvoll ist und aus therapeutischen Gründen angezeigt sein kann, bereits während einer auch weiterhin notwendigen Behandlung des Leistungsberechtigten mit der Wiedereingliederung zu beginnen, weil andernfalls Möglichkeiten zur Flexibilisierung und frühzeitigen Rückkehr in das Erwerbsleben - mit ggf. zum Teil erheblichen Folgen - ungenutzt bleiben würden. Angestrebt wird hierbei eine günstige Beeinflussung des Rehabilitationsprozesses durch eine allmähliche, individuell angepasste Steigerung der Arbeitszeit und/oder der Arbeitsbelastung im Rahmen eines medizinisch, arbeitsphysiologisch und psychologisch begründeten sowie ärztlich überwachten Wiedereingliederungsplans bzw. Stufenplans unter Berücksichtigung der konkreten Leistungseinschränkungen und Arbeitsplatzanforderungen.

---

[239] So auch Gagel, NZA 2004, 1359; Balders/Lepping, NZA 2005, 854, 855.

[240] So auch LAG Hamm, Urt. v. 29.03.2006 (Az.: 18 Sa 2104/05), § 1 KSchG Krankheit Nr. 39. Namendorf/Natzel, FA 2005, 162 betrachten das BEM gleichfalls als Konkretisierung des in § 3 enthaltenen Programmsatzes, sehen dieses jedoch nicht als Mittel der Rehabilitation, obwohl die tertiäre Prävention als das Einwirken auf bereits eingetretene Schädigungen bzw. Krankheiten (vgl. hierzu Fuchs, Bihr/Fuchs/Krauskopf/Ritz, Komm. zum SGB IX, § 3 Rdnr. 7) den Begriff der beruflichen bzw. betrieblichen Rehabilitation einschließt.

[241] Vgl. unter Teil 2, 3. Kapitel, § 2, C.

[242] In Bezug auf § 74 SGB V so auch Compensis, NZA 1992, 631, 632 und Becker, Seite 60.

Hierdurch soll dem Leistungsberechtigten die Möglichkeit gegeben werden, seine berufliche Belastbarkeit zu erproben bzw. zu trainieren, diese zugleich entsprechend dem Stand der wiedererreichten körperlichen, geistigen und seelischen Leistungsfähigkeit zu steigern und zudem seine Selbstsicherheit durch den Abbau von etwaigen Ängsten vor Überforderung und einem Rückfall in eine krankheitsbedingte Arbeitsunfähigkeit wiederzugewinnen.[243] Demzufolge verfolgt die Vorschrift des § 28 primär individuelle Interessen des Leistungsberechtigten, wobei sie zugleich Ausdruck des gesetzgeberisch gewandelten Verständnisses der Abwesenheitszeiten infolge krankheitsbedingter Arbeitsunfähigkeit ist - weg von der Zeit als Stagnationsphase hin zu einer Zeit des aktiven Vorantreibens der Wiedereingliederung in das Erwerbsleben.

## B. Sekundärzweck

Über die Erreichung des erstrebten Primärzwecks soll durch die Regelung des § 28 eine Entlastung der Sozialversicherungssysteme erzielt werden.[244] Denn bei erfolgreicher stufenweiser Wiedereingliederung steht der Leistungsberechtigte in aller Regel früher wieder im Erwerbsleben[245], was zur Zuführung von Sozialversicherungsbeiträgen durch diesen Personenkreis führt sowie zu gleichzeitiger Einsparung von Leistungen aus der Sozialversicherung. Demzufolge soll durch eine stufenweise Wiedereingliederung ein schnellerer Übergang von der sozialversicherungsrechtlichen Vollversorgung zur vollständigen Eigenversorgung erreicht werden.

## § 4 Sozialrechtliche Rechtsnatur

Anders als die Vorschrift des § 74 SGB V hat der Gesetzgeber die Regelung des § 28 - gesetzessystematisch nachvollziehbar - innerhalb der Grundlagenregelungen zum Leistungsrecht (§§ 26 - 59) eingeordnet und damit zugleich ein Stück weit Klarheit in Bezug auf die bislang streitige systematische Einordnung des § 74 SGB V[246] geschaffen. Denn so hat der Gesetzgeber bei der Einführung des § 28 ausdrücklich auf die Regelung des § 74 SGB V Bezug genommen und überdies im Zusammenhang mit dem Inkraftsetzen des SGB IX eine Korrektur der krankenversicherungsrechtlichen Grundlagenregelung über die medizinischen

---

[243] Grundlegend zum primären Normzweck: vgl. Ziff. 1 der Anlage der auf Basis des § 92 Abs. 1 S. 2 Nr. 7 des SGB V erlassenen AU-RL (BAnz. 2004, Nr. 61, Seite 6501; zuletzt geänd. durch Beschl. v. 19.09.2006, BAnz. 2006, Nr. 241, Seite 7356).

[244] Zu § 74 SGB V vgl. Compensis, NZA 1992, 631, 632; v. Hoyningen-Huene, NZA 1992, 45, 50; Schaaf, SGb 1993, 506, 507.

[245] Vgl. hierzu ausführlich unter Teil 2, 4. Kapitel, § 1, B.

[246] Vgl. zum Streitstand ausführlich Becker, Seiten 62 ff.

Leistungen zur Rehabilitation, den § 11 SGB V, vorgenommen, indem er diesen im Abs. 2 um den dortigen S. 3 ergänzt hat.[247] § 11 Abs. 2 SGB V lautet in den vorliegend interessierenden S. 1 und 3 seitdem wie folgt: „Versicherte haben auch Anspruch auf Leistungen zur medizinischen Rehabilitation sowie auf unterhaltssichernde und andere ergänzende Leistungen, die notwendig sind, um eine Behinderung oder Pflegebedürftigkeit abzuwenden, zu beseitigen, zu mindern, auszugleichen, ihre Verschlimmerung zu verhüten oder ihre Folgen zu mildern. ... Die Leistungen nach Satz 1 werden unter Beachtung des Neunten Buches erbracht, soweit in diesem Buch nichts anderes bestimmt ist." Demzufolge kann nunmehr festgehalten werden, dass es sich bei der stufenweisen Wiedereingliederung um einen Teil der medizinischen Rehabilitation handelt. Es stellt sich allerdings die Frage, inwieweit die sozialrechtliche Rechtsnatur dieses Rechtsinstituts im Detail weiter konkretisiert werden kann. Fraglich ist insbesondere, ob es sich bei der stufenweisen Wiedereingliederung um eine eigenständige Leistung der medizinischen Rehabilitation i.S. des § 26 bzw. i.S. des §§ 40 f. SGB V und damit um eine Sozialleistung i.S. des § 11 (i.V.m. § 21 Abs. 1 Nr. 2 e) SGB I handelt. Die Gesetzesbegründung sagt über die dahingehende gesetzliche Einordnung und deren Hintergründe nichts aus.[248] Vornehmlich die RVT vertraten bislang die Auffassung, dass es sich bei der stufenweisen Wiedereingliederung nach § 28 - wie bislang auch unter der ausschließlichen Geltung des § 74 SGB V[249] - keineswegs um eine eigene Leistung der medizinischen Rehabilitation handelt.[250] Für diese Rechtsauffassung sprechen der Wortlaut des § 28 sowie das Zusammenspiel mit § 26. Denn so sieht § 28 gerade als Rechtsfolge die Erbringung der medizinischen und die sie ergänzenden Leistungen vor. Die medizinischen Rehabilitationsleistungen sind dabei im Einzelnen beispielhaft in § 26 Abs. 2, 3 benannt, wobei die Möglichkeit der stufenweisen Wiedereingliederung nicht mit aufgezählt ist. Vielmehr hat der Gesetzgeber die stufenweise Wiedereingliederung unmittelbar nachfolgend in einer separaten Vorschrift geregelt und hierbei auch keine Klarstellung dahingehend vorgenommen, dass es sich bei dieser Maßnahme ebenfalls um eine Leistung zur medizinischen Rehabilitation i.S. des § 26 Abs. 2, 3 handelt. Hinzu kommt die generelle Einordnung unter den Leistungen zur medizinischen Rehabilitation. Dadurch wird der Eindruck erweckt, dass der Gesetzgeber die stufenweise Wiedereingliederung lediglich als Teil der medizinischen Rehabilitation ansieht und damit nicht als medizinische Rehabilitationsleistung i.S. einer Belastungspro-

---

[247] Vgl. BGBl. 2001, Teil I, Seiten 1046, 1098 (Art. 5 Ziff. 6).
[248] Vgl. BT-Drs. 14/5074, Seite 117 sowie BT-Drs. 14/5531.
[249] So zu § 74 SGB V mit ausführlicher Begründung sowie weiteren Nachweisen Becker, Seiten 66 f.; a.A. Brocke, SGb 1990, 45, 47.
[250] So i.E. auch Stähler, in Lachwitz/Schellhorn/Welti, HK-SGB IX, § 28 Rdnr. 11; Arbeitsanweisung BfA zu § 28 (Stand:12.01.2005), Ziff. 2 sowie BAR, AH stufenweise Wiedereingliederung, Seite 14.

bung oder Arbeitstherapie[251], die von den Rehabilitationsträgern als Dienst- oder Sachleistung erbracht wird (vgl. u.a. § 2 Abs. 2 SGB V). Durch Entscheidung vom 20.10.2009 (Az.: B 5 R 44/08 R) hat das BSG dieser Rechtsauffassung nunmehr eine eindeutige Absage erteilt.[252] Als Begründung führt das BSG an, dass § 26 Abs. 2 keine abschließende Regelung der Leistungen zur medizinischen Rehabilitation enthalte, sondern lediglich den Kernbereich der medizinischen Rehabilitationsleistungen benenne („insbesondere"). Dem entspricht - so das BSG weiter -, dass das gesamte Kapitel 4 des SGB IX, das die §§ 26 - 32 umfasst, den Titel führt „Leistungen zur medizinischen Rehabilitation" und damit auch diejenigen Leistungen als medizinische Rehabilitationsmaßnahme ausweist, die außerhalb des § 26 Abs. 2 aufgeführt sind. Zudem werden in § 30 und § 31 medizinische Rehabilitationsleistungen i.S. des § 26 Abs. 2 näher geregelt. Letztlich führt das BSG den systematischen Zusammenhang mit diesen Vorschriften an und verweist darauf, dass es das Anliegen des SGB IX sei, die stufenweise Wiedereingliederung nunmehr ausdrücklich als eine auch von der Rentenversicherung zu erbringende Leistung der medizinischen Rehabilitation einzuführen. Die Auffassung des BSG verdient uneingeschränkte Zustimmung. Denn die gegenteilige Rechtsauffassung führt zu einer normzweckwidrigen Einengung des § 28.[253]

Zusammenfassend lässt sich die sozialrechtliche Rechtsnatur der stufenweisen Wiedereingliederung nach § 28 demzufolge wie folgt qualifizieren: Es handelt sich um eine - unter Mitwirkung der ärztlichen Versorgung erfolgende - betriebsbezogene Maßnahme, die als Leistung der medizinischen Rehabilitation eine rehabilitativ-therapeutische Zielsetzung verfolgt.


**2. Kapitel: Regelungsgehalt des § 28 in tatbestandlicher Hinsicht**

*§ 1  „Arbeitsunfähige Leistungsberechtigte" als Zielgruppe*

**A.  Begriff der Arbeitsunfähigkeit**

Die Vorschrift des § 28 setzt zunächst tatbestandlich das Vorliegen einer Arbeitsunfähigkeit voraus. Dabei enthalten weder das SGB IX, die anderen Sozialgesetzbücher noch die zahlreichen arbeitsrechtlichen Gesetze eine dahingehende

---

[251] So zu § 74 SGB V, allerdings angesichts der systematischen Stellung der Vorschrift im SGB V losgelöst von dem Begriff der medizinischen Rehabilitation Becker, Seiten 63 f.

[252] Vgl. BSGE 104, 294, 302 mit Anm. Welti, jurisPR-SozR 12/2010, Anm. 5.

[253] Diese Streitigkeit gewinnt u.a. Bedeutung bei dem Anspruch auf Übergangsgeld nach § 51 Abs. 5. Hierauf wird im Einzelnen unter Teil 2, 7. Kapitel, § 1, C, II, 1, b eingegangen.

Legaldefinition. Als Schlüsselbegrifflichkeit des Arbeits- und Sozialrechts wurde der Begriff der Arbeitsunfähigkeit vielmehr durch die Rechtsprechung konkretisiert und daran anknüpfend vom Bundesausschuss der Ärzte und Krankenkassen in den AU-RL verbindlich für den Kreis der Kassen- bzw. Vertragsärzte festgeschrieben. Nachfolgend wird daher zunächst die Rechtsprechung des BSG und des BAG dargestellt und daran anknüpfend der Arbeitsunfähigkeitsbegriff der AU-RL betrachtet, bevor eine abschließende Gegenüberstellung der Begrifflichkeiten erfolgt.

## I. Arbeitsunfähigkeitsbegriff des BSG

Im Zusammenhang mit dem Krankengeldanspruch gem. § 44 SGB V hat das BSG in ständiger Rechtsprechung den Arbeitsunfähigkeitsbegriff sinngemäß dahingehend geprägt, dass darunter zu verstehen ist „die auf Krankheit beruhende Unfähigkeit, der bisher ausgeübten Erwerbstätigkeit oder einer ähnlich gearteten Tätigkeit[254] bzw. der zuletzt verrichteten oder einer ähnlichen Beschäftigung oder Tätigkeit[255] nachzugehen", wobei eine solche Unfähigkeit nicht nur dann angenommen werden soll, wenn die bisherige oder ähnliche Beschäftigung überhaupt nicht mehr verrichtbar ist, sondern auch dann, wenn dieser nur noch auf die Gefahr hin nachgegangen werden kann, den Krankheitszustand zu verschlimmern.[256] Seit den Entscheidungen vom 16.09.1986 (Az.: 3 RK 27/85)[257] und 09.12.1986 (Az.: 8 RK 12/85)[258] ließ das BSG überdies die Tendenz erkennen, bei der Definition des Arbeitsunfähigkeitsbegriffs im Detail eine Differenzierung danach vorzunehmen, ob ein noch fortbestehendes versicherungspflichtiges Beschäftigungsverhältnis zugrunde liegt oder ein bereits beendetes. In der Entscheidung vom 07.08.1991 (Az.: 1/3 RK 28/89)[259] schließlich begründete es dieses Erfordernis nach einer Differenzierung angesichts entsprechender Entscheidungsrelevanz erstmals eindeutig mit dem Zweck und der Funktion des Krankengeldes, wobei

---

[254] Vgl. insbesondere BSG, Urt. v. 30.05.1967 (Az.: 3 RK 15/65), BSGE 26, 288, 290; BSG, Urt. v. 10.09.1971 (Az.: 5 RKnU 16/69), WzS 1972, 150; BSG, Urt. v. 24.05.1978 (Az.: 4 RJ 69/77), BSGE 46, 190, 191; BSG, Urt. v. 12.09.1978 (Az.: 5 RJ 6/77), BSGE 47, 47, 51; BSG, Urt. v. 08.02.2000 (Az.: B 1 KR 11/99 R), BSGE 85, 271, 273.

[255] Vgl. BSG, Beschl. v. 16.12.1981 (Az.: GS 3, 4/78), BSGE 53, 22, 24, 31; BSG, Urt. v. 15.11. 1984 (Az.: 3 RK 21/83), BSGE 57, 227, 228 f.; BSG, Urt. v. 09.12.1986 (Az.: 8 RK 12/ 85), BSGE 61, 66, 70.

[256] Vgl. BSG, Urt. v. 30.05.1967 (Az.: 3 RK 15/65), BSGE 26, 288, 290; BSG, Urt . v. 19.01.1971 (Az.: 3 RK 42/70), BKK 1971, 206; BSG, Urt. v. 10.09.1971 (Az.: 5 RKnU 16/69), WzS 1972, 150; BSG, Urt. v. 12.09.1978 (Az.: 5 RJ 6/77), BSGE 47, 47, 51; BSG, Urt. v. 16.09.1986 (Az.: 3 RK 27/85), BKK 1987, 158.

[257] Vgl. BKK 1987, 158 f.

[258] Vgl. BSGE 61, 70.

[259] Vgl. BSGE 69, 180, 182 f.

es dann in den Entscheidungen vom 14.02.2001 (Az.: B 1 KR 30/00 R)[260] sowie 19.09.2002 (Az.: B 1 KR 11/02 R.)[261] sinngemäß feststellte, dass für den Zeitraum nach Beendigung des Beschäftigungsverhältnisses Arbeitsunfähigkeit vorliegt, wenn der arbeitslose Versicherte durch die Erkrankung gehindert ist, eine Arbeit zu verrichten, die ihrer Art nach abstrakt seiner zuletzt ausgeübten Beschäftigung entspricht. Dabei nahm das BSG in der Entscheidung vom 19.02.2002 an, dass sich im zeitlichen Anwendungsbereich des § 121 Abs. 3 S. 3 SGB III (ab dem siebten Monat der Arbeitslosigkeit) die Arbeitsunfähigkeit ausschließlich nach der gesundheitlichen Leistungsfähigkeit des Betroffenen richtet. In seinen Entscheidungen vom 30.03.2004 (Az.: B 1 KR 30/02 R)[262], 03.06.2004 (Az.: 11 AL 55/03 R)[263] sowie 07.12.2004 (Az.: B 1 KR 5/03 R)[264] spezifizierte das BSG dann die so entwickelte Begrifflichkeit überdies dahingehend, dass ein versicherter Arbeitsloser arbeitsunfähig ist, „wenn er aus gesundheitlichen Gründen der Arbeitsvermittlung nicht zur Verfügung steht" bzw. „wenn er auf Grund gesundheitlicher Einschränkungen nicht mehr in der Lage ist, Arbeiten in einem zeitlichen Umfang zu verrichten, für den er sich der Arbeitsverwaltung zwecks Vermittlung zur Verfügung gestellt hat". Schließlich bestätigte das BSG seine dahingehend im Vergleich zur allgemeinen Arbeitsunfähigkeitsdefinition konkretisierende Begrifflichkeit in seiner Entscheidung vom 22.03.2005 (Az.: B 1 KR 22/04 R)[265], wobei es hierbei explizit unter Weiterführung der Entscheidung vom 19.09.2002 ausführte, dass sich der Maßstab für die Beurteilung der Arbeitsunfähigkeit des Versicherten nach dem Ende des sechsten Monats seiner Arbeitslosigkeit auch dann nach den Zumutbarkeitskriterien des SGB III richtet, wenn dieser bereits während der ersten sechs Monate arbeitsunfähig wurde und er sodann über diese Zeit hinaus Krankengeld bezog. Die zuletzt abstrakt ausgeübte bzw. eine gleichartige Tätigkeit nach dem Verlust des Arbeitsplatzes solle immer nur dann maßgebend bleiben, wenn der Versicherte bereits bei Ausscheiden aus dem Beschäftigungsverhältnis im Krankengeldbezug stand. Im Übrigen sollen Maßstab für die Beurteilung der Arbeitsunfähigkeit - ungeachtet der Anforderungen an die zuletzt ausgeübte Tätigkeit - alle Beschäftigungen sein, die im entscheidenden Beurteilungszeitpunkt gem. § 121 Abs. 3 S. 3 SGB III arbeitslosenversicherungsrechtlich zumutbar sind. Zuletzt führte das BSG seine dahingehende Rechtsprechung in der Entscheidung vom 04.04.2006 (Az.: B 1 KR 21/05 R)[266] fort. Dort zieht es ausdrücklich auch in den ersten sechs Monaten der Arbeitslo-

---

[260] Vgl. SozR 3-2500, § 44 SGB V Nr. 9, Seiten 22 f.
[261] Vgl. BSGE 90, 72, 74.
[262] Vgl. SozR 4-2500, § 44 SGB V Nr. 1, Seite 3.
[263] Vgl. BSGE 93, 59, 60.
[264] Vgl. BSGE 94, 19, 20 f.
[265] Vgl. BSGE 94, 247, 249 ff.
[266] Vgl. BSGE 96, 182, 185 ff.

sigkeit als Maßstab für die Beurteilung der krankheitsbedingten Arbeitsunfähigkeit alle Beschäftigungen heran, für die sich der Arbeitslose der Arbeitsverwaltung zwecks Vermittlung zur Verfügung gestellt hat und die ihm arbeitslosenversicherungsrechtlich zumutbar sind und stellt dabei ferner klar, dass es einen darüber hinausgehenden krankenversicherungsrechtlichen „Berufsschutz" nicht gibt. Eine Ausnahme macht das BSG dabei weiterhin nur für die Konstellation, in welcher der Versicherte bereits zum Zeitpunkt des Ausscheidens aus dem Beschäftigungsverhältnis im Krankengeldbezug stand.[267]

## 1. Versicherungspflichtig Beschäftigte

Fraglich erscheint im Zusammenhang mit versicherungspflichtig Beschäftigten zunächst, was unter der „bisher verrichteten Tätigkeit" i.S. der BSG-Rechtsprechung zum Arbeitsunfähigkeitsbegriff zu verstehen ist und wie weit der insoweit geprägte Begriff der „ähnlich gearteten Tätigkeit bzw. Beschäftigung" geht.

### a) Bisher verrichtete Tätigkeit

Das BSG selbst führt zur Begriffsgruppe „bisher verrichtete Tätigkeit" vor dem Hintergrund des Schutzzwecks des Krankengeldes[268] sinngemäß aus, dass darunter grundsätzlich die arbeitsrechtlich geschuldete Leistung, die sich aus dem Arbeitverhältnis ergibt, zu verstehen ist, wobei jedoch nicht eine bestimmte Arbeit oder ein bestimmter Arbeitsplatz gemeint sei, sondern alle Tätigkeiten, welche im Rahmen des arbeitsrechtlichen Direktionsrechts zugewiesen werden können.[269] Die so vorgenommene Konkretisierung ist in der sozialrechtlichen Literatur durchweg auf Zustimmung gestoßen.[270] Wesentlicher Streitpunkt in diesem Zusammenhang ist - soweit ersichtlich - einzig die Frage, ob auch die Zuweisung einer betriebsübergreifenden Tätigkeit per Direktionsrecht hierunter

---

[267] Auch die sozialrechtliche Literatur hat sich früh für ein ausgedehnteres Verständnis des Arbeitsunfähigkeitsbegriffs bei Arbeitslosen ausgesprochen, weil die Rückkehrerwartung bzgl. des angestammten Arbeitsplatzes keines Schutzes mehr bedarf (vgl. insbesondere May, SGb 1988, 477, 480 f.; Marburger, SGb 1988, 228, 230; Steinwedel, SozV 1988, 151, 157 sowie Brocke, SGb 1990, 45, 48 f.).

[268] Zweck der Krankengeldgewährung ist die Bewahrung des Versicherten vor dem Zwang der Beendigung des Arbeitsverhältnisses, um seinen Lebensunterhalt weiter bestreiten zu können. Vgl. nur Geschwinder, SGb 1985, 469 sowie May, SGb 1988, 477, 478 unter Bezugnahme auf BSG, Urt. v. 16.09.1986 (Az.: 3 RK 27/85), BKK 1987, 158 f.

[269] So bereits allgemein BSG, Urt. v. 21.08.1957 (Az.: 3 RK 8/57), BSGE, 5, 283, 287 f.; BSG, Urt. v. 30.05.1967 (Az.: 3 RK 15/65), BSGE 26, 288, 290; so ausdrücklich schließlich BSG, Urt. v. 07.08.1991 (Az.: 1/3 RK 28/89), BSGE 69, 180, 186 f.

[270] Vgl. nur Becker, Seite 43 m.w.N.

gefasst werden kann. Auch wenn diese Frage in der Praxis nicht häufig entscheidungserheblich werden wird, soll ihr angesichts der möglichen Auswirkungen auf Folgefragen im unmittelbaren Zusammenhang mit § 28[271] im Nachfolgenden nachgegangen werden.

## aa) Betrieb als Bezugsfeld einer potentiellen Zuweisung

Im Schrifttum wird vielfach die Rechtsansicht vertreten, dass die Möglichkeit
einer Zuweisung der bisher verrichteten Tätigkeit außerhalb des fraglichen Beschäftigungsbetriebs generell nicht zum Ausschluss der Arbeitsunfähigkeit des
Betreffenden führt, obwohl in der arbeitsrechtlichen Praxis immer häufiger
weitgehende vertragliche Versetzungsvorbehalte verwendet werden, die insbesondere auch den Arbeitsort betreffen. Als Begründung hierfür wird insbesondere angeführt, dass der Betrieb stets Bezugsfeld einer potentiellen Verweisung
sein muss, weil die Frage des Beschäftigungsortes für den Arbeitnehmer von
einschneidender Bedeutung ist. Ferner führen diese Autoren an, dass eine anderweitige Auffassung mit dem Zweck des Krankengeldes, die Arbeitsfähigkeit
wiederherzustellen und den Arbeitsplatz zu erhalten, unvereinbar sei.[272]

## bb) Betriebsübergreifende Betrachtung

Andere befürworten für den Fall, dass sich die Zuweisung im Rahmen des arbeitsrechtlichen Direktionsrechts hält, hingegen ausdrücklich eine betriebsübergreifende Betrachtung.[273] Das BSG geht zwar grundsätzlich - wie die überwiegende sozialrechtliche Literatur - davon aus, dass der Betrieb Bezugsfeld einer
potentiellen Zuweisung ist, macht jedoch zugleich entscheidend deutlich, dass
dies nur solange gelte, wie eine derartige betriebs- und/oder ortsübergreifende
Versetzung nicht vertraglich vorbehalten oder nicht mit erheblichen Erschwe-
rungen für den Arbeitnehmer verbunden ist.[274] Demzufolge ist i.E. auch nach
Ansicht des BSG unter Berücksichtigung der Reichweite des arbeitsvertragli-

---

[271] Vgl. im Einzelnen unter Teil 2, 2. Kapitel, § 2, A.
[272] Vgl. Geschwinder, SGb 1985, 469, 470; Becker, Seite 44; Heinze, GesamtKomm, § 44
SGB V Seite 11 [Stand: 1997]; so wohl auch Steinwedel, SozV 1988, 151, 155 („*Die lediglich abstrakte Möglichkeit der innerbetrieblichen Umsetzung kann jedoch die Arbeitsunfähigkeit nicht enden lassen.*"); Stückmann, NZS 1994, 530, 532 („*In einem weiteren
Schritt ist zu prüfen,...ob derartige Arbeiten im Betrieb vorhanden sind...; schließlich
muss geprüft werden, ob andere Tätigkeiten im Betrieb vorhanden sind, ...* ").
[273] Vgl. May, SGb 1988, 477, 479. Zwade, Seite 31 sowie erläuternd Fn. 113:
...„*diesbezüglich werden auch in der Praxis sog. offene Umsetzungsklauseln in Arbeits-
verträgen relevant, die eine weitreichende Versetzung, auch in andere Betriebe des Arbeitgebers ermöglichen.* "
[274] Vgl. BSG, Urt. v. 07.08.1991 (Az.: 1/3 RK 28/89), BSGE 69, 180, 187.

chen Direktionsrechts im Einzelfall eine betriebsübergreifende Betrachtung vorzunehmen. Dieser Auffassung scheint sich das aktuelle arbeits- und sozialrechtliche Schrifttum anzuschließen, auch wenn die Frage des Betriebsbezugs nicht explizit angesprochen wird. Denn die Autoren stellen entscheidend auf den Umfang des arbeitsvertraglichen Direktions- bzw. Versetzungsrechts ab.[275]

## cc) Stellungnahme

Nach Auffassung der Verfasserin verdient die zuletzt dargestellte Rechtsansicht mit der vom BSG gemachten Einschränkung nach Zumutbarkeitsgesichtspunkten Zustimmung, weil nur diese konsequent die Rechtsprechung des BSG zum Begriff der Arbeitsunfähigkeit umsetzt und die Reichweite des arbeitgeberseitigen Direktionsrechts, selbst wenn es arbeits- oder tarifvertraglich durch entsprechende Versetzungsklauseln erweitert ist, als Maßstab nimmt. Nur dadurch wird entsprechende Rechtssicherheit geschaffen. Berücksichtigt man überdies, dass der kündigungsschutzrechtliche Betriebsbegriff bei dezentral strukturierten Unternehmen, bei denen ein- und dieselbe Abteilung/Organisationseinheit bundesweit verteilte Standorte besitzt, sehr weit gefasst ist, so ist eine betriebsübergreifende Betrachtung die einzig folgerichtige. Dies gilt umso mehr, als der kündigungsschutzrechtliche Betriebsbegriff nicht mit dem betriebsverfassungsrechtlichen Betriebsbegriff übereinstimmen muss[276], bei der Reichweite des arbeitgeberseitigen Direktionsrechts jedoch allein die kündigungsschutzrechtliche Begrifflichkeit maßgeblich sein kann. Die so vertretene Auffassung widerspricht dabei auch keinesfalls dem Zweck des Krankengeldes, die Arbeitsfähigkeit wiederherzustellen und den Arbeitsplatz zu erhalten, zumindest dann, wenn man - wie vorliegend - zusätzlich die Einschränkung unter Zumutbarkeitsgesichtspunkten macht. Letzteres stellt zugleich den vor dem Hintergrund der Einheit der Rechtsordnung unabdingbaren Einklang mit dem Willkürverbot bei der Ausübung des arbeitsrechtlichen Direktionsrechts her.

## b) Ähnlich geartete Tätigkeit bzw. Beschäftigung

Nachdem das BSG zunächst viele Jahre keine Konkretisierung des Begriffspaares „ähnlich geartete Tätigkeit bzw. Beschäftigung" vorgenommen hatte, nahm es erstmals in der Entscheidung vom 15.11.1984 (Az.: 3 RK 21/83)[277] hierzu Stellung. Es sah als entscheidend an, „welche Bedingungen das bisherige Arbeits- bzw.

---

[275] Vgl. insbesondere Vay, in Krauskopf, SozKV, Bd. 1, § 44 Rdnr. 13; Hauck/ Noftz, Komm. zum SGB V, § 44 Rdnrn. 43 ff.; Höfler, in KassKomm, § 44 Rdnrn. 14 f.; vgl. auch Reinecke, DB 1998, 130, 133.

[276] Vgl. Koch, in ErfK, § 1 BetrVG Rdnr. 7 und Kiel, in ErfK, § 23 KSchG Rdnr. 4 m.w.N.

[277] Vgl. BSGE 57, 227, 229.

Beschäftigungsverhältnis im wesentlichen geprägt haben und welche ähnlichen, d.h. dem bisherigen Arbeitsverhältnis gleichgearteten Tätigkeiten in Betracht kommen". Dabei betonte das BSG, dass über eine derart eng gefasste Gleichartigkeit jedenfalls in der ersten Blockfrist nicht hinausgegangen werden darf. In der Entscheidung vom 16.09.1986 (Az.: 3 RK 27/85)[278] stellte das BSG diese Ausführungen dann dahingehend klar, dass der zuletzt verwendete Begriff „gleichgeartet" statt des vorher verwendeten „ähnlich geartet" gewählt worden sei, um eine „enge Anlehnung an die bisherige Erwerbstätigkeit" zu gewährleisten, um dann im Fortgang der Entscheidung zwischen den „besonderen Bedingungen" bzw. „besonderen Belastungen" des bisherigen Arbeitsplatzes und der „Art der Tätigkeit" zu differenzieren. Ein weiterer Präzisierungsversuch - allerdings rechtsstreitbedingt ausschließlich für den Zeitraum nach Beendigung des Arbeitsverhältnisses - findet sich dann in den Entscheidungen vom 09.12.1986 (Az.: 8 RK 27/84 und 8 RK 12/85).[279] In der Entscheidung vom 07.08.1991 (Az.: 1/3 RK 28/89)[280] stellte das BSG unter Berufung auf den Zweck und die Funktion des Krankengeldes schließlich ausdrücklich klar, dass bei fortbestehendem Arbeitsverhältnis eine Verweisung auf ähnlich geartete Tätigkeiten außerhalb des Arbeitsverhältnisses ausgeschlossen ist. Damit ist das BSG zugleich der insoweit überzeugenden - soweit ersichtlich überdies einhelligen - Auffassung der sozialrechtlichen Literatur gefolgt, wonach die Wendung insbesondere vor dem Hintergrund der Historie des Arbeitsunfähigkeitsbegriffs, dem Erfordernis der Eingrenzung des Versicherungsrisikos sowie der Schutzfunktion des Krankengeldes sehr restriktiv zu handhaben ist.[281] Danach sollen nur solche Tätigkeiten ähnlich geartet sein, die Inhalt des Arbeitsverhältnisses sind, was je nach inhaltlicher Ausgestaltung des konkreten Arbeitsverhältnisses entweder eine ganz konkrete Einzeltätigkeit oder aber auch - wie so oft durch entsprechend allgemeine Formulierung des Tätigkeitsfeldes und/oder Vereinbarung möglicher Versetzungsvorbehalte - andere gleichartige Tätigkeiten sein können.[282] Im Ergebnis läuft das nunmehr so vom BSG explizit geäußerte Verständnis also darauf hinaus, dass dem von ihm im Rahmen von Fallkonstellationen, die sich sämtlich im Zeitraum nach Beendigung des Arbeitsverhältnisses bewegt haben, entwickelten Begriffspaar „ähnlich geartete Tätigkeit bzw. Beschäftigung" gegenüber der Fallgruppe der „Verrichtbarkeit der bisher ausgeübten Tätigkeit" keine eigenständige Bedeutung zukommt, also eine Verweisung auf ähnliche oder gleichgeartete Tätigkeiten außerhalb des ar-

---

[278] Vgl. BKK 1987, 158 f.
[279] Vgl. SozR 2200, § 183 Nr. 51, Seite 146 sowie BSGE 61, 66, 70 ff.
[280] Vgl. BSGE 69, 180, 183.
[281] Vgl. May, SGb 1988, 477, 479 f.; Steinwedel, SozV 1988, 151, 155 sowie Becker, Seiten 44 ff. m.w.N.
[282] Vgl. May, SGb 1988, 477, 479 f.; Brocke, SGb 1990, 45, 48 sowie Becker, Seite 46.

beitgeberseitigen Direktionsrechts gar nicht zulässig ist.[283] Dies wird besonders dadurch deutlich, dass das BSG in seinen zuletzt zur Frage der Arbeitsunfähigkeit versicherungspflichtig Beschäftigter im Zusammenhang mit § 44 SGB V ergangenen Entscheidungen vom 07.12.2004 (Az.: B 1 KR 5/03 R)[284] und 08.11.2005 (Az.: B 1 KR 18/04 R)[285] den Begriff der Arbeitsunfähigkeit auch lediglich noch dahingehend definiert hat, dass Arbeitsunfähigkeit vorliegt, wenn die Versicherten „die an ihren Arbeitsplatz gestellten beruflichen Anforderungen aus gesundheitlichen Gründen nicht mehr erfüllen können" bzw. wenn der Versicherte „durch Krankheit daran gehindert ist, seine arbeitsvertraglich geschuldete, zuletzt ausgeübte Arbeit zu verrichten".

## 2. Nicht versicherungspflichtig Beschäftigte

Für den Kreis der nicht versicherungspflichtig Beschäftigten legt das BSG - wie bereits dargestellt - seit je her ersichtlich einen weiteren Prüfungsmaßstab an, wobei es diesen innerhalb von 10 Jahren seit Beginn der dahingehenden Differenzierungsbemühungen stetig erweitert hat.

### a) Noch kein Krankengeldbezug bei Ausscheiden aus dem Arbeitsverhältnis

Nach der aktuellen BSG-Rechtsprechung vom 04.04.2006 (Az.: B 1 KR 21/05 R)[286] gilt ein in der KVdA nach § 5 Abs. 1 Nr. 2 SGB V versicherter Arbeitsloser, der im Zeitpunkt des Ausscheidens aus dem Arbeitsverhältnis noch nicht im Krankengeldbezug stand, bereits ab dem ersten Monat der Arbeitslosigkeit als arbeitsunfähig i.S. des § 44 SGB V, wenn er aufgrund gesundheitlicher Einschränkungen nicht mehr in der Lage ist, Arbeiten zu verrichten, für die er sich der Arbeitsverwaltung zwecks Vermittlung zur Verfügung gestellt hat. Als Begründung hierfür stellt das BSG darauf ab, dass sich das Krankengeld in der KVdA nicht als Ersatz für den Ausfall des früher auf Grund Beschäftigung bezogenen Arbeitsentgelts, sondern als Ersatz für eine entgehende Leistung wegen Arbeitslosigkeit darstellt. Entscheidend für die Beurteilung der Arbeitsunfähigkeit sollen dabei im Grundsatz alle Arbeiten sein, die dem Versicherten arbeitslosenversicherungsrechtlich zumutbar i.S. des § 121 SGB III sind.[287]

---

[283] I.d.S. auch Becker, Seiten 44 ff.; a.A. wohl Gitter, ZfA 1995, 123, 151.
[284] Vgl. BSGE 94, 19, 21.
[285] Vgl. SozR 4-2500, § 44 Nr. 7 Rdnr. 12; i.d.S. auch bereits BSG, Urt. v. 14.02. 2001 (Az.: B 1 KR 30/00 R), SozR 3-2500, § 44 SGB V Nr. 9, Seite 22.
[286] Vgl. BSGE 96, 182, 185 ff.
[287] Vgl. BSGE 96, 182, 186.

## b) Krankengeldbezug bei Ausscheiden aus dem Arbeitsverhältnis

Stand der Versicherte hingegen im Zeitpunkt des Ausscheidens aus dem Arbeitsverhältnis bereits im Krankengeldbezug, bleibt nach der BSG-Rechtsprechung die zuletzt ausgeübte bzw. eine gleichartige Tätigkeit auch nach dem Verlust des Arbeitsplatzes für die Beurteilung der Arbeitsunfähigkeit maßgeblich, weil sich die „aufrechterhaltene Mitgliedschaft" aus der Beschäftigungssicherung insoweit gegenüber einer Mitgliedschaft aus der KVdA gem. § 5 Abs. 1 Nr. 2 SGB V als „stärker" erweist.[288] Hierbei soll immer schon dann keine Arbeitsunfähigkeit vorliegen, wenn der Versicherte andere Tätigkeiten verrichten kann, die seiner bisherigen Tätigkeit nach Art und Entgelt im Wesentlichen entsprechen, auch wenn die Tätigkeit in einem anderen Betrieb des Unternehmens angesiedelt ist. Es kommt also wegen des nicht mehr bestehenden Arbeitsverhältnisses nicht auf die konkrete Arbeitsverpflichtung an, sondern nur noch auf eine Vergleichbarkeit im weiteren bzw. abstrakten Sinne, wobei im Einzelfall noch nach qualifizierten und ungelernten Kräften unterschieden werden soll, um den genauen Umfang der Arbeitsverpflichtung festlegen zu können.[289]

## II. Arbeitsunfähigkeitsbegriff des BAG

Das BAG hat aufgrund einer gleichfalls fehlenden arbeitsrechtlichen gesetzlichen Definition im Rahmen von Entscheidungen zum zunächst differenziert geregelten Entgeltfortzahlungsrecht im LohnFG, BGB, HGB und der GewO einen eigenen Arbeitsunfähigkeitsbegriff geprägt, den es auch in Entscheidungen zum EntgeltFG[290] und zu § 74 SGB V[291] angewandt hat. Danach ist ein Arbeitnehmer arbeitsunfähig, wenn ihn ein Krankheitsgeschehen außerstande setzt, die ihm nach dem Arbeitsvertrag obliegende Arbeit zu verrichten, oder wenn er die Arbeit nur unter der Gefahr fortsetzen könnte, in absehbarer Zeit seinen Zustand zu verschlimmern.[292]

---

[288] Vgl. BSG, Urt. v. 04.04.2006 (Az.: B 1 KR 21/05 R), BSGE 96, 182, 184.

[289] Vgl. hierzu BSG, Urt. v. 19.01.1971 (Az.: 3 RK 42/70), BKK 1971, 206, 207; BSG, Urt. v. 09.12.1986 (Az.: 8 RK 12/85), BSGE 61, 66, 71-73; vgl. auch Geschwinder, SGb 1985, 469, 470; May, SGb 1988, 477, 480 f.; Steinwedel, SozVers. 1988, 151, 156 f.; Gerlach, WzS 1988, 158, 160, 166; Becker, Seite 44 m.w.N.; Zwade, Seiten 24 f.; Vay, in Krauskopf, SozKV, Bd. 1, § 44 Rdnrn. 11 a, 13; Gerlach, in Hauck/Noftz, Komm. zum SGB V, § 44 Rdnrn. 43 ff.; Schmidt, in Peters, Hb KV, Teil II, § 44 Rdnrn. 89 ff.

[290] Vgl. nur BAG, Urt. v. 05.07.1995 (Az.: 5 AZR 135/94), NZA 1996, 137 ff.

[291] Vgl. BAG, Urt. v. 29.01.1992 (Az.: 5 AZR 37/91), AP Nr. 1 zu § 74 SGB V.

[292] Vgl. BAG, Urt. v. 14.01.1972 (Az.: 5 AZR 264/71), AP Nr. 12 zu § 1 LohnFG; BAG, Urt. v. 25.10.1973 (Az.: 5 AZR 141/73), AP Nr. 42 zu § 616 BGB; BAG, Urt. v. 25.06.1981 (Az.: 6 AZR 940/78), AP Nr. 52 zu § 616 BGB; BAG, Urt. v. 29.02.1984 (Az.: 5 AZR 455/81), BB 1984, 1164 f.; BAG, Urt. v. 09.01.1985 (Az.: 5 AZR 415/82), NZA 1985,

## III. Arbeitsunfähigkeitsbegriff der AU-RL

Nach § 92 Abs. 1 S. 1 SGB V beschließen die Bundesausschüsse „die zur Sicherung der ärztlichen Versorgung erforderlichen Richtlinien über die Gewähr für eine ausreichende, zweckmäßige und wirtschaftliche Versorgung der Versicherten". § 92 Abs. 1 S. 2 Nr. 7 SGB V benennt dabei Richtlinien zur Beurteilung der Arbeitsunfähigkeit, die gem. § 81 Abs. 3 Nr. 2 SGB V für die Kassenärzte (vgl. § 95 Abs. 1 SGB V) verbindlich sind. Demgemäß hat erstmals m.W.z 01.10.1992 der Bundesausschuss der Ärzte und Krankenkassen „Richtlinien über die Beurteilung der Arbeitsunfähigkeit und die Maßnahmen der stufenweisen Wiedereingliederung (kurz: AU-RL)" erlassen[293], welche m.W.z. 01.01.2004 durch die AU-RL i.d.F. vom 01.12.2003 aufgehoben und neu gefasst worden sind.[294] Nach der in § 2 Abs. 1 AU-RL i.d.F. vom 01.12.2003 enthaltenen - im Vergleich zur AU-RL von 1991 konkretisierten - Definition liegt Arbeitsunfähigkeit vor, „wenn der Versicherte auf Grund von Krankheit seine zuletzt vor der Arbeitsunfähigkeit ausgeübte Tätigkeit nicht mehr oder nur unter der Gefahr der Verschlimmerung der Erkrankung ausführen kann", wobei bei der Beurteilung darauf abzustellen ist, „welche Bedingungen die bisherige Tätigkeit konkret geprägt haben". Klargestellt wird dabei ferner, dass Arbeitsunfähigkeit auch vorliegt, „wenn auf Grund eines bestimmten Krankheitszustandes, der für sich allein noch keine Arbeitsunfähigkeit bedingt, absehbar ist, dass aus der Ausübung der Tätigkeit für die Gesundheit oder die Gesundung abträgliche Folgen erwachsen, die Arbeitsunfähigkeit unmittelbar hervorrufen". Erstmals präzisiert die AU-RL i.d.F. vom 01.12.2003 in § 2 Abs. 3 auch die Bewertungsmaßstäbe für Arbeitsunfähigkeit beim Vorliegen von Arbeitslosigkeit, und zwar bis zu der am 23.12.2006 in Kraft getretenen Änderung zunächst in expliziter Anlehnung an die Definition von Arbeitslosigkeit gem. § 118 Abs. 1 SGB III.[295] Vor dem Hintergrund der Entscheidungen des BSG vom 07.12.2004 (Az.: B 1 KR 5/03 R) sowie vom 04.04.2006 (Az.: B 1 KR 21/05 R)[296], in denen dieses einerseits festgestellt hat, dass die so in den AU-RL vorgenommene Präzisierung nicht im Einklang mit den Regelungen zum Krankengeld sowie leistungsrechtlichen Vorschriften der ALV steht und andererseits konkrete Hinweise zur Beurteilung der Arbeitsunfähigkeit bei Arbeitslosen ge-

---

562 ff.; so auch unter Verweis auf die Entsch. des BAG vom 25.06.1981 und 29.01.1992 zuletzt das LAG Hamm, Urt. v. 08.02.2006 (Az.: 18 Sa 1664/05), EEK 3231.

[293] Abgedr. im BArbl. 11/1991, 28 ff.

[294] Abgedr. im BAnz. 2004, Nr. 61, Seiten 6501 ff.; zuletzt geänd. durch Beschl. v. 19.09. 2006 (BAnz. 2006, Nr. 241, Seite 7356).

[295] Danach waren Arbeitslose ungeachtet der Tätigkeit, welche sie vor der Arbeitslosigkeit nachgegangen sind, dann arbeitsunfähig, wenn sie aufgrund einer Erkrankung nicht mehr in der Lage waren, leichte Tätigkeiten an mindestens 15 Wochenstunden zu verrichten.

[296] Dass diese Entscheidungen des BSG Hintergrund der am 23.12.2006 in Kraft getretenen Neufassung waren, ergibt sich explizit aus den „Tragende[n] Gründe zum Beschluss über eine Änderung der Arbeitsunfähigkeits-Richtlinie" (vgl. http://www.g-ba.de/ informationen/beschluesse/327/).

geben hat[297], wurde diese Definition durch Beschluss vom 19.09.2006 geändert und lautet nunmehr wie folgt: „Arbeitslose sind arbeitsunfähig, wenn sie krankheitsbedingt nicht mehr in der Lage sind, leichte Arbeiten in einem zeitlichen Umfang zu verrichten, für den sie sich bei der Agentur für Arbeit zur Verfügung gestellt haben. Dabei ist es unerheblich, welcher Tätigkeit der Versicherte vor der Arbeitslosigkeit nachging." Nur dann, wenn der Versicherte an- oder ungelernt ist und sein Arbeitsverhältnis erst nach Eintritt der Arbeitsunfähigkeit endet, stellt § 2 Abs. 4 AU-RL klar, dass Arbeitsunfähigkeit nur dann vorliegt, wenn die „letzte oder eine ähnliche Tätigkeit nicht mehr oder nur unter der Gefahr der Verschlimmerung der Erkrankung" ausgeübt werden kann.

Unmittelbare Geltung kommt dem in den AU-RL definierten Arbeitsunfähigkeitsbegriff lediglich für das Recht der GKV zu, wobei ihm angesichts des Rechtscharakters der AU-RL als *RL* überdies nicht die Eigenschaft einer gesetzlichen Legaldefinition zugeordnet werden kann. Denn insoweit ist zu berücksichtigen, dass RL untergesetzliche Rechtsnormen sind bzw. solche enthalten, so dass höherrangiges Recht einschließlich der hierzu ergangenen höchstrichterlichen Rechtsprechung vorgeht. D.h., dass die zwar den Krankenkassen, Leistungsbringern und Versicherten gegenüber bindenden AU-RL[298] nur dann Geltung beanspruchen können, wenn und soweit sie mit höherrangigem Recht vereinbar sind. Dies gilt auch deshalb, weil eine gesetzliche Ermächtigung zur normativen Ausgestaltung des Arbeitsunfähigkeitsbegriffs in § 92 Abs. 1 S. 2 Nr. 7 SGB V fehlt. Die Vorschrift ermächtigt vielmehr lediglich zum Erlass von RL über die Beurteilung der Arbeitsunfähigkeit, also die Vorgehensweise bei ihrer Feststellung.[299]

## IV. Schlussfolgerungen

Vor dem Hintergrund der dargestellten Arbeitsunfähigkeitsbegriffe stellt sich die Frage, inwieweit zwischen den vom BSG und BAG verwendeten Begrifflichkeiten ein substantieller Unterschied besteht und ob der in den AU-RL gebrauchte Arbeitsunfähigkeitsbegriff mit dem höchstrichterlich hierzu entwickelten Begriff in Einklang steht, so dass i.E. von einem einheitlichen Arbeitsunfähigkeitsbegriff auszugehen ist.

---

[297] Vgl. BSGE 94, 19, 20 f. sowie BSGE 96, 182, 185 ff.

[298] Die Bindungswirkung der AU-RL als untergesetzliche Rechtsvorschriften gegenüber diesem Personenkreis ist inzwischen ständige Rechtsprechung des BSG (vgl. BSG, Urt. v. 16.09.1997, Az.: 1 RK 28/95, BSGE 81, 54, 63; BSG, Urt. v. 16.09.1997, Az.: 1 RK 32/95, BSGE 81, 73, 80 f.; BSG, Urt. v. 18.03.1998, Az.: 6 KA 37/96 R, BSGE 82, 41, 46 f.).

[299] Vgl. Knittel, in Krauskopf, SozKV, Bd. 2, § 92 Rdnr. 27; Schmidt in Peters, Hb KV, § 44 SGB V Rdnr. 52 sowie ausführlich Schmidt in Peters, Hb KV, Vor § 27 SGB V Rdnrn. 192 ff., 211; Gasser, MED SACH 1998, 69.

## 1. Vergleich der vom BSG und BAG geprägten Begrifflichkeiten

Die vom BSG und BAG entwickelten Arbeitsunfähigkeitsbegriffe unterscheiden sich - wenn man mal die für BAG-Entscheidungen irrelevante Gruppe der von Arbeitslosigkeit betroffenen Personen außer Acht lässt - rein äußerlich in einem einzigen Punkt, nämlich darin, dass das BSG für das Vorliegen von Arbeitsunfähigkeit die Verrichtbarkeit einer ähnlich gearteten Tätigkeit bzw. Beschäftigung genügen lässt. Bei genauer Betrachtung liegt darin jedoch - zumindest nach der vorliegend vorgenommenen Betrachtung - gar kein Unterschied[300], weil die so vom BSG zunächst für beendete Arbeitsverhältnisse geprägte Begriffsgruppe mangels eigenständiger Bedeutung faktisch leer läuft. Vor diesem Hintergrund hat das BAG in seinen Entscheidungen zum arbeitsrechtlichen Arbeitsunfähigkeitsbegriff auch wiederholt - berechtigterweise - darauf hingewiesen, dass dieser mit dem vom BSG zum Krankenversicherungsrecht geprägten Begriff identisch ist.[301] Gleiches gilt auch umgekehrt für das BSG, das insbesondere in der zitierten Entscheidung vom 07.08.1991[302] ersichtlich das Gebot der einheitlichen Rechtsordnung betont und vor diesem Hintergrund u.a. klargestellt hat, dass das von ihm vorgenommene Abstellen auf die arbeitsvertraglichen Verpflichtungen die gebotene Übereinstimmung mit der arbeitsrechtlichen Beurteilung der Arbeitsunfähigkeit i.S. des LohnFG (jetzt: EntgeltFG) sicherstellt. Besonders deutlich wird die Übereinstimmung der Begrifflichkeiten schließlich anhand der zuletzt vom BSG in den Entscheidungen vom 07.12.2004 und 08.11. 2005 geprägten Arbeitsunfähigkeitsdefinition.[303]

## 2. Vergleich mit der in den AU-RL enthaltenen Begrifflichkeit

Betrachtet man nun vor diesem Hintergrund den in den AU-RL enthaltenen Arbeitsunfähigkeitsbegriff lässt sich Folgendes festhalten: Bezüglich der Gruppe der in einem versicherungspflichtigen Beschäftigungsverhältnis stehenden Personen sind die Begrifflichkeiten - abgesehen vom konkreten Wortlaut - inhaltsgleich. Gleiches gilt jedenfalls seit der Änderung der AU-RL mit Wirkung zum 23.12.2006 auch für die Gruppe der arbeitslosen Versicherten. Denn so unterscheiden beide danach, ob der Versicherte bei Ausscheiden aus dem Beschäftigungsverhältnis bereits im Krankengeldbezug stand, wie die Regelung unter § 2 Abs. 4 der AU-RL zeigt, die speziell für An- oder Ungelernte einen besonderen

---

[300]  So i.E. auch Becker, Seiten 48 f.; a.A. wohl Gitter, ZfA 1995, 123, 151 sowie Majerski-Pahlen, in Neumann/Pahlen/Majerski-Pahlen, Komm. zum SGB IX, § 28 Rdnr. 3.
[301]  Vgl. BAG, Urt. v. 18.12.1958 (Az.: 2 AZR 166/58), AP Nr. 11 zu § 1 ArbKrankhG, BAGE 7, 142; BAG, Urt. v. 14.01.1972 (Az.: 5 AZR 264/71), AP Nr. 12 zu § 1 LohnFG.
[302]  Vgl. BSGE 69, 180, 186 f.
[303]  S.o. unter Teil 2, 2. Kapitel, § 1, A, I, 1, b.

Beurteilungsmaßstab festlegt. Befand sich der Versicherte beim Ausscheiden aus dem Beschäftigungsverhältnis hingegen noch nicht im Krankengeldbezug, stellen nun auch die AU-RL in expliziter Anlehnung an die aktuelle BSG-Rechtsprechung auf die Verrichtbarkeit leichter Arbeiten in einem zeitlichen Umfang ab, für den sich der Arbeitslose bei der Agentur für Arbeit zur Verfügung gestellt hat, und damit auf sämtliche, dem Versicherten arbeitslosenversicherungsrechtlich i.S. des § 121 SGB III zumutbaren Tätigkeiten.

## 3. Fazit

Demzufolge kann zusammenfassend festgehalten werden, dass alle drei dargestellten Arbeitsunfähigkeitsbegriffe in Einklang stehen, so dass auch keinerlei Anlass besteht, insbesondere für das im Zusammenhang mit § 28 gleichfalls relevante SGB VII als weiteres Leistungsgesetz oder für das SGB IX selbst als Gesetz mit Rahmencharakter einen anderen Arbeitsunfähigkeitsbegriff zugrunde zu legen.[304] Für das SGB VII gilt dies auch und gerade deshalb, weil für das vorliegend relevante Verletztengeld gem. § 45 SGB VII nach der Gesetzesbegründung geltendes Recht übernommen werden sollte[305], so dass das BSG und die sozialrechtliche Kommentarliteratur im Rahmen des § 45 SGB VII explizit vom krankenversicherungsrechtlichen Begriffsverständnis ausgehen.[306] Demgemäß kann insgesamt ein einheitlicher sozialversicherungsrechtlicher Arbeitsunfähigkeitsbegriff angenommen werden[307], der sich überdies mit dem arbeitsrechtlichen deckt.

## B. Begriff des Leistungsberechtigten

Trotz der Tatsache, dass das SGB IX kein Leistungsgesetz ist[308], spricht es den Kreis der „Leistungsberechtigten" als Adressaten an und weicht damit überdies

---

[304] So auch Grüner, in Wiegand, Komm. zum SGB IX, § 28 Rdnrn. 6 f.; Kohte, in Kreikebohm/Spellbrink/Waltermann, Komm. zum SGB, § 28 Rdnr. 3; i.d.S. gleichfalls Stähler, in Lachwitz/Schellhorn/Welti, HK-SGB IX, § 28 Rdnr. 13; Majerski-Pahlen, in Neumann/Pahlen/Majerski-Pahlen, Komm. zum SGB IX, § 28 Rdnr. 3; Mrozynski, Komm. zum SGB IX, § 28 Rdnr. 1; Nebe, in Feldes/Kohte/Stevens-Bartol, SGB IX, § 28 Rdnr. 6; Lauterbach, in Gagel, Komm. zum SGB III, Vor §§ 97 - 115 Rdnr. 35; Faßmann/Oertel, in Forschungsbericht BMA 204 (Gesundheitsforschung), Seite 73 m.w.N.

[305] Vgl. BT-Drs. 13/2204, Seite 87.

[306] Vgl. insbesondere BSG, Urt. v. 13.08.2002 (Az.: B 2 U 30/01 R), NZS 2003, 219, 220; vgl. auch Nehls, in Hauck/Noftz, Komm. zum SGB VII, § 45 Rdnr. 4; Schmitt, Komm. zum SGB VII, § 45 Rdnr. 6 sowie Streubel, in Franke/Molkentin, LPK-SGB VII, § 45 Rdnr. 2, der auf § 2 Abs. 1 AU-RL verweist.

[307] So auch schon Geschwinder, SGb 1985, 469 unter Verweis auf den Beschl. des BSG vom 16.12.1981 (Az.: GS 3,4/78), BSGE 53, 22, 23; Zwade, Seite 169.

[308] Vgl. § 7 S. 1 und oben unter Teil 2, 1. Kapitel, § 2, B.

vom Wortlaut der Vorbildregelung des § 74 SGB V ab, welche sich an den Kreis der „Versicherten" richtet. Eine Legaldefinition des Begriffs des „Leistungsberechtigten" findet sich dabei weder im SGB IX selbst, unter den im SGB IV enthaltenen „Gemeinsamen Vorschriften der Sozialversicherung" noch in der Gesetzesbegründung zum SGB IX.[309] Demzufolge ist auf den natürlichen Sprachgebrauch unter Berücksichtigung der Zielsetzung des SGB IX im allgemeinen und der stufenweisen Wiedereingliederung im besonderen abzustellen, wobei die Stellung des § 28 im SGB IX sowie das Verhältnis zu den sozialrechtlichen Leistungsgesetzen zu beachten ist. Vor diesem Hintergrund ist leistungsberechtigt jeder behinderte oder von Behinderung bedrohte Mensch, dem nach den jeweiligen für die Rehabilitationsträger geltenden materiellen Sozialleistungsgesetzen Rechtsansprüche aufgrund seiner Arbeitsunfähigkeit zustehen.[310]

## I.    Behinderter oder von Behinderung bedrohter Mensch

Unter Berücksichtigung des von § 1 angesprochenen Adressatenkreises ist für die Geltung des § 28 demzufolge zunächst grundlegend erforderlich, dass es sich um einen behinderten oder von Behinderung bedrohten Menschen i.S. der europarechtskonformen[311] Legaldefinition des § 2 Abs. 1 handelt. Demzufolge muss die körperliche Funktion, geistige Fähigkeit oder seelische Gesundheit der für eine stufenweise Wiedereingliederung nach § 28 in Frage stehenden Person mit hoher Wahrscheinlichkeit länger als sechs Monate von dem für das Lebensalter typischen Zustand abweichen und daher eine Teilhabe am Leben in der Gesellschaft beeinträchtigt sein bzw. es muss eine derartige Beeinträchtigung zumindest zu erwarten sein. Mit dem so gewählten Behindertenbegriff hat der Gesetzgeber an den von der WHO entwickelten Behindertenbegriff[312] angeknüpft, jedoch diesen nicht vollständig übernommen. Unter Beachtung der Ziele des SGB IX sollte sich der Begriff weniger an den wirklichen und vermeintlichen Defiziten orientieren, sondern vielmehr an der Teilhabemöglichkeit an den verschiedenen Lebensbereichen.[313] Der Begriff der „körperlichen Funktionen" ist dabei umfassend zu verstehen. Er schließt Störungen der Sinne und Empfindungen

---

[309] Vgl. BT-Drs. 14/5074, Seite 117 sowie BT-Drs. 14/5531.

[310] Vgl. auch Majerski-Pahlen, in Neumann/Pahlen/Majerski-Pahlen, Komm. zum SGB IX, § 28 Rdnr. 4; Nebe, in Feldes/Kohte/Stevens-Bartol, SGB IX, § 28 Rdnr. 7: Sie versteht das Merkmal „*i.S. einer generellen Anspruchsberechtigung auf medizinische Rehabilitationsleistungen i.S. von § 26*".

[311] S.o. unter Teil 2, 1. Kapitel; , § 2, D, I, 1, b, aa.

[312] Vgl. BT-Drucks. 12/7148, Seite 2; BT-Drucks. 13/9514, Seite 2; BT-Drs. 14/5074, Seiten 94, 98. Eine ausführliche Erläuterung der Begrifflichkeit findet sich bei Leder, in „Das Diskriminierungsverbot wegen einer Behinderung", Seiten 95 ff., 144 m.w.N.

[313] Vgl. Renn, Seite 15; Götz, in Kossens/von der Heide/Maß, Komm. zum SGB IX, § 2 Rdnr. 6.

ein, wenn auch nicht Beeinträchtigungen in der Körperstruktur, die sich auf die Körperfunktionen nicht auswirken. Unter dem Begriff der „geistigen Fähigkeiten" sind vor allem intellektuelle und kognitive Fähigkeiten, aber auch das Bewusstsein sowie die mentale Funktion, Bewegungshandlungen durchzuführen, zu verstehen. Der Begriff der „seelischen Gesundheit" i.S. des § 2 bezieht sich sowohl auf alle psychischen Erkrankungen als auch auf alle psychisch-funktionalen Fähigkeiten.[314] Das Kriterium der „Abweichung von dem für das Lebensalter typischen Zustand" soll darauf hinweisen, dass Funktionsstörungen, die sich im Alter typischerweise physiologisch entwickeln, keine Behinderung i.S. der Legaldefinition darstellen. Vielmehr soll darunter nur der Verlust oder die Beeinträchtigung von normalerweise in einem bestimmten Alter vorhandenen körperlichen Funktionen, geistigen Fähigkeiten oder seelischer Gesundheit gefasst werden.[315] Die für die voraussichtliche Dauer der Beeinträchtigung benannte Sechsmonatsfrist soll lediglich vorübergehende Störungen der Teilhabe ausschließen, nicht jedoch die Möglichkeit der vorherigen Einleitung von im Einzelfall gebotenen Rehabilitationsmaßnahmen. Dies gilt auch deshalb, weil von Behinderung bedrohte Menschen gleichfalls vom Schutzbereich des SGB IX erfasst werden, wobei für einen dahingehenden Handlungsbedarf genügt, dass der Eintritt einer Behinderung nach allgemeiner ärztlicher oder sonstiger fachlicher Feststellung mit hoher Wahrscheinlichkeit zu erwarten ist. Dabei sind an das Wahrscheinlichkeitsurteil angesichts der beschriebenen Zwecksetzung des SGB IX keine allzu hohen Anforderungen zu stellen, auch wenn eine bloß vage Wahrscheinlichkeit des Eintritts einer Behinderung nicht ausreichend sein kann.

Das Vorliegen einer Behinderung/drohenden Behinderung wird individuell neben den weiteren Leistungsvoraussetzungen durch den zuständigen Rehabilitationsträger geprüft und festgestellt.

## II. Anspruchsinhaber nach den materiellen Sozialleistungsgesetzen

Damit die Leistungsberechtigteneigenschaft i.S. des § 28 erfüllt ist, muss die behinderte oder von Behinderung bedrohte Person ferner Anspruchsinhaberin nach den materiellen Leistungsgesetzen sein. Dieses Erfordernis folgt grundlegend aus dem Verhältnis des SGB IX zu den jeweiligen Leistungsgesetzen, das in § 7 seinen Ausdruck gefunden hat.[316] Wer Anspruchsinhaber nach den jeweiligen Leistungsgesetzen ist, regelt das jeweilige Leistungsgesetz selbst.

---

[314] Vgl. Fuchs, in Bihr/Fuchs/Krauskopf/Ritz, Komm. zum SGB IX, § 2 Rdnr. 8.
[315] Vgl. BR-Drs. 49/01, Seite 293.
[316] S.o. unter Teil 2, 1. Kapitel, § 2, B.

## 1. Anspruchsinhaber nach den SGB V bis SGB VII

Die im Zusammenhang mit § 28 besonders relevanten materiellen Sozialleistungsgesetze der SGB V bis SGB VII stellen dabei sämtlich auf das Erfordernis der Versicherteneigenschaft des Betroffenen ab, wobei grundsätzlich zwischen der Eigenschaft als Pflichtversicherter und freiwillig Versicherter unterschieden wird (vgl. §§ 5, 9 SGB V; §§ 1 - 4, 7 SGB VI sowie §§ 2, 6 SGB VII), auch wenn es - bis auf wenige Ausnahmen - für die Anspruchsinhaberschaft nach den materiellen Sozialleistungsgesetzen irrelevant ist, ob der Betroffene pflicht- oder freiwillig versichert ist. Ausgenommen vom Anwendungsbereich des § 28 für den Bereich der SGB V bis SGB VII sind demgemäß von vornherein zunächst alle Personen, welche nicht pflicht- oder freiwillig gesetzlich versichert sind, wozu - wenn man mal von der eingeschränkten Versicherungsmöglichkeit des § 7 Abs. 2 SGB VI absieht - regelmäßig insbesondere Gemeinde-, Landes- oder Bundesbeamte zählen (vgl. § 6 Abs. 1 Nr. 2 SGB V, § 5 Abs. 1 Nr. 1 SGB VI, § 4 Abs. 1 Nr. 1 SGB VII).[317] Erfasst werden hingegen insbesondere auch geringfügig Beschäftigte, die als Familienmitglied gem. § 10 SGB V gesetzlich krankenversichert sind.

## 2. Anspruchsinhaber nach dem SGB III

Anders als die SGB V bis SGB VII knüpft das SGB III zur Bestimmung des anspruchsberechtigten Personenkreises allgemein an den Begriff des Berechtigten i.S. der §§ 12 ff. SGB III an, wozu nach §§ 16 - 18 SGB III insbesondere Arbeitslose, von Arbeitslosigkeit bedrohte Arbeitnehmer und Langzeitarbeitslose zählen. Ungeachtet der problematischen Frage, inwieweit die Anspruchsberechtigung auch während des Vollzugs einer Maßnahme zur stufenweisen Wiedereingliederung fortbesteht[318], kommen als Anspruchsinhaber nach dem SGB III insbesondere zwei Personengruppen in Betracht: (1) Personen, die zwar in einem ungekündigten Arbeitsverhältnis stehen, jedoch wegen des Ablaufs des Krankengeld- bzw. Überbrückungsgeldzeitraums von 78 Wochen kein Arbeitsentgelt, sondern ALG I nach §§ 117 ff. SGB III erhalten (sog. „Ausgesteuer-

---

[317] So auch Gagel, Forum B, Diskussionsbeitrag Nr. 4/2007, Seite 5; zur eingeschränkten Möglichkeit der freiwilligen Versicherung von Beamten nach § 7 SGB VI vgl. nur Gürtner, in KassKomm, § 7 SGB VI Rdnrn. 6 ff. sowie Lilge, HK zum SGB VI, § 7 Seite 9.

[318] Hierzu aus Gründen des Sachzusammenhangs ausführlich unter Teil 2, 7. Kapitel, § 1, B, VI, 1; vgl. hierzu zudem Söhngen, in Eicher/Schlegel, Komm. zum SGB III, § 119 SGB III, Rdnrn. 48, 50 sowie Steinmeyer, in Gagel, Komm. zum SGB III, § 119 Rdnrn. 31 f.

te")[319] sowie (2) Personen, die wegen des Nichtbestehens eines Arbeitsverhältnisses ALG I nach §§ 117 ff. SGB III erhalten.[320] Klärungsbedürftig ist an dieser Stelle zunächst grundsätzlich, ob letztgenannte Personengruppe überhaupt von § 28 angesprochen ist, oder ob nicht die stufenweise Wiedereingliederung per se ein ungekündigtes Arbeitsverhältnis des betroffenen behinderten/von Behinderung bedrohten Menschen voraussetzt.[321] Diese Frage erfährt in der arbeits- und sozialrechtlichen Literatur - soweit sie explizit erörtert wird - eine unterschiedliche Beantwortung.

### a) Vereinzelte Literaturauffassung: Arbeitslose nicht Adressaten des § 28

Einzelne Autoren gehen davon aus, dass Arbeitslose nicht zum Adressatenkreis des § 28 gehören, weil diese Vorschrift ein ungekündigtes Arbeitsverhältnis voraussetze. Als Begründung für diese Schlussfolgerung werden dabei einzig die in § 28 enthaltenen Formulierungen der Verrichtbarkeit der „bisherige[n] Tätigkeit" bzw. der stufenweisen Wiederaufnahme „ihrer Tätigkeit" angeführt.[322] Eine weitere Autorengruppe scheint konkludent gleichfalls diese Auffassung zu vertreten, indem sie zur Zielsetzung der stufenweisen Wiedereingliederung ausführt, dass diese „der Erprobung und dem Training der Leistungsfähigkeit des arbeitsunfähigen Versicherten *an seinem bisherigen Arbeitsplatz*" dient bzw. dazu, „arbeitsunfähige Leistungsberechtigte schrittweise an die volle Arbeitsbelastung am *bisherigen Arbeitsplatz* heranzuführen".[323]

### b) Andere Literaturauffassung: Arbeitslose als grundsätzliche Adressaten des § 28

Andere Vertreter der arbeits- und sozialrechtlichen Literatur nehmen hingegen an, dass das Modell der stufenweisen Wiedereingliederung nicht nur für Personen in Betracht kommt, die noch in einem Arbeitsverhältnis stehen, sondern auch für solche Personen, die bei Eintritt der Arbeitsunfähigkeit arbeitslos

---

[319] Zur Frage der Arbeitslosigkeit trotz Fortbestehen eines Arbeitsverhältnisses siehe unter Teil 2, 7. Kapitel, § 1, B, VI, 1.

[320] Die im Zusammenhang mit einer stufenweisen Wiedereingliederung für die Praxis wichtigste Fallgruppe ist die Eingliederung von Personen, deren Anspruch auf Krankengeld nach 78 Wochen ausgelaufen, deren Arbeitsverhältnis jedoch nicht beendet ist.

[321] Sofern im Nachfolgenden von *„arbeitslosen Leistungsberechtigten"* die Rede ist, sind damit solche Personen gemeint, die in keinem Arbeitsverhältnis stehen, also nicht lediglich faktisch arbeitslos sind.

[322] So Majerski-Pahlen, in Neumann/Pahlen/Majerski-Pahlen, Komm. zum SGB IX, § 28 Rdnr. 4; Mrozynski, Komm. zum SGB IX, § 28 Rdnr. 1.

[323] BAR, AH stufenweise Wiedereingliederung, Seite 11; Gerke, in Kossens/von der Heide/Maaß, Komm. zum SGB IX, § 28 Rdnr. 2.

sind.[324] [325] Eine Begründung hierfür findet sich dabei - soweit ersichtlich - ausschließlich bei Alexander Gagel, der die Arbeitgeber nach § 2 Abs. 1 SGB III (i.d.F. bis 31.12.2001; jetzt: § 2 Abs. 2 SGB III)[326] für aufgerufen hält, für derartige Wiedereingliederungsmaßnahmen Arbeitsplätze zu schaffen bzw. bereit zu halten.

## c) Stellungnahme

Um feststellen zu können, welche der dargestellten Auffassungen vorzugswürdig ist, bedarf es einer umfassenden Auslegung, die vom Wortlaut des § 28 und der Gesetzeshistorie des Rechtsinstituts der stufenweisen Wiedereingliederung ausgeht sowie den Normzweck und die Gesetzessystematik der Vorschrift berücksichtigt.

Die Vorschrift des § 28 spricht - wie seit je her auch § 74 SGB V - von der Verrichtbarkeit „ihrer bisherigen Tätigkeit" sowie der „stufenweisen Wiederaufnahme ihrer Tätigkeit". Ohne dass es bereits an dieser Stelle einer genauen Klärung dieser Begrifflichkeiten bedarf[327], ist zu berücksichtigen, dass der Wortlaut jedenfalls nicht eindeutig ist. Denn mit der Verwendung des Begriffs „Tätigkeit" bzw. dem Begriffspaar „bisherige Tätigkeit" kann auch lediglich die Art der bisherigen Tätigkeit i.S. einer bestimmten Berufsgruppe angesprochen sein, ohne dass eine Qualifizierung dahingehend erfolgt, dass noch zwingend ein ungekündigtes Arbeitsverhältnis bestehen muss. Dies gilt auch deshalb, weil sich die sozialrechtliche Literatur im Zusammenhang mit § 74 SGB V zur Bestimmung des Begriffs der „Tätigkeit" bzw. „bisherigen Tätigkeit" an den vom BSG entwickelten Arbeit-

---

[324] Vgl. Gagel, NZA 2001, 988, 989; Fuchs, in Bihr/Fuchs/Krauskopf/Ritz, Komm. zum SGB IX, § 28 Rdnr. 7; Nebe, in Feldes/Kohte/Stevens-Bartol, § 28 Rdnr. 8; Hess, in KassKomm, § 74 SGB V Rdnr. 4; i.d.S. zu § 74 SGB V offenbar auch Brocke, SGb 1990, 45, 49.

[325] Unklar Lauterbach, in Gagel, Komm. zum SGB III, Vor §§ 97 - 115 Rdnr. 34: „Unmittelbare Zielgruppe für die stufenweise Wiedereingliederung sind Behinderte oder von Behinderung bedrohte Menschen, die in einem Arbeitsverhältnis stehen, ..."; ebenso zu § 74 SGB V Klückmann, in Hauck/Noftz, Komm. zum SGB V, § 74 Rdnr. 9: „Den Fall der stufenweisen „Aufnahme" einer Tätigkeit durch einen arbeitsunfähigen arbeitslosen Versicherten, ..., hat § 74 unmittelbar nicht im Blickfeld".

[326] Die Vorschrift ist am 01.01.1998 in Kraft getreten und erfuhr ihre erste umfangreiche Änderung nach drei Jahren durch das sog. „Job-AQTIV-Gesetz" vom 10.12.2001 m.W.v. 01.01.2002. Weitere Änderungen erfolgten dann durch das „Erste Gesetz für moderne Dienstleistungen am Arbeitsmarkt (sog. Hartz 1-Gesetz)" vom 23.12.2002 m.W.v. 01.01. 2003, durch das „Dritte Gesetz für moderne Dienstleistungen am Arbeitsmarkt (sog. Hartz 3-Gesetz)" vom 23.12.2003 m.W.v. 01.01.2004 sowie durch das Gesetz vom 22.12.2005 m.W.v. 31.12.2005; vgl. ausführlich Timme, in Hauck/Noftz, Komm. zum SGB III, § 2 Rdnrn. 1 ff. m.w.N.

[327] Hierzu unter Teil 2, 2. Kapitel, § 2, A.

sunfähigkeitsbegriff anlehnt[328] und letzterer im Detail - wie unter § 1, A, I dieses 2. Kapitels aufgezeigt - unterschiedlich zu beurteilen ist, je nachdem, ob es um einen versicherungspflichtig Beschäftigten geht oder um einen arbeitslosen Versicherten. Entscheidend ist vorliegend demzufolge, dass unter Berücksichtigung der Rechtsprechung des BSG zum Begriff der „Arbeitsunfähigkeit" gleichfalls ein arbeitslos gewordener Versicherter eine „Tätigkeit" bzw. „bisherige Tätigkeit" vorzuweisen hat, auch wenn er diese aktuell gerade nicht tatsächlich in einem Arbeitsverhältnis ausübt. Folglich spricht der Wortlaut des § 28 gerade nicht für eine derart enge Auslegung dahingehend, dass lediglich behinderte/von Behinderung bedrohte Menschen angesprochen sind, die in einem ungekündigten Arbeitsverhältnis stehen. Im Gegenteil: Angesichts einer fehlenden ausdrücklichen weitergehenden Beschränkung des angesprochenen Personenkreises „arbeitsunfähige Leistungsberechtigte" ist von einer weiten Auslegung des Adressatenkreises des § 28 auszugehen. Denn auch und gerade arbeitslosen Versicherten können nach dem SGB III - als materielles Sozialleistungsgesetz - uneingeschränkt Rechtsansprüche aufgrund Arbeitsunfähigkeit zustehen, und zwar ungeachtet der Tatsache, ob sie lediglich faktisch beschäftigungslos sind oder in einem gekündigten Arbeitsverhältnis stehen.

Weder die Gesetzesbegründung zu § 74 SGB V noch die zu § 28 sagen ausdrücklich etwas zu der Frage, inwieweit eine stufenweise Wiedereingliederung auch für solche Personen in Betracht kommt, die bei Eintritt der Arbeitsunfähigkeit arbeitslos sind. In der Gesetzesbegründung zu § 28 findet sich vielmehr nur der allgemeine Hinweis, dass die Vorschrift für alle Trägerbereiche der medizinischen Rehabilitation die bisher ausdrücklich nur in der Krankenversicherung (§ 74 SGB V) vorgesehene Möglichkeit der stufenweisen Wiedereingliederung vorsieht.[329] Blickt man dann auf die Historie des § 74 SGB V ergibt sich folgendes Bild: In der Begründung zum Gesetzesentwurf der Regierungskoalition CDU/CSU und FDP aus der 11. Wahlperiode zur dahingehend wortgleichen Entwurfsregelung des § 82 SGB V wird die Aussage getroffen, dass eine stufenweise Wiederaufnahme der Beschäftigung während der fortbestehenden Arbeitsunfähigkeit für den Kranken hilfreich sein kann, wobei das Bestehen einer solchen Möglichkeit und die verrichtbaren Tätigkeiten durch entsprechende ärztliche Bescheinigung bekundet werden sollen. Ferner wird dort insbesondere darauf verwiesen, dass die Möglichkeit der teilweisen Tätigkeit und auch die teilweise Arbeitsaufnahme nichts daran ändern, dass der Versicherte arbeitsunfähig im Rechtssinne sowie ohne Rücksicht auf die Höhe des durch Teilarbeit erziel-

---

[328] So ausdrücklich Faßmann/Oertel, in Forschungsbericht BMA 204 (Gesundheitsforschung), Seite 79 m.w.N.
[329] Vgl. BT-Drs. 14/5074, Seite 107.

ten Arbeitsentgelts versichert bleibt.[330] Ein ausdrücklich arbeitgeberbezogener Hinweis etwa dahingehend, dass „die Wiederaufnahme der Beschäftigung *beim Arbeitgeber* des Kranken erfolgt oder zu erfolgen hat", oder „die *beim Arbeitgeber* des Kranken verrichtbaren Tätigkeiten bescheinigt werden sollen", fehlt hingegen. Ein solcher Hinweis kann aus den dargestellten neutralen Formulierungen auch keinesfalls „herausgelesen" werden. Einzig aus der nachfolgenden Formulierung in der Gesetzesbegründung zu § 82 SGB V kann geschlossen werden, dass das Bestehen eines Arbeitsverhältnisses der Regelanwendungsfall der stufenweisen Wiedereingliederung ist: „Die Teilarbeit führt auch nicht dazu, daß während ihrer Vollarbeit versicherungsfreie Beschäftigte durch die Erzielung eines unter der Jahresarbeitsentgeltgrenze liegenden Teilarbeitsentgelts versicherungspflichtig werden." Denn in der so dargestellten Situation besteht ersichtlich im Hintergrund ein vollschichtiges, versicherungspflichtiges Beschäftigungsverhältnis. Aber auch dieser Umstand spricht nach Auffassung der Verfasserin nicht zwingend gegen den gesetzgeberischen Willen, den Anwendungsbereich der stufenweisen Wiedereingliederung über den Kreis der versicherungspflichtigen Beschäftigten hinaus offen zu halten, also gegen eine weite Auslegung des Adressatenkreises des § 28, zumal ersichtlich das Wohl bzw. die Wiedergenesung durch Wiedereingliederung des kranken Versicherten im Vordergrund stehen soll.

Bereits vor Inkrafttreten des § 74 SGB V sind etwa seit den 70er Jahren auf betrieblicher Ebene, konkret im Zusammenwirken vornehmlich von Betriebskrankenkassen und Arbeitgebern, verschiedene Modelle zur stufenweisen Wiedereingliederung entwickelt worden („Siemens-Modell"; „Hamburger Modell" etc.)[331], die vorrangig zum Ziel hatten, die stufenweise Wiedereingliederung finanziell attraktiv zu gestalten, um so die Bereitschaft des Rehabilitanden zu fördern, schrittweise mit der Arbeit zu beginnen. Diese Modelle sind für versicherungspflichtig Beschäftigte entwickelt worden, hatten also nicht arbeitslose Versicherte im Blickfeld. Daraus kann jedoch gleichfalls nicht zwingend geschlossen werden, dass nicht auch arbeitslose Versicherte zum Adressatenkreis der nunmehr gesetzlich fixierten stufenweisen Wiedereingliederung gehören können. Dies gilt auch deshalb, weil die Modelle vorrangig Finanzierungsmodelle und Verwaltungsvereinfachungsmodelle sind, die bei entsprechender arbeitgeberseitiger Bereitschaft und Möglichkeit zur Aufnahme eines betriebs- bzw. unternehmensfremden arbeitslosen Rehabilitanden auch auf diesen ohne weiteres angewandt werden können. Demzufolge sprechen weder die Historie des Instruments der stufenweisen Wiedereingliederung noch die hierzu in Kraft ge-

---

[330] Vgl. BT-Drs. 11/2237, Seiten 30, 192.
[331] Vgl. dazu ausführlich Faßmann/Oertel, in Forschungsbericht BMA 204 (Gesundheitsforschung), Seiten 81 ff. m.w.N. sowie Becker, Seiten 37 ff.

setzten gesetzlichen Regelungen für eine derart enge Auslegung dahingehend, dass der Anwendungsbereich auf behinderte/von Behinderung bedrohte Menschen, die in einem Beschäftigungsverhältnis stehen, beschränkt ist.

Berücksichtigt man den im Teil 2, 1. Kapitel, § 3 dieser Arbeit beschriebenen Normzweck, so lässt sich unzweifelhaft feststellen, dass sowohl nach dem Primär- als auch nach dem Sekundärzweck eine weite Auslegung des Adressatenkreises dahingehend angezeigt ist, dass auch Versicherte, die aktuell in keinem Arbeitsverhältnis stehen, vom Anwendungsbereich des § 28 erfasst werden können. Denn auch und gerade bei arbeitslosen Versicherten ist schon aus psychologischen Gründen ein schonender und kontinuierlicher Wiedereinstieg in den Arbeitsprozess bzw. das Erwerbsleben sinnvoll, um die Vermittlungsmöglichkeiten auf dem Arbeitsmarkt, insbesondere in vollschichtige Tätigkeiten, wiederherzustellen und zugleich die dahingehenden Vermittlungschancen zu erhöhen. Andernfalls besteht gerade bei diesem Personenkreis in einem höheren Maße die Gefahr, auf Dauer aus dem Berufsleben verdrängt zu werden. Hinzu kommt, dass in Bezug auf arbeitslose Versicherte durch die stufenweise Wiedereingliederung - zumindest mittelfristig - sogar eine stärkere Entlastung der Sozialleistungssysteme erreicht werden kann als bei versicherungspflichtig Beschäftigten.

Ausgehend vom Wortlaut des § 28 („arbeitsunfähige Leistungsberechtigte") besteht unter Berücksichtigung der Stellung der Vorschrift im Kapitel unter den Leistungen zur medizinischen Rehabilitation sowie des Rechtscharakters des SGB IX als Rahmengesetz, das durch die materiellen Sozialleistungsgesetze „ausgefüllt" wird (vgl. § 7), ebenfalls keinerlei Anlass zur Einschränkung des Adressatenkreises der stufenweisen Wiedereingliederung dahingehend, dass zwingend das Bestehen eines ungekündigten Arbeitsverhältnisses erforderlich ist. Vielmehr spricht auch und gerade die beschriebene Gesetzessystematik für eine weite Auslegung des Anwendungs- bzw. Adressatenkreises.

Einige Autoren in der sozialrechtlichen Literatur gehen davon aus, dass der Kreis der arbeitslosen Versicherten nicht unmittelbare Zielgruppe einer stufenweisen Wiedereingliederung ist bzw. nicht unmittelbar im Blickfeld einer solchen Maßnahme steht.[332] Diese Äußerungen sind sicherlich insbesondere vor dem Hintergrund zu sehen, dass bei diesem Personenkreis eine stufenweise Wiedereingliederung überwiegend praktisch nicht realisierbar ist. Denn vielfach werden Arbeitgeber in Zeiten des Arbeitsplatz- bzw. Personalabbaus weder freie

---

[332] Vgl. Lauterbach, in Gagel, Komm. zum SGB III, Vor §§ 97 - 115 Rdnr. 34 sowie Klückmann, in Hauck/Noftz, Komm. zum SGB V, § 74 Rdnr. 9.

geeignete Arbeitsplätze für den Einsatz von betriebs- bzw. unternehmensfremden Mitarbeitern, noch verfügbare personelle Ressourcen zur Betreuung der Rehabilitanden haben. Hinzu kommt, dass derartige Maßnahmen bei arbeitslosen Versicherten ein hohes Maß an Eigeninitiative und Flexibilität der Arbeitsverwaltung voraussetzt, also zwei Komponenten, die angesichts der derzeitigen Überlastungssituation infolge der enormen Zahl an Arbeitslosen schwerlich zu realisieren sind. Berücksichtigt man jedoch die gesellschaftliche Verantwortung aller Beteiligten, so können derartige Umstände nicht dazu führen, dass das Rechtsinstitut der stufenweisen Wiedereingliederung für den Kreis der arbeitslosen Behinderten/von Behinderung bedrohten Menschen verschlossen wird. Dies gilt umso mehr, als die BA von Gesetzes wegen die Unterstützung der übrigen Rehabilitationsträger in Anspruch nehmen kann und überdies die Arbeitgeber nach der Generalklausel des § 2 Abs. 2 S. 1 SGB III (= § 2 Abs. 1 S. 1 i.d.F. bis 31.12.2001) verpflichtet sind, „bei ihren Entscheidungen verantwortungsvoll deren Auswirkungen auf die Beschäftigung ... von Arbeitslosen ... einzubeziehen". Die Vorschrift des § 2 Abs. 2 S. 1 SGB III bezieht sich neben der Verantwortung für die Arbeitnehmer eines Arbeitgebers also explizit auch auf die Gruppe der arbeitslosen Versicherten und verwendet überdies allgemein den Begriff der „Entscheidungen". Letzterer kann ersichtlich sehr weit verstanden werden, insbesondere denkbar auch Konstellationen erfassen, in denen ein Rehabilitationsträger mit der Bitte der Ermöglichung einer stufenweisen Wiedereingliederung an einen Arbeitgeber herantritt. Ohne dass hieraus zugleich zwingend auf eine durchsetzbare Rechtspflicht zur Durchführung einer stufenweisen Wiedereingliederung in Bezug auf einen arbeitslosen Versicherten geschlossen werden kann[333], erlaubt die dahingehende Formulierung nach Auffassung der Verfasserin zumindest den Rückschluss darauf, dass die Arbeitgeber gehalten sind, freie Arbeitsplätze auch für eine stufenweise Wiedereingliederung arbeitsloser Versicherter zur Verfügung zu stellen und ggf. - in gewissem zumutbaren Rahmen - gar freie Arbeitsplätze hierfür zu schaffen.[334] Ein wirklicher Mangel an praktischer Realisierbarkeit ist vor diesem Hintergrund nicht erkennbar, zumindest dann, wenn die verantwortlichen Akteure aktiv aufeinander zugehen. Demzufolge kann hierin auch kein ernstliches Argument für die Einschränkung des Adressatenkreises der stufenweisen Wiedereingliederung dahingehend liegen, dass zwingend das Bestehen eines ungekündigten Arbeitsverhältnisses erforderlich ist.

---

[333] Vgl. hierzu unter Teil 2, 3. Kapitel, § 2, C, III, 4.
[334] So weitgehend, insbesondere ohne jeglichen einschränkenden Zusatz, Gagel, NZA 2001, 988, 989.

## d) Fazit

Folglich ist nach Auffassung der Verfasserin insgesamt der Schluss zu ziehen, dass auch arbeitslose Personen i.s. der §§ 16, 118 SGB III, die sich in keinerlei Arbeitsverhältnis (mehr) befinden, Adressaten des § 28 sind, die stufenweise Wiedereingliederung also kein ungekündigtes Arbeitsverhältnis des betroffenen behinderten/von Behinderung bedrohten Menschen voraussetzt.

## 3. Anspruchsinhaber nach dem SGB II

Das SGB II knüpft zur Bestimmung des anspruchsberechtigten Personenkreises in §§ 19, 7 ff. SGB II an die Gruppe der erwerbsfähigen Hilfebedürftigen an. Hilfebedürftig sind dabei nach § 9 SGB II u.a. auch Personen, die ihren Lebensunterhalt nicht oder nicht ausreichend aus dem zu berücksichtigenden Einkommen bestreiten können. Demnach haben u.a. Erwerbsfähige einen Anspruch auf ALG II ergänzend zu ihrem Einkommen, wenn ihr anrechenbares Einkommen nicht ausreicht, um davon den Grundbedarf zu decken. Auf diese Weise wird das Einkommen bis zur Höhe der Grundsicherung „aufgestockt". Genau dieser Personenkreis erscheint im Zusammenhang mit einer Maßnahme zur stufenweisen Wiedereingliederung als relevant. Anhaltspunkte für einen Ausschluss dieser Personengruppe aus dem Anwendungsbereich des § 28 sind nicht ersichtlich.[335]

## C. Bestehen einer krankheitsbedingten „lang anhaltenden" Arbeitsunfähigkeit als einschränkendes Tatbestandsmerkmal?

Nach entsprechenden Erfahrungswerten in der Praxis wird in den Fällen länger dauernder, eingreifender Erkrankungen und daraus resultierender längerer Arbeitsunfähigkeit - anders als bei Erkrankungen von kürzerer Dauer - die Rückkehr in den Arbeitsprozess regelmäßig deutlich erschwert.[336] Der in den 70er Jahren kasuistisch entstandenen Idee der Arbeitsaufnahme mit zunehmender Stundenzahl lag daher der theoretische Denkansatz zugrunde, dass es für Patienten nach langer Krankheit durch Trainingsverlust in geistiger und körperlicher Hinsicht unphysiologisch ist, die Arbeit sofort mit voller Stundenzahl aufzunehmen.[337] Angesichts dieser Historie wird in der Fachliteratur bis heute vielfach die Rechtsauffassung vertreten, dass die Zielrichtung bzw. der Sinn und Zweck

---

[335] Zum Anspruch auf ALG II während des Vollzugs einer Maßnahme zur stufenweisen Wiedereingliederung vgl. die Ausführungen unter Teil 2, 7. Kapitel, § 1, D.

[336] Vgl. Eissenhauer, MED SACH 1989, 78.

[337] Vgl. Brost/Krasemann/Stolley, Rehabilitation 1982, 45.

der stufenweisen Wiedereingliederung das Bestehen einer länger andauernden krankheitsbedingten Arbeitsunfähigkeit erfordert.[338] Nach einer Konkretisierung des Begriffs der lang anhaltenden krankheitsbedingten Arbeitsunfähigkeit sucht man dabei häufig vergebens. Soweit ersichtlich, führen lediglich Morawe und Oppermann[339] explizit aus, dass eine wochen- oder monatelange, mindestens jedoch über den sechswöchigen Zeitraum der Entgeltfortzahlung hinausgehende Ausgliederung erforderlich ist. Nur wenige Autoren äußern sich hingegen dahingehend, dass eine stufenweise Wiedereingliederung auch bereits bei kürzeren Arbeitsunfähigkeitszeiten angezeigt sein kann.[340] Im Nachfolgenden soll daher der Frage nachgegangen werden, ob § 28, § 74 SGB V zwingend das Bestehen einer lang anhaltenden krankheitsbedingten Arbeitsunfähigkeit als zusätzliches einschränkendes Tatbestandsmerkmal erfordern, oder ob der vielfach vertretenen Rechtsauffassung lediglich statistische Erfahrungswerte bzw. Zweckmäßigkeitsgesichtspunkte zugrunde liegen.

Sowohl die Gesetzesbegründungen zu § 74 SGB V als auch die zu § 28 schweigen sich zu dieser Frage gänzlich aus. In der Gesetzesbegründung zu § 74 SGB V wird vielmehr lediglich festgestellt, dass eine stufenweise Wiederaufnahme der Beschäftigung während der fortbestehenden Arbeitsunfähigkeit für den Kranken hilfreich sein kann.[341] Demzufolge muss auf die übrigen anerkannten Auslegungskriterien zurückgegriffen werden, um eine Problemlösung herbeizuführen. Die einschränkungslose Verwendung des Begriffs der Arbeitsunfähigkeit im Wortlaut der § 28, § 74 SGB V spricht zunächst grundlegend für eine weite dahingehende Auslegung der Vorschriften. Andererseits sollen die Betroffenen nach dem Wortlaut wieder in das Erwerbsleben „eingegliedert", also integriert werden, was darauf hindeuten könnte, dass zunächst der Grad einer „Ausgliederung" eintreten muss. Eine solche Ausgliederung wiederum kann regelmäßig erst bei länger dauernden, schwerwiegenden Erkrankungen mit entspre-

---

[338] So Faßmann/Oertel, in Forschungsbericht BMA 204 (Gesundheitsforschung), Seiten 19 f.; BAR, AH stufenweise Wiedereingliederung, Seite 11; Eissenhauer, MED SACH 1989, 78; Köhn/Moch, BKK 1990, 485, 487; Köhn/Müller, BKK 1990, 700; Schaaf, SGb 1993, 506; Karoff/Goedecker, Herz/Kreisl. 1993, 215; Becker, Seite 24; Morawe, AuA 1998, 273, 274; Brackmann, HbSV, § 74 Ziff. 2; Kötter, in LPK-SGB V § 74 Rdnr. 1; i.d.S. auch Schimanski, in GK-SGB IX, § 28 Rdnr. 7; Oppermann, in Hauck/Noftz, Komm. zum SGB IX, § 28 Rdnrn. 7, 10.

[339] Vgl. Morawe, AuA 1998, 273, 274 und Oppermann, in Hauck/Noftz, Komm. zum SGB IX, § 28 Rdnr. 10.

[340] So Stähler, in Lachwitz/Schellhorn/Welti, HK-SGB IX, § 28 Rdnr. 8; Orlowski in GKV-Komm, § 74 SGB V Seite 3; Liebig, in Düwell/Joussen, Komm. zum SGB IX, § 28 Rdnr. 10; Wilmerstadt, Vortrag auf der arbeitsmedizinischen Herbsttagung des Verbands deutscher Betriebs- und Werksärzte am 22.10.2004 (zit. nach Gagel/Schian/Dalitz/Schian, Forum B, Diskussionsbeitrag Nr. 6/2004, Seite 1).

[341] Vgl. BT-Drs. 11/2237, Seite 192.

chend längerer Arbeitsunfähigkeit angenommen werden, welche die Rückkehr an den Arbeitsplatz als schwierig gestaltet.[342] In Bezug auf § 28 kommt hinzu, dass für den Begriff des „Leistungsberechtigten" - wie bereits ausgeführt -[343] zumindest eine drohende Behinderung von Nöten ist, welche eine mit hoher Wahrscheinlichkeit anzunehmende Erwartung einer länger als sechs Monate dauernden Abweichung der körperlichen Funktion, geistigen Fähigkeit oder seelischen Gesundheit von dem für das Lebensalter typischen Zustand erfordert. Allein daraus jedoch abzuleiten, dass § 28, § 74 SGB V tatbestandlich zwingend das Vorliegen einer länger andauernden krankheitsbedingten Arbeitsunfähigkeit erfordern, wäre jedoch zu kurz gegriffen. Denn zum einen setzt die Bestimmung der Eigenschaft als Person mit drohender Behinderung i.S. des § 2 Abs. 1 und damit auch die Bejahung der Leistungsberechtigteneigenschaft erkennbar eine medizinische Prognoseentscheidung voraus, welche unter Berücksichtigung der Art und Ursache der Erkrankung/Beeinträchtigung vielfach bereits in einem sehr frühen Stadium der Arbeitsunfähigkeit getroffen werden kann. Die so anzustellende Prognoseentscheidung bedeutet daher also gerade nicht, dass der betroffene Arbeitnehmer erst nach bereits sechs Monate bestehender Arbeitsunfähigkeit als von Behinderung bedroht angesehen werden kann. Demzufolge kann aus dem Begriff des „Leistungsberechtigten" auch nicht hergeleitet werden, dass erst einige Wochen oder gar sechs Monate abgewartet werden muss, bis überhaupt eine Maßnahme zur stufenweisen Wiedereingliederung in Betracht gezogen werden kann. Eine solche Betrachtung widerspricht vielmehr grundlegend dem Normzweck der § 28, § 74 SGB V sowie dem Grundsatz des Vorrangs der Prävention, welcher in § 3 explizit ausgesprochen wird. Letzterer fordert, dass bereits von Beginn an mit allen zur Verfügung stehenden Möglichkeiten versucht wird, den Eintritt einer Behinderung einschließlich einer chronischen Erkrankung zu vermeiden. Der primäre Normzweck der Vorschriften zur stufenweisen Wiedereingliederung besteht überdies allgemein darin, den Betroffenen individuell und kontinuierlich an die Belastungen des Arbeitsprozesses heranzuführen. Dieses Ziel ist nicht nur bei bereits länger erkrankten Personen, sondern - sofern im jeweiligen Fall eine stufenweise Wiedereingliederung angezeigt ist - gleichermaßen auch bei erst kürzer arbeitsunfähigen Betroffenen erreichbar. Vor diesem Hintergrund kann ebenso wenig aus der Verwendung des Begriffs der „Eingliederung" abgeleitet werden, dass als Gegenstück zunächst eine Ausgliederung i.S. einer wochen- oder gar monatelangen Abwesenheit vorliegen muss, um die Möglichkeit einer stufenweisen Wiedereingliederung in Betracht ziehen zu können. Vielmehr reicht es nach dem Normzweck aus, wenn nach der entsprechenden medizinischen Prognose - ungeachtet des Zeitpunkts ihrer Vornahme -

---

[342] I.d.S. Becker, Seite 24.
[343] Vgl. hierzu unter Teil 2, 2. Kapitel, § 1, B, I.

der Schluss gezogen werden kann, dass eine stufenweise Wiedereingliederung durch eine allmähliche Reintegration in den Arbeitsprozess geeignet ist, - zukunftsbezogen - einer Ausgliederung aus dem Arbeitsprozess im oben beschriebenen Sinne entgegenzusteuern. Die dahingehende Auslegung unter Normzweckgesichtspunkten findet ihre Bestätigung, wenn man überdies den systematischen Zusammenhang der § 28, § 74 SGB V zu dem in § 84 Abs. 2 für alle Beschäftigten gleichermaßen geregelten[344] BEM betrachtet. Wie bereits ausgeführt[345], stellt sich die stufenweise Wiedereingliederung nach § 28, § 74 SGB V als mögliches Ergebnis des in § 84 Abs. 2 vorgesehenen Klärungsverfahrens dar. Auch wenn die aus § 84 Abs. 2 für den Arbeitgeber resultierenden Verpflichtungen erst nach einer länger als sechs Wochen innerhalb eines Jahres bestehenden Arbeitsunfähigkeit eingreifen, macht dieser sogleich grundlegend deutlich, dass sein Anwendungsbereich nicht nur den Fall der ununterbrochenen Langzeiterkrankung, sondern gleichermaßen den Fall der häufigen Kurzerkrankungen erfasst. Daraus kann zugleich der Schluss gezogen werden, dass Maßnahmen zur stufenweisen Wiedereingliederung für beide Fallkonstellationen und daher jedenfalls nicht zwingend erst nach monatelanger Arbeitsunfähigkeit in Betracht zu ziehen sind.

Aus alledem folgt: Die Tatsache allein, dass die praktischen Erfahrungen der Vergangenheit gezeigt haben, dass insbesondere länger dauernde, eingreifende Erkrankungen mit entsprechend längerer Arbeitsunfähigkeit zu einer deutlichen Erschwerung der Rückkehr in den Arbeitsprozess führen, vermögen angesichts der geschilderten Normzweckerwägungen und systematischen Gründe nicht die Annahme eines dahingehend zwingenden einschränkenden Tatbestandsmerkmals im Rahmen der § 28, § 74 SGB V zu rechtfertigen. Vielmehr kann bei einem entsprechend indizierenden Krankheitsbild und bei Vorliegen der weiteren - nachfolgend unter §§ 2, 3 dieses Kapitel beschriebenen - Voraussetzungen bereits in einem frühen Stadium der Arbeitsunfähigkeit eine stufenweise Wiedereingliederung geprüft und durchgeführt werden. Insbesondere der dem Urteil des SG Dresden vom 12.01.2006 (Az.: S 18 KR 440/03)[346] zugrunde liegende Sachverhalt zeigt, dass in der Praxis die so vertretene Rechtsansicht erfreulicherweise offenbar auch entsprechend gelebt wird: Dort stellte sich die 1954 geborene Klägerin erstmals am 10.09.2002 ihrem behandelnden Arzt wegen Schwindel und Mattigkeit vor. Dieser diagnostizierte einen „diabetes mellitus Typ II" und bescheinigte ihr entsprechend Arbeitsunfähigkeit. Bereits am

---

[344] Vgl. hierzu bereits unter Teil 2, 1. Kapitel, § 2, D, II, 3.
[345] Vgl. hierzu bereits unter Teil 2, 1. Kapitel, § 2, D, II, 5.
[346] Veröff. in der juris-Datenbank.

21.10.2002 empfahl er schließlich eine stufenweise Wiedereingliederung ab 28.10.2002 bis zum 22.11.2002 im Umfang von fünf Arbeitsstunden täglich.

### D. Typische, eine stufenweise Wiedereingliederung indizierende Krankheitsbilder

Das Gesetz selbst benennt - verständlicherweise - keinerlei Krankheitsbilder, bei denen eine stufenweise Wiedereingliederung indiziert sein kann. Da - wie bereits ausgeführt - die Zielgruppe der § 28, § 74 SGB V jedoch grundsätzlich sehr weit gefasst ist, kommen zahlreiche medizinische Krankheitsbilder als Indikatoren für eine stufenweise Wiedereingliederung in Betracht. Eine ausführliche beispielhafte Aufzählung hierzu findet sich dabei in der von der BAR herausgegeben „Arbeitshilfe für die stufenweise Wiedereingliederung in den Arbeitsprozess", auf welche an dieser Stelle für eine Detaillektüre verwiesen wird. Betrachtet man dabei lediglich die dort als Oberbegriffe benannten Krankheitsbilder:[347]

- Krankheiten des Herzens und des Kreislaufs,
- entzündlich-rheumatische Erkrankungen,
- degenerative-rheumatische Erkrankungen,
- Krankheiten der Verdauungsorgane,
- Stoffwechselkrankheiten,
- Krankheiten der Atmungsorgane,
- Krankheiten der Niere und der ableitenden Harnwege,
- neurologische Krankheiten,
- psychische Erkrankungen,
- Krebserkrankungen oder
- Arbeitsunfälle und Berufskrankheiten

wird die Weitläufigkeit des Anwendungsbereichs jedenfalls hinreichend deutlich.

### § 2 Möglichkeit der teilweisen Verrichtung der „bisherigen Tätigkeit"

### A. Begriff der „bisherigen Tätigkeit"

Die Vorschrift des § 28 erfordert tatbestandlich ferner, dass der arbeitsunfähige Leistungsberechtigte in der Lage ist, seine „bisherige Tätigkeit" teilweise zu ver-

---

[347] Vgl. BAR, AH stufenweise Wiedereingliederung, Seiten 12 f.; ausführlich hierzu auch Faßmann/Oertel, in Forschungsbericht BMA 204 (Gesundheitsforschung), Seiten 118 ff. sowie Köhn/Müller, BKK 1990, 700 ff.

richten. Was unter dem Begriffspaar der „bisherigen Tätigkeit" zu verstehen ist, ist im Gesetz nicht näher umschrieben, so dass dies im Einzelnen erörterungsbedürftig ist, zumal von der Klärung dieser Frage insbesondere abhängt, ob nach § 28 die stufenweise Wiedereingliederung auch in einem anderen Betrieb durchgeführt werden kann bzw. muss. Mit der Verwendung des Begriffspaares „bisherige Tätigkeit" kann zum einen die zuletzt konkret ausgeübte Tätigkeit i.S. des bisherigen Arbeitsverhältnisses oder - bei noch in einem Arbeitsverhältnis stehenden Versicherten - auch lediglich der bislang innegehabte konkrete Arbeitsplatz im bisherigen Beschäftigungsbetrieb angesprochen sein. Ggf. erfordert der Normzweck des § 28 gar eine Auslegung dahingehend, dass eine stufenweise Wiedereingliederung auch durch eine andere Tätigkeit beansprucht werden kann, weil mit der Wendung allgemein die Art der bisherigen Tätigkeit i.S. einer bestimmten Berufsgruppe gemeint ist.

I.  **Begriff der „bisherigen Tätigkeit" nach den im Schrifttum vertretenen Rechtsauffassungen**

Im Schrifttum wird die Frage nach der Bedeutung und Reichweite des Begriffspaares „bisherige Tätigkeit" bislang eher selten ausdrücklich erörtert. Bei genauer Betrachtung lassen sich nach Ansicht der Verfasserin jedoch insgesamt drei vertretene Rechtsauffassungen ausmachen, die im Nachfolgenden dargestellt werden sollen:

1.  **An den bisherigen Beschäftigungsbetrieb geknüpfte arbeitsplatzbezogene Betrachtung**

Vor dem Hintergrund, dass die meisten Autoren ohnedies nur in einem Arbeitsverhältnis stehende Versicherte als Adressatenkreis einer stufenweisen Wiedereingliederung im Auge haben, deuten die Formulierungen mancher von ihnen darauf hin, dass sie - zumindest nach der gesetzlichen Konzeption - eine konkret arbeitsplatzbezogene Betrachtung im bisherigen Beschäftigungsbetrieb für angezeigt halten. Denn so finden sich Formulierungen wie: „Die stufenweise Wiedereingliederung erfolgt aus therapeutischen Gründen. Sie dient der Erprobung und dem Training der Leistungsfähigkeit des arbeitsunfähigen Versicherten an seinem bisherigen Arbeitsplatz."[348], „Dabei ist zu erwähnen, dass in aller Regel keine Umsetzung auf einen leichteren Arbeitsplatz erfolgt, ..."[349], „Die Teiltätigkeit im bisherigen Tätigkeitsbereich muss darüber hinaus geeignet sein, die bessere Wiedereingliederung in das Erwerbsleben zu fördern."[350] oder: „Das Gesetz spricht nur von einer Teilbeschäftigung im bisher ausgeübten Tätigkeits-

---

[348]  So BAR, AH stufenweise Wiedereingliederung, Seite 11.
[349]  So Eissenhauer, MED SACH 1989, 78.
[350]  So Orlowski in GKV-Komm, § 74 SGB V Seite 4.

bereich. Nicht geregelt wird eine eventuelle Beschäftigung in einem anderen Bereich des Arbeitgebers."[351] und: „Der Versicherte muss seine bisherige (konkrete) Tätigkeit noch bzw. wieder teilweise verrichten und durch stufenweise Wiederaufnahme dieser (bisherigen) Tätigkeit voraussichtlich besser wieder in das Erwerbsleben eingegliedert werden können. ... Die partielle Verrichtbarkeit kann sich auf einen Teil der Arbeitsabläufe des bisherigen Arbeitsplatzes oder auf eine - auch unter Berücksichtigung des Arbeitsweges - geringere Arbeitszeit in der bisherigen Tätigkeit beziehen."[352] sowie: „Eine stufenweise Wiedereingliederung kommt in Betracht, wenn die Betroffenen ihre bisherige Arbeit ... teilweise verrichten können ... Der betroffene Leistungsberechtigte kehrt schon vor der Erreichung der vollen Arbeitsfähigkeit an den Arbeitsplatz zurück".[353]

## 2. An die gesamte Palette der arbeitsvertraglich geschuldeten Tätigkeiten knüpfende Betrachtung

Die meisten Autoren im Schrifttum gehen hingegen davon aus, dass mit dem Begriffspaar „bisherige Tätigkeit" die gesamte Palette der arbeitsvertraglich geschuldeten Tätigkeit angesprochen ist, wobei zumeist - mehr oder weniger ausdrücklich - an den Arbeitsunfähigkeitsbegriff des BSG angeknüpft wird.[354] D.h. Ausgangspunkt der Beurteilung soll nicht die Art der bisherigen Tätigkeit i.S. einer bestimmten Berufsgruppe sein, sondern die Gestaltung des konkreten Arbeitsverhältnisses und der übertragenen Aufgabe, wobei als Maßstab diejenige Arbeit zugrunde gelegt werden soll, zu welcher der Betreffende aktuell oder durch Direktive verpflichtet ist. Aus den konkreten Formulierungen einzelner Vertreter innerhalb dieser Ansicht lässt sich dabei auch hier schließen, dass ungeachtet der Reichweite des Direktionsrechts z.T. einschränkend allein der bisherige Beschäftigungsbetrieb als maßgeblich betrachtet wird, also keine darüber hinausgehende betriebsübergreifende Betrachtung möglich sein soll.[355] Eine ausdrückliche Begründung hierfür findet sich dabei allerdings nicht.

---

[351] So Hencke in Peters, Hb KV, § 74 SGB V Rdnr. 3.
[352] So Klückmann, in Hauck/Noftz, Komm. zum SGB V, § 74 Rdnrn. 9 f.
[353] So Lauterbach, in Gagel, Komm. zum SGB III, Vor §§ 97 - 115 Rdnr. 34.
[354] Ausdrücklich an den Arbeitsunfähigkeitsbegriff des BSG anknüpfend: Faßmann/Oertel, in Forschungsbericht BMA 204 (Gesundheitsforschung), Seiten 79 f.; dies., BKK 1991, 18, 20; Zwade, Seiten 172 ff. sowie Dalichau/Grüner, GStrG, § 74 SGB V Seite 6; vgl. auch Grüner, in Wiegand, Komm. zum SGB IX, § 28 Rdnrn. 5, 9 f.; Oppermann, in Hauck/Noftz, Komm. zum SGB IX, § 28 Rdnr. 5; Gagel/Schian/Dalitz/Schian, Forum B, Diskussionsbeitrag Nr. 9/2005, Seite 2; i.d.S. ebenso Fuchs, in Bihr/Fuchs/Krauskopf/Ritz, Komm. zum SGB IX, § 28 Rdnr. 3, der von einer Reintegration in das bestehende Arbeitsverhältnis ausgeht.
[355] Vgl. Gagel, Forum B, Diskussionsbeitrag Nr. 1/2003, Seite 2; Gagel/Schian/Dalitz/Schian, Forum B, Diskussionsbeitrag Nr. 6/2004, Seite 6; i.d.S. offenbar auch Faßmann/Oertel, in Forschungsbericht BMA 204 (Gesundheitsforschung), Seite 80.

## 3. Stufenweise Wiedereingliederung auch durch eine andere als die arbeitsvertraglich geschuldete Tätigkeit

Einige Autoren sprechen sich hingegen ausdrücklich dafür aus, eine stufenweise Wiedereingliederung auch durch eine andere als die arbeitsvertraglich geschuldete Tätigkeit zuzulassen, insbesondere dann, wenn das eingeschränkte Leistungsprofil des Arbeitsunfähigen mit dem Anforderungsprofil eines anderen Arbeitsplatzes übereinstimmt.[356] Nur vereinzelt wird jedoch soweit gegangen, dem Gesetz zumindest eine dahingehende Intention zuzusprechen.[357]

## II. Begriff der „bisherigen Tätigkeit" nach der Rechtsprechung

Bislang existiert - soweit ersichtlich - keine Entscheidung der Arbeitsgerichtsbarkeit, die sich explizit mit dem Begriffspaar der „bisherigen Tätigkeit" i.S. der § 28, § 74 SGB V auseinandersetzt. Erstmals aus der Entscheidung des BAG vom 13.06.2006 (Az.: 9 AZR 229/05)[358] lassen sich dahingehende Rückschlüsse ziehen, obgleich dort unmittelbar nur eine Auseinandersetzung mit dem Wortlaut des § 81 Abs. 4 S. 1 Nr. 1 erfolgt. So führt das BAG in dieser Entscheidung aus, dass schwerbehinderte arbeitsunfähige Arbeitnehmer mit noch sinnvoll in der betrieblichen Organisation einsetzbaren Fähigkeiten nach § 81 Abs. 4 S. 1 eine anderweitige i.S. einer berufsnahen Tätigkeit auch im Rahmen einer stu-

---

[356] Vgl. Mrozynski, Komm. zum SGB IX, § 28 Rdnr. 2 [„Wenn der Leistungsberechtigte seine bisherige Tätigkeit wieder aufnimmt, muss dieses nach dem Wortlaut des Gesetzes nicht zwingend im gleichen Arbeitsverhältnis geschehen, wird aber im Allgemeinen der Fall sein."]; Hencke, in Peters, Hb KV, § 74 SGB V Rdnr. 3 [„Das Gesetz spricht nur von einer Teilbeschäftigung im bisher ausgeübten Tätigkeitsbereich. Nicht geregelt wird eine evtl. Beschäftigung in einem anderen Bereich des Arbeitgebers. Mit dem Einverständnis des Versicherten ist eine solche anderweitige Beschäftigung nicht ausgeschlossen."]; Gagel, NZA 2001, 988, 989; ders., Forum B, Diskussionsbeitrag Nr. 1/2003, Seite 2.

[357] I.d.S. Schimanski, in GK-SGB IX, § 28 Rdnr. 14, der zwar davon spricht, dass sich ein Arbeitsplatzwechsel in derartigen Konstellationen „anbietet", zugleich aber den Fall der Versetzung/Umsetzung auf einen Arbeitsplatz mit anderem Anforderungsprofil als dritten möglichen Fall des § 28 bezeichnet; vgl. auch Krauskopf, SozKV, § 74 Rdnr. 1 [„Der Versicherte soll stufenweise an seine bisherige Tätigkeit - oder an eine andere mögliche Tätigkeit - herangeführt werden."]; a.A. ausdrücklich Faßmann/Oertel, in Forschungsbericht BMA 204 (Gesundheitsforschung), Seite 80 [„Die Umsetzung eines Arbeitnehmers auf einen neuen, seiner Leistungsfähigkeit entsprechenden Arbeitsplatz im bisherigen Betrieb dürfte allerdings zumeist mit einer Änderung des Arbeitsverhältnisses einhergehen und demnach nicht dem Kriterium der „bisherigen Tätigkeit entsprechen."] sowie Gagel, Forum B, Diskussionsbeitrag Nr. 1/2003, Seite 2 [„Nicht mit dem Wortlaut des § 28 SGB IX vereinbar wäre allerdings die Wiedereingliederung auf Basis einer anders gearteten Tätigkeit."].

[358] Vgl. NZA 2007, 91, 93; i.d.S. auch bereits LAG Hamm, Urt. v. 17.05.2001 (Az.: 8/6 Sa 30/01), veröff. in der juris-Datenbank.

fenweisen Wiedereingliederung verlangen können, was bereits aus dem Begriff der „Beschäftigung" i.S. des § 81 Abs. 4 S. 1 Nr. 1 folge, welcher nach dem natürlichen Sprachgebrauch als „Beruf, Arbeit, Betätigung, Tätigkeit, Zeitvertreib" zu verstehen sei. Das BAG betont dabei ferner, dass eine Lösung des schwerbehindertenrechtlichen Beschäftigungsanspruchs von den vertraglichen Festlegungen der Arbeitspflicht auch durch die weiteren Regelungen des § 81 Abs. 4 und 5 bestätigt werde. Anknüpfungspunkt für die Beschäftigungspflicht seien stets die Fähigkeiten und Kenntnisse des schwerbehinderten Menschen. Sie solle dem schwerbehinderten Menschen eine Betätigung ermöglichen, auch wenn sie hinter den vertraglichen Festlegungen quantitativ oder qualitativ zurückbleibt. Aus dieser Entscheidung lässt sich demzufolge zweifelsfrei die Rechtsansicht des BAG entnehmen, dass bei schwerbehinderten Arbeitnehmern eine stufenweise Wiedereingliederung auch durch eine andere als die vertraglich geschuldete Tätigkeit zu ermöglichen und damit zwangsläufig der Begriff der „bisherigen Tätigkeit" i.S. der § 28, § 74 SGB V in Bezug auf diesen Personenkreis denkbar weit zu verstehen ist. Da das BAG in diesem Zusammenhang aber zugleich ausdrücklich betont, dass damit die Rechte der schwerbehinderten Arbeitnehmer bei der stufenweisen Wiedereingliederung über die Rechte nicht behinderter Arbeitnehmer hinausgehen, wird deutlich, dass das BAG nicht von einem einheitlichen, sondern von einem differenzierten Begriffsverständnis auch und gerade im Hinblick auf das Begriffspaar „bisherige Tätigkeit" i.S. der § 28, § 74 SGB V ausgeht. Angesichts der Tatsache, dass die Entscheidung vor Inkraftsetzen des AGG ergangen ist, bleibt leider (bislang noch) unklar, wie sich das BAG dahingehend zum Personenkreis der nicht schwerbehinderten behinderten Arbeitnehmer stellt.

## III. Stellungnahme

Fraglich ist, welche Rechtsauffassung unter Berücksichtigung des Wortlauts der § 28, § 74 SGB V, der Historie des Rechtsinstituts der stufenweisen Wiedereingliederung, des Normzwecks sowie der Gesetzessystematik vorzugswürdig erscheint und ob dabei die vom BAG ersichtlich vorgenommene differenzierte Betrachtung systematisch haltbar ist.

Der Wortlaut der § 28, § 74 SGB V ist für die Auslegung mangels Eindeutigkeit wenig ergiebig, zumal auch nichts aus den neben dem Begriffspaar „bisherige Tätigkeit" verwendeten übrigen Formulierungen hergeleitet werden kann. Einzig die Rechtsansicht, wonach § 28, § 74 SGB V auch die Übernahme einer anders gearteten Tätigkeit insbesondere i.S. eines Arbeitsplatzes mit geringerem Anforderungsprofil erfassen, geht unter Berücksichtigung des natürlichen Sprachgebrauchs nach Auffassung der Verfasserin über den Wortlaut der Vorschriften hinaus.

Zu klären ist, ob die Auslegung unter Berücksichtigung der Historie des Rechtsinstituts der stufenweisen Wiedereingliederung Klarheit bringt.

In der Gesetzesbegründung zu § 28 finden sich keinerlei Hinweise auf den gesetzgeberischen Willen in Bezug auf die Auslegung des Begriffspaares „bisherige Tätigkeit".[359] Da die Vorschrift des § 28 jedoch unmittelbar in Anknüpfung an § 74 SGB V in Kraft gesetzt wurde, ist darüber hinaus zur Nachverfolgung des gesetzgeberischen Willens die dahingehende Historie des § 74 SGB V zu beleuchten. Eine Regelung unter der Überschrift „Stufenweise Wiedereingliederung" fand sich erstmals in § 82 SGB V des Gesetzesentwurfs der Regierungskoalition CDU/CSU und FDP zu einem GRG vom 03.05.1988.[360] In der Begründung zu diesem Gesetzesentwurf ist dabei lediglich allgemein die Rede von der stufenweisen Wiederaufnahme der Beschäftigung, der Möglichkeit der teilweisen Tätigkeit bzw. der teilweisen Arbeitsaufnahme sowie der Bescheinigung der verrichtbaren Tätigkeiten durch entsprechende ärztliche Bescheinigung.[361] Berücksichtigt man einerseits, dass der Begriff der Beschäftigung nach der sozialrechtlichen Legaldefinition des § 7 Abs. 1 SGB IV sehr weit gefasst ist, könnte man daraus schließen, dass das in § 28, § 74 SGB V verwendete Begriffspaar „bisherige Tätigkeit" gleichfalls denkbar weit verstanden werden muss. Ein solches Verständnis lässt allerdings außer Acht, dass die Legaldefinition des § 7 Abs. 1 SGB IV wegen § 1 Abs. 1 SGB IV auf das SGB IX keine Anwendung findet[362] und überdies keinerlei Anhaltspunkte dafür vorhanden sind, dass der in der Gesetzesbegründung u.a. verwendete Begriff der „Beschäftigung" bewusst i.S. des in § 7 Abs. 1 SGB IV zum Ausdruck kommenden weiten Verständnisses gebraucht worden ist. Da auch die übrigen in der Begründung zum Gesetzesentwurf verwendeten Begrifflichkeiten „teilweise Tätigkeit" und „teilweise Arbeitsaufnahme" keinesfalls eindeutiger bzw. konkreter sind, ist die Gesetzesentwurfsbegründung - genauso wie der Wortlaut - wenig ergiebig, so dass aus ihr unmittelbar nichts für die vorliegend vorgenommene Auslegung gewonnen werden kann.

Zu klären ist, ob unter Berücksichtigung der ersten Gesetzesentwürfe zur stufenweisen Wiedereingliederung Klarheit über die Reichweite des Begriffspaares „bisherige Tätigkeit" zu erlangen ist. Vor der erstmaligen Aufnahme der Vorschrift

---

[359] Vgl. BT-Drs. 14/5074, Seite 107.
[360] Vgl. BT-Drs. 11/2237, Seite 30.
[361] Vgl. BT-Drs. 11/2237, Seite 192.
[362] Vgl. bereits unter Teil 2, 1. Kapitel, § 2, D, I, 2, c, cc, (1).

mit der Überschrift „Stufenweise Wiedereingliederung" in den Entwurf der Regierungskoalition CDU/CSU und FDP zu einem GRG vom 03.05.1988 gab es zahlreiche Vorgängerentwürfe zum GRG, die unter der Überschrift „Teilarbeitsfähigkeit" die stufenweise Wiedereingliederung (mit-) regelten. So war etwa im GRG-Entwurf vom 16.11.1987 unter § 35 Folgendes geregelt:

„(1) Kann ein arbeitsunfähiger Versicherter nach ärztlicher Feststellung *seine bisherige oder eine vergleichbare Tätigkeit* noch teilweise verrichten, sollen auf der Bescheinigung über die Arbeitsunfähigkeit Art und Umfang der möglichen Tätigkeiten angegeben werden.
(2) Bei der Feststellung der Teilarbeitsfähigkeit kann der Arzt im Einvernehmen mit dem Versicherten bei dessen Arbeitgeber oder im Einvernehmen mit dem Versicherten und dem Arbeitgeber den Betriebsarzt fragen, ob die Teilarbeitsleistung im Betrieb erbracht und dem Versicherten sowie dem Arbeitgeber zugemutet werden kann.
(3) Der Arzt soll eine Teilarbeitsfähigkeit insbesondere dann angeben, wenn zu erwarten ist, dass die Wiederaufnahme der Beschäftigung die Rehabilitation des Versicherten beschleunigt, erleichtert oder sichert."[363]

Der GRG-Entwurf vom 07.12.1987 enthielt unter derselben Überschrift in § 43 eine identische Regelung.[364] Gleiches gilt für den Referentenentwurf vom 20.01.1988, in dem unter § 41 die stufenweise Wiedereingliederung (mit-) geregelt war.[365] Vergleicht man den Wortlaut dieser Entwurfsregelungen mit dem des Art. 10 (= Änderung des LohnFG), § 6 a des Entwurfs zum BeschFG vom 23.03.1984, so wird deutlich, dass hierin die Ursprungsregelung zur Kodifizierung der stufenweisen Wiedereingliederung zu erblicken ist. Denn dieser enthielt u.a. bereits folgende Formulierungen:

„(1) ...
(2) Kann der Arbeiter nach der medizinischen Beurteilung des behandelnden Arztes seine Arbeitsleistung nur zum Teil erbringen, so kann der Arzt im Einvernehmen mit dem Arbeiter
1. beim Arbeitgeber oder
2. im Einvernehmen mit dem Arbeitgeber beim Betriebsarzt nachfragen, wie der Arbeiter die mögliche Teilarbeitsleistung *im Betrieb* erbringen könnte. ...
(3) Kann der Arbeiter nach einer ärztlichen Bescheinigung seine Arbeitsleistung nur zum Teil erbringen, hat er dies dem Arbeitgeber unverzüglich mitzuteilen. Zu der möglichen Leistung eines Teils seiner *zuletzt ausgeübten Tätigkeit, zu einer anderen nach dem Inhalt des Arbeitsverhältnisses geschuldeten Tätigkeit oder zu einem Teil dieser Tätigkeit* ist der Arbeiter von dem in der ärztlichen Bescheinigung angegebenen Zeitpunkt an oder, wenn darin eine solche Angabe fehlt, unverzüglich nach ihrer Ausstellung verpflichtet. Die Verpflichtung nach Satz 2 besteht nicht, wenn die mögliche Teilarbeitsleistung für den Arbeiter unzumutbar ist.
(4) ...
(5) ...

---

[363] Vgl. den als Anlage 1 des Anhangs dieser Arbeit auszugsweise beigefügten GRG-Entwurf vom 16.11.1987.
[364] Zit. nach Kruck, MED SACH 1989, 76 f.
[365] Vgl. den als Anlage 2 des Anhangs dieser Arbeit auszugsweise beigefügten GRG-Entwurf vom 20.01.1988.

(6) ...

(7) Der Arbeitgeber darf die angebotene Teilarbeitsleistung nur dann ablehnen, wenn er sie aus betriebsbedingten Gründen nicht verwerten kann. ...'[366]

Dass bereits die beabsichtigte Regelung vom März 1984 tatsächlich der frühzeitigen schrittweisen Wiedereingliederung und Rehabilitation dienen sollte, ergibt sich darüber hinaus eindeutig aus der detaillierten Erklärung des damaligen Parlamentarischen Staatssekretärs des BMA Vogt im BT vom 23.02.1984, der die dahingehende Zielsetzung betonte.[367] Dieser wies in seiner Erklärung ferner darauf hin, dass die geplante Regelung insbesondere von nahezu allen Vertretern des Verbandes der niedergelassenen Ärzte im Rahmen einer Diskussion beim BMA befürwortet worden ist, sofern der behandelnde Arzt über den Arbeitgeber oder den Betriebsrat Näheres über den bisherigen Arbeitsplatz des Patienten und über die Möglichkeiten des Betriebs *oder des Unternehmens*, den teilarbeitsfähigen Patienten zu beschäftigen, in Erfahrung bringen könne und dürfe.

Vergleicht man diese Vorgängerentwurfsregelungen mit den heutigen § 74 SGB V und § 28, so fällt auf, dass neben der „bisherigen Tätigkeit" ausdrücklich die Verrichtbarkeit einer vergleichbaren Tätigkeit bzw. einer anderen als nach dem Inhalt des Arbeitsverhältnisses geschuldeten Tätigkeit angesprochen war. Zudem wurde ausdrücklich der Betrieb als Bezugsfeld der Betrachtung benannt, auch wenn die zuvor beschriebene Erklärung des Parlamentarischen Staatssekretärs des BMA Vogt vom 23.02.1984 zum Diskussionsstand in Bezug auf die unmittelbar nachgefolgte Entwurfsregelung zum BeschFG eher zu einer unternehmensweiten Betrachtung veranlasst. Die Wortlautunterschiede zu den heutigen § 74 SGB V und § 28 stellen nach Auffassung der Verfasserin angesichts der offensichtlichen Vorbildfunktion der beschriebenen Entwurfsregelungen Indizien dafür dar, dass in den letztlich in Kraft getretenen Gesetzesformulierungen gerade nur die arbeitsvertraglich geschuldete Tätigkeit angesprochen ist, ohne dass aber zwingend eine betriebsbezogene Betrachtung vorzunehmen wäre. Demzufolge gibt die Historie des Rechtsinstituts der stufenweisen Wiedereingliederung berechtigten Anlass zu der Annahme, dass mit der Verwendung des Begriffspaares „bisherige Tätigkeit" weder eine lediglich an den bisherigen Beschäftigungsbetrieb geknüpfte arbeitsplatzbezogene Betrachtung gewollt war, noch eine stufenweise Wiedereingliederung auch durch eine andere als die arbeitsvertraglich geschuldete Tätigkeit von § 28, § 74 SGB V erfasst sein soll. Vielmehr deutet einiges darauf hin, dass die gesetzgeberische Intention dahin ging, eine an die gesamte Palette der arbeitsvertraglich geschuldeten Tätigkeiten

---

[366] Abgedr. in RdA 1984, 169, 174.
[367] Vgl. PlPr 10/56 (Sitzung vom 23.02.1984), Seiten 3981 f.

knüpfende Betrachtung vorzunehmen, ohne dabei jedoch an den Betriebsgrenzen halt zu machen.

Berücksichtigt man den im Teil 2, 1. Kapitel, § 3 dieser Arbeit beschriebenen Normzweck, so lässt sich feststellen, dass sowohl nach dem Primär- als auch nach dem Sekundärzweck grundsätzlich eine weite Auslegung des Anwendungsbereichs der § 28, § 74 SGB V geboten ist, was schon begrifflich eine konkret arbeitsplatzbezogene Betrachtung verbietet. Letzteres gilt auch deshalb, weil nach Auffassung der Verfasserin - wie bereits ausführlich erörtert - (nicht mehr in einem Beschäftigungsverhältnis stehende) arbeitslose Versicherte gleichfalls vom Anwendungsbereich des § 28 erfasst werden, bei denen dieser konkrete Bezugspunkt ja ersichtlich fehlt.

Fraglich ist jedoch, ob die Normzweckerwägungen überdies die Annahme rechtfertigen können, dass neben den arbeitsvertraglich geschuldeten Tätigkeiten vom Begriffspaar „bisherige Tätigkeit" auch andere als die arbeitsvertraglich geschuldeten Tätigkeiten erfasst werden. Eine solche Auslegung wäre angesichts der Tatsache, dass sowohl der Wortlaut der § 28, § 74 SGB V als auch die Entstehungsgeschichte des Rechtsinstituts der stufenweisen Wiedereingliederung gegen eine solche Auslegung sprechen, nach Auffassung der Verfasserin nur dann möglich, wenn zwingende systematische Gründe, denen zugleich übergeordnete Rechtsgrundsätze zugrunde liegen, zu einem dahingehend eindeutigen Ergebnis führen. In diesem Zusammenhang ist in der Tat eine differenzierte Betrachtung danach angezeigt, ob es sich um (schwer-)behinderte oder nicht behinderte Arbeitnehmer handelt. Denn nur bei dem Personenkreis der (schwer-) behinderten Arbeitnehmer lassen sich derartige zwingende, von übergeordneten Erwägungen getragene Gründe erkennen. Insoweit ist zu berücksichtigen, dass die in § 28, § 74 SGB V zugrunde gelegte zeitweilige Beschäftigung zu veränderten Bedingungen ein Beispiel für die in Art. 5 RL 2000/78/EG verlangte Anpassung der Arbeitsbedingungen darstellt, mit der einer Diskriminierung (schwer-) behinderter Menschen im Betrieb entgegengewirkt werden soll. In den Erwägungsgründen 20 der RL 2000/78/EG wird in diesem Rahmen auch ein „Angebot von Einarbeitungsmaßnahmen" verlangt. Wie bereits ausgeführt, hat durch § 81 Abs. 1, 3 - 5 die Vorschrift des Art. 5 RL 2000/78/EG eine partielle Entsprechung gefunden[368], so dass im Anwendungsbereich dieser einfachgesetzlichen Normierungen gleichfalls der Schutzumfang des § 28 entscheidend beeinflusst wird. Da die RL 2000/78/EG auch (nicht schwerbehinderte) behinderte Menschen erfasst, kann ungeachtet der Frage nach der Existenz einer adäquaten

---

[368] Vgl. oben unter Teil 2, 1. Kapitel, § 2, D, I, 2, b.

Umsetzungsnorm im nationalen Recht[369] für diesen Personenkreis nichts anderes gelten. Für alle anderen Arbeitnehmer (= von Behinderung bedrohte und nicht behinderte Arbeitnehmer) existieren jedoch keine derartigen zwingenden übergeordneten (insbesondere europarechtlichen) Erwägungen. Hinzu kommt, dass unabhängig von § 28 während der Arbeitsunfähigkeit jederzeit freie Verträge zur Wiedereingliederung geschlossen werden können, die über die tatbestandlichen Grenzen der § 28, § 74 SGB V hinausgehen können.[370]

Demgemäß lässt sich zusammenfassend zunächst allgemein festhalten, dass die anerkannten Auslegungsregeln weder die enge noch die sehr weite Literaturauffassung stützen, sondern vielmehr einiges dafür spricht, dass die gemäßigte Auffassung, welche sich an der gesamten Palette der arbeitsvertraglich geschuldeten Tätigkeiten orientiert, grundsätzlich richtig ist. Nach Auffassung der Verfasserin existieren überdies keinerlei Indizien dafür, dass im Rahmen einer solchen Betrachtung in jedem Fall nicht die Betriebsgrenzen überschritten werden dürfen. Daher kann folgerichtig ausschließlich die einzelfallabhängige Reichweite des arbeitsvertraglichen Direktionsrechts maßgeblich sein, welches sich bei entsprechenden Versetzungsklauseln und ordnungsgemäßer arbeitgeberseitiger Ermessensausübung eben auch - soweit vorhanden - auf andere Betriebe des Unternehmens erstrecken kann. Auf diese Weise sind bei einer Abwägung der beiderseitigen Interessen auch interessengerechte Ergebnisse zu erzielen. In Abweichung von diesem Grundsatz ergibt sich für den Personenkreis der (schwer-)behinderten Arbeitnehmer aus dem systematischen Zusammenhang des Rechtsinstituts der stufenweisen Wiedereingliederung zu § 81 und Art. 5 RL 2000/78/EG, dass vom Begriffspaar der „bisherigen Tätigkeit" i.S. der § 28, § 74 SGB V neben sämtlichen arbeitsvertraglich geschuldeten (auch betriebsübergreifenden) Tätigkeiten gleichfalls anders geartete, den Kenntnissen und Fähigkeiten des Betroffenen entsprechende, weil zumindest „berufsnahe" (so das BAG) bzw. zur Berufsgruppe gehörende Tätigkeiten erfasst werden.

## B. Begriff der „teilweisen Verrichtbarkeit"

Eine Maßnahme zur stufenweisen Wiedereingliederung ist nach dem Gesetzeswortlaut nur für solche Personen in Betracht zu ziehen, bei denen die Möglichkeit der „teilweisen Verrichtbarkeit" der bisherigen Tätigkeit besteht. Von einer teilweisen Verrichtbarkeit i.d.S. ist dabei in drei Konstellationen auszugehen: im Fall der qualitativ eingeschränkten Leistungsfähigkeit, im Fall der quantitativ

---

[369] Vgl. hierzu ausführlich unter Teil 2, 3. Kapitel, § 2, C, III, 2.
[370] Vgl. hierzu im Einzelnen unter Teil 3, 2. Kapitel, § 4.

eingeschränkten Leistungsfähigkeit sowie im Fall der qualitativ und quantitativ eingeschränkten Leistungsfähigkeit.[371]

## I. Qualitativ eingeschränkte Leistungsfähigkeit

Eine qualitativ eingeschränkte Leistungsfähigkeit des Betroffenen ist dann anzunehmen, wenn er in der Lage ist, nur noch einen Teil der vertraglich geschuldeten Tätigkeiten zu verrichten. So verhielt es sich beispielsweise in einem dem Urteil des LAG Rheinland-Pfalz vom 04.11.1991 (Az.: 7 Sa 421/91) zugrunde liegenden Sachverhalt, in welchem eine Lagerarbeiterin nach einem Zehenbruch nur noch sitzende Tätigkeiten am Packtisch, nicht mehr jedoch stehende Tätigkeiten ausführen konnte.[372]

## II. Quantitativ eingeschränkte Leistungsfähigkeit

Eine quantitativ eingeschränkte Leistungsfähigkeit liegt hingegen vor, wenn der Betroffene zwar noch sämtliche der vertraglich geschuldeten Tätigkeiten ausführen kann, diese jedoch nicht mehr im geschuldeten, sondern lediglich noch in zeitlich geringerem Umfang zu bewältigen vermag. Eine solche Konstellation ist beispielsweise im vom BAG am 19.04.1994 (Az.: 9 AZR 462/92) entschiedenen Fall anzunehmen, in welchem eine Krankenschwester nicht mehr ganztägig, sondern nur noch halbtags tätig werden konnte.[373] Gleiches gilt für den am 13.06.2006 vom BAG (Az.: 9 AZR 229/05) entschiedenen Fall, in welchem ein Chefkellner (sog. „Chef de Rang") aufgrund diverser Leiden auf vor allem orthopädischem Gebiet (ausgeprägte degenerative Veränderungen der gesamten Wirbelsäule) zunächst an drei Tagen/Woche drei Stunden täglich, dann an vier Tagen/Woche drei Stunden täglich und schließlich an fünf Tagen/Woche drei Stunden täglich einsetzbar war.[374]

## III. Kombination von qualitativ und quantitativ eingeschränkter Leistungsfähigkeit

Schließlich sind Konstellationen denkbar, in denen qualitative und quantitative Leistungseinschränkungen zusammen auftreten. Dies ist gegeben, wenn der Betroffene nur noch einen Teilausschnitt seiner arbeitsvertraglichen Pflichten bewältigen kann und selbst diesen nur mit zeitlichen Einschränkungen, so etwa der

---

[371] Vgl. hierzu auch Ziff. 2 und 3 der Anlage zu den AU-RL (BAnz. 2004, Nr. 61, Seite 6501; zuletzt geänd. durch Beschl. v. 19.09.2006, BAnz. 2006, Nr. 241, Seite 7356).

[372] Vgl. zum Sachverhalt im Einzelnen NZA 1992, 169 ff.

[373] Vgl. AP Nr. 2 zu § 74 SGB V.

[374] Vgl. NZA 2007, 91 ff.

gerade angesprochene Chefkellner, sofern dieser angesichts seiner diversen orthopädischen Leiden nicht nur in zeitlich eingeschränktem Umfang seine Tätigkeit wieder aufnehmen kann, sondern dabei zunächst auch von anfallenden schweren körperlichen Tätigkeiten (wie etwa das Tragen von schweren Silbertabletts) entbunden werden muss.

## IV. Gesetzliche Ausprägung der „Teilarbeitsfähigkeit"?

Insgesamt lässt sich festhalten, dass die so qualitativ und/oder quantitativ in ihrer Leistungsfähigkeit eingeschränkten Leistungsberechtigten bei medizinischer Betrachtung teilweise arbeitsfähig sind. Gleichwohl gelten sie nach dem Gesetzeswortlaut als vollständig arbeitsunfähig im rechtlichen Sinne. Dies wird von manchen Autoren als Widerspruch angesehen, so dass diese in § 28, § 74 SGB V zugleich eine gesetzliche Ausprägung der Teilarbeitsfähigkeit im sozialrechtlichen Sinne erblicken möchten.[375] Eine solche Auffassung widerspricht jedoch nicht nur diametral dem bereits angesprochenen Gesetzeswortlaut, sondern findet auch keinerlei Stütze in der Gesetzeshistorie, insbesondere in dem gesetzgeberischen Willen und den Vorgängerentwurfsregelungen sowie im Normzweck der Vorschriften.[376] Denn so stellt bereits die Gesetzesbegründung zu § 74 SGB V unmissverständlich klar, dass der Versicherte bei Vollzug der Wiedereingliederung arbeitsunfähig im Rechtssinne bleibt.[377] Hinzu kommt, dass die letztlich im Rahmen des GRG zum 01.01.1989 in Kraft gesetzte Vorschrift zur stufenweisen Wiedereingliederung im Gegensatz zu sämtlichen Vorgängerentwurfsregelungen zu § 74 SGB V[378] gerade nicht mehr mit der Wendung „Teilarbeitsfähigkeit" überschrieben war. Vielmehr ist davon auszugehen, dass der Gesetzgeber mit der letztlich gewählten Formulierung „Stufenweise Wiedereingliederung" der im Vorfeld vielfach geäußerten Kritik bzgl. der Regelung zu einer Teilarbeitsfähigkeit nachgegeben hat. Deshalb kann auch keinesfalls davon ausgegangen werden, dass der Gesetzgeber mit der Regelung des § 74 SGB V an den Teilarbeitsfähigkeitsbegriff des Referentenentwurfs von 1984 angeknüpft hat.[379] Viel-

---

[375]  So zu § 74 SGB V ausführlich Compensis, NZA 1992, 631, 634 ff.; vgl. auch Lambeck, NZA 1990, 88, 90.

[376]  So auch mit ausführlicher Begründung: Zwade, Seiten 169 ff.; Gitter, ZfA 1995, 123, 148 ff.; vgl. auch Kruck, MED SACH 1989, 76; v. Hoyningen-Huene, NZA 1992, 49, 50; Gerlach, in Hauck/Noftz, Komm. zum SGB V, § 44 Rdnr. 93 f.; Oppermann, in Hauck/Noftz, Komm. zum SGB IX, § 28 Rdnr. 5; Majerski-Pahlen, in Neumann/Pahlen/Majerski-Pahlen, Komm. zum SGB IX, § 28 Rdnr. 6; Mrozynski, Komm. zum SGB IX, § 28 Rdnr. 2; Nebe, in Feldes/Kohte/Stevens-Bartol, SGB IX, § 28 Rdnr. 6; Gawlick, Seiten 66 ff.

[377]  Vgl. BT-Drs. 11/2237, Seite 192 zu § 82 SGB V.

[378]  S.o. unter Teil 2, 2. Kapitel, § 2, A, III.

[379]  So aber ausdrücklich Compensis, NZA 1992, 631, 635.

mehr zeigt gerade der offensichtliche Unterschied in der Überschrift der Norm eine deutliche Abkehr von einer zunächst avisierten gesetzlichen Regelung zur Teilarbeitsfähigkeit. Angesichts des Rehabilitationscharakters der stufenweisen Wiedereingliederung scheint die vom Gesetzgeber i.e. so vorgenommene Unterscheidung zwischen medizinischer Teilarbeitsfähigkeit und rechtlicher (vollständiger) Arbeitsunfähigkeit auch sachgerecht. Vor diesem Hintergrund haben sowohl das BAG als auch das BSG mehrfach zu Recht betont, dass dem geltenden Arbeits- und Sozialrecht der Begriff der „Teilarbeits(un)fähigkeit" unbekannt ist.[380]

## § 3 *Vorliegen einer positiven beruflichen Prognose*

### A. Gegenstand und Inhalt der Prognose

Die Vorschrift des § 28 setzt tatbestandlich ferner voraus, dass durch eine stufenweise Wiedereingliederung eine Eingliederung des Leistungsberechtigten in das Erwerbsleben voraussichtlich besser gelingt. Was genauer Inhalt und Gegenstand einer solchen positiven beruflichen Prognose ist, wird im Gesetz nicht näher umschrieben. Auch die Gesetzesmaterialien sagen hierzu nichts aus.[381] Dieser Frage ist daher im Nachfolgenden nachzugehen.

### I. Bestehen hinreichender Erfolgsaussicht

Grundlegend ist zunächst das Vorliegen einer aus medizinischer Sicht positiven Erwartung im Hinblick auf den Erfolg der stufenweisen Wiedereingliederung in einem Zeitraum von längstens etwa sechs Monaten erforderlich.[382] Angesichts ihrer rehabilitativen Zielsetzung dürfen die Anforderungen an die vom behandelnden Arzt anzustellende Prognose dabei nicht übersteigert werden. Demzufolge ist ein nahezu oder völlig sicherer Erfolg nicht erforderlich. Vielmehr genügt es, wenn der Erfolg, also eine bessere Wiedereingliederung in das Erwerbsleben, wahrscheinlich ist, weil er nicht lediglich eine entfernt liegende Möglichkeit darstellt. Dies zeigt u.a. ein Vergleich mit § 10 Abs. 1 Nr. 2 b SGB VI, wonach in der GRV Versicherte Leistungen zur medizinischen Rehabilitation oder zur Teilhabe am Arbeitsleben erhalten, wenn hierdurch voraussichtlich die Er-

---

[380] Vgl. BAG, Urt. v. 29.01.1992 (Az.: 5 AZR 37/91), NZA 1992, 643 f.; BAG, Urt. v. 13.06. 2006 (Az.: 9 AZR 229/05), NZA 2007, 91, 92; BSG, Urt. v. 21.03.2007 (Az.: B 11a AL 31/06 R), SGb 2007, 290 f.

[381] Vgl. BT-Drs. 11/2237, Seite 193; BT-Drs. 14/5074, Seiten 96, 107.

[382] Nach Ziff. 1 S. 4 der Anlage zu den AU-RL sollte die Wiedereingliederungsphase i.d.R. einen Zeitraum von sechs Monaten nicht übersteigen (vgl. BAnz. 2004, Nr. 61, Seiten 6501 ff.; zuletzt geänd. durch Beschl. v. 19.09.2006; BAnz. 2006, Nr. 241, Seite 7356).

werbsfähigkeit wesentlich gebessert oder wiederhergestellt werden kann. Auch in diesem Rahmen genügt ein nicht gesteigertes Wahrscheinlichkeitsurteil dahingehend, dass jede Möglichkeit einer Erhaltung, wesentlichen Besserung oder Wiederherstellung der Erwerbsfähigkeit, die den Grad einer lediglich entfernt liegenden Möglichkeit übersteigt, ausreichend ist.[383]

Das so vom behandelnden Arzt vorzunehmende Wahrscheinlichkeitsurteil wird sowohl von verschiedenen objektiven als auch subjektiven Kriterien beeinflusst.

## 1. Objektive Erfolgsaussicht

In objektiver Hinsicht muss das Vorgehen nach entsprechender ärztlicher Erfahrung in Bezug auf Art, Umfang, Dauer sowie Verlauf der Krankheit Erfolg versprechend sein.[384]

## 2. Subjektive Erfolgsaussicht

In subjektiver Hinsicht ist nur dann mit einer besseren Wiedereingliederung in das Erwerbsleben zu rechnen, wenn der Leistungsberechtigte nach seinen persönlichen Verhältnissen, wie insbesondere Alter, GdB und Bereitschaft zur Mitwirkung an der Maßnahme, für den Erfolg der stufenweisen Wiedereingliederung hinreichende Gewähr bietet. Insbesondere die Rehabilitationswilligkeit des Leistungsberechtigten ist zentrale tatbestandliche Voraussetzung des § 28.[385] Denn nur wenn der Betreffende den Erfolg wirklich möchte und bereit ist, hierfür alles nach seinen Kräften und Fähigkeiten Mögliche zu geben, kann die stufenweise Wiedereingliederung als Maßnahme mit rehabilitativer Zielsetzung ihre Zweckbestimmung erfüllen. Gleichfalls muss beachtet werden, dass jede Umstellung - wie sie eine stufenweise Wiedereingliederung mit sich bringt - eine mentale und emotionale Belastbarkeit und damit verbundene Umstellungsfähigkeit voraussetzt, welche bei arbeitsunfähigen Leistungsberechtigten insbesondere durch eine Behinderung ggf. zusammen mit einem bereits fortgeschrittenen Lebensalter gestört oder gar ganz verloren gegangen sein kann.

---

[383] Vgl. BT-Drs. 11/4124, Seite 154 sowie BSGE 53, 100, 105 m.w.N.
[384] Zu § 74 SGB V vgl. Becker, Seite 52 m.w.N.
[385] So auch Schimanski, in GK-SGB IX, § 28 Rdnr. 6; Stähler, in Lachwitz/Schellhorn/Welti, HK-SGB IX, § 28 Rdnr. 12 und zu § 74 SGB V Klückmann, in Hauck/Noftz, Komm. zum SGB V, § 74 Rdnr. 10; Becker, Seite 52 m.w.N.

## 3. Beurteilungszeitpunkt

Maßgebender Zeitpunkt für die Beurteilung der objektiven und subjektiven Erfolgsaussicht der stufenweisen Wiedereingliederung ist der Zeitpunkt, in welchem der behandelnde Arzt die Arbeitsunfähigkeitsbescheinigung bzw. den - hiervon zu trennenden -[386] Wiedereingliederungsplan ausstellt. Stellt sich die zu diesem Zeitpunkt vorgenommene Prognose im Rahmen der regelmäßigen Untersuchungen zu den gesundheitlichen Auswirkungen der stufenweisen Wiedereingliederung im nachhinein als unzutreffend dar, weil sich etwa nachteilige gesundheitliche Folgen zeigen, ist entweder - soweit möglich - eine Anpassung an die Belastungseinschränkungen vorzunehmen oder die Wiedereingliederungsmaßnahme abzubrechen.[387]

## II. Wiedererlangung der vollen Arbeitsfähigkeit

Noch klärungsbedürftig ist nun, worin der beschriebene Erfolg der Maßnahme „Stufenweise Wiedereingliederung" konkret bestehen muss, damit man tatsächlich von einer positiven beruflichen Prognose i.S. des § 28 sprechen kann. Unproblematisch sind dabei die Konstellationen, in denen aus medizinischer Sicht damit zu rechnen ist, dass der Leistungsberechtigte seine volle Arbeitsfähigkeit wieder erreichen kann.

## III. Wiedererlangung teilweiser Arbeitsfähigkeit

Problematischer sind hingegen die Konstellationen, in denen im Prognosezeitpunkt entweder bereits eine dauerhafte lediglich teilweise Wiederherstellung der Arbeits- bzw. Erwerbsfähigkeit feststeht oder eine vollständige Wiederherstellung der Arbeitsfähigkeit noch nicht absehbar, eine Arbeitsaufnahme mit qualitativ und/oder quantitativen Einschränkungen aber möglich ist. Ersteres ist etwa der Fall, wenn im Prognosezeitpunkt feststeht, dass ein Arbeitnehmer beispielsweise aufgrund bestimmter chronischer Leiden dauerhaft nur noch in zeitlich eingeschränktem Umfang (statt 8 Stunden täglich etwa 6 Stunden täglich) eingesetzt oder nicht mehr mit bestimmten Teilaufgaben seiner bisherigen Tätigkeit (z.B. keine stehenden Tätigkeiten mehr, kein Tragen von Gegenständen, die ein Gewicht von 5 kg übersteigen etc.) betraut werden kann. Fraglich ist, ob auch derartige Fallgestaltungen von § 28 erfasst werden.

---

[386] Zu dieser Unterscheidung vgl. im Einzelnen unter Teil 2, 5. Kapitel, § 1, D, II. Da beide regelmäßig zeitgleich ausgestellt werden, bedarf es an dieser Stelle keiner Konkretisierung.

[387] Vgl. hierzu Ziff. 5 der Anlage zu den AU-RL vom 01.12.2003 (BAnz. 2004, Nr. 61, Seite 6501; zuletzt geänd. durch Beschl. v. 19.09.2006, BAnz 2006, Nr. 241, Seite 7356).

## 1. Arbeits- und sozialrechtliche Literatur

Dies wurde und wird in der arbeits- und sozialrechtlichen Literatur bislang unterschiedlich beantwortet.

### a) Auf die Wiederherstellung der vollen Arbeitsfähigkeit gerichtete Prognose erforderlich

Überwiegend wird gefordert, dass „prognostisch damit zu rechnen [sein muss], dass die volle Arbeitsfähigkeit wieder erreicht wird"[388], „dass die Prognose hinsichtlich einer vollständigen Wiedereingliederung in das Erwerbsleben günstig ist"[389] bzw. „dass der Rehabilitand eine günstige Prognose in Bezug auf eine vollständige Wiedereingliederung in das Erwerbsleben aufweist"[390] oder es wird allgemein darauf abgestellt, dass mit der stufenweisen Wiedereingliederung der „Übergang zur vollen Berufstätigkeit" erleichtert werden soll[391] bzw. die stufenweise Wiedereingliederung dazu dient, „arbeitsunfähige Versicherte ... schrittweise an die volle Arbeitsbelastung ... heranzuführen und so den Übergang zur vollen Berufstätigkeit zu erreichen".[392] Eine Auseinandersetzung mit der Problematik der Erreichbarkeit lediglich teilweiser Arbeitsfähigkeit am Ende des Wiedereingliederungsplans erfolgt dabei nicht.

### b) Auf die Wiederherstellung teilweiser Arbeitsfähigkeit gerichtete Prognose ausreichend

Von denjenigen Autoren, welche sich ausdrücklich mit der Problematik auseinandersetzen, wird hingegen davon ausgegangen, dass es im Rahmen des § 28, § 74 SGB V nicht nur um die Wiedererlangung der vollen Arbeits- bzw. Erwerbsfähigkeit geht, sondern vielmehr eine auf die Wiederherstellung teilweiser Arbeitsfähigkeit gerichtete Prognose ausreichend ist.[393] Als Begründung hierfür wird neben dem Gesetzeswortlaut auf das natürliche Begriffsverständnis einer

---

[388] Vgl. zu § 74 SGB V Eissenhauer, MED SACH 1989, 78, 79; Becker, Seite 51.

[389] Vgl. Oppermann, in Hauck/Noftz, Komm. zum SGB IX, § 28 Rdnr. 6.

[390] Vgl. Stähler, in Lachwitz/Schellhorn/Welti, HK-SGB IX, § 28 Rdnr. 12.

[391] So Gerke, in Kossens/von der Heide/Maaß, Komm. zum SGB IX, § 28 Rdnr. 2.

[392] So BAR, AH stufenweise Wiedereingliederung, Seite 11; Schaaf, SGb 1993, 506.

[393] Vgl. Gagel/Schian/Dalitz/Schian, Forum B, Diskussionsbeitrag Nr. 9/2005, Seite 4; Gagel/Schian, BehindR, 53, 54 f.; Nebe, in Feldes/Kohte/Stevens-Bartol, § 28 Rdnr. 12; Kohte, in Kreikebohm/Spellbrink/Waltermann, Komm. zum SGB, § 28 Rdnr. 4; i.d.S. auch Lauterbach, in Gagel, Komm. zum SGB III, Vor §§ 97 - 115 Rdnr. 36: „Im Einzelfall kann sich ergeben, dass bei der stufenweisen Wiedereingliederung eine Verknüpfung mit Leistungen zur Teilhabe am Arbeitsleben geboten ist. Dies kann z.B. der Fall sein, wenn erkennbar ist, dass der Arbeitnehmer aus gesundheitlichen Gründen seine alte Arbeit auch zukünftig nicht mehr im vollen Umfang ausüben können wird".

Eingliederung in das Erwerbsleben unter Berücksichtigung des Sinns und Zwecks einer Maßnahme zur stufenweisen Wiedereingliederung abgestellt.

## 2. Rechtsprechung des BAG

Unter Berücksichtigung des von der Rechtsprechung zum Arbeitsunfähigkeits-begriff stets vertretenen „Alles-oder-Nichts-Prinzips" deuteten die ersten Ent-scheidungen des BAG zu § 74 SGB V darauf hin, dass zwingend eine auf die Wiederherstellung der vollen Arbeitsfähigkeit gerichtete Prognose erforderlich ist. So führt das BAG in seiner Entscheidung vom 29.01.1992 (Az.: 5 AZR 37/91)[394] sinngemäß aus, dass die stufenweise Wiedereingliederung als Maß-nahme der Rehabilitation dem Arbeitnehmer ermöglichen soll, seine Arbeitsfä-higkeit wieder herzustellen bzw. ihm Gelegenheit gegeben werden soll zu er-proben, ob er auf dem Wege einer im Verhältnis zur vertraglich geschuldeten Arbeitsleistung quantitativ oder/und qualitativ verringerten Tätigkeit zur Wie-derherstellung seiner Arbeitsfähigkeit gelangen kann. Im Urteil vom 28.07.1999 (Az.: 4 AZR 192/98) findet sich schließlich die nachfolgende Formulierung: „Vielmehr wird dem Versicherten ... Gelegenheit gegeben, mit Hilfe einer Betätigung, die gegenüber seinem Arbeitsverhältnis quantitativ und ggf. auch qualitativ geringer angesetzt ist zu erproben, ob er zur Wiederherstellung seiner vollen Arbeitsfähigkeit gelangen kann."[395] Erst die Entscheidung vom 13.06.2006 (Az.: 9 AZR 229/05) hat eine dahinge-hende Klarstellung gebracht. Dort führt das BAG nun ausdrücklich aus, dass die im Rahmen der § 28, § 74 SGB V anzustellende Prognose nicht zwingend auf das Ziel der Wiederherstellung der vollen Arbeitstätigkeit gerichtet sein muss, auch wenn dies regelmäßig verfolgt wird, weil auch die Befähigung zu einer nach Art, Dauer, zeitlicher und räumlicher Lage veränderten Arbeitstätigkeit eine Eingliederung in das Erwerbsleben i.S. dieser Vorschriften sein kann und nach dem Gesetzeswortlaut nicht vorausgesetzt wird, dass die letzte Stufe i.S. einer vollen Wiedererlangung der Befähigung erreicht wird.[396]

## 3. Stellungnahme

Die weit gefasste Literaturauffassung, die nunmehr auch durch die höchstrich-terliche Rechtsprechung des BAG gestützt wird, verdient Zustimmung. Dies ergibt eine Auslegung, die neben dem Wortlaut und dem Normzweck des § 28 im Besonderen sowie der Zielsetzung des SGB IX im Allgemeinen historische und systematische Gesichtspunkte berücksichtigt. Im Einzelnen:

---

[394] Vgl. NZA 1992, 643 f.; i.d.S. auch LAG Rheinland-Pfalz, Urt. v. 04.03.2005 (Az.: 12 Sa 566/ 04), veröff. in der juris-Datenbank.
[395] Vgl. AP Nr. 3 zu § 74 SGB V, Bl. 343.
[396] Vgl. NZA 2007, 91, 93.

Wie auch § 74 SGB V spricht § 28 allgemein von einer besseren Eingliederung in das Erwerbsleben, ohne eine Aussage dahingehend zu treffen, in welchem Umfang am Ende der stufenweisen Wiedereingliederung der Betreffende dem Arbeits- bzw. Erwerbsleben wieder zur Verfügung stehen muss. Demzufolge lässt sich aus dem Wortlaut nicht ansatzweise eine Einschränkung auf Tatbestandsseite dahingehend ableiten, dass die positive berufliche Prognose zwingend auf die Wiederherstellung der vollen Arbeitsfähigkeit gerichtet sein muss. Vielmehr spricht der Wortlaut eindeutig für eine weite Auslegung.

Wie bereits ausgeführt[397], verfolgt § 28[398] als Primärzweck allgemein die allmähliche Rückführung des arbeitsunfähigen Leistungsberechtigten in den Arbeitsprozess, um dadurch mittelbar zugleich den Sekundärzweck - die Entlastung der Sozialversicherungssysteme - zu erreichen. Die so angestrebte Rückführung und damit verbundene Sekundärzweckerreichung ist unzweifelhaft auch dann zu bejahen, wenn am Ende der Rehabilitationsmaßnahme „Stufenweise Wiedereingliederung" zwar keine volle Arbeits- bzw. Erwerbsfähigkeit, aber dennoch eine verwertbare teilweise dauerhafte Arbeitsfähigkeit des Betreffenden in qualitativer und/oder quantitativer Hinsicht steht. Bestätigt wird diese Normzweckauslegung im engeren Sinne, wenn man die - ebenfalls bereits beschriebene -[399] Zielsetzung des SGB IX im Allgemeinen berücksichtigt, welche insbesondere in den §§ 1, 4 ihren Ausdruck findet. Denn so hat das SGB IX grundlegend die Ermöglichung der gleichberechtigten Teilhabe am Leben in der Gesellschaft zum Ziel (vgl. § 1). Zur Erreichung dieser Zielsetzung sollen dabei die notwendigen Sozialleistungen erbracht werden, um u.a. Einschränkungen in der Erwerbsfähigkeit nicht nur vollständig zu überwinden, sondern auch lediglich zu mindern und um eine Teilhabe am Arbeitsleben entsprechend den Neigungen und Fähigkeiten dauerhaft zu sichern (vgl. § 4 Abs. 1 Nrn. 2, 3). Insgesamt sprechen damit die so benannten Normzweckgesichtspunkte eindeutig für eine weite Auslegung des Merkmals der positiven beruflichen Prognose. Denn eine stufenweise Wiedereingliederung als Maßnahme mit rehabilitativer Zielsetzung, die dazu führt, die Befähigung zu einer nach Art, Dauer, zeitlicher und/oder räumlicher Lage veränderten Arbeits- bzw. Erwerbstätigkeit wiederzuerlangen, mindert jedenfalls Einschränkungen in der Erwerbsfähigkeit und ist geeignet, eine Teilhabe am Arbeitsleben entsprechend der (eingeschränkten) Fähigkeiten zu sichern.

Zwar lassen sich weder aus der Gesetzesbegründung zu § 74 SGB V noch aus der zu § 28 Auslegungshinweise für die Lösung des diskutierten Problems fin-

---

[397] Vgl. Teil 2, 1. Kapitel, § 3.
[398] Genauso auch § 74 SGB V.
[399] Vgl. Teil 2, 1. Kapitel, § 2, A.

den. Jedoch wurde im Rahmen des Gesetzgebungsverfahrens zum SGB IX hinreichend der Wille deutlich, die Teilhabe am Arbeitsleben umfassend zu gewährleisten.[400] Dies rechtfertigt nach Auffassung der Verfasserin die Annahme, dass auch nach der an der Gesetzeshistorie orientierten Auslegung von einem weiten Verständnis des Begriffsmerkmals „positive berufliche Prognose" auszugehen ist.

Für den Personenkreis der (schwer-) behinderten Arbeitnehmer folgt ein weites Verständnis in Bezug auf die positive berufliche Prognose ferner aus dem systematischen Zusammenhang des § 28 zu § 81 Abs. 4, 5.[401] Denn die dort geregelten Beschäftigungsansprüche können in jeder Phase des bestehenden Arbeitsverhältnisses geltend gemacht werden, sofern der Arbeitnehmer aus medizinischer Sicht nur in der Lage ist, einer für den Arbeitgeber zumutbaren sowie nach Art, Dauer, zeitlicher und/oder räumlicher Lage veränderten Arbeits- bzw. Erwerbstätigkeit nachzugehen. Die so geregelten Ansprüche können demzufolge nur dann europarechtskonform zu effektiver Geltung gelangen, wenn man eine auf die Wiederherstellung teilweiser Arbeitsfähigkeit gerichtete Prognose ausreichen lässt.

Demzufolge führen sämtliche anerkannte Auslegungsmethoden zu dem Ergebnis, dass im Rahmen des § 28 eine auf die Wiederherstellung teilweiser Arbeitsfähigkeit gerichtete Prognose ausreichend ist.[402]

## B. Abgrenzung zu anderen Instrumenten der betrieblichen Rehabilitationsförderung

Die für § 28 konkretisierte positive berufliche Prognose unterscheidet sich von derjenigen anderer Instrumente der Rehabilitationsförderung, welche im Zusammenhang mit einer erstrebten Reintegration in das Berufsleben bedeutsam sind. Konkret müssen in der Praxis die in § 26 Abs. 2 Nr. 7 angesprochenen Leistungen der Belastungserprobung und Arbeitstherapie sowie der in § 81 Abs.

---

[400] Vgl. u.a. BT-Drs. 14/5074, Seiten 1 f. sowie BT-Drs. 14/5531, Seiten 1 f.

[401] Vgl. hierzu die Ausführungen unter Teil 2, 1. Kapitel, § 2, D, I.

[402] Das Urteil des SG Dresden vom 12.01.2006 (Az.: S 18 KR 440/03), veröff. in der juris-Datenbank, verdeutlicht, dass dies auch die Praxis - zumindest teilweise - entsprechend berücksichtigt: Dort stellte sich die 1954 geborene Klägerin erstmals am 10.09.2002 ihrem behandelnden Arzt wegen Schwindel und Mattigkeit vor. Dieser diagnostizierte einen „diabetes mellitus Typ II" und bescheinigte ihr entsprechend Arbeitsunfähigkeit. Am 21.10.2002 empfahl er schließlich eine stufenweise Wiedereingliederung ab 28.10.2002 bis zum 22.11.2002 im Umfang von fünf Arbeitsstunden täglich, obwohl zu diesem Zeitpunkt eine vollständige Wiederherstellung der Arbeitsfähigkeit noch nicht absehbar war.

§ 5 S. 3 geregelte Teilzeitanspruch von einer Maßnahme zur stufenweisen Wiedereingliederung abgegrenzt werden.

## I. Belastungserprobung und Arbeitstherapie gem. § 26 Abs. 2 Nr. 7

### 1. Belastungserprobung

Aufgabe der Belastungserprobung i.S. des § 26 Abs. 2 Nr. 7 ist es, eine Bestandsaufnahme der körperlichen, psychischen, intellektuellen und praktischen Leistungsfähigkeit vorzunehmen, um die Belastungsfähigkeit des Leistungsberechtigten berufsspezifisch und berufsfeldspezifisch zu prüfen. Durch Abklärung der Dauerbelastbarkeit sollen die Eingliederungschancen am Arbeitsplatz geklärt werden. Sie stellt eine Vorstufe zur beruflichen Eingliederung dar[403] und gewinnt daher im Zusammenhang mit der stufenweisen Wiedereingliederung vornehmlich in der Anfangsphase an Bedeutung, in der es darum geht, konkrete Aussagen über die Möglichkeit einer beruflichen Wiedereingliederung zu tätigen und/oder Art und Umfang der einzelnen Belastungsstufen im Rahmen des Wiedereingliederungsplans festzulegen. In dieser Phase des Geschehens kann demzufolge eine positive berufliche Prognose - wie sie für eine stufenweise Wiedereingliederung erforderlich ist - gerade noch nicht gestellt werden. Der Leistungsberechtigte muss nach Einschätzung des behandelnden Arztes lediglich in der Lage (= objektive Erfolgsaussicht) und gewillt (= subjektive Erfolgsaussicht) sein, sich durch Aufnahme einer betrieblichen Tätigkeit einer berufsspezifischen und berufsfeldspezifischen Prüfung seiner Belastungsfähigkeit zu unterziehen.

### 2. Arbeitstherapie

Die von der Belastungserprobung zu trennende, aber hierauf aufbauende Arbeitstherapie, die gleichfalls in § 26 Abs. 2 Nr. 7 benannt wird, setzt als Teil der Ergotherapie insbesondere bei Störungen der Motorik, der Sinnesorgane und der geistigen/psychischen Fähigkeiten des Leistungsberechtigten die Arbeit selbst als therapeutisches Verfahren ein oder trainiert Einzelleistungen, die zur Arbeitsfähigkeit führen können. Ziel ist die Verbesserung der Arbeitsbelastbarkeit sowie die Erhaltung und Entwicklung von Fähigkeiten und Fertigkeiten, die für die berufliche Wiedereingliederung benötigt werden. Auch wenn das Mittel der Arbeitstherapie in der Kranken- und Rentenversicherung vor allem in stationären oder jedenfalls teilstationären Rehabilitationseinrichtungen durchgeführt

---

[403] Vgl. Nann, BG 2000, 618; Oppermann, in Hauck/Noftz, Komm. zum SGB IX, § 26 Rdnr. 25; Stähler, in Lachwitz/Schellhorn/Welti, HK-SGB IX, § 26 Rdnr. 20.

wird, schließt deren Zielsetzung ein Agieren auf betrieblicher Ebene nicht aus. Dies zeigt sich insbesondere im Bereich der Unfallversicherung. Denn so bevorzugen die Berufsgenossenschaften gerade wegen den - nicht zu unterschätzenden - Vorteilen einer Wohnortnähe und den damit verbundenen realistischen Arbeitsbedingungen - das betriebliche Modell, also die Durchführung der Maßnahmen am Arbeitsplatz.[404] Zu berücksichtigen ist, dass es sich bei der Arbeitstherapie um eine Vorstufe zur betrieblichen Eingliederung handelt, die den Leistungsberechtigten aus der Rolle des Behandelten zum (wieder) Handelnden werden lassen soll.[405] Sie wird daher ggf. anstelle einer Maßnahme zur stufenweisen Wiedereingliederung oder zu einem Zeitpunkt vor Durchführung einer Maßnahme zur stufenweisen Wiedereingliederung relevant, zu dem noch keine positive berufliche Prognose - wie sie § 28 voraussetzt - gestellt werden kann. Der Leistungsberechtigte muss nach Einschätzung des behandelnden Arztes lediglich in der Lage (= objektive Erfolgsaussicht) und gewillt (= subjektive Erfolgsaussicht) sein, durch die Durchführung einer solchen Maßnahme seine Arbeitsbelastbarkeit zu verbessern sowie Fähigkeiten und Fertigkeiten zu erhalten bzw. zu entwickeln, die für die berufliche Wiedereingliederung benötigt werden.

## II. Teilzeittätigkeit gem. § 81 Abs. 5 S. 3

Nach § 81 Abs. 5 S. 3 haben schwerbehinderte Menschen einen „Anspruch auf Teilzeitbeschäftigung, wenn die kürzere Arbeitszeit wegen Art oder Schwere der Behinderung notwendig ist". Dieser Anspruch ist neben dem allgemeinen Teilzeitanspruch nach § 8 TzBfG anwendbar, geht aber zugleich weit über eine bloße Förderung der Teilzeitbeschäftigung hinaus[406] und findet seine Grenze in der Zumutbarkeit und Verhältnismäßigkeit (vgl. § 81 Abs. 5 S. 3 i.V.m. Abs. 4 S. 3). Die Anforderungen an die betriebliche Zumutbarkeit sind dabei nicht statisch zu verstehen. Ein solches Verständnis verbietet sich schon deshalb, weil insbesondere Hilfen nach §§ 33 ff. in der Lage sind, betriebliche Hindernisse zu beseitigen oder zumindest ihre Bedeutung zu relativieren. Demzufolge ist für die Realisierung dieses arbeitsrechtlichen Teilzeitanspruchs die sozialrechtliche Flankierung erforderlich, welche durch das Erfordernis der Verhältnismäßigkeit im Übrigen auch unmittelbar im Gesetz verankert ist.[407] Dabei ist die Erfüllung des Anspruchs anerkanntermaßen nicht schon dann unzumutbar, wenn die allgemeine betriebliche

---

[404] Vgl. Nann, BG 2000, 618, 622.

[405] Vgl. Nann, BG 2000, 618, 620.

[406] So auch Kohte, Forum B, Diskussionsbeitrag Nr. 12/2003, Seite 3; vgl. hierzu ausführlich Hanau, NZA 2001, 1168, 1173 m.w.N. sowie Rolfs, RdA 2001, 129, 138 f. (noch zu § 14 SchwbG).

[407] Vgl. hierzu Kohte, Forum B, Diskussionsbeitrag Nr. 12/2003, Seite 3.

Organisation beeinträchtigt wird oder höhere Kosten verursacht werden.[408] Etwas anderes gilt jedoch, wenn der Arbeitgeber wegen der Teilzeitbeschäftigung Änderungen in der Arbeitsorganisation vornehmen müsste, die einen Eingriff in andere Arbeitsverhältnisse erfordern würde.[409]

Es besteht allgemein Einigkeit darüber, dass die stufenweise Wiedereingliederung nach § 28 rechtlich etwas anderes ist, als der Teilzeitanspruch nach § 81 Abs. 5 S. 3[410], auch wenn beide Instrumente i.e. betriebsbezogene Maßnahmen mit rehabilitativer Zielsetzung sind. Denn bei Ausübung einer Teilzeittätigkeit nach § 81 Abs. 5 S. 3 erbringt der zwar behinderte aber nicht arbeitsunfähige Beschäftigte die nach dem Arbeitsvertrag geschuldete Tätigkeit, er ist also anders als bei einer stufenweisen Wiedereingliederung nicht nach § 275 BGB von der Erbringung der arbeitsvertraglich geschuldeten Tätigkeit befreit.[411] Eine Teilzeittätigkeit nach § 81 Abs. 5 S. 3 bietet sich als Gestaltungsmöglichkeit an, wenn der Leistungsberechtigte über eine zeitquantitative Restleistungsfähigkeit verfügt, jedoch im maßgebenden Beurteilungszeitpunkt (noch) keine positive berufliche Prognose i.S. des § 28 für etwa die nächsten sechs Monate[412] gestellt werden kann.

## C. Schlussfolgerungen

Zusammenfassend lässt sich zum Gegenstand und zum Inhalt der positiven beruflichen Prognose Folgendes festhalten: Die in § 28 vorausgesetzte positive berufliche Prognose ist gegeben, wenn im Zeitpunkt der Ausstellung der Arbeitsunfähigkeitsbescheinigung aus medizinischer Sicht sowohl anhand objektiver als auch anhand subjektiver Kriterien mit hinreichender Wahrscheinlichkeit prognostiziert werden kann, dass der arbeitsunfähige Leistungsberechtigte nach Abschluss der Maßnahme zur stufenweisen Wiedereingliederung (und damit nach längstens etwa sechs Monaten) entweder seine volle Arbeits- bzw. Erwerbsfähigkeit erreicht haben oder zumindest in der Lage sein wird, eine nach Art, Dauer, zeitlicher und/oder räumlicher Lage veränderte Arbeitstätigkeit auf-

---

[408] Schröder, in Hauck/Noftz, Komm. zum SGB IX, § 81 Rdnr. 44.

[409] LAG Schleswig-Holstein, Urt. v. 23.10.2001 (Az.: 3 Sa 393/01), LAGReport 2002, 29; Kossens/Maaß, NZA 2000, 1025, 1027.

[410] Vgl. Kohte, Forum B, Diskussionsbeitrag Nr.12/2003, Seite 3; ders., jurPR-ArbR 21/2006, Anm. 4, C; LAG Rheinland-Pfalz, Urt. v. 04.03.2005 (Az.: 12 Sa 566/04), NZA-RR 2005, 568 ff.; BAG, Urt. v. 13.06.2006 (Az.: 9 AZR 229/05), NZA 2007, 91 ff.

[411] Zur Befreiung von der nach dem Arbeitsvertrag geschuldeten Tätigkeit während der stufenweisen Wiedereingliederung im Einzelnen unter Teil 2, 6. Kapitel, § 1, A.

[412] Nach Ziff. 1 S. 4 der Anlage zu den AU-RL sollte die Wiedereingliederungsphase i.d.R. einen Zeitraum von sechs Monaten nicht übersteigen (vgl. BAnz. 2004, Nr. 61, Seiten 6501 ff.; zuletzt geänd. durch Beschl. v. 19.09.2006, Banz. 2006, Nr. 241, Seite 7356).

zunehmen. Sie unterscheidet sich daher wesentlich von der Belastungserprobung und Arbeitstherapie einerseits und der Teilzeittätigkeit nach § 81 Abs. 5 S. 3 andererseits, bei denen eine solche Prognose gerade nicht möglich ist. Nichts desto trotz stellen auch diese Rechtsinstitute wichtige Instrumente der betrieblichen Rehabilitationsförderung dar. Denn sie sind im Gesamtkonzept des SGB IX geeignet, einer Ausgrenzung von rehabilitationsbedürftigen Menschen entgegenzuwirken und sie in der betrieblichen Organisation zu halten. Dies gilt bezogen auf die Belastungserprobung/Arbeitstherapie insbesondere deshalb, weil deren Durchführung als Vorstufe zur beruflichen Eingliederung das Stellen einer beruflichen Prognose i.S. des § 28 teilweise erst ermöglicht.

## 3. Kapitel: Regelungsgehalt des § 28 auf der Rechtsfolgenseite

### § 1 Adressatenkreis

Neben den „arbeitsunfähigen Leistungsberechtigten", deren Bereitschaft zur Mitwirkung als wesentliches subjektives Element für eine Erfolgsaussicht der stufenweisen Wiedereingliederung unabdingbar ist, benennt § 28 ausdrücklich keine weiteren Adressaten bzw. beteiligten Rechtsträger. Aus der auf der Rechtsfolgenseite verwendeten Formulierung „sollen die medizinischen und sie ergänzenden Leistungen entsprechend dieser Zielsetzung erbracht werden" wird jedoch deutlich, dass sämtliche in § 6 Abs. 1 benannte Träger medizinischer Rehabilitationsleistungen angesprochen werden und zwar dahingehend, im Rahmen ihrer Prüfpflicht gem. § 8 den Bedarf an einer stufenweisen Wiedereingliederung festzustellen sowie die Zusammenarbeit mit anderen Rehabilitationsträgern, z.B. wegen Leistungen zur Teilhabe am Arbeitsleben i.S. der 33 ff., zu sichern (= Koordinationsfunktion). Bedeutsam sind dabei insbesondere die Träger der GKV als zentrale Anlaufstellen/zentrale Träger zur Betreuung von Arbeitsunfähigen. Gleiches gilt für die Träger der GRV, welche immer dann die Verantwortung für eine Maßnahme zur stufenweisen Wiedereingliederung besitzen, wenn sich die Notwendigkeit zu einer Durchführung während der Teilnahme an einer von der GRV erbrachten medizinischen Leistung zur Rehabilitation ergibt, sofern die stufenweise Wiedereingliederung noch während der Leistung zur medizinischen Rehabilitation begonnen wird oder sich zumindest unmittelbar[413] daran anschließt (vgl. § 51 Abs. 5).

---

[413] Zur Auslegung des Begriffs der Unmittelbarkeit i.S. des § 51 Abs. 5 vgl. im Einzelnen unter Teil 2, 7. Kapitel, § 1, C, II, 1, b, cc, (2).

## § 2 Rechtscharakter

### A. Ausgestaltung als „Soll-Vorschrift"

### I. Grundsätzliches

§ 28 ordnet mit Blick auf die Rehabilitationsträger auf der Rechtsfolgenseite an, dass „die medizinischen und die sie ergänzenden Leistungen entsprechend dieser Zielsetzung erbracht werden" sollen. Die Vorschrift ist demzufolge - wie bereits § 74 SGB V - als sog. „Soll-Vorschrift" ausgestaltet, wobei allerdings § 74 SGB V seinen „Auftrag" an die Kassen- bzw. Vertragsärzte wendet, indem er diesen aufgibt, „Art und Umfang der möglichen Tätigkeiten" auf der Arbeitsunfähigkeitsbescheinigung anzugeben. In Bezug auf die anderen möglichen beteiligten Rechtsträger, insbesondere in Bezug auf den Leistungsberechtigten und den Arbeitgeber als Hauptakteure, treffen weder § 28 noch § 74 SGB V dahingehende Aussagen. Zu klären bleibt daher neben der Bedeutung der Ausgestaltung des § 28 als „Soll-Vorschrift" gegenüber den Rehabilitationsträgern, inwieweit § 28, § 74 SGB V insbesondere in Bezug auf den Leistungsberechtigten und den Arbeitgeber verpflichtender Charakter zugesprochen werden kann. Hierbei ist zwischen der sozialrechtlichen und der arbeitsrechtlichen Ebene zu trennen.

### II. Bedeutung für die Rehabilitationsträger

Die in § 28 in Bezug auf die Rehabilitationsträger verwendete „Soll-Formulierung" stellt angesichts der Eigenschaft der Rehabilitationsträger als Träger öffentlicher Gewalt unzweifelhaft einen Ausdruck der Einräumung von sozial- und damit verwaltungsrechtlichen Ermessens dar, gleichwohl sich in den Gesetzesmaterialien hierauf keinerlei Hinweise finden. „Soll-Vorschriften" stehen gesetzestechnisch zwischen der gesetzlich gebundenen Verwaltung („muss") und den „Kann-Vorschriften" bzw. „Darf-Vorschriften" und statuieren damit nach der Rechtsprechung des BVerwG ein „Regel-Ausnahme-Prinzip". D.h. sie berechtigen nur bei Vorliegen einer Ausnahmesituation zu einer Abweichung von der vorgesehenen Regel, andernfalls besitzen sie verpflichtenden Charakter, ohne dass Ermessenserwägungen anzustellen sind.[414] Demzufolge ergibt sich im Zusammenhang mit der stufenweisen Wiedereingliederung folgendes Bild: § 28

---

[414] Vgl. BVerwG, Urt. v. 25.06.1975 (Az.: VIII C 77.74), BVerwGE 49, 16, 23; BVerwG, Urt. v. 14.01.1982 (Az.: 5 C 70.80), BVerwGE 64, 318, 323; BVerwG, Urt. v. 17.03.1992 (Az.: 1 C 31.89), BVerwGE 90, 88, 93; BVerwG, Urt. v. 24.09.1992 (Az.: 7 C 6.92), BVerwGE 91, 92, 99; BVerwG, Urt. v. 04.03.1993 (Az.: 5 C 27.91), BVerwGE 92, 169, 170 f.; vgl. auch Maurer, VerwR AT, Seite 137 sowie Wolff/Bachof/Stober/Kluth, VerwR I, Seite 321 m.w.N.

verpflichtet die Rehabilitationsträger in den Fällen einer bescheinigten und durch einen Wiedereingliederungsplan beschriebenen Wiederaufnahmemöglichkeit der bisherigen Tätigkeit bzw. von Teilen der bisherigen Tätigkeit dazu, ihre Leistungen an diesem Ziel auszurichten. D.h. sie erbringen zwar nicht die stufenweise Wiedereingliederung, stützen sie aber durch ihre Leistungen.[415] Im Allgemeinen haben die Rehabilitationsträger bei der Erbringung ihrer Leistungen ein Auswahlermessen. Durch die Klarstellung „entsprechend dieser Zielsetzung" wird allerdings ihr dahingehender Entscheidungsspielraum ebenfalls i.S. des bei Soll-Vorschriften geltenden „Regel-Ausnahme-Prinzips" eingeschränkt, so dass sie im Regelfall eine Auswahl i.S. des § 28 treffen müssen und nur im Ausnahmefall allein auf der Grundlage des § 26 entscheiden können.[416]

## B. Mitwirkungspflicht des Leistungsberechtigten

Die Gesetzesmaterialien zu § 74 SGB V stellen klar, dass es dem arbeitsunfähigen Versicherten freisteht und allein ihm überlassen bleibt, ob er seine Tätigkeit stufenweise wieder aufnimmt und seine Arbeitskraft teilweise einsetzt.[417] Auch im Zusammenhang mit dem Inkraftsetzen des § 28 hat der Gesetzgeber keine anderweitige dahingehende Aussage getroffen. Sowohl das BAG[418] als auch das arbeits- und sozialrechtliche Schrifttum[419] gehen daher seit jeher überwiegend davon aus, dass der arbeitsunfähige Versicherte ohne das Befürchten von Konsequenzen eine Maßnahme zur stufenweisen Wiedereingliederung ablehnen kann. Fraglich ist, ob die so vertretene Rechtsansicht (noch) haltbar ist, was insbesondere in sozialrechtlicher Hinsicht vor dem Hintergrund der mittlerweile zunehmend betonten eigenverantwortlichen Mitwirkungspflicht des Betroffenen in Zweifel gezogen werden könnte.[420] Dieser Frage ist - getrennt nach sozial-

---

[415] I.d.S. auch Gagel/Schian/Schian, Forum B, Diskussionsbeitrag Nr. 16/2006, Seiten 2 f.

[416] So auch Mrozynski, Komm. zum SGB IX, § 28 Rdnr. 7; vgl. hierzu auch Liebig, in Düwell/Joussen, Komm. zum SGB IX, § 28 Rdnr. 7.

[417] Vgl. BT-Drs. 11/2237, Seiten 30, 192.

[418] Grundlegend: BAG, Urt. v. 29.01.1992 (Az.: 5 AZR 37/91), NZA 1992, 643, 644; bestätigend: BAG, Urt. v. 28.07.1999 (Az.: 4 AZR 192/98), AP Nr. 3 zu § 74 SGB V, Bl. 343.

[419] Vgl. v. Hoyningen-Huene, NZA 1992, 49, 50; Compensis, NZA 1992, 631, 633; Wanner, DB 1992, 93, 94; Schaaf, SGb 1993, 506, 507; Becker, Seiten 91 ff.; Hitzfeld, Seite 57; Schmidt, NZA 2007, 893, 894; Dalichau/Grüner, GStrG, § 74 SGB V Seite 8; Klückmann, in Hauck/Noftz, Komm. zum SGB V, § 74 Rdnr. 11; Hencke in Peters, Hb KV, § 74 SGB V Rdnr. 2; Hess, in KassKomm, § 74 SGB V Rdnr. 3; Brackmann, HbSV, § 74 Ziff. 2 („Freiwilligkeit"); Orlowski in GKV-Komm, § 74 SGB V Seite 4; Grüner, in Wiegand, Komm. zum SGB IX, § 28 Rdnr. 5; Gerke, in Kossens/von der Heide/Maaß, Komm. zum SGB IX, § 28 Rdnr. 3; Fuchs, in Bihr/Fuchs/Krauskopf/Ritz, Komm. zum SGB IX, § 28 Rdnr. 5; Knittel, Komm. zum SGB IX, § 28 Rdnrn. 15 f.

[420] So insbesondere Gagel, NZA 2001, 988, 992; vgl. auch Brocke, SGb 1990, 45, 47 f. sowie Franke, AuA 2006, 452, 454.

und arbeitsrechtlichen Aspekten - im Wege einer Auslegung nachzugehen, welche insbesondere - mangels Ergiebigkeit des Wortlauts und der Historie - vornehmlich den systematischen Kontext der § 28, § 74 SGB V sowie allgemeine arbeits- und sozialrechtliche Grundsätze berücksichtigt.

## I. Mitwirkungspflicht unter sozialrechtlichen Aspekten

Angesichts des sozialrechtlichen Regelungszusammenhangs der § 28, § 74 SGB V und der Tatsache, dass auch sozialrechtliche Normen Rechtsansprüche zwischen Privatrechtssubjekten begründen können[421], ist zunächst zu prüfen, inwieweit den Betroffenen in sozialrechtlicher Hinsicht eine Pflicht zur Teilnahme an einer Maßnahme zur stufenweisen Wiedereingliederung trifft.

### 1. Kontext zu §§ 60 ff. SGB I

Möglicherweise folgt eine sozialrechtliche Mitwirkungspflicht des Leistungsberechtigten aus den im SGB I - dem „vor die Klammer gezogenen" AT des SGB - in §§ 60 - 64 geregelten Mitwirkungstatbeständen, die streng genommen keine Mitwirkungspflichten, sondern Mitwirkungsobliegenheiten sind.[422] Dies setzt allerdings voraus, dass die stufenweise Wiedereingliederung in deren sachlichen Anwendungsbereich fällt und überdies der für eine stufenweise Wiedereingliederung in Betracht kommende Leistungsberechtigte in persönlicher Hinsicht zu dem dahingehend verpflichteten Personenkreis zählt.

### a) Verpflichteter Personenkreis

Die stufenweise Wiedereingliederung stellt - wie bereits ausgeführt -[423] eine eigene Sozialleistung i.S. des § 11 (i.V.m. § 21 Abs. 1 Nr. 2 e) SGB I dar. Zudem ist sie angesichts der fortbestehenden Arbeitsunfähigkeit des Leistungsberechtigten regelmäßig mit der Erbringung von Sozialleistungen, wie insbesondere von ärztlichen Behandlungen oder/und der Zahlung von Krankengeld, durch den zuständigen Rehabilitationsträger verbunden. Demzufolge ist das in §§ 60 ff. SGB I statuierte Erfordernis der Beantragung oder dem Erhalt von Sozialleistungen kein Hinderungsgrund für die Annahme einer Mitwirkungspflicht des für

---

[421] Vgl. hierzu ausführlich Deinert, Privatrechtsgestaltung durch Sozialrecht 2007.

[422] Zwar sind an die Nichterfüllung der Normbefehle der §§ 60 ff. SGB I Rechtsfolgen geknüpft, doch kann die Einhaltung nicht durch Maßnahmen der Verwaltungsvollstreckung durchgesetzt werden (vgl. hierzu BSG, Entsch. v. 23.03.1972, 5 RJ 63/70, BSGE 34, 124, 127 sowie BSG, Entsch. v. 18.09.1991, 10 RKg 5/91, SozR 3-5870, § 20 Nr. 3).

[423] Vgl. die Ausführungen im Teil 2, 1. Kapitel, § 4.

eine stufenweise Wiedereingliederung in Betracht kommenden Leistungsberechtigten.

## b) Mitwirkungstatbestände im Einzelnen

Fraglich ist jedoch, ob die stufenweise Wiedereingliederung sachlich unter einen der in §§ 60 ff. SGB I statuierten Mitwirkungstatbestände subsumiert werden kann. Relevanz besitzen dabei insbesondere die §§ 62 - 64 SGB I.

### aa) Teilnahme an ärztlichen und psychologischen Untersuchungshandlungen, § 62 SGB I

§ 62 SGB I, welcher die Obliegenheit des Leistungsberechtigten zur Teilnahme an ärztlichen und/oder psychologischen Untersuchungen regelt, reicht nur soweit, als eine dahingehende Untersuchung zur Feststellung der Arbeitsunfähigkeit bzw. zur Prüfung des Vorliegens der Voraussetzungen für eine stufenweise Wiedereingliederung erforderlich ist. Eine Teilnahmeverpflichtung an einer Maßnahme zur stufenweisen Wiedereingliederung selbst kann daraus hingegen ersichtlich nicht hergeleitet werden.

### bb) Teilnahme an Leistungen zur Teilhabe, § 64 SGB I

Seit dem Inkraftsetzen des SGB IX regelt § 64 SGB I die Mitwirkungspflicht bei „Leistungen zur Teilhabe am Arbeitsleben". Insoweit hat der Gesetzgeber durch Art. 2 Nr. 11 „Sozialgesetzbuch - Neuntes Buch - (SGB IX) Rehabilitation und Teilhabe behinderter Menschen" den zuvor gebrauchten Begriff der „berufsfördernden Maßnahmen" ersetzt.[424] Nach der „alten" Gesetzeslage erschien es noch vertretbar, die stufenweise Wiedereingliederung unter § 64 SGB I zu fassen[425], weil unter den weiten Begriff der „berufsfördernden Maßnahmen" alle Leistungen zu verstehen sind, „durch welche die Fähigkeit des Rehabilitanden zur möglichst dauernden Ausübung seines bisherigen Berufes oder einer seiner Eignung, Neigung und bisherigen Tätigkeit angemessenen Erwerbs- oder Berufstätigkeit voraussichtlich erhalten, wesentlich gebessert oder wiederhergestellt werden kann".[426] Unter Berücksichtigung der aktuellen Gesetzeslage ist eine solche Auslegung nach Auffassung der Verfasserin hingegen nicht mehr möglich. Denn zum einen kann die stufenweise Wiedereingliederung schon angesichts ihrer Stellung im Kapitel 4 des SGB IX unter den „Leistungen zur medizinischen Rehabilitation", also gerade nicht unter den im Kapitel 5 des SGB IX geregelten „Leistungen zur Teilhabe am Arbeitsleben", nicht als Leistung zur Teilhabe am

---

[424] Vgl. BGBl. 2001, Teil I, Seiten 1046, 1093.
[425] So Gagel, NZA 2001, 988, 992.
[426] Vgl. Seewald, in KassKomm, § 64 SGB I Rdnr. 8 m.w.N.

Arbeitsleben i.S. des § 64 SGB I betrachtet werden.[427] Hinzu kommt, dass der Gesetzgeber unmittelbar im Zusammenhang mit dem Inkraftsetzen des SGB IX, welches in § 33 den Begriff der „Leistungen zur Teilhabe am Arbeitsleben" näher umschreibt, in Kenntnis der Differenzierung zu den Leistungen zur medizinischen Rehabilitation und der in diesem Kontext geregelten stufenweisen Wiedereingliederung die Begrifflichkeit in § 64 SGB I bewusst eingeführt hat, was einer erweiternden Auslegung des Gesetzeswortlauts entgegensteht.

### cc) Teilnahme an Heilbehandlungen, § 63 SGB I

§ 63 SGB I regelt die Obliegenheit zur Teilnahme an Heilbehandlungen. Den Begriff der Heilbehandlung umschreiben §§ 26 Abs. 1, 27 Abs. 1 SGB VII näher. Nach §§ 26 Abs. 1, 27 Abs. 1 Nr. 7 SGB VII zählen hierunter insbesondere Leistungen zur medizinischen Rehabilitation. Die übrigen sozialrechtlichen Leistungsgesetze verwenden den Begriff im Rahmen ihres Leistungskatalogs hingegen nicht. Insbesondere das SGB V spricht in §§ 27 ff. vielmehr von der Krankenbehandlung, die nach § 27 Abs. 1 S. 2 Nr. 6 u.a. auch medizinische und ergänzende Leistungen zur Rehabilitation erfasst, und das SGB VI in § 9 allgemein von der Erbringung medizinischer, berufsfördernder und ergänzender Leistungen zur Rehabilitation. Demnach bedarf es zur Bestimmung der sachlichen Reichweite des § 63 SGB I einer allgemeingültigen Definition. Diese gestaltet sich unter Berücksichtigung des Normzwecks sowie des Regelungsgehalts der anderen benannten sozialrechtlichen Leistungsnormen zur Heilbehandlung/Krankenbehandlung wie folgt: Erfasst werden insbesondere medizinische Maßnahmen der Rehabilitation sowie sämtliche Maßnahmen der medizinischen Behandlung, welche das Ziel haben, den Gesundheitszustand dadurch zu verbessern oder alternativ ihre Verschlechterung zu verhindern, dass vorhandene oder drohende Störungen des Körper- oder Geisteszustands behoben, gemildert oder verhindert werden.[428] Übertragen auf die stufenweise Wiedereingliederung folgt daraus, dass diese als Leistung der medizinischen Rehabilitation[429] eine Heilbehandlung im beschriebenen Sinne darstellt.[430] Damit jedoch eine Mitwirkungsobliegenheit des Leistungsberechtigten nach § 63 SGB I angenommen werden kann, ist ausweislich des Wortlauts dieser Vorschrift weiter erforderlich, dass

---

[427] So i.E. auch Kohte, in Kreikebohm/Spellbrink/Waltermann, Komm. zum SozR, § 28 Rdnr. 5; vgl. bereits die Ausführungen unter Teil 2, 1. Kapitel, § 4.

[428] So u.a. auch Joussen, in Kreikebohm/Spellbrink/Waltermann, Komm. zum SozR, § 63 SGB I, Rdnr. 4 m.w.N.

[429] Hierzu bereits ausführlich unter Teil 2, 1. Kapitel, § 4.

[430] A.A. zu § 74 SGB V: Klückmann, in Hauck/Noftz, Komm. zum SGB V, § 74 Rdnr. 11, allerdings ohne Begründung sowie Becker, Seiten 99 f.; offen lassend: Brocke, SGb 1990, 45, 47.

die Heilbehandlung *erwartungsgemäß* eine Besserung des Gesundheitszustands herbeiführen oder eine Verschlechterung verhindern wird. Demgemäß müsste eine positive ärztliche Gesundheitsprognose für den Fall der Durchführung der stufenweisen Wiedereingliederung gestellt werden können. § 28, § 74 SGB V selbst erfordern hingegen eine positive *berufliche* Prognose in der Form, dass eine bessere Wiedereingliederung in das Erwerbsleben wahrscheinlich ist.[431] Die so anzustellenden Prognosen unterscheiden sich ersichtlich bereits in sachlicher Hinsicht, so dass das Vorliegen einer positiven beruflichen Prognose i.S. der § 28, § 74 SGB V nicht sogleich das Vorhandensein einer positiven gesundheitlichen Prognose i.S. des § 63 SGB I indiziert. Dies gilt auch und gerade deshalb, weil das BSG in Bezug auf die Prognoseentscheidung des § 63 SGB I in ständiger Rechtsprechung betont, dass sich die zu erwartende Besserung nicht allein auf den beruflichen Bereich beschränken darf.[432] Demzufolge ist der Begriff der Erwartbarkeit i.S. des § 63 SGB I losgelöst von der Prognoseentscheidung der § 28, § 74 SGB V zu definieren. Wegen der Grundrechtsrelevanz stellt das BSG an die Erwartbarkeit hohe Anforderungen. Insbesondere soll die Erwartung einer Besserung nicht allein nach objektiven Maßstäben zu bestimmen sein, sondern auch die (subjektiven) Vorstellungen des Antragstellers/Empfängers der Leistung.[433] Hinzu kommt, dass die typischen aus § 63 SGB I ableitbaren Obliegenheiten[434] wie (1) aktive Unterstützung des Verpflichteten etwa durch Befolgung ärztlicher Gebote, Einnahme verschriebener Medikamente sowie (2) passive Mitwirkung etwa von Anwendungen graduell gänzlich anders geartet sind als eine Maßnahme zur stufenweisen Wiedereingliederung, deren Erfolg von einer Vielzahl von Faktoren abhängig ist. Hierdurch wird deutlich, dass aus § 63 SGB I unter dem Aspekt der *Erwartbarkeit einer Besserung/Verschlechterung des Gesundheitszustands* nicht eine Mitwirkungsverpflichtung des Leistungsberechtigten hinsichtlich eines Tätigwerdens im Arbeitsverhältnis zum Zwecke der Wiedereingliederung abgeleitet werden kann.[435] Eines Rückgriffs auf die Zumutbarkeitsregelung des § 65 Abs. 1 Nr. 2 SGB I bedarf es demzufolge nicht.[436] Demgemäß kann der Leistungsberechtigte auch nicht nach § 63 SGB I zur Mit-

---

[431] Zum Gegenstand und Inhalt bereits ausführlich unter Teil 2, 2. Kapitel, § 3.

[432] Vgl. u.a. BSG, Entsch. v. 20.03.1983 (Az.: 8/8 a RIJ 46/80), SozR 1200, § 63 Nr. 1.

[433] Vgl. insbesondere BSG, Entsch. v. 19.05.1983 (Az.: 2 RU 17/82), SGb 1984, 354 (dort ist allerdings offen gelassen, ob sich diese Einschränkung unmittelbar aus § 63 SGB I ableiten lässt oder vielmehr § 65 Abs. 1 Nr. 2 SGB I einschlägig ist).

[434] Vgl. hierzu Joussen, in Kreikebohm/Spellbrink/Waltermann, Komm. zum SozR, § 63 SGB I, Rdnr. 4.

[435] So i.E. auch Kohte, in Kreikebohm/Spellbrink/Waltermann, Komm. zum SozR, § 28 Rdnr. 5; Mrozynski, Komm. zum SGB IX, § 28 Rdnr. 5; a.A. offenbar Gagel, NZA 2001, 988, 992.

[436] Hierzu ausführlich Brocke, SGb 1990, 45, 47 f.

wirkung an einer Maßnahme zur stufenweisen Wiedereingliederung verpflichtet werden.

## c) Fazit

Demzufolge ist es insgesamt nicht möglich, die stufenweise Wiedereingliederung unter den sachlichen Regelungsgehalt der §§ 60 ff. SGB I zu subsumieren, so dass aus diesem systematischen Kontext keine sozialrechtliche Mitwirkungspflicht des Leistungsberechtigten an einer Maßnahme zur stufenweisen Wiedereingliederung hergeleitet werden kann.

## 2. Kontext zu § 2 Abs. 4, 5 Nrn. 1, 3 f. SGB III

Nach § 2 Abs. 4 S. 1 SGB III haben Arbeitnehmer[437] bei ihren Entscheidungen verantwortungsvoll deren Auswirkungen auf ihre beruflichen Möglichkeiten einzubeziehen, wobei S. 2 die Bedeutung der Anpassung der beruflichen Leistungsfähigkeit an die sich ändernden Anforderungen des Arbeitsmarktes betont. Gleichermaßen zur Vermeidung von Arbeitslosigkeit als auch zu ihrer Beendigung haben Arbeitnehmer schließlich nach § 2 Abs. 5 Nr. 4 SGB III an beruflichen Eingliederungsmaßnahmen teilzunehmen sowie nach § 2 Abs. 5 Nrn. 1 und 3 SGB III ein zumutbares Beschäftigungsverhältnis fortzusetzen bzw. eine zumutbare Beschäftigung aufzunehmen. Die in Abs. 5 vorgenommene Aufzählung soll dabei ersichtlich nicht abschließend sein („insbesondere"). Auch wenn die Vorschrift des § 2 SGB III - anders als die der §§ 60 ff. SGB I - nicht im Allgemeinen, „vor die Klammer gezogenen" Teil des SGB, sondern in einem speziellen Leistungsgesetz enthalten ist, können hieraus dennoch allgemeine Grundsätze abgeleitet werden, weil sich insbesondere die Regelung des § 2 Abs. 5 SGB III ersichtlich auch auf noch bestehende Arbeitsverhältnisse bezieht. Eine solche Verallgemeinerung setzt allerdings voraus, dass die in § 2 Abs. 4, 5 SGB III statuierten Pflichten begrifflich auch Maßnahmen zur stufenweisen Wiedereingliederung betreffen können. Demzufolge stellt sich zunächst die Frage nach der sachlichen Reichweite der benannten Regelungen.

## a) Reichweite des § 2 Abs. 4 SGB III

§ 2 Abs. 4 S. 1 SGB III normiert die Eigenverantwortung der Arbeitnehmer für ihre Chancen auf dem Arbeitsmarkt, indem er deren zwingende Grundverpflich-

---

[437] Unter Berücksichtigung des weiteren Wortlauts des § 2 SGB III sind hiermit ersichtlich sowohl in einem Beschäftigungsverhältnis stehende Arbeitnehmer als auch Arbeitslose gemeint. Gleiches gilt für § 2 Abs. 5 SGB III.

tung festlegt, bei ihren (beschäftigungsrelevanten) Entscheidungen (wie der Berufs- oder Arbeitsplatzwahl) die Auswirkungen auf ihre beruflichen Möglichkeiten einzubeziehen. Da die Vorschrift dabei sehr allgemein - lediglich i.s. eines bloßen, nicht umsetzbaren Appells -[438] gefasst ist, kann hieraus jedoch schon dem Grunde nach keine Mitwirkungsverpflichtung des Arbeitnehmers an einer Maßnahme zur stufenweisen Wiedereingliederung hergeleitet werden, selbst wenn man die Entscheidung zur Teilnahme an einer solchen Maßnahme als „beschäftigungsrelevante Entscheidung" i.d.S. ansehen würde. Der als „Soll-Vorschrift" ausgestaltete § 2 Abs. 4 S. 2 SGB III konkretisiert schließlich beispielhaft („insbesondere") die in § 2 Abs. 4 S. 1 SGB III benannte Pflicht. Da er jedoch schon nach der Gesetzesbegründung lediglich die Pflicht zum „lebenslangen Lernen"[439] statuiert, kann hieraus gleichfalls keine Mitwirkungsverpflichtung im Zusammenhang mit der stufenweisen Wiedereingliederung abgeleitet werden.

## b) Reichweite des § 2 Abs. 5 SGB III

Die Vorschrift des § 2 Abs. 5 SGB III ergänzt § 2 Abs. 4 SGB III und enthält - ebenfalls beispielhaft („insbesondere") - konkret benannte, sozialrechtlich sanktionierbare Handlungspflichten der Arbeitnehmer.

### aa) § 2 Abs. 5 Nr. 4 SGB III

Auch wenn der Wortlaut des § 2 Abs. 5 Nr. 4 SGB III dabei zu einer weiten Auslegung des Begriffs der „beruflichen Eingliederungsmaßnahme" tendieren lässt, wird doch durch die in § 144 Abs. 1 S. 2 Nr. 3 SGB III enthaltene Legaldefinition deutlich, dass der Gesetzgeber hierbei nicht die stufenweise Wiedereingliederung im Auge hatte. Denn danach fallen unter den Begriff der „beruflichen Eingliederungsmaßnahme" lediglich Maßnahmen der Eignungsfeststellung bzw. Trainingsmaßnahmen (§ 48 SGB III), Maßnahmen zur beruflichen Ausbildung (§§ 59 ff. SGB III) oder Weiterbildung (§§ 77 ff. SGB III) oder Maßnahmen zur Teilhabe am Arbeitsleben (§§ 97 ff. SGB III).

### bb) § 2 Abs. 5 Nrn. 1, 3 SGB III

Zu berücksichtigen ist überdies, dass die stufenweise Wiedereingliederung nach einhelliger Ansicht eine außerhalb des Arbeitsverhältnisses stehende Maßnahme mit rehabilitativ-therapeutischer Zielsetzung darstellt, die der Verbesserung des

---

[438] So auch Bepler, in Gagel, Komm. zum SGB III, § 2 Rdnr. 26 m.w.N.
[439] Vgl. BT-Drs. 13/4941, Seite 152.

Gesundheitszustands und der Leistungsfähigkeit dient und bei welcher das arbeitgeberseitige Direktionsrecht in den Hintergrund tritt.[440] Hierdurch wird deutlich, dass es sich dabei nicht um eine Beschäftigung bzw. ein leistungsrechtliches[441] Beschäftigungsverhältnis i.S. des in § 2 Abs. 5 Nrn. 1 und 3 SGB III verwendeten Begriflichkeit handelt.[442] Denn insoweit ist anerkannt, dass eine Beschäftigung bzw. ein Beschäftigungsverhältnis i.d.S. nicht vorliegt, wenn die verrichtete Tätigkeit nicht auf die Leistung fremdbestimmter wirtschaftlich verwertbarer Arbeit, sondern vorrangig auf das Erreichen therapeutischer Zwecke gerichtet ist. Kennzeichnend dafür ist die Unterordnung unter einen nach medizinischen Gesichtspunkten aufgestellten Übungs- oder Behandlungsplan, was bei der stufenweisen Wiedereingliederung gegeben ist. Hierbei kann die stufenweise Wiedereingliederung mit der Arbeitstherapie oder den Fällen der Gewöhnung an Arbeit bzw. an das Leben in Freiheit gleichgestellt werden, bei denen das BSG explizit das Nichtvorliegen eines Beschäftigungsverhältnisses angenommen hat.[443] Wenn das BAG hingegen zuletzt in der Entscheidung vom 13.06.2006 (Az.: 9 AZR 229/05)[444] unter Bezug auf den natürlichen Sprachgebrauch deutlich gemacht hat, dass der Begriff der „Beschäftigung" bedeutet „Beruf, Arbeit, Betätigung, Tätigkeit, Zeitvertreib" dann ist diese Auslegung, welche sich ersichtlich auf die Spezifika des § 81 Abs. 4 bezieht, angesichts der unterschiedlichen Zwecksetzungen auf § 2 SGB III nicht übertragbar. Demzufolge kann die stufenweise Wiedereingliederung sachlich nicht unter § 2 Abs. 5 Nrn. 1 oder 3 SGB III gefasst werden.

### cc) Schlussfolgerungen

Folglich können aus § 2 Abs. 5 SGB III keine allgemeinen Grundsätze für eine Mitwirkungspflicht des betroffenen Leistungsberechtigten in Bezug auf eine Maßnahme zur stufenweisen Wiedereingliederung abgeleitet werden, auch wenn durch die Verwendung des einleitenden Wortes „insbesondere" erkennbar weitere

---

[440] Vgl. dazu bereits die Ausführungen unter Teil 2, 1. Kapitel, § 4 sowie nachfolgend unter Teil 2, 6. Kapitel, § 1, A, B, I.

[441] Die in § 7 Abs. 1 SGB IV verwendete Begrifflichkeit, die nicht zwingend die Entgeltlichkeit als Voraussetzung aufweist (vgl. Klattenhoff, in Hauck/Haines, Komm. zum SGB IV, § 7 Rdnr. 9), findet auf das SGB III ausweislich der Regelung in § 1 Abs. 1 S.1, 2 SGB IV keine Anwendung. Maßgeblich ist vielmehr § 25 Abs. 1 SGB III. Zur Unterscheidung zwischen versicherungsrechtlichem und leistungsrechtlichem Beschäftigungsbegriff vgl. Brand, in Niesel, Komm. zum SGB III, § 25 Rdnrn. 3 ff.

[442] So auch Steinmeyer, in Gagel, Komm. zum SGB III, § 119 Rdnrn. 25, 193 b.

[443] Zur Arbeitstherapie vgl. BSG, Urt. v. 29.06.1995 (Az.: 11 RAr 97/94), SozR 3-4100, § 101 AFG Nr. 6, Seiten 18 f; zum Fall der Gewöhnung an Arbeit bzw. das Leben in Freiheit vgl. BSG, Urt. v. 22.09.1988 (Az.: RAr 13/87), SozR 4100, § 101 AFG Nr. 7, Seiten 24 f.

[444] Vgl. NZA 2007, 91, 93.

Konstellationen erfasst werden könnten. Letzteres hindert die Ablehnung einer allgemeinen Mitwirkungspflicht in Bezug auf die stufenweise Wiedereingliederung schon deshalb nicht, weil der Gesetzgeber in § 2 Abs. 5 Nr. 4 SGB III die (insbesondere nach § 144 SGB III) sozialrechtlich sanktionierbaren Handlungspflichten der Arbeitnehmer in Bezug auf Eingliederungsmaßnahmen konkret umschrieben hat und daher eine Erweiterung des § 2 Abs. 5 SGB III auf die stufenweise Wiedereingliederung über den Wortlaut hinaus ersichtlich contra legem wäre.

### 3. Rückgriff auf die aus dem Sozialversicherungsverhältnis folgenden ungeschriebenen Nebenpflichten

Auch wenn die §§ 60 ff. SGB I und § 2 SGB III nach der hier vertretenen Rechtsauffassung selbst nicht über den Wortlaut hinaus erweiternd i.S. einer den Leistungsberechtigten treffenden sozialrechtlichen Mitwirkungspflicht auslegbar sind, könnte dennoch eine entsprechende Teilnahme- bzw. Mitwirkungsverpflichtung in Bezug auf Maßnahmen zur stufenweisen Wiedereingliederung aus allgemeinen Rechtsgrundsätzen folgen. Denn insoweit ist anerkannt, dass zwischen dem Leistungsberechtigten und dem Rehabilitationsträger als Sozialversicherungsträger ein öffentlich-rechtliches Rechtsverhältnis, das sog. Sozialversicherungsverhältnis, besteht, aus dem vor dem Hintergrund des allgemeinen Treu- und Glaubengrundsatzes (§ 242 BGB) auch ungeschriebene Nebenpflichten resultieren. Gegenstand dieser Nebenpflichten sind vornehmlich Schutzpflichten, d.h. die Verpflichtung, alle Handlungen vorzunehmen bzw. zu unterlassen, die zur Verwirklichung des Sozialversicherungsverhältnisses notwendig sind, insbesondere alles nach den Kräften mögliche und zumutbare zu unternehmen, um sich gegenseitig vor vermeidbaren, das Versicherungsverhältnis betreffenden Schäden zu bewahren.[445] Berücksichtigt man, dass der Leistungsberechtigte durch eine stufenweise Wiedereingliederung i.d.R. früher wieder dem Erwerbsleben zur Verfügung steht und so die Sozialversicherungssysteme finanziell entlastet werden, könnte man in der Nichtmitwirkung an einer Maßnahme zur stufenweisen Wiedereingliederung eine Schutzpflichtverletzung sehen, die im Umkehrschluss zur Annahme einer entsprechenden Mitwirkungsverpflichtung veranlassen könnte. Fraglich ist jedoch, ob eine so weitgehende Annahme tragfähig ist, zumal der letztendliche Erfolg einer stufenweisen Wiedereingliederung angesichts der Vielzahl der für den Erfolg notwendigen Faktoren selbst bei

---

[445] So bereits BSG, Urt. v. 23.03.1972 (Az.: 5 RJ 63/70), BSGE 34, 124, 127; vgl. auch BSG, Urt. v. 16.12.1980 (Az.: 3 RK 40/79), BSGE 51, 82, 84; Seewald, in KassKomm, vor §§ 60 - 67 SGB I, Rdnr. 10; Mrozynski, RehaR Rdnr. 83.

entsprechender Mitwirkungsbereitschaft des Betroffenen nicht von vornherein garantiert ist.

## a) Argumente für die Annahme einer Mitwirkungspflicht

Für die Annahme einer aus dem Sozialversicherungsverhältnis folgenden Teilnahmepflicht des Betroffenen im Rahmen einer stufenweisen Wiedereingliederung spricht zunächst grundlegend das in §§ 1 S. 2, 2 Abs. 1 S. 1, 2. HS SGB V zum Ausdruck kommende Prinzip der Eigenverantwortung, wonach die Versicherten u.a. „durch aktive Mitwirkung an Krankenbehandlung und Rehabilitation dazu beitragen [sollen], den Eintritt von Krankheit und Behinderung zu vermeiden oder ihre Folgen zu überwinden". Statuiert wird dadurch eine - neben derjenigen der Versichertengemeinschaft stehende - Mitverantwortlichkeit des Versicherten für seine Gesundheit (vgl. § 1 S. 2, 1. HS SGB V). Mitverantwortlichkeit i.d.S. bedeutet dabei, dass der Versicherte für die Erhaltung und Wiederherstellung seiner Gesundheit so weit verantwortlich ist, wie er selbst darauf Einfluss nehmen kann. D.h. vom Versicherten wird erwartet, dass er seine individuelle Persönlichkeit nutzt, um positiv auf seinen Gesundheitszustand einzuwirken und um dadurch Belastungen der Versichertengemeinschaft zu vermeiden oder zumindest zu vermindern.[446] Hinzu kommt in der Tat der insbesondere in § 2 Abs. 4, 5 SGB III sowie überdies in §§ 119 f. SGB III zum Ausdruck kommende gesetzgeberische Wille, zunehmend verstärkt die Eigenverantwortlichkeit der Versicherten durch Erweiterung der Mitwirkungspflichten in den Vordergrund zu stellen.

## b) Argumente gegen die Annahme einer Mitwirkungspflicht

Andererseits hat der Gesetzgeber die Fälle, in denen er die Eigenverantwortlichkeit des Betroffenen verstärkt in den Vordergrund stellen möchte, bislang nach Art und Umfang weitgehend explizit und ausführlich gesetzlich umschrieben bzw. kodifiziert. Hinzu kommt, dass aus dem in §§ 1 S. 2, 2 Abs. 1 S. 1, 2. HS SGB V normierten Prinzip der Eigenverantwortung ohne konkretisierende Regelung, wie etwa §§ 60 ff. SGB I oder § 52 SGB V, unmittelbar keine entsprechend erzwingbare Pflicht hergeleitet werden kann[447], selbst wenn man in dieser Vorschrift mehr als eine programmatische gesetzgeberische Erklärung, weil die allgemeine Grundlage für verschiedene im SGB V enthaltene Restriktionen,

---

[446] Vgl. Gesetzesentwurf der Bundesregierung zum GRG vom 29.04.1988, BR-Drs. 200/88, Seite 157; BSG, Urt. v. 15.10.1968 (Az.: 3 RK 66/67), BSGE 28, 253, 254 f.; BSG, Urt. v. 14.07.1977 (Az.: 3 RK 60/75), SozR 2200, § 185 RVO Nr. 1, S. 3 f; Peters, in KassKomm, § 1 SGB V Rdnr. 4.

[447] So Noftz, in Hauck/Noftz, Komm. zum SGB V, § 1 Rdnr. 7; vgl. auch Zipperer, in GKV-Komm., § 1 SGB V Rdnrn. 7 f.; Brocke, SGb 1990, 437, 438.

sieht. Denn gegen eine solche Annahme spricht bereits der in § 31 SGB I normierte Gesetzesvorbehalt, der festschreibt, dass „Rechte und Pflichten in den Sozialleistungsgesetzen ... nur begründet ... werden [dürfen], soweit ein Gesetz es vorschreibt oder zulässt". Dieser Grundsatz bedeutet zugleich, dass im Falle einer ausdrücklichen Normierung von Mitwirkungspflichten in einem bestimmten Bereich nur dann darüber hinausgehende (ungeschriebene) Pflichten statuiert werden dürfen, wenn dies dem Willen des Gesetzgebers entspricht, weil die gesetzliche Normierung erkennbar nicht abschließend sein sollte. In §§ 60 ff. SGB I kommt jedoch gerade der Wille des Gesetzgebers zu einer auf die gesetzlich normierten Fälle begrenzten Mitwirkungspflicht des Leistungsberechtigten im Zusammenhang mit Leistungen der medizinischen Rehabilitation sowie zur Teilhabe am Arbeitsleben zum Ausdruck. Hinzu kommt, dass nach der Rechtsprechung des BSG keine umfassende Pflicht des Leistungsberechtigten zu Wohlverhalten existiert, sondern im Rahmen des Risikoverteilungs- und Schadensausgleichssystems der Sozialversicherung nur mit „durchschnittlicher Rücksicht" auf die anderen zu rechnen ist, was zwangsläufig ein „gewisses Maß an Fehlverhalten" einschließt.[448] Hierdurch wird deutlich, dass - ungeachtet der hinzukommenden weiteren Erfolgsunsicherheiten im Rahmen einer stufenweisen Wiedereingliederung - in der Nichtteilnahme des Betroffenen an einer Maßnahme zur stufenweisen Wiedereingliederung zwangsläufig keine Schutzpflicht- und damit Nebenpflichtverletzung aus dem Sozialversicherungsverhältnis liegt. Demzufolge kann bis zu einer ausdrücklichen gesetzlichen Normierung einer Teilnahmepflicht auch keine dahingehende sozialrechtliche Pflicht durch Rückgriff auf allgemeine sozialrechtliche Grundsätze angenommen werden. Hiervon gehen erkennbar auch die AU-RL i.d.F. vom 01.12.2003 aus, indem diese in Ziff. 8 der Anlage festschreiben, dass „Voraussetzung für die stufenweise Wiedereingliederung ... die Einverständniserklärung des Versicherten ..." ist.[449]

## II. Mitwirkungspflicht unter arbeitsrechtlichen Aspekten

Zu prüfen bleibt, ob sich das in sozialrechtlicher Hinsicht erzielte Auslegungsergebnis gleichermaßen auf den arbeitsrechtlichen Bereich übertragen lässt, so dass der in einem Arbeitsverhältnis stehende Leistungsberechtigte im Falle der Verweigerung einer Teilnahme keinerlei arbeitsrechtliche Sanktionen zu befürchten hat.

---

[448] Zit. nach Wulfhorst, VSSR 1982, 1, 10; i.d.S. auch BSG, Urt. v. 03.12.1980 (Az.: 4 RJ 113/79), NJW 1981, 2718, 2719; BSG, Urt. v. 16.12.1980 (Az.: 3 RK 40/79), BSGE 51, 82, 84 f.

[449] Abgedr. im BAnz. 2004, Nr. 61, Seiten 6501 ff.; zuletzt geänd. durch Beschl. v. 19.09. 2006 (vgl. BAnz. 2006, Nr. 241, Seite 7356).

## 1.  Kontext zu § 84 Abs. 2

Da sich - wie bereits ausgeführt -[450] die stufenweise Wiedereingliederung als mögliches Ergebnis des BEM darstellt, folgt möglicherweise aus dem Kontext zu § 84 Abs. 2 - zumindest für die Gruppe der in einem Arbeitsverhältnis stehenden Leistungsberechtigten - eine Teilnahmeverpflichtung in Bezug auf die Maßnahme zur stufenweisen Wiedereingliederung. Zwar ist die Vorschrift mit ihrer Stellung im SGB IX streng genommen im Sozialrecht „verortet". Sie stellt aber i.E. eine eher arbeitsrechtliche Norm dar, weil sie dem Arbeitgeber im bestehenden Arbeitsverhältnis unmittelbar Handlungspflichten auferlegt.[451] Demzufolge wird die Vorschrift bezogen auf die Frage der Mitwirkungsverpflichtung im arbeitsrechtlichen Sachzusammenhang erörtert.

Der Gesetzgeber hat dadurch, dass er in § 84 Abs. 2 S.1 das BEM von der Zustimmung und Beteiligung der betroffenen Person abhängig gemacht hat, erklärtermaßen das Prinzip der Freiwilligkeit auf Seiten des Leistungsberechtigten in den Vordergrund gestellt. Dies wird durch die Gesetzesbegründung zu § 84 Abs. 2 entsprechend gestützt. Denn dort führt der Gesetzgeber explizit aus: „Die Regelung verschafft der Gesundheitsprävention am Arbeitsplatz dadurch einen stärkeren Stellenwert, dass die Akteure unter Mitwirkung des Betroffenen zur Klärung der zu treffenden Maßnahmen verpflichtet werden."[452] In Bezug auf den betroffenen Leistungsberechtigten soll also - anders als für die anderen Akteure - nach dem Willen des Gesetzgebers gerade keine Mitwirkungspflicht statuiert werden. Vor diesem Hintergrund geht die überwiegende sozialrechtliche Literatur davon aus, dass arbeitsunfähige Leistungsberechtigte keine Mitwirkung am gesetzlich vorgesehenen Verfahren nach § 84 Abs. 2 schulden.[453] Selbst wenn man dem - was ersichtlich bislang vornehmlich für den arbeitsrechtlichen Aspekt vertreten wird - nicht folgt und zumindest für die Teilnahme an einem Präventions- bzw. Eingliederungsge-

---

[450]  Vgl. Ausführungen unter Teil 2, 1. Kapitel, § 2, D, II, 5.

[451]  Vgl. hierzu bereits ausführlich unter Teil 2, 1. Kapitel, § 2, D, II, 2, 4.

[452]  Vgl. BT-Drs. 15/1783, Seite 16.

[453]  Vgl. Müller-Wenner, in Müller-Wenner/Schorn, Komm. zum SGB IX, § 84 Rdnr. 15; Kossens, in Kossens/von der Heide/Maß, Komm. zum SGB IX, § 84 Rdnr. 20; Schröder, in Hauck/Noftz, Komm. zum SGB IX, § 84 Rdnr. 10; Trenk-Hinterberger, in Lachwitz/Schellhorn/Welti, HK-SGB IX, § 84 Rdnr. 53; Neumann, in Neumann/Pahlen/Ma-jerski-Pahlen, Komm. zum SGB IX, § 84 Rdnr. 9; Gagel, NZA 2004, 1359, 1361; Braun, ZTR 2005, 630, 631; Steinau-Steinrück/Hagemeister, NJW-Spezial 2005, 129; Britschgi, AiB 2005, 284 f.; Namendorf/Natzel, DB 2005, 1794, 1795; Kciuk, DÖD 2005, 151; Balders/Lepping, NZA 2005, 854, 855; Klaesberg, PersR 2005, 427, 429; Düwell, FS für Küttner, 139, 148 f.

spräch eine grundsätzliche Mitwirkungspflicht des Betroffenen annimmt[454], vermag diese Mitwirkungspflicht jedenfalls in zeitlicher Hinsicht nicht so weit gehen, dass diese über den Abschluss des in § 84 Abs. 2 geregelten Klärungsverfahrens hinaus - und damit für die stufenweise Wiedereingliederung - statuiert werden kann. Dies würde in jedem Fall weit über den Gesetzeswortlaut hinausgehen. Demzufolge bedarf es keiner Auseinandersetzung mit den zu einer Mitwirkungspflicht in Bezug auf das BEM als vorgelagertes Klärungsverfahren vertretenen Rechtsansichten. Vielmehr muss davon ausgegangen werden, dass aus § 84 Abs. 2 jedenfalls für eine Teilnahme an der nachgelagerten stufenweisen Wiedereingliederung keine Mitwirkungsverpflichtung des betroffenen Leistungsberechtigten abgeleitet werden kann.[455]

## 2. Mitwirkungspflicht unter dem Aspekt der arbeitsrechtlichen Treuepflicht

Auch wenn sich die Frage nach der Durchführung einer stufenweisen Wiedereingliederung während einer Arbeitsunfähigkeit des in einem Arbeitsverhältnis stehenden Leistungsberechtigten und damit während eines Ruhens der Arbeitspflicht als arbeitsvertragliche Hauptleistungspflicht stellt, bedeutet dies nicht, dass den Arbeitnehmer in dieser Zeit keine arbeitsvertraglichen Nebenpflichten treffen. Vielmehr schuldet der Arbeitnehmer in einer solchen Phase des Arbeitsverhältnisses unter dem Gesichtspunkt der sog. Treuepflicht gleichfalls ein „Bündel" von Nebenpflichten.[456] Das BAG hat den Begriff der Treuepflicht lange Zeit dahingehend konkretisiert, dass es darunter die Pflicht verstand, alles zu unterlassen, was dem Arbeitgeber oder dem Betrieb abträglich ist.[457] Zuletzt[458] hat es dann unter Bezugnahme auf seine ständige Rechtsprechung und unter Verweis auf die seit der Schuldrechtsmodernisierung in § 241 Abs. 2 BGB enthaltene ausdrückliche Normierung ausgeführt, dass darunter die „aus einem Schuldverhältnis erwachsende Verhaltenspflicht zur Rücksichtnahme auf die Rechte, Rechtsgüter und Interessen des anderen Teils" zu verstehen ist. Damit entspricht die vom

---

[454] So mit ausführlicher Begründung insbesondere Wetzling/Habel, NZA 2007, 1129 ff.; für eine Teilnahmeverpflichtung auch in sozialrechtlicher Hinsicht offenbar Franke, AuA 2006, 452, 454.

[455] I.d.S. auch Gagel, NZA 2004, 1359, 1361: „*§ 84 II SGB IX legt dem Arbeitnehmer keine zusätzlichen Pflichten auf. Die Verweigerung betrieblicher Eingliederungsangebote kann sich auch über §§ 60 ff. SGB I auf Sozialleistungsansprüche auswirken.*"

[456] Vgl. BAG, Beschl. v. 22.08.1974 (Az.: 2 ABR 17/74) AP Nr. 1 zu § 103 BetrVG 1972, Bl. 218; vgl. auch BGH, Urt. v. 23.02.1989 (Az.: IX ZR 236/86), AP Nr. 9 zu § 611 BGB Treuepflicht, Bl. 423 f.

[457] Vgl. BAG, Urt. v. 16.08.1990 (Az.: 2 AZR 113/90), AP Nr. 10 zu § 611 BGB Treuepflicht; so auch schon BAG, Urt. v. 17.10.1969 (Az.: 3 AZR 442/68), AP Nr. 7 zu § 611 BGB Treuepflicht.

[458] Vgl. BAG, Urt. v. 20.09.2006 (Az.: 10 AZR 439/05), DB 2007, 346, 347.

BAG vorgenommene Konkretisierung der vom herrschenden Schrifttum verwendeten Definition. Denn nach letzterer beinhaltet die Treuepflicht die Pflicht des Arbeitnehmers, auf die Vertragsbelange seines Arbeitgebers im möglichen und zumutbaren Umfang Rücksicht zu nehmen und diesem keinen Schaden zuzufügen.[459] Demgemäß muss sich ein arbeitsunfähig erkrankter Arbeitnehmer nach einhelliger Ansicht so verhalten, dass er bald wieder gesund wird und an seinen Arbeitsplatz zurückkehren kann, so dass er alles zu unterlassen hat, was seine Genesung möglicherweise verzögert.[460] Hieraus könnte man zugleich die weitergehende Pflicht ableiten, dass ein arbeitsunfähig erkrankter Arbeitnehmer aktiv an seiner Genesung mitwirken muss, zumindest dann, wenn während der Arbeitsunfähigkeit eine Verdienstsicherung besteht[461] bzw. seitens des Arbeitgebers bis zum letzten Tag der Arbeitsunfähigkeit des Arbeitnehmers Entgeltfortzahlung zu leisten ist.[462] Denn dann könnte sich u.a. aus der Pflicht zur Entgeltfortzahlung die Verpflichtung des Arbeitnehmers ergeben, auf die Arbeitgeberinteressen Rücksicht zu nehmen. Die Verpflichtung zur Mitwirkung an einer Maßnahme zur stufenweisen Wiedereingliederung geht dabei ersichtlich über eine bloße Unterlassenspflicht hinaus, so dass es vorliegend auch entscheidend darauf ankommt, ob aus der „Pflicht zur Treue gegenüber dem Arbeitgeber" neben der anerkannten Genesungsförderungs- i.S. einer Unterlassungspflicht eine darüber hinausgehende Handlungspflicht abgeleitet werden kann. Beim Auffinden einer sachdienlichen Lösung ist dabei zunächst grundlegend zu berücksichtigen, dass Mitwirkungspflichten arbeitsunfähig erkrankter Arbeitnehmer nur in einem sehr eng begrenzten Umfang angenommen werden können, damit der Genesungsprozess nicht gefährdet bzw. verzögert wird. Demgegenüber steht das Interesse des Arbeitgebers, Schäden und Störungen, die durch häufige oder längere Fehlzeiten nahezu zwangsläufig eintreten, vom Betrieb abzuhalten oder zumindest zu reduzieren. Insbesondere wenn sich die Fehlzeiten auf einen längeren Zeitraum erstrecken, ist es dem Betrieb dauerhaft nicht zuzumuten, die Ungewissheit und Unplanbarkeit des kranken Mitarbeiters hinzunehmen. Auch ist der Arbeitgeber in derartigen Situationen aus seiner Fürsorgepflicht heraus - nicht nur dem erkrankten Mitarbeiter gegenüber, sondern auch dessen Kollegen gegenüber - gehalten, zügig mögliche betriebs- bzw. arbeitsbedingte Ursachen der Erkrankung aufzuklären. Diesem berechtigten Interesse des Arbeitgebers wird man allerdings bereits gerecht, wenn man - im möglichen und zumutbaren

---

[459] Vgl. Oetker, in ErfK, § 1 KSchG Rdnr. 69 sowie Preis, in ErfK, § 611 BGB Rdnr. 744.
[460] So zuletzt BAG, Urt. v. 02.03.2006 (Az.: 2 AZR 53/05), NZA-RR 2006, 636, 638; vgl. auch Wetzling/Habel, NZA 2007, 1129, 1131.
[461] I.d.S. Gagel, NZA 2001, 988, 992; vgl. auch Wetzling/Habel, NZA 2007, 1129, 1132.
[462] Dies wird bislang beispielsweise kraft manteltarifvertraglicher Sonderregelungen bei zu Tochterunternehmen beurlaubten Beamten eines aus der Deutschen Bundespost hervorgegangenen Unternehmens so gehandhabt.

Umfang -[463] eine Pflicht des Arbeitnehmers zur Teilnahme an einem sog. Präventions- bzw. Eingliederungsgespräch - auch noch während bestehender Arbeitsunfähigkeit - bejaht.[464] Genauso einleuchtend erscheint es überdies, aus der Treuepflicht grundsätzlich eine Pflicht arbeitsunfähig erkrankter Arbeitnehmer zur Hinzuziehung eines Arztes bzw. zur Teilnahme an erforderlichen Maßnahmen zum Zwecke der Diagnose und Heilbehandlungen anzunehmen. Denn ein solches Verhalten kann als grob pflichtwidriges Verhalten im Umgang mit ihrer Gesundheit gewertet werden.[465] Eine darüber hinausgehende, allein aus der Treuepflicht resultierende Mitwirkungsverpflichtung zur Teilnahme an einer stufenweisen Wiedereingliederung erscheint jedoch als zu weitgehend. Denn bei einer solchen Maßnahme handelt es sich - entsprechend der bewussten gesetzgeberischen Entscheidung - gerade nicht um eine Maßnahme, die vom Arbeitgeber erzwungen werden können soll, sondern um eine solche, welche dem Arbeitnehmer eröffnet werden *kann*. Hinzu kommt, dass die Rehabilitationsbereitschaft des betroffenen Leistungsberechtigten grundlegende Voraussetzung für den Wiedereingliederungserfolg ist[466], der in Frage gestellt würde, wenn der Arbeitnehmer sich nicht freiwillig zu einer stufenweisen Wiedereingliederung bereit erklären, sondern hierzu verpflichtet werden könnte.

## 3. Mitwirkungspflicht aus dem Kontext zu § 3 EntgeltFG

Eine entsprechende Mitwirkungsverpflichtung des in einem Arbeitsverhältnis stehenden Leistungsberechtigten könnte jedoch aus den Wertentscheidungen des EntgeltFG abgeleitet werden. Denn nach § 3 Abs. 1 S. 1 EntgeltFG trifft den Arbeitgeber keine Entgeltfortzahlungspflicht, wenn der Arbeitnehmer seine Arbeitsunfähigkeit schuldhaft herbeigeführt oder auch nur verlängert hat. Die Annahme einer solchen Mitwirkungspflicht setzt allerdings grundlegend voraus, dass sich die Nichtteilnahme an einer gebotenen Maßnahme zur stufenweisen Wiedereingliederung überhaupt begrifflich als schuldhafte Verlängerung der Arbeitsunfähigkeit darstellt. Geht man mit dem BAG - gemeinhin anerkannt -[467] davon aus, dass ein Verschulden i.S. des § 3 EntgeltFG anzunehmen ist, wenn ein gröblicher Verstoß gegen das von einem verständigen Menschen im eigenen

---

[463] Nicht bei angeordneter Bettruhe, Immobilität, ansteckender Krankheit, Kontaktunfähigkeit aus psychologischen Gründen u.ä.

[464] So mit ausführlicher und überzeugender Begründung Wetzling/Habel, NZA 2007, 1129 ff.

[465] Zu diesem Erfordernis vgl. allgemein bereits LAG Düsseldorf, Urt. v. 22.04.1958 (Az.: 3 Sa 520/57), BB 1958, 776; vgl. auch Schäfer, NZA 1992, 529, 530.

[466] Vgl. hierzu bereits unter Teil 2, 2. Kapitel, § 3, A, I, 2.

[467] Vgl. zum Meinungsstand Dörner, in ErfK, § 3 EntgeltFG Rdnr. 23 m.w.N.

Interesse zu erwartenden Verhalten vorliegt[468], dessen Folgen auf den Arbeitgeber abzuwälzen unbillig wäre, dann lässt sich feststellen, dass der Begriff eng auszulegen ist. Den Arbeitnehmer muss ein leichtfertiges, unverständiges oder mutwilliges Verhalten angelastet werden können, um von einem solchen Verschulden sprechen zu können.[469] Vor diesem Hintergrund ist i.E. mit der bereits im Zusammenhang zur arbeitsvertraglichen Treuepflicht angebrachten Argumentation auch an dieser Stelle eine arbeitsrechtliche Teilnahmeverpflichtung des Leistungsberechtigten als zu weitgehend abzulehnen.

## 4. Arbeitsrechtliche „Ausstrahlung" der § 2 Abs. 4, 5 Nrn. 1, 3 f. SGB III

Angesichts der Tatsache, dass § 2 Abs. 4 S. 2, 5 Nrn. 1, 3 f. SGB III sachlich nicht die stufenweise Wiedereingliederung erfassen, lässt sich daraus nach Auffassung der Verfasserin auch keine Obliegenheit für das Arbeitsverhältnis ableiten.[470] Insbesondere steht nach dem gesetzgeberischen Willen hinter der Verpflichtung zur Anpassung der beruflichen Leistungsfähigkeit an die sich ändernden Anforderungen lediglich die Verantwortung für ein „lebenslanges Lernen". Gleiches gilt für die Generalklausel des § 2 Abs. 4 S. 1 SGB III. Da diese bereits in sozialrechtlicher Hinsicht lediglich den Charakter eines nicht erfüllbaren Appells gegenüber den Sozialleistungsträgern aufweist, kann im Wege eines „Erst-Recht-Schlusses" hieraus auch keine arbeitsrechtliche Pflicht gegenüber dem Arbeitgeber hergeleitet werden. Hierzu hätte es auch vor dem Hintergrund der in § 2 Abs. 5 SGB III enthaltenen konkreten Pflichten - welche die stufenweise Wiedereingliederung gerade nicht erfassen - sowie der Stellung der Vorschrift im Sozialrecht vielmehr einer eindeutigen Aussage des Gesetzgebers bedurft.[471]

## III. Schlussfolgerungen

Insgesamt lässt sich daher in Bezug auf den Leistungsberechtigten festhalten, dass er trotz der mittlerweile im Sozialrecht zunehmend betonten eigenverantwortlichen Mitwirkungspflicht der Betroffenen dem Grunde nach ohne das Befürchten von sozialrechtlichen Konsequenzen eine Maßnahme zur stufenweisen

---

[468] Vgl. u.a. BAG, Urt. v. 30.03.1988 (Az.: 5 AZR 42/87), AP Nr. 77 zu § 1 LohnFG.

[469] Vgl. nur BAG, Urt. v. 05.04.1962 (Az.: 2 AZR 182/61), AP Nr. 28 zu § 63 HGB; vgl. auch Schäfer, NZA 1992, 529, 532 f.

[470] A.A. zu § 2 Abs. 4 S. 2 SGB III (= § 2 Abs. 2 S. 2 i.d.F. bis 31.12.2001) Gagel, NZA 2001, 988, 992; vgl. aber auch ders., BB 2001, 358, 363: „§ 2 und 3 SGB III führt *nicht zu Obliegenheiten [der Arbeitnehmer], gegenüber dem Arbeitgeber auf Kündigungen zu verzichten oder veränderte Arbeitsbedingungen zur Vermeidung von Kündigungen zu akzeptieren.*"; a.A. allgemein zu § 2 Abs. 5 SGB III (= § 2 Abs. 3 i.d.F. bis 31.12.2001) Löwisch, NZA 1998, 729, 730.

[471] So allgemein auch Timme, in Hauck/Noftz, Komm. zum SGB III, § 2 Rdnr. 56.

Wiedereingliederung ablehnen kann. Dies gilt unabhängig davon, ob er in einem Arbeitsverhältnis steht oder nicht. In arbeitsrechtlicher Hinsicht, insbesondere unter dem Blickwinkel der allgemeinen arbeitsvertraglichen Treuepflicht, kann gleichfalls keine Mitwirkungspflicht hergeleitet werden. Dies ist angesichts dessen, dass der angestrebte therapeutische Effekt in den meisten Fällen ohnedies nur zu erwarten ist, wenn der Leistungsberechtigte sich in eigener Verantwortung für eine schrittweise Arbeitsaufnahme entscheidet und ihr zustimmt, auch sinnvoll. Im Falle einer ausreichenden Aufklärung und vertrauensvollen Zusammenarbeit aller Beteiligten wird sehr wahrscheinlich ohnehin eine entsprechende Bereitschaft des Leistungsberechtigten zur Teilnahme vorhanden sein, so dass es i.e. darauf ankommt, diesen - insbesondere durch hinreichende Informationen zum Ablauf sowie den Möglichkeiten bzw. Chancen einer stufenweisen Wiedereingliederung - von einer engagierten Mitwirkung zu überzeugen.

## C. Mitwirkungspflicht des Arbeitgebers

In Bezug auf den Arbeitgeber enthalten die Gesetzesmaterialien zu § 74 SGB V keinen ausdrücklichen Hinweis auf die Frage, ob dieser verpflichtet werden kann, dem Arbeitnehmer die Möglichkeit einer stufenweisen Wiedereingliederung zu eröffnen.[472] Auch im Zusammenhang mit dem Inkraftsetzen des § 28 hat der Gesetzgeber keine dahingehende Klarheit geschaffen. Nach der Darstellung der hierzu vom BAG sowie der im arbeits- und sozialrechtlichen Schrifttum vertretenen Rechtsauffassungen soll daher unter besonderer Berücksichtigung der bereits beschriebenen Verflechtungen des § 28 mit §§ 81, 84 sowie Art. 5 RL 2000/78[473] ausführlich der Frage nachgegangen werden, inwieweit den Arbeitgeber - im Gegensatz zum Leistungsberechtigten - eine dahingehende Mitwirkungs- bzw. Anbietungsverpflichtung trifft.

## I. Rechtsprechung des BAG

### 1. Urteil vom 29.01.1992 (5 AZR 37/91)[474]: Ausgangspunkt

Auf den Monat genau drei Jahre nach dem Inkraftsetzen der Vorschrift des § 74 SGB V hatte sich das BAG erstmals in seiner Entscheidung vom 29.01.1992 (Az.: 5 AZR 37/91) mit dem Rechtsinstitut der stufenweisen Wiedereingliederung zu befassen. Anlass hierfür war eine Streitigkeit zwischen einer Krankenkasse und einem Arbeitgeber auf Zahlung von Arbeitsvergütung aus dem Wie-

---

[472] Vgl. BT-Drs. 11/2237, Seiten 30, 192.
[473] Vgl. die Ausführungen unter Teil 2, 1. Kapitel, § 2, D.
[474] Vgl. AP Nr. 1 zu § 74 SGB V sowie NZA 1992, 643 f.

dereingliederungsverhältnis.[475] In dieser Entscheidung führte das BAG aus, dass der Arbeitgeber grundsätzlich nicht verpflichtet sei, eine Tätigkeit des Arbeitnehmers im Wiedereingliederungsverfahren als teilweise Arbeitsleistung entgegenzunehmen. Als Argument hierfür verwies es auf die Begründung zum Regierungsentwurf[476] und den Wortlaut der Vorschrift des § 74 SGB V, wonach der Arbeitnehmer während des Wiedereingliederungsverfahrens weiterhin arbeitsunfähig bleibe. Offen ließ das BAG dabei mangels Entscheidungsrelevanz ausdrücklich, ob sich eine dahingehende Arbeitgeberverpflichtung nicht möglicherweise für besonders schutzbedürftige Arbeitnehmer, wie z.b. Schwerbehinderte, aus Gründen der Fürsorgepflicht ableiten lasse.

2. **Beschluss vom 27.05.1997 (9 AZR 325/96)[477]: Entscheidung mit Tendenzcharakter (?)**

In der Rechtssache 9 AZR 325/96 hätte der 9. Senat des BAG grundsätzlich Gelegenheit gehabt, explizit zu der Frage der dahingehenden Mitwirkungsverpflichtung des Arbeitgebers Stellung zu nehmen. Streitgegenstand war die von einer Bankkauffrau begehrte stufenweise Wiedereingliederung, welche von der beschäftigenden Bank abgelehnt worden war. Die Vorinstanzen[478] hatten unter Hinweis auf die fortbestehende Arbeitsunfähigkeit eines Arbeitnehmers während einer Maßnahme zur stufenweisen Wiedereingliederung und der Tatsache, dass es sich um eine therapeutische, außerhalb des Arbeitsverhältnis stehende Maßnahme handelt, die Klage abgewiesen. In seinem § 91 a ZPO- Beschluss vom 27.05.1997 schloss sich das BAG dabei nicht unreflektiert den Vorinstanzen an, sondern führte unter Hinweis auf die bislang fehlende höchstrichterliche Klärung der Frage aus, dass im konkreten Fall jedenfalls bei summarischer Prüfung die Annahme einer derartigen Arbeitgeberverpflichtung nicht ausgeschlossen werden könne.[479]

---

[475] Aus übergegangenem Recht nach § 115 SGB X.

[476] Vgl. BT-Drs. 11/2237, Seite 192 zu § 82.

[477] Leitsatz und Gründe eingestellt in der juris-Datenbank.

[478] Vgl. ArbG Wesel, Urt. v. 02.11.1995 (Az.: 4 Ca 1888/95), n.v.; LAG Düsseldorf, Urt. v. 01.03.1996 (Az.: 9 Sa 1482/95), Leitsatz veröff. in der juris-Datenbank, Leitsatz und Gründe: Bibliothek BAG.

[479] I.d.S. auch Dalichau/Grüner, GStrG, § 74 SGB V, Bl. 8 sowie Grüner, in Wiegand, Komm. zum SGB IX, § 28 Rdnrn. 5, 10.

**3. Urteil vom 28.07.1999 (4 AZR 192/98)[480]: Entscheidung mit „deklaratorischem" Charakter**

In seiner Entscheidung vom 28.07.1999 (Az.: 4 AZR 192/98), deren Streitgegenstand ein Anspruch auf Fahrtkostenersatz im Rahmen einer stufenweisen Wiedereingliederung war, bestätigte der 4. Senat des BAG die dahingehend in der Grundsatzentscheidung des 5. Senats vom 29.01.1992 enthaltenen Aussagen, ohne hierüber auch nur ansatzweise hinauszugehen.

**4. Urteil vom 13.06.2006 (9 AZR 229/05)[481]: bedeutsame Grundsatzentscheidung für schwerbehinderte Arbeitnehmer**

Erst nahezu weitere sieben Jahre später, konkret in dem Urteil vom 13.06.2006 (Az.: 9 AZR 229/05), erhielt der u.a. für Urteils- und Beschlussverfahren zur Teilhabe am Arbeitsleben nach dem SGB IX zuständige 9. Senat des BAG Gelegenheit, sich zu der Frage der Mitwirkungsverpflichtung des Arbeitgebers im Zusammenhang mit einer Maßnahme zur stufenweisen Wiedereingliederung nach § 28, § 74 SGB V zu positionieren. Diesem Rechtsstreit lag die begehrte stufenweise Wiedereingliederung eines schwerbehinderten (GdB von 80) Chefkellners (sog. „Chef de Rang") zugrunde, welcher aufgrund diverser Leiden auf vor allem orthopädischem Gebiet zunächst an drei Tagen/Woche drei Stunden täglich, dann an vier Tagen/Woche drei Stunden täglich und schließlich an fünf Tagen/Woche drei Stunden täglich einsetzbar war. Die beklagte Arbeitgeberin lehnte die Mitwirkung an der Wiedereingliederungsmaßnahme ab. Erstinstanzlich obsiegte der Arbeitnehmer mit seinem Begehren auf Beschäftigung entsprechend dem vom behandelnden Arzt aufgestellten Wiedereingliederungsplan.[482] Auf die Berufung der Arbeitgeberin wurde das erstinstanzliche Urteil jedoch aufgehoben und die Klage abgewiesen. Auch wenn das BAG i.E. die Revision des Klägers gegen das Urteil des LAG Rheinland-Pfalz vom 04.03.2005 (Az.: 12 Sa 566/04)[483] wegen Nichtvorlage eines hinreichenden Wiedereingliederungsplans durch den darlegungspflichtigen Arbeitnehmer zurückgewiesen hat, so stellt es zur Mitwirkungsverpflichtung des Arbeitgebers an einer Maßnahme zur stufenweisen Wiedereingliederung dennoch klar, dass „der schwerbehinderte Arbeitnehmer nach § 81 Abs. 4 S. 1 SGB IX eine anderweitige Tätigkeit auch im Rahmen einer Wiedereingliederung verlangen" kann, der Arbeitgeber daher für den Fall des Vorhandenseins einer „sinnvoll in betrieblicher Organisation einsetzbare[n] Fähigkeit" verpflichtet ist, „nach § 81 Abs. 4 S. 1 ihm zu ermöglichen, im Rahmen der stufenweisen

---

[480] Vgl. AP Nr. 3 zu § 74 SGB V.
[481] Abgedr. in NZA 2007, 91 ff.
[482] Vgl. ArbG Koblenz, Urt. v. 17.04.2004 (Az.: 7 Ca 323/05), n.v.
[483] Vgl. NZA-RR 2005, 568 ff. mit krit. Anm. Kohte, in jurisPR-ArbR 21/2006, Anm. 4.

Wiedereingliederung berufsnahe Tätigkeiten zu verrichten".[484] Zur Begründung verweist das BAG dabei zum einen auf das weite Verständnis des Begriffs der „Beschäftigung" i.S. des § 81 Abs. 4 und auf die seit Inkrafttreten des SGB IX veränderte Rechtslage. Es werde - so sinngemäß das BAG - durch die auf alle Träger ausgedehnte Verpflichtung zur Unterstützung der stufenweisen Wiedereingliederung nach § 28 und die in diesem Zusammenhang in § 84 geregelten Präventionspflichten deutlich, dass die Annahme einer Mitwirkungspflicht des Arbeitgebers zwingend erforderlich ist, um das durch das SGB IX verfolgte Ziel - der Ausgrenzung der behinderten Menschen aus dem Arbeitsleben entgegenzuwirken und deren Teilhabe am Arbeitsleben zu stärken - zu erreichen. Zugleich betont das BAG, dass durch den in § 81 Abs. 4 S. 1 geregelten Beschäftigungsanspruch sowie der im SGB IX enthaltenen generellen Verpflichtung zur Förderung der Teilhabe am Arbeitsleben deutlich werde, dass „die Rechte des Schwerbehinderten ... über die Rechte nichtbehinderter Arbeitnehmer bei der stufenweisen Wiedereingliederung" hinausgehen.

## II. Auffassungen in der arbeits- und sozialrechtlichen Literatur

### 1. Generell keine Mitwirkungsverpflichtung des Arbeitgebers

Die überwiegende arbeits- und sozialrechtliche Literatur verneinte auch nach Inkraftsetzen des SGB IX generell eine Mitwirkungsverpflichtung des Arbeitgebers.[485] Vielfach fand sich dabei entweder gar keine Begründung dieser Rechtsauffassung oder es wurde lediglich auf die - i.E. zu dieser Frage wenig aussagekräftige - Gesetzesbegründung bzw. auf die bereits zitierte Entscheidung des BAG vom 29.01.1992 (Az.: 5 AZR 37/91) verwiesen. Im Übrigen lehnten die Autoren eine entsprechende Mitwirkungsverpflichtung aufgrund der Tatsache der fortbestehenden Arbeitsunfähigkeit des Arbeitnehmers und der mangelnden Verpflichtung des Arbeitgebers zur Entgegennahme von Teilleistungen ab. Nur vereinzelt[486] wurde hierbei die Frage überdies unter dem Aspekt der arbeitsvertraglichen Fürsorgepflicht des Arbeitgebers betrachtet. Soweit ersichtlich, haben

---

[484] Ausdrücklich i.d.S. bereits auf der Basis des § 14 Abs. 3 Ziff. 1 SchwbG: LAG Hamm, Teilurteil vom 17.05.2001, Az.: 8 (6) Sa 30/01, Leitsatz 4, veröff. in der juris-Datenbank: *„Gegenüber dem schwerbehinderten Arbeitnehmer ist der Arbeitgeber auch zur Durchführung einer Wiedereingliederungsmaßnahme verpflichtet".*

[485] Vgl. v. Hoyningen-Huene, NZA 1992, 49, 50 f.; Compensis, NZA 1992, 631, 633; Wanner, DB 1992, 93, 95; Becker, Seiten 107 ff.; Hitzfeld, Seite 57; Morawe, AuA 1998, 273, 274; Schmidt, NZA 2007, 893, 894; Hencke in Peters, Hb KV, § 74 SGB V Rdnr. 2; Hess, in KassKomm, § 74 SGB V Rdnr. 3; Brackmann, HbSV, § 74 Ziff. 2 („Arbeitgeber"); Orlowski in GKV-Komm., § 74 SGB V Seite 4; Fuchs, in Bihr/Fuchs/Krauskopf/Ritz, Komm. zum SGB IX, § 28 Rdnr. 5; Mrozynski, Komm. zum SGB IX, § 28 Rdnr. 2.

[486] Vgl. Becker, Seiten 107 ff.

die Vertreter dieser Rechtsauffassung bis dato noch nicht die Gelegenheit genutzt, nach der Entscheidung des BAG vom 13.06.2006 (Az.: 9 AZR 229/05) von ihrer dahingehenden Rechtsauffassung Abstand zu nehmen. Vereinzelt wird jedoch trotz der benannten BAG-Entscheidung bis heute ausdrücklich die Rechtsansicht vertreten, dass generell keine Mitwirkungsverpflichtung des Arbeitgebers besteht.[487]

## 2. Differenzierte Betrachtungsweise

Vereinzelte Autoren der sozialrechtlichen Literatur[488] tendierten hingegen schon sehr frühzeitig zu einer differenzierten Rechtsauffassung. D.h. sie verneinten zwar ebenfalls im Grundsatz eine Rechtsverpflichtung des Arbeitgebers zur Mitwirkung, signalisierten jedoch die Existenz von Ausnahmesituationen, in denen aus der arbeitsvertraglichen Fürsorgeverpflichtung des Arbeitgebers heraus eine arbeitgeberseitige Mitwirkungspflicht denkbar sei. Als Ausnahmesituationen wurden dabei insbesondere allgemein das Vorliegen „berechtigter Gründe" des Arbeitnehmers oder - in Anlehnung an die Ausführungen des BAG in der Entscheidung vom 29.01.1992 (Az.: 5 AZR 37/91) - eine besondere Schutzbedürftigkeit des Betroffenen (langjährige Beschäftigung, Schwerbehinderung, Verursachung der gesundheitlichen Probleme durch den Betrieb wie Arbeitsunfall oder Mobbing) benannt.

## 3. Lediglich unter Zumutbarkeitsgesichtspunkten beschränkte Mitwirkungsverpflichtung des Arbeitgebers

Mit dem Inkrafttreten des SGB IX und insbesondere des § 28 mehrten sich schließlich die Stimmen im sozialrechtlichen Schrifttum, welche im Rahmen des Zumutbaren eine Mitwirkungsverpflichtung des Arbeitgebers an einer Maßnahme zur stufenweisen Wiedereingliederung bejahen.[489] Abgesehen von der kon-

---

[487] So Gerke, in Kossens/von der Heide/Maaß, Komm. zum SGB IX, § 28 Rdnr. 4; Auktor, in Kruse/Hänlein, Komm. zum SGB V, § 74 SGB V, Rdnr. 1 sowie Schlegel/Engelmann, jurisPraxisKommentar SGB V, § 74 Rdnr. 13.

[488] So insbesondere Dalichau/Schiwy, Komm. zur GKV, § 74 SGB V, Bl. 3; Fuchs/Kruse, JbSozR Gegenwart 20 (1998), 405, 409 f.; vgl. auch Klückmann, in Hauck/Noftz, Komm. zum SGB V, § 74 Rdnr. 12, allerdings i.E. offen lassend; vgl. auch Sichert, in Becker/Kingreen, Komm. zum SGB V, § 74 Rdnr. 18 sowie Dalichau, Komm. zum SGB V, § 74 Bl. 2 f.

[489] Grundlegend: Gagel, NZA 2001, 988, 989, 991 f.; ders., Forum B, Diskussionsbeitrag Nr. 1/2003, Seite 2; ders., jurisPR-ArbR 6/2007, Anm. 1; ders., Forum B, Diskussionsbeitrag Nr. 2/2010, Seite 5; Gagel/Schian/Dalitz/Schian, Forum B, Diskussionsbeitrag Nr. 6/2004, Seiten 2 ff.; dies, Forum B, Diskussionsbeitrag Nr. 9/2005, Seiten 4 ff.; Schimanski, in GK-SGB IX, § 28 Rdnr. 23; Gagel/Schian, BehindR 2006, 53, 55; Kohte, jurisPR-ArbR 21/2006, Anm. 4, C; Pick, Forum B, Diskussionsbeitrag Nr. 8/2007, Seite 5; offen las-

kreten Verpflichtungsgrundlage nimmt der überwiegende Teil der Vertreter dieser Rechtsansicht - anders als das BAG in der Entscheidung vom 13.06.2006 (Az.: 9 AZR 229/05) - hierbei keinerlei Differenzierung danach vor, ob es sich um behinderte, schwerbehinderte oder nicht behinderte Arbeitnehmer handelt.[490] Vielmehr geht die Mehrzahl der Autoren davon aus, dass die Mitwirkungsverpflichtung des Arbeitgebers - auch ohne explizite gesetzliche Konkretisierung - ihre Grundlage in der allgemeinen arbeitsvertraglichen Fürsorgepflicht findet, die insbesondere nach Inkrafttreten des - für alle Beschäftigten geltenden -[491] § 84 Abs. 2 i.d.F. ab 01.05.2004 noch entsprechende Verstärkung erfahren hat. Denn hierdurch werde - so diese Vertreter weiter - das neue „Verständnis der Arbeitsunfähigkeit als Zeit aktiver Interaktion und Intervention mit dem Ziel der Gesunderhaltung"[492] beschrieben. Hinzu komme der zu beachtende Kontext zu § 2 Abs. 2 S. 2 Nr. 2 SGB III, der den Arbeitgebern auferlegt, vorrangig durch betriebliche Maßnahmen dem Entstehen von Arbeitslosigkeit entgegenzuwirken, und der Umstand, dass Arbeitsentgelt seitens des Arbeitgebers während der stufenweisen Wiedereingliederung nicht geschuldet werde. Letztlich betonen diese Autoren, dass der Gesundheit des Arbeitnehmers im Arbeitsverhältnis als wichtiger Faktor der Persönlichkeitsentfaltung ein besonderer Stellenwert zukomme, weil diese die Arbeitsleistung wesentlich beeinflusse. Als konkrete - die allgemeine Fürsorgepflicht konkretisierende - Rechtsgrundlage der Verpflichtung des Arbeitgebers benennen die Vertreter dieser Rechtsauffassung für schwerbehinderte Arbeitnehmer dabei die Vorschrift des § 81 Abs. 4 S. 1 Nr. 1 und für (nicht schwerbehinderte) behinderte Arbeitnehmer der Privatwirtschaft[493] § 618 BGB. Letzterer müsse vor dem Hintergrund der Verpflichtungen des Art. 5 RL 2000/78/EG entsprechend gemeinschaftskonform ausgelegt werden und sei angesichts seines „offenen Tatbestandes"[494] auch einer gemeinschaftsrechtskonformen Auslegung zugänglich.

---

send: Majerski-Pahlen, in Neumann/Pahlen/Majerski-Pahlen, Komm. zum SGB IX, § 28 Rdnr. 5; zur Situation von Beamten: Gagel, Forum B, Diskussionsbeitrag Nr. 4/2007, Seiten 5 f.

[490] Differenzierend nach schwerbehinderten und behinderten Arbeitnehmern einerseits und nicht behinderten Arbeitnehmern andererseits: Nebe, DB 2008, 1801, 1804; dies., in Feldes/Kohte/Stevens-Bartol, Komm. zum SGB IX, § 28 Rdnrn. 15 f. sowie Kohte, in Kreikebohm/Spellbrink/Waltermann, Komm. zum SozR, § 28 Rdnr. 5; vgl. auch Rose/Gilber-ger, DB 2009, 1986, 1987 f.

[491] Vgl. hierzu mit den entsprechenden Nachweisen bereits unter Teil 2, 1. Kapitel, § 2, D, II, 3, c.

[492] Zit. nach Gagel/Schian, BehindR 2006, 53, 55.

[493] Für den Bereich des öffentlichen Dienstes wird auf die unmittelbare Geltung des Art. 5 RL 2000/78/EG verwiesen.

[494] Zit. nach Pick, Forum B, Diskussionsbeitrag Nr. 8/2007, Seite 5.

## III. Stellungnahme

Im Nachfolgenden soll überprüft werden, inwieweit eine der beschriebenen Rechtsauffassungen unter Berücksichtigung sowohl sozial- als auch arbeitsrechtlicher Aspekte den Vorzug verdient. Aufgrund der erneuten mangelnden Ergiebigkeit des Wortlauts und der Historie wird dabei das Augenmerk insbesondere auf systematische Gesichtspunkte gelegt.

### 1. Kreis der schwerbehinderten Arbeitnehmer

### a) Sozialrechtliche Aspekte

### aa) §§ 60 ff. SGB I

Anknüpfungspunkt für eine entsprechende Verpflichtung des Arbeitgebers könnten zunächst erneut die in §§ 60 ff. SGB I geregelten Mitwirkungspflichten sein. Anders als der Leistungsberechtigte kann der Arbeitgeber jedoch nicht zum von §§ 60 ff. SGB I verpflichteten Personenkreis gezählt werden, auch wenn nicht von vornherein eine Erweiterung des dort benannten Adressatenkreises auf nicht sozialleistungsberechtigte Dritte ausgeschlossen ist. Denn eine solche Ausdehnung kommt nach der Rechtsprechung des BSG - zumindest was die Untersuchungspflicht des § 62 SGB I betrifft - nur auf solche Personen in Betracht, von denen das „Ob" und der Umfang des Entstehens eines Sozialleistungsanspruchs im konkreten Fall abhängt.[495] Hinzu kommt, dass die §§ 60 ff. SGB I - wie bereits ausgeführt -[496] ohnedies keinerlei Mitwirkungsverpflichtungen sta-tuieren, unter welche die stufenweise Wiedereingliederung subsumiert werden könnte.

### bb) § 2 Abs. 2 S. 1, S. 2 Nr. 2 SGB III

Möglicherweise kann unmittelbar aus der Vorschrift des § 2 Abs. 2 SGB III eine entsprechende Mitwirkungsverpflichtung des Arbeitgebers abgeleitet werden. Nach § 2 Abs. 2 S. 1 SGB III haben Arbeitgeber bei ihren Entscheidungen verantwortungsvoll deren Auswirkungen auf die Beschäftigung der Arbeitnehmer und von Arbeitslosen und damit die Inanspruchnahme von Leistungen der Arbeitsförderung einzubeziehen. Vor diesem Hintergrund sollen sie nach § 2 Abs. 2 S. 2 Nr. 2 SGB III vorrangig durch betriebliche Maßnahmen die Inanspruch-

---

[495] Vgl. BSG, Urt. v. 04.07.1962 (Az.: 3 RK 26/59), BSGE 17, 186, 189; BSG, Urt. v. 18.05.1976 (Az.: 3 RK 11/75), BSGE 42, 20, 22.
[496] Vgl. Ausführungen unter Teil 2, 3. Kapitel, § 2, B, I, 1.

nahme von Leistungen der Arbeitsförderung sowie Entlassungen von Arbeitnehmern vermeiden.

### (1) Regelungsgehalt des § 2 Abs. 2 S. 2 Nr. 2 SGB III

Als Konkretisierung der verpflichtenden Generalklausel des § 2 Abs. 2 S. 1 SGB III ist die „Soll-Vorschrift" des § 2 Abs. 2 S. 2 Nr. 2 SGB III als „Verpflichtung für den Regelfall" auszulegen.[497] Der Begriff der „betrieblichen Maßnahmen" i.S. des Abs. 2 S. 2 Nr. 2 ist dabei nach dem natürlichen Sprachgebrauch ersichtlich sehr weit gefasst, so dass grundsätzlich auch eine stufenweise Wiedereingliederung davon umfasst sein könnte. Zu fragen ist jedoch, inwieweit der Normzweck der Vorschrift eine entsprechend restriktivere Auslegung der dort verwendeten Begrifflichkeiten bzw. statuierten Verpflichtungen erfordert. In der Gesetzesbegründung zum wortgleichen § 2 Abs. 1 S. 2 Nr. 2 SGB III i.d.F. bis 31.12.2001 wird zunächst deutlich, dass sich dieser - zumindest primär - auf betriebsbedingte Entlassungen bezieht: „So soll z.B. durch eine entsprechende Arbeitsorganisation und flexible Arbeitszeiten die Inanspruchnahme von Kurzarbeitergeld vermieden werden, wenn ein betrieblicher Ausgleich zwischen Kurzarbeit und Überstunden möglich ist. Sofern dieser Ausgleich nicht mehr möglich ist, sollen wiederum Entlassungen durch Inanspruchnahme von Kurzarbeitergeld vermieden werden."[498] Erklärte Zielsetzung ist dabei einerseits die „Vermeidung von Entlassungen" und andererseits die „Vermeidung der Inanspruchnahme von Leistungen der Arbeitsförderung" und damit eine möglichst weitgehende Entlastung der Solidargemeinschaft. Selbst wenn man die Vorschrift des § 2 Abs. 2 S. 2 Nr. 2 SGB III auch auf den Bereich der personen- und verhaltensbedingten Kündigungen erstreckt, bedarf es vor dem Hintergrund des durch Art. 14 GG verbürgten grundrechtlichen Schutzes des eingerichteten und ausgeübten Gewerbebetriebs einer sachlichen Begrenzung der aus § 2 Abs. 2 S. 2 Nr. 2 SGB III resultierenden Verpflichtungen. Dies gilt auch deshalb, weil durch die Verwendung des Begriffs „durch" hinreichend zum Ausdruck kommt, dass zwischen der unterlassenen betrieblichen Maßnahme und den in § 2 Abs. 2 S. 2 Nr. 2 SGB III benannten (zu vermeidenden) Folgen ein Unmittelbarkeitszusammenhang bestehen muss, so dass nur in diesem Rahmen entsprechende unmittelbare Handlungspflichten des Arbeitgebers aus § 2 Abs. 2 SGB III abgeleitet werden können. Angesprochen sind demzufolge nur betriebliche Maßnahmen, die sich als Alternative zu einer andernfalls zwingend im Raum stehenden Entlassung/Kündigung oder/und der Inanspruchnahme von Leistungen der Arbeitsförderung darstellen. Die betriebliche Maßnahme muss also i.d.R. ergriffen werden, um die einzige Alternative - Entlassung/Kündigung und/oder Inan-

---

[497] Vgl. hierzu Timme, in Hauck/Noftz, Komm. zum SGB III, § 2 Rdnr. 14; Preis, NZA 1998, 449, 453 f. sowie Gagel, BB 2001, 358 f.

[498] Vgl. BT-Drs. 13/4941, Seiten 152 f.; vgl. hierzu auch Timme, in Hauck/Noftz, Komm. zum SGB III, § 2 Rdnr. 17; Schaub, NZA 1997, 810.

spruchnahme von Leistungen der Arbeitsförderung - zu vermeiden. Ein derartiger Unmittelbarkeitszusammenhang ist bei den angesprochenen betriebsbedingten Kündigungen ohne weiteres denkbar. Im Zusammenhang mit einer Maßnahme zur stufenweisen Wiedereingliederung, welche im Bereich der personenbedingten Kündigungen an Relevanz gewinnen kann, gestaltet sich die Situation hingegen etwas anders: Unterbleibt eine solche betriebliche Maßnahme, resultiert hieraus i.d.R. lediglich eine spätere Rückführung in das Arbeitsverhältnis. Die Alternative hierzu ist also gerade nicht zwangsläufig eine Entlassung/Kündigung des Arbeitnehmers (aus personenbedingten Gründen). Hinzu kommt, dass man nur in den seltensten Fällen davon ausgehen kann, dass einzig und allein infolge der unterbliebenen Durchführung einer stufenweisen Wiedereingliederung aufgrund entsprechender Verweigerungshaltung des Arbeitgebers eine spätere Rückführung in das Erwerbsleben gänzlich ausgeschlossen ist, so dass in der Folge eine personenbedingte in Form einer krankheitsbedingten Beendigungskündigung des Arbeitnehmers und damit zugleich die Inanspruchnahme von ALG I im Raum steht. Nicht unberücksichtigt bleiben darf bei der Auslegung ferner, dass im Falle der Durchführung einer stufenweisen Wiedereingliederung unmittelbar gerade nicht die Inanspruchnahme von - auch im Rahmen dieser Maßnahme möglichen -[499] Leistungen der Arbeitsförderung i.S. des § 2 Abs. 2 S. 2 Nr. 2 SGB III i.V.m. § 3 (insbesondere Abs. 1 Nr. 7) SGB III vermieden wird. Zwar steht der Arbeitnehmer durch eine solche Maßnahme dem Arbeitsprozess regelmäßig früher wieder zur Verfügung, was ggf. - mittelbar - zur Verringerung der nach § 74 SGB V, §§ 28, 6 Abs. 1 Nr. 2, 33 ff., 44 ff. zu erbringenden möglichen Sozialleistungen führt. Entscheidend ist jedoch, dass Folge einer Maßnahme zur stufenweisen Wiedereingliederung das Entstehen und damit gerade nicht die Vermeidung von Ansprüchen gegenüber den zuständigen Rehabilitationsträgern (also nach § 6 Abs. 1 Nr. 2 auch gegenüber der BA) ist. Demgemäß ist davon auszugehen, dass die stufenweise Wiedereingliederung keine betriebliche Maßnahme i.S. des § 2 Abs. 2 S. 2 Nr. 2 SGB III darstellt, durch welche die Inanspruchnahme von Leistungen der Arbeitsförderung oder/und Entlassungen von Arbeitnehmern vermieden werden kann. Folglich resultiert aus § 2 Abs. 2 S. 2 Nr. 2 SGB III auch keine dahingehende Mitwirkungsverpflichtung des Arbeitgebers.

**(2)   Erweiterung des § 2 Abs. 2 S. 2 SGB III über die Regelbeispiele hinaus**
Dadurch, dass der Gesetzgeber in § 2 Abs. 2 S. 2 SGB III nur Regelbeispiele aufgeführt hat („insbesondere"), könnte er zugleich deutlich gemacht haben, dass den Arbeitgeber auch im Zusammenhang mit Entlassungen aus krankheitsbedingten Gründen Verhaltenspflichten treffen. Man kann den Arbeitgeber da-

---

[499] Vgl. hierzu ausführlich unter Teil 2, 7. Kapitel, § 1, B, VI.

durch als verpflichtet ansehen, vor Ausspruch einer krankheitsbedingten Kündigung an einer Maßnahme zur stufenweisen Wiedereingliederung mitzuwirken[500], um dadurch - auch nur mittelbare - aus der Entlassung resultierende Kosten für die Solidargemeinschaft zu vermeiden. Zu berücksichtigen ist allerdings, dass es sich bei den dem Arbeitgeber in § 2 Abs. 2 SGB III auferlegten Pflichten anerkanntermaßen - primär - um solche öffentlich-rechtlicher Art gegenüber den Sozialversicherungsträgern handelt, die sozialrechtlich - abgesehen von möglicherweise unterbleibenden arbeitsförderungsrechtlichen Ermessensleistungen - nicht sanktionierbar sind.[501] Auch wenn im Einzelnen streitig ist, inwieweit die Vorschrift darüber hinaus als arbeitsrechtliche Norm einzustufen ist[502], so ist doch unter den Befürwortern einer zugleich arbeitsrechtlichen Einstufung zunächst anerkannt, dass schon angesichts des arbeitsförderungsrechtlichen Kontextes der Vorschrift hieraus keine unmittelbar arbeitsvertraglich wirkenden Handlungspflichten abgeleitet werden können. Vielmehr sollen daraus allenfalls Obliegenheiten des Arbeitgebers resultieren, welche möglicherweise über die arbeitsvertragliche Fürsorgepflicht bzw. die Generalklauseln des Arbeitsvertragsrechts und des Kündigungsschutzrechts in das Arbeitsvertragsrecht einwirken.[503] Demzufolge folgt aus einer möglichen Erweiterung des § 2 Abs. 2 S. 2 SGB III über die benannten Regelbeispiele hinaus nicht allein und unmittelbar eine Mitwirkungsverpflichtung des Arbeitgebers, so dass es nicht auf eine Auseinandersetzung mit der dahingehenden inhaltlichen Reichweite der Vorschrift ankommt.

**(3)  Regelungsgehalt des § 2 Abs. 2 S. 1 SGB III**
Vor diesem Hintergrund erscheint es auch nicht möglich, allein aus der sehr allgemein gehaltenen Generalklausel des § 2 Abs. 2 S. 1 SGB III unmittelbar eine entsprechende Mitwirkungsverpflichtung des Arbeitgebers herzuleiten, gleichwohl auch hierdurch möglicherweise der Umfang der allgemeinen arbeitsrechtlichen Fürsorgepflicht des Arbeitgebers beeinflusst wird.[504]

---

[500]  Vgl. hierzu Bepler, in Gagel, Komm. zum SGB III, § 2 Rdnrn. 12 f.; ders., ArbuR 1999, 219, 222.
[501]  Vgl. Timme, in Hauck/Noftz, Komm. zum SGB III, § 2 Rdnr. 54.
[502]  Zum Meinungsstand vgl. Timme, in Hauck/Noftz, Komm. zum SGB III, § 2 Rdnrn. 45 ff. sowie ausführlich Preis, NZA 1998, 449, 451 ff.; ausdrücklich offen lassend: BAG, Urt. v. 12.11.1998 (Az.: 2 AZR 91/98), BAGE 90, 182, 193.
[503]  Vgl. Bepler, ArbuR 1999, 219, 221 sowie Gagel, BB 2001, 358.
[504]  Hierzu ausführlich unter Teil 2, 3. Kapitel, § 2, C, III, 1, a, bb.

### cc) Rückgriff auf die aus dem Sozialversicherungsverhältnis folgenden ungeschriebenen Nebenpflichten

Möglicherweise folgt eine entsprechende Mitwirkungspflicht des Arbeitgebers aus dem Sozialversicherungsverhältnis, an dem der Arbeitgeber anerkanntermaßen als Träger eigener Rechte und Pflichten unmittelbar beteiligt ist.[505] Zu berücksichtigen ist jedoch, dass der Arbeitgeber nur in sehr abgeschwächter Form - vorrangig mittels Melde-, Auskunfts- und Aufzeichnungspflichten - an diesem primär zwischen Versichertem und Sozialleistungsträger bestehenden Rechtsverhältnis beteiligt, er insbesondere nicht selbst Sozialleistungsberechtigter ist. Demzufolge muss mit der Annahme ungeschriebener sozialrechtlicher Mitwirkungsverpflichtungen restriktiv umgegangen werden. Solche sind vielmehr nur bei gesetzlich geregelten Sachverhalten anzunehmen, was bei der stufenweisen Wiedereingliederung gerade nicht der Fall ist. Dem Arbeitgeber stehen in diesem Zusammenhang keine Sozialleistungen zu, so dass er auch nicht durch eine ungeschriebene Nebenpflicht aus dem Sozialversicherungsverhältnis dazu angehalten werden kann, diese mittels stufenweiser Wiedereingliederung gering zu halten, um der ökonomischen Zielsetzung dieser Maßnahme[506] gerecht zu werden.

### b) Arbeitsrechtliche Aspekte

Eine Mitwirkungsverpflichtung des Arbeitgebers unter arbeitrechtlichen Aspekten könnte sich insbesondere aus §§ 84 Abs. 2 sowie 81 Abs. 4 S. 1 Nr. 1 ergeben. Beide Normen sind mit ihrer Stellung im SGB IX zwar streng genommen im Sozialrecht „verortet", stellen aber i.E. eher arbeitsrechtliche Normen dar, weil sie dem Arbeitgeber im bestehenden Arbeitsverhältnis unmittelbar Handlungspflichten auferlegen und § 81 Abs. 4 überdies noch Bestandteil des umfassenden Diskriminierungsverbotes nach § 81 Abs. 2 ist.[507]

### aa) § 84 Abs. 2

Da der Gesetzgeber in der Gesetzesbegründung zu § 84 Abs. 2 i.d.F. seit 01.05.2004 zu verstehen gegeben hat, dass für den Arbeitgeber in verfahrensrechtlicher Hinsicht eine Pflicht zur Durchführung des dort geregelten Klä-

---

[505] Vgl. BSG, Urt. v. 30.08.1955 (Az.: 7 Rar 40/55), BSGE 1, 115, 117; BSG, Urt. v. 29.04.1976 (Az.: 12/3 RK 66/75), BSGE 41, 297, 301; BSG, Urt. v. 07.06.1979 (Az.: 12 RK 13/78), BSGE 48, 195, 197; vgl. auch Becker, Seite 117 m.w.N.

[506] Vgl. hierzu unter Teil 2, 1. Kapitel, § 3, B.

[507] Vgl. hierzu bereits ausführlich unter Teil 2, 1. Kapitel, § 2, D.

rungsverfahrens besteht[508], folgt hieraus möglicherweise zugleich eine Pflicht zur Durchführung einer Maßnahme zur stufenweisen Wiedereingliederung, zumindest für sämtliche bei ihm beschäftigte Arbeitnehmer. Man könnte insoweit vertreten, dass der Arbeitgeber im Rahmen des BEM nicht nur das Instrument der stufenweisen Wiedereingliederung zu prüfen, sondern zugleich die betrieblichen Voraussetzungen dafür zu schaffen und alle zumutbaren Möglichkeiten zur Wiedereingliederung zu nutzen hat[509], was i.E. auf eine entsprechende Durchführungspflicht hinauslaufen würde. Ein solches Verständnis des § 84 Abs. 2 lässt aber nach Auffassung der Verfasserin die zeitliche Reichweite der Vorschrift außer Acht, die - wie bereits ausgeführt -[510] mit Abschluss des Klärungsverfahrens erreicht ist. Die Durchführung eines Klärungsverfahrens bedeutet dabei nämlich „lediglich" die Prüfung sämtlicher, für die Erreichung der in § 84 Abs. 2 benannten Ziele in Betracht kommender Möglichkeiten, umfasst damit aber eben nicht die Durchführung der durch das Klärungsverfahren spezifizierten möglichen Maßnahmen. Hinzu kommt, dass § 84 Abs. 2 auch unmittelbar keinerlei materielle Verpflichtungen, sondern ausschließlich eine Durchführungsverpflichtung regelt. Folglich kann aus § 84 Abs. 2 gleichfalls keine Mitwirkungsverpflichtung des Arbeitgebers hergeleitet werden.

**bb) § 81 Abs. 4 S. 1 Nr. 1**[511]

Das BAG hat nunmehr in seiner Entscheidung vom 13.06.2006 (Az.: 9 AZR 229/05)[512] unmissverständlich deutlich gemacht, dass bei schwerbehinderten Arbeitnehmern die Vorschrift des § 81 Abs. 4 S. 1 Nr. 1 als entscheidende Anspruchsnorm und damit auch als Grundlage für eine entsprechende Mitwirkungsverpflichtung des Arbeitgebers an einer Maßnahme zur stufenweisen Wiedereingliederung heranzuziehen ist. Die so vertretene Rechtsauffassung verdient uneingeschränkt Zustimmung. Zwar bleibt der leistungsberechtigte Arbeitnehmer während der stufenweisen Wiedereingliederung weiter arbeitsunfähig und der Arbeitgeber ist anerkanntermaßen nicht verpflichtet, Teilleistungen entgegenzunehmen. Entscheidend ist jedoch, dass es bei einer Beschäftigung im Rahmen einer Maßnahme zur stufenweisen Wiedereingliederung gar nicht um eine Teilerfüllung des Arbeitsvertrages, sondern um die Erbringung von Leistungen zu rehabilitativ-therapeutischen Zwecken geht und im Schwerbehindertenrecht (§§ 68 ff.) die mangelnde Fähigkeit zur Erbringung der arbeitsvertraglich geschuldeten Tätigkeit ersichtlich einen Beschäftigungsanspruch nicht aus-

---

[508] Vgl. BT-Drs. 15/1783, Seite 16.
[509] I.d.S. Stähler, in Lachwitz/Schellhorn/Welti, HK-SGB IX, § 28 Rdnr. 18.
[510] Vgl. die Ausführungen unter Teil 2, 3. Kapitel, § 2, B, II, 1.
[511] Hierzu ausführlich auch Gawlick, Seiten 47 ff.
[512] Vgl. NZA 2007, 91, 93.

schließt. Vielmehr macht insbesondere die Regelung des § 81 Abs. 4 S. 1 Nr. 1 deutlich, dass der Beschäftigungsbegriff des SGB IX über die Grenzen des § 7 Abs. 1 SGB IV und insbesondere auch über die Grenzen des klassischen Arbeitsverhältnisses hinausgeht.[513] Danach haben schwerbehinderte Menschen „gegenüber ihren Arbeitgebern Anspruch auf Beschäftigung, bei der sie ihre Fähigkeiten und Kenntnisse voll verwerten und weiterentwickeln können". Hierdurch soll dem betroffenen Arbeitnehmerkreis allgemein eine Betätigung ermöglicht werden, auch wenn diese hinter den vertraglichen Festlegungen - aus welchen Gründen auch immer - qualitativ oder quantitativ zurückbleibt. D.h. im Falle der behinderungsbedingten Unfähigkeit des schwerbehinderten Arbeitnehmers, die arbeitsvertraglich vereinbarte Tätigkeit zu erbringen, besteht zugleich die Verpflichtung des Arbeitgebers zur Zuweisung einer anderweitigen Beschäftigung.[514] Eine anderweitige Beschäftigung i.S. dieser Begrifflichkeit kann dabei schon nach dem natürlichen Sprachgebrauch, aber auch nach der erklärten Zielsetzung des SGB IX - der Förderung der Selbstbestimmung und gleichberechtigten Teilhabe behinderter und von Behinderung bedrohter Menschen am Leben in der Gesellschaft insgesamt, aber auch speziell am Arbeitsleben - zugleich eine Beschäftigung im Rahmen einer Maßnahme zur stufenweisen Wiedereingliederung sein. Denn andernfalls ist die so erklärte Zielsetzung des Gesetzgebers nicht optimal zu erreichen, zumal die stufenweise Wiedereingliederung ein bedeutendes Instrument darstellt, das in seiner Wirksamkeit nicht durch andere Maßnahmen zu ersetzen ist und daher nicht in das Belieben des Arbeitgebers gestellt werden kann und darf.[515]

## 2. Kreis der (nicht schwerbehinderten) behinderten Arbeitnehmer

Schon durch die vom BAG in der Entscheidung vom 13.06.2006 (Az.: 9 AZR 229/05) verwendete Wortwahl: „Der *schwerbehinderte* Arbeitnehmer kann nach § 81 Abs. 4 Satz 1 SGB IX eine anderweitige Tätigkeit auch im Rahmen einer Wiedereingliederung verlangen."[516] wird deutlich, dass sich die zur Verpflichtungsgrundlage getätigten Ausführungen ausschließlich auf die Mitwirkung bei der Wiedereingliederung schwerbehinderter Arbeitnehmer beziehen. Dies gilt auch deshalb, weil angesichts der Schwerbehinderteneigenschaft des klagenden Arbeitnehmers auch allein diese Personengruppe streitgegenständlich war. Anderseits fällt

---

[513] I.d.S. unter Verweis auf BAG, Beschl. v. 16.04.2003 (Az.: 7 ABR 27/02), NZA 2003, 1105, 1107 auch bereits Kohte in jurisPR-ArbR 21/2006, Anm. 4, C.

[514] Vgl. BAG, Urt. v. 03.12.2002 (Az.: 9 AZR 481/01), NZA 2003, 1215, 1217; BAG, Urt. v. 14.03.2006 (Az.: 9 AZR 411/05), NZA 2006, 1214, 1215 f.

[515] Vgl. zur Bedeutung der stufenweisen Wiedereingliederung in der Praxis die Ausführungen im 4. Kapitel dieser Arbeit.

[516] Vgl. NZA 2007, 91, 93.

auf, dass das BAG in dieser Entscheidung im Zusammenhang mit der Rechtsstellung bei stufenweiser Wiedereingliederung als Gegenstück zum Begriff der schwerbehinderten Arbeitnehmer/Menschen ausschließlich den der nichtbehinderten Arbeitnehmer wählt.[517] Es lässt also die Frage der Verpflichtung bei nicht schwerbehinderten, aber behinderten Arbeitnehmern ersichtlich unerörtert. Angesichts der Tatsache, dass im AGG keine dem § 81 Abs. 4 entsprechende Regelung aufzufinden ist und die Frage der Lückenschließung eine komplexe Rechtsfrage darstellt, verwundert dies keineswegs. Im Nachfolgenden soll dieser Frage jedoch detailliert nachgegangen werden. Geklärt werden muss hierbei, inwieweit Art. 5 RL 2000/78/EG, welcher Diskriminierungsschutz auch zugunsten einfach behinderter Menschen gewährt, eine adäquate Umsetzungsnorm im nationalen Recht findet.[518] Durch die Regelungen in § 81 Abs. 1, 3 - 5 hat Art. 5 RL 2000/78/EG in sachlicher Hinsicht zwar eine partielle Entsprechung gefunden.[519] Problematisch ist jedoch, dass in diesem Rahmen Diskriminierungsschutz lediglich zugunsten schwerbehinderter und gleichgestellter behinderter Menschen gewährt wird und das insoweit den § 81 ausfüllende AGG explizit keine dem Art. 5 RL 2000/78/EG bzw. dem § 81 Abs. 4 entsprechende Regelung aufweist.[520]

### a) Aus dem AGG ableitbare Mitwirkungsverpflichtung?

Da der deutsche Gesetzgeber nach seinem erklärten Willen mit dem zuletzt in Kraft gesetzten AGG das Benachteiligungsverbot u.a. wegen des Diskriminierungsmerkmals der Behinderung umfassend ins deutsche Recht umsetzen wollte[521], soll zunächst geklärt werden, inwieweit im AGG eine Rechtsnorm existiert,

---

[517] Vgl. NZA 2007, 91, 93.

[518] Zwar ist angesichts des Ablaufs der Umsetzungsfrist am 02.12.2006 sowie der inhaltlich exakten Bestimmtheit des aus Art. 5 RL 2000/ 78/EG folgenden Auftrags für den Kreis der öffentlichen Arbeitgeber von einer unmittelbaren Wirkung der daraus resultierenden Verpflichtung auszugehen (i.d.S. auch Nebe, DB 2008, 1801, 1804; a.A. Fuerst, Seite 149; zur Direktwirkung von EG-RL allgemein, vgl. Langenfeld, DÖV 1992, 955). Für den weitaus größeren Kreis der echten privatrechtlichen Konflikte (= Konflikt zwischen einem privaten Arbeitgeber und einem Beschäftigten) kommt jedoch nach der noch geltenden Rechtsprechung des EuGH zur horizontalen Wirkung von RL auch nach Ablauf der Umsetzungsfrist eine unmittelbare Wirkung der insoweit privatrechtlichen Regelung des Art. 5 RL 2000/78/EG (privatrechtlich deshalb, weil sich Art. 5 unmittelbar an den Arbeitgeber als Rechtsträger wendet und das Rechtsverhältnis zwischen ihm und dem „behinderten Menschen" regelt) von vornherein nicht in Betracht (vgl. hierzu EuGH - Rs. C-91/92 (Dori ./. Srl) - Slg. 1994, I-3325, 3356 Tz.24 und Jarass, EuR 1991, 211, 222).

[519] Vgl. hierzu bereits unter Teil 2, 1. Kapitel, § 2, D, I, 2, b.

[520] So auch Welti, Forum A, Diskussionsbeitrag Nr. 9/2006, Seite 6; Thüsing, ADS, Rdnr. 408; Däubler, HK-AGG, § 1 Rdnr. 79 sowie Fuerst, Seiten 141, 150.

[521] Vgl. BGBl. 2006, Teil I, Seite 1897.

aus der die Verpflichtung zur Ermöglichung einer stufenweisen Wiedereingliederung als angemessene Vorkehrung i.S. des Art. 5 RL 2000/78/EG[522] im Wege richtlinienkonformer Auslegung abgeleitet werden kann.[523] Eine solche richtlinienkonforme Auslegung ist vorliegend grundsätzlich möglich, weil die Umsetzungsfrist am 02.12.2006 abgelaufen ist, das AGG speziell zur Umsetzung der RL 2000/78/EG ergangen ist und Art. 5 RL 2000/78/EG für den Kreis der behinderten Arbeitnehmer bislang explizit nicht umgesetzt wurde. Die richtlinienkonforme Auslegung hat sich dabei am Wortlaut sowie Zweck der Richtlinie zu orientieren und ist unter Ausschöpfung des Beurteilungsspielraums, den das nationale Recht einräumt[524], in Übereinstimmung mit den Anforderungen des Gemeinschaftsrechts vorzunehmen.[525]

Grundsätzlich gilt, dass eine Vermutung für den Willen des nationalen Gesetzgebers spricht, dass dieser mit Normen, welche er zur Umsetzung einer RL erlässt, auch vollständig den Auftrag der RL erfüllen will.[526] Da sich das AGG zu der Verpflichtung zum Treffen angemessener Vorkehrungen gänzlich „ausschweigt", steht der Wortlaut desselben einer richtlinienkonformen Auslegung nicht entgegen. Legt man auch bei der weiteren Betrachtung stringent die Rechtsprechung des EuGH zugrunde, wonach das Ergebnis einer richtlinienkonformen Auslegung stets eine nach mitgliedstaatlichen Auslegungsregeln vertretbare Lösung darstellen muss[527], ergibt sich das folgende weitere Bild: Als den Art. 5 RL 2000/78/EG umsetzende Rechtsnormen des AGG in Betracht kommen § 5 AGG und § 12 Abs. 1 AGG. § 5 AGG regelt die Zulässigkeit von „positiven Maßnahmen" und beschreibt diese als geeignete und angemessene Maßnahmen zur Verhinderung bzw. zum Ausgleich bestehender Nachteile wegen eines des im AGG benannten Diskriminierungsgrundes. Zu beachten ist zunächst, dass mit § 5 nach dem gesetzgeberischen Willen die Umsetzung von Art. 7 RL 2000/78/EG und nicht von Art. 5 RL 2000/78/EG beabsichtigt war[528] und die RL 2000/78/EG eindeutig zwischen beiden Begriffen unterscheidet. Hinzu

---

[522] Vgl. hierzu bereits unter Teil 2, 1. Kapitel, § 2, D, II, 5.

[523] Offen lassend Thüsing, ADS, Rdnr. 34.

[523] Vgl. BGBl. 2006, Teil I, Seite 1897.

[524] Zu den im deutschen Recht anerkannten Regeln zur ergänzenden Gesetzesauslegung vgl. allgemein Brox, BGB AT, § 3 Ziff. II m.w.N.

[525] Zu den Voraussetzungen und Grenzen einer richtlinienkonformen Auslegung vgl. allgemein Kappelhoff, EG-ArbR, Seiten 34 ff.

[526] Vgl. hierzu Jarass, EuR 1991, 211, 217 m.w.N.

[527] Vgl. EuGH, Urt. v. 14.07.1994 - Rs. C-91/92 -, abgedr. in NJW 1994, 2473 f.; vgl. auch LAG Baden-Württemberg, Urt. v. 26.03.1996 (Az.:16 Sa 134/95), Leitsatz eingestellt in der juris-Datenbank.

[528] Vgl. BT-Drs. 16/1780, redaktionell ergänzt durch Begründung des Rechtsausschusses des BT zu den von ihm vorgeschlagenen und im Gesetz eingeflossenen Änderungen, BT-Drs. 16/2022; auszugsweise abgedr. in NJW 2006, Beilage zu Heft 36, Seiten 14 ff.

kommt, dass die „angemessenen Vorkehrungen" i.S. des Art. 5 RL 2000/78/EG in Struktur und Zielsetzung andere Zwecke verfolgen als die „positiven Maßnahmen" i.S. des Art. 7 RL 2000/78/EG bzw. § 5 AGG: Während angemessene Vorkehrungen die Anwendung des Gleichbehandlungsgrundsatzes auf behinderte Menschen erst gewährleisten (vgl. Art. 5 S. 1 RL 2000/78/EG), durchbrechen positive Maßnahmen diesen Grundsatz gerade. Zudem sind Arbeitgeber zur Durchführung der angemessenen Vorkehrungen bis zur Grenze der unverhältnismäßigen Belastungen verpflichtet (Art. 5 S. 2 RL 2000/78/EG), positive Maßnahmen hingegen sind freiwillige Maßnahmen.[529] Demzufolge kann unter Berücksichtigung des Wortlauts und des Zwecks der RL sowie der Auslegungsregeln des nationalen Rechts der Begriff der positiven Maßnahmen nicht mit dem der angemessenen Vorkehrungen i.S. des Art. 5 RL 2000/78/EG gleichgesetzt werden. Nach § 12 Abs. 1 AGG ist der Arbeitgeber verpflichtet, die erforderlichen Maßnahmen zum Schutz vor Benachteiligung wegen eines im AGG benannten Diskriminierungsgrundes zu treffen. Nach dem gesetzgeberischen Willen handelt es sich bei dieser Vorschrift um eine Generalklausel.[530] Nach seinem insoweit klaren Wortlaut und Sinnzusammenhang erfasst § 12 Abs. 1 AGG einzig die Verpflichtung des Arbeitgebers, von Dritten ausgehenden Benachteiligungen entgegenzuwirken, ist demgemäß anders als Art. 5 RL 2000/78/EG eindeutig nicht i.S. eines arbeitgeberseitigen (positiven) Tätigwerdens zum Zwecke der Beseitigung behinderungsbedingter (und damit von der Person des Behinderten ausgehender) Beschäftigungshindernisse zu verstehen. Auch die Kommission der EG ist der Auffassung, dass die BRD ihrer Pflicht zur Umsetzung von Art. 5 der RL 2000/78/EG bislang nicht nachgekommen ist und hat dies am 31.01.2008 im Rahmen eines Aufforderungsschreibens nach Art. 226 EGV gerügt.[531] Demzufolge kann die Verpflichtung zum Treffen angemessener Vorkehrungen - auch wenn sich aus der Gesetzesbegründung zum AGG zumindest ausdrücklich nichts Gegenteiliges ergibt -[532] gleichfalls nicht aus § 12 Abs. 1 AGG entnommen werden. Eine solche richtlinienkonforme Auslegung scheitert vielmehr ebenfalls am Wortlaut und Zweck der RL 2000/78/EG sowie an den Auslegungsregeln des deutschen Rechts. Somit existiert im AGG keine Rechtsnorm, aus der die Verpflichtung zur Ermöglichung einer stufenweisen Wieder-

---

[529] So auch Thüsing, ADG, Seite 166 (Rdnr. 408); vgl. auch Schneider-Sievers, FS für Wissmann, 588, 595 f.

[530] Vgl. BT-Drs. 16/1780, redaktionell ergänzt durch Begründung des Rechtsausschusses des BT zu den von ihm vorgeschlagenen und im Gesetz eingeflossenen Änderungen, BT-Drs. 16/2022.

[531] Vgl. BT-Drs. 16/8461.

[532] Vgl. BT-Drs. 16/1780, redaktionell ergänzt durch Begründung des Rechtsausschusses des BT zu den von ihm vorgeschlagenen und im Gesetz eingeflossenen Änderungen, BT-Drs. 16/2022.

eingliederung als angemessene Vorkehrung i.S. des Art. 5 RL 2000/78/EG im Wege richtlinienkonformer Auslegung abgeleitet werden kann.[533]

## b) Richtlinienkonforme Auslegung des § 81 Abs. 4?

Die richtlinienkonforme Auslegung umfasst das gesamte nationale Recht, also auch Normen, die - wie § 81 Abs. 4 -[534] nicht spezifisch zur Umsetzung der konkret in Frage stehenden europäischen Richtliniennorm erlassen worden sind.[535] Demzufolge ist weiter zu fragen, inwieweit die spezielle Norm des § 81 Abs. 4 richtlinienkonform erweiternd dahingehend ausgelegt werden kann, dass sie auch bezogen auf (nicht schwerbehinderte) behinderte Arbeitnehmer die Verpflichtung zur Ermöglichung einer stufenweisen Wiedereingliederung erfasst.[536] Zwar enthält § 81 in sachlicher Hinsicht ein einheitlich zu sehendes Diskriminierungsverbot, § 81 Abs. 4 ist also Bestandteil des Diskriminierungsverbots nach § 81 Abs. 2.[537] In persönlicher Hinsicht scheitert eine Erweiterung des Anwendungsbereichs auf (nicht schwerbehinderte) behinderte Menschen jedoch an den bereits beschriebenen Grenzen einer richtlinienkonformen Auslegung. Der Wortlaut des § 81 Abs. 4 ist insoweit eindeutig.[538]

Berücksichtigt man, dass § 81 Abs. 4 eine konkret arbeitsplatzbezogene Regelung darstellt, die zudem auf die konkrete Situation des einzelnen behinderten Menschen abstellt, erscheint eine analoge Anwendung derselben insbesondere aus Sicht der Betroffenen als der am best geeignete Weg, um die aus Art. 5 RL 2000/78/EG resultierenden Verpflichtungen weitestgehend zur Geltung zu bringen.[539] Inwieweit jedoch eine analoge Anwendung des § 81 Abs. 4 in Betracht

---

[533] Nach Auffassung von Fuerst, Seiten 144 f., 150 kann die Pflicht zu angemessenen Vorkehrungen in § 3 Abs. 2 AGG inkorporiert werden.

[534] Vgl. hierzu bereits unter Teil 2, 1. Kapitel, § 2, D, I, 1, a und 2, b.

[535] Vgl. Kappelhoff, EG-ArbR, Seite 35 m.w.N.

[536] Nebe (vgl. DB 2008, 1801, 1804, Fn. 56) vertritt ausdrücklich die Rechtsauffassung, dass es wegen einer entsprechenden richtlinienkonformen Auslegung des § 618 BGB keiner richtlinienkonformen Auslegung des § 81 Abs. 4 bedarf; unklar Gagel, Forum B, Diskussionsbeitrag Nr. 2/2010, Seite 3, der einerseits *§ 81 SGB IX infolge europarechtlicher Vorgaben generell auf weniger stark behinderte Arbeitnehmer mit einem GdB von unter 50"* anwenden will, andererseits aber ausführt, dass sich der Anspruch leichter behinderter Arbeitnehmer aus einer richtlinienkonformen Auslegung von § 618 BGB ergibt.

[537] Hierzu bereits ausführlich unter Teil 2, 1. Kapitel, § 2, D, I, 2, c, cc, (2), (bb).

[538] Hierzu bereits ausführlich unter Teil 2, 1. Kapitel, § 2, D, I, 2, c, aa; so i.E. auch Fuerst, Seiten 148 f.: Nach ihrer Rechtsauffassung sind § 81 Abs. 4 S. 1 Nr. 4 und 5 *„in ein fein austariertes Förderungs- und Schutzrecht speziell für schwerbehinderte Menschen eingefügt"*, so dass sie es weder systematisch noch historisch für angebracht hält, einfach Teile der benannten Regelungen aus diesem Zusammenhang zu reißen und zukünftig auf alle Menschen mit Behinderung anzuwenden.

[539] I.d.S. Däubler, HK-AGG, § 1 Rdnr. 79 und Högenauer, Seite 190.

kommt, hängt insbesondere davon ab, ob eine planwidrige Regelungslücke festgestellt werden kann. Letztere liegt nicht vor, sofern im Nachfolgenden eine weitere nationale Norm aufgefunden wird, die i.S. des Art. 5 RL 2000/78/EG ausgelegt werden kann.

## c) Rückgriff auf § 618 BGB

Für eine entsprechende richtlinienkonforme Auslegung tauglich erscheint grundsätzlich die - vor Inkrafttreten der RL 2000/78/EG in Kraft gesetzte - Vorschrift des § 618 BGB.[540] Denn die richtlinienkonforme Auslegung umfasst auch nationales Recht, das älter ist als die in Frage stehende RL. Es kommt also nicht darauf an, von wann das nationale Recht stammt.[541]

§ 618 Abs. 1 BGB statuiert die arbeitsschutzbezogene Fürsorgepflicht des Arbeitgebers und konkretisiert die Vorschrift des § 106 GewO, insbesondere die Grenzen des vom Arbeitgeber einzuhaltenden billigen Ermessens, so dass insbesondere das Direktionsrecht des Arbeitgebers über § 618 Abs. 1 BGB eine spezialgesetzliche Präzisierung erfahren hat.[542] § 618 Abs. 1 BGB seinerseits wird konkretisiert durch die öffentlich-rechtlichen Verpflichtungen des Arbeitgebers aus den Normen des technischen Arbeitsschutzes (etwa § 5 ArbStättV, § 3 ArbZG), die zugleich den Inhalt des Arbeitsverhältnisses gestalten.[543] Hält der Arbeitgeber diese Pflichten nicht ein, so hat der Arbeitnehmer nach ganz überwiegender Auffassung einen einklagbaren Erfüllungsanspruch auf Herstellung eines arbeitsschutzkonformen Zustands.[544] Der Wortlaut der § 618 Abs. 1 BGB, § 106 GewO in persönlicher Hinsicht spricht zunächst dafür, dass sie ihre Schutzwirkung erst nach Begründung eines Arbeitsverhältnisses entfalten. Denn § 618 BGB spricht vom Dienstberechtigten und Dienstverpflichteten und § 106 GewO vom Arbeitgeber und Arbeitnehmer. Hinzu kommt, dass § 618 BGB als zivilrechtliche Norm zur Absicherung und Integration der Normen des techni-

---

[540] Bejahend Welti, Forum A, Diskussionsbeitrag Nr. 9/2006, Seite 6; vgl. auch Kohte, jurisPR-ArbR 21/2006, Anm. 4, E; Pick, Forum B, Diskussionsbeitrag Nr. 8/2007, Seite 5; Nebe, DB 2008, 1801, 1804; a.A. Lange, SAE 2007, 303, 308 sowie Rose/Gilberger, DB 2009, 1986, 1988.

[541] Vgl. etwa EuGHE 1987, 3969/3987, EuGHE 1988, 4635, 4662; Jarass, EuR 1991, 211, 220 sowie Kappelhoff, EG-ArbR, Seite 35 m.w.N.

[542] Vgl. hierzu Oetker, in Staudingers, Komm. zum BGB, § 618 Rdnr. 166.

[543] Vgl. BAG, Urt. v. 10.03.1976 (Az.: 5 AZR 34/75), AP Nr. 17 zu § 618 BGB; Börgmann, AP Nr. 26 zu § 618 BGB, Bl. 438; Wank, in ErfK, § 618 Rdnr. 4.

[544] So BAG, Urt. v. 10.03.1976 (Az.: 5 AZR 34/75), AP Nr. 17 zu § 618 BGB; Herschel, RdA 1978, 69, 73 f.; Schaub, Hb ArbR, § 152 I, 2, b; Börgmann, AP Nr. 26 zu § 618 BGB, Bl. 438; a.A. Zöllner/Loritz, ArbR, § 29 II, 2, die den Arbeitnehmer auf ein Zurückbehaltungsrecht verweisen.

schen und sozialen Arbeitsschutzes[545] primär eine Schutzfunktion und damit anders als Art. 5 RL 2000/78/EG keine - zumindest partielle - Gleichstellungsfunktion hat.[546] Denn insbesondere Gegenstand des technischen Arbeitsschutzes als vordergründiges Ziel des § 618 BGB ist der Schutz der Arbeitnehmer vor den aus der Art der Arbeitsleistung folgenden Gefahren für Leben und Gesundheit.[547] Auch der Vorschrift des § 106 Satz 3 GewO, welche bestimmt, dass bei der Ausübung des Ermessens u.a. auf Behinderungen der Arbeitnehmer Rücksicht zu nehmen ist, kommt primär eine Schutzfunktion zu. Denn hierbei handelt es sich um eine Regelung über die Art und Weise der Ausübung des arbeitgeberseitigen Weisungsrechts zur Konkretisierung der arbeitsvertraglichen Arbeitspflicht.[548] Andererseits ist anerkannt, dass Schutzpflichten auch bereits im Stadium der Vertragsanbahnung entstehen können. Hinzu kommt, dass der Wortlaut des § 618 BGB und des § 106 Satz 3 GewO in sachlicher Hinsicht sehr weit gefasst ist, was auf die Möglichkeit einer richtlinienkonformen Auslegung hindeutet. § 618 BGB ist zudem vom BAG schon wiederholt weit ausgelegt worden, so insbesondere im Zusammenhang mit der Anerkennung von Bereitschaftsdienstzeiten als Arbeitszeit i.S. des ArbZG im medizinischen Bereich[549] sowie beim betrieblichen Nichtraucherschutz.[550] Nach alledem dürfte entscheidend sein, dass § 618 BGB und § 106 Satz 3 GewO vom persönlichen Anwendungsbereich her unterschiedlich und vom sachlichen Anwendungsbereich her weit interpretierbar sind, was insgesamt für eine entsprechende gemeinschaftsrechtskonforme Anwendung spricht. Dies wird i.E. bestätigt durch die Entscheidung des BAG vom 24.03.2009 (Az.: 9 AZR 983/07)[551], die im Anschluss an die „Schultz-Hoff/ Stringer"- Entscheidung des EuGH vom 20.01.2009 (Az.: C-350/06 und 520/06)[552] zum Schicksal des Urlaubs- und Abgeltungsanspruchs bei fortdauernder Krankheit des Arbeitnehmers Stellung bezieht. Die Entscheidung zeigt durch Rückgriff auf die frühere Rechtsprechung des BAG u.a., dass die §§ 1, 7 BUrlG unterschiedlich interpretierbar und damit einer gemeinschaftsrechtskonformen Anwendung zugänglich sind. Vorliegend ist zudem entscheidend zu berücksichtigen, dass das Gebot zur richtlinienkonformen Auslegung nach der Rechtsprechung des EuGH sachlich sehr weitgehend ist. So wird verlangt, dass das innerstaatliche Gericht das nationale Gesetz soweit wie möglich anhand des Wortlauts und des Zwecks der fraglichen RL auslegen muss, um das in ihr fest-

[545] Vgl. Oetker, in Staudingers, Komm. zum BGB, § 618 Rdnrn. 14, 20.
[546] Vgl. hierzu Schneider-Sievers, FS für Wissmann, 588, 594.
[547] Vgl. Oetker, in Staudingers, Komm. zum BGB, § 618 Rdnr. 20.
[548] Vgl. hierzu Leinemann, in Komm. zur GewO (Stand: 05/03), § 106 Rdnrn. 4 f.
[549] Vgl. BAG, Urt. v. 16.03.2004 (Az.: 9 AZR 93/03), AP Nr. 2 zu § 2 ArbZG.
[550] Vgl. BAG, Urt. v. 17.02.1998 (Az.: 9 AZR 84/979), AP Nr. 26 zu § 618 BGB.
[551] Vgl. NZA 2009, 538 ff.; Anm. von Kohte/Beetz, jurisPR- ArbR 25/2009, Anm. 1.
[552] Vgl. NZA 2009, 135 ff.

gelegte Ergebnis zu erreichen. Demgemäß hat das nationale Gericht unter Anwendung nationaler Auslegungsmethoden alles zu tun, was in seiner Zuständigkeit liegt, um die volle Wirksamkeit der fraglichen RL zu gewährleisten und zu einem Ergebnis zu gelangen, das mit dem von der RL verfolgten Ziel übereinstimmt (Effektivitätsgrundsatz bzw. effet utile).[553]

Demnach spricht insgesamt mehr für die Möglichkeit einer entsprechend richtlinienkonformen Auslegung des § 618 BGB, so dass § 618 BGB als entsprechende Verpflichtungsgrundlage des Arbeitgebers zur Ermöglichung einer stufenweisen Wiedereingliederung bezogen auf den Kreis der (nicht schwerbehinderten) behinderten Arbeitnehmer taugt.[554] Eines Rückgriffs auf die Generalklausel des § 242 BGB bedarf es daher nicht.[555] Auch eine analoge Anwendung des § 81 Abs. 4 scheidet somit mangels Bestehen einer planwidrigen Regelungslücke aus.

## d) Fazit

Zusammenfassend kann daher festgehalten werden, dass der Arbeitgeber nicht nur schwerbehinderten und gleichgestellten behinderten Arbeitnehmern eine stufenweise Wiedereingliederung ermöglichen muss, sondern auch (nicht schwerbehinderten) behinderten Arbeitnehmern. Gleichwohl § 81 Abs. 4 (richtlinienkonform ausgelegt bzw. analog) als Verpflichtungsgrundlage ausscheidet, sondern vielmehr § 618 BGB heranzuziehen ist, ist abschließend Folgendes anzumerken: Eine Realisierung einer stufenweisen Wiedereingliederung zugunsten dieses Personenkreises in der Praxis erreicht man nur durch einen umfassenden und gleichwertigen Schutz. Dies erfordert, dass man die nach dem SGB IX vorgesehenen Förder- bzw. Unterstützungsmöglichkeiten (insbesondere die Möglichkeit der Inanspruchnahme von begleitenden Hilfen nach § 102 Abs. 1 Nr. 3), die aufgrund ihrer Stellung im SGB IX bislang an sich nur für die besondere Personengruppe der schwerbehinderten Menschen vorgesehen sind, im Wege

---

[553] Vgl. EuGH, Urt. v. 04.07.2006 - RS. C-212/04 - Tz. 11, NZA 2006, 909, 911 f. sowie allgemein Kappelhoff, EG-ArbR, Seiten 18, 36 m.w.N.

[554] Für Beamte, die ebenfalls Beschäftigte i.S. der § 81, § 6 AGG sind, kommen am ehesten § 78 BBG, § 45 BeamtStG in Betracht.

[555] Aus § 242 BGB könnten sich behinderungsspezifische Nebenpflichten des Arbeitgebers und damit die Verpflichtung zur Ermöglichung einer stufenweisen Wiedereingliederung als angemessene Vorkehrung i.S. des Art. 5 RL 2000/78/EG ableiten lassen (vgl. Däubler, HK-AGG, § 1 Rdnr. 79). Jedoch ist die Vorschrift als Generalklausel sowohl in persönlicher als auch in sachlicher Hinsicht denkbar weit gefasst und auch gerade deshalb nicht unbedingt für eine rechtssichere Handhabbarkeit bekannt. Demzufolge bietet sich ein Rückgriff auf diese Vorschrift nur an, wenn nicht bereits ein Weg über Normen gefunden werden kann, die sich als spezielle Ausprägung der arbeitgeberseitigen Schutzpflichten und damit des allgemeinen Grundsatzes von Treu und Glauben darstellen.

richtlinienkonformer Auslegung oder einer Analogie auch auf (nicht schwerbehinderte) behinderte Menschen erstreckt. Denn nur so kann ein entsprechend richtlinienkonformer Zustand hergestellt werden, zumal die Möglichkeit der Inanspruchnahme derartiger Hilfen durch den Arbeitgeber entscheidend das Ergebnis der auch im Rahmen von § 618 BGB vorzunehmenden Verhältnismäßigkeitsprüfung beeinflusst.[556]

Insgesamt bleibt zu hoffen, dass es in naher Zukunft zu einer systematisch klaren gesetzlichen Lösung hinsichtlich des Personenkreises der (nicht schwerbehinderten) behinderten Menschen kommt.[557] Dies könnte am einfachsten dergestalt erfolgen, dass das Diskriminierungsverbot des § 81 und die damit im Zusammenhang stehenden staatlichen Fördermöglichkeiten (insbesondere § 102 Abs. 1 Nr. 3) auch auf behinderte Menschen, die nicht schwerbehindert oder gleichgestellt sind, bezogen werden. Dabei könnte zugleich in Abs. 2 ein klarstellender ergänzender Hinweis dahingehend erfolgen, dass ungeachtet des Nichtbestehens eines Einstellungsanspruchs die nachfolgenden Absätze des § 81 Bestandteil des Diskriminierungsverbots wegen einer Behinderung sind. Auf diese Weise wäre zum einen § 81 ohne ergänzenden Rückgriff auf das AGG in persönlicher Hinsicht richtlinienkonform, weil dann keinerlei Anknüpfung mehr an Wohnsitzkriterien gegeben wäre und hinreichend deutlich würde, dass § 81 insgesamt ein einheitliches Diskriminierungsverbot regelt. Zugleich bedürfte es dann auch keiner Regelung zum Treffen angemessener Vorkehrungen im AGG. Letzteres ist gerade vor dem Hintergrund der Vermeidung von inhaltsgleichen Regelungen im SGB IX und AGG wünschenswert. Eine Nachbesserung im SGB IX selbst hätte zudem den entscheidenden Vorteil, dass die Problematik bzgl. der Beschränkung der staatlichen Förderpflichten auf schwerbehinderte Menschen und diesen Gleichgestellte im SGB IX ohne größeren Aufwand gelöst wäre.

---

[556] Hierbei muss selbstverständlich hinsichtlich jeder einzelnen Bestimmung (und dabei auch differenzierend zwischen Reha-Leistungen der Reha-Träger und solchen des Integrationsamtes) im Einzelfall geprüft werden, inwieweit eine richtlinienkonforme Auslegung bzw. eine analoge Anwendung in Betracht kommt.

[557] I.d.S. bereits Thüsing, Stellungnahme zum Entwurf eines ADG - Arbeitsrechtlicher Teil (BT-Drs. 15/4538), in Drs. des Ausschusses für Familie, Senioren, Frauen und Jugend 15 (12) 440-C, der für die Aufnahme einer dem § 81 Abs. 4 entsprechenden Regelung ins ADG plädierte; vgl. auch Schneider-Sievers, in FS für Wissmann, 588, 589.

### 3. Kreis der von Behinderung bedrohten und nicht behinderten Arbeitnehmer

#### a) Allgemeine Fürsorgeverpflichtung als Verpflichtungsgrundlage

Durch das in der Entscheidung vom 13.06.2006 (Az.: 9 AZR 229/05) in Bezug auf die Gruppe der nicht behinderten Arbeitnehmer geäußerte obiter dictum[558] erweckt das BAG zumindest den Eindruck, als dass es eine Mitwirkungsverpflichtung des Arbeitgebers an Maßnahmen zur stufenweisen Wiedereingliederung bzgl. dieser Personengruppe gänzlich ablehnt. Zu berücksichtigen ist allerdings, dass sich die Aussage des BAG vornehmlich auf die Rechtsgrundlage des § 81 Abs. 4 S. 1 bezieht. Hinzu kommt, dass angesichts der begrenzten Zielgruppe des SGB IX (vgl. § 1) auch die weitere Aussage des BAG zutrifft, dass bzgl. der nichtbehinderten Arbeitnehmer keine generelle Verpflichtung zur Förderung der Teilhabe am Arbeitsleben nach diesem Gesetz besteht. Vor diesem Hintergrund lässt die Entscheidung des BAG nach Auffassung der Verfasserin noch berechtigten Raum für die Diskussion, ob sich eine Mitwirkungsverpflichtung des Arbeitgebers für nicht behinderte Arbeitnehmer - genauso wie für von Behinderung bedrohte Arbeitnehmer - nicht aus einer anderen Rechtsgrundlage ergibt. Dieser Frage soll daher im Nachfolgenden nachgegangen werden.

Als maßgebliche Verpflichtungsgrundlage in Bezug auf diesen Personenkreis kommt insoweit die allgemeine arbeitsvertragliche Fürsorgepflicht des Arbeitgebers in Betracht.

#### aa) Gegenstand der arbeitsvertraglichen Fürsorgepflicht

Aus der Fürsorgepflicht als Gegenstück zur arbeitnehmerseitigen Treuepflicht, die nunmehr gleichfalls in § 241 Abs. 2 BGB ihre gesetzliche Grundlage gefunden hat, ist die Pflicht des Arbeitgebers abzuleiten, seine Rechte aus dem Arbeitsverhältnis so auszuüben und auf die im Zusammenhang mit dem Arbeitsverhältnis stehenden Interessen des Arbeitnehmers so Rücksicht zu nehmen, wie dies unter Berücksichtigung der Belange des Betriebs und der Interessen der gesamten Belegschaft nach Treu und Glauben (§ 242 BGB) billigerweise zu erwarten ist.[559] Das BAG bezeichnet die Fürsorgepflicht dabei in ständiger Recht-

---

[558] Vgl. hierzu unter Teil 2, 3. Kapitel, § 2, C, I, 4.

[559] Vgl. Kreitner, in Küttner/Röller, Ordn.-Nr. 193 Rdnr. 3; Kort, NZA 1996, 854; grundlegend: BAG, Urt. v. 13.11.1984 (Az.: 3 AZR 255/84), BAGE 47, 169, 173 ff.; BAG, Urt. v. 04.10.2005 (9 AZR 598/04), NZA 2006, 545, 549; BAG, Urt. v. 12.09.2006 (Az.: 9 AZR 271/06), NZA 2007, 269, 271 sowie BAG, Urt. v. 26.07.2007 (Az.: 8 AZR 707/06), DB 2007, 2319 ff.

sprechung als „Grundpflicht des Arbeitgebers", bei deren Ausgestaltung und Umfang die beiderseitigen Interessen bzw. Belange gegeneinander abzuwägen sind[560] und betont überdies, dass bei „der Frage, was Treu und Glauben und damit die Fürsorgepflicht im Einzelfall gebieten", insbesondere „auf die in den Grundrechten zum Ausdruck gekommenen Wertentscheidungen der Verfassung Bedacht zu nehmen" ist.[561] Vornehmlich im Zusammenhang mit Aufklärungs- und Hinweispflichten des Arbeitgebers - als ein aus der Fürsorgepflicht resultierender Kreis von Einzelpflichten - macht das BAG ferner deutlich, dass der jeder Partei zuzubilligende Eigennutz seine Grenze an dem schutzwürdigen Lebensbereich des Vertragspartners findet. Hierbei sollen im Rahmen der vorzunehmenden Interessenabwägung - neben den Wertentscheidungen der Verfassung - das Schutzbedürfnis des Arbeitnehmers wegen der Art des konkret in Rede stehenden Geschäfts sowie die Schaffung eines Vertrauenstatbestandes oder einer Gefahrenquelle durch ein früheres Arbeitgeberverhalten wichtige Aspekte sein.[562]

Demzufolge bedarf es im Nachfolgenden einer Ermittlung und umfassenden Abwägung der im Zusammenhang mit einer stufenweisen Wiedereingliederung tangierten schutzwürdigen Arbeitnehmer- und Arbeitgeberbelange. Dabei ist zunächst auf schutzwürdige abstrakte Interessen beider Seiten abzustellen, um zu ermitteln, ob aus der arbeitsvertraglichen Fürsorgepflicht dem Grunde nach überhaupt eine Mitwirkungspflicht des Arbeitgebers resultieren kann und ob die Interessenlage gar die Annahme einer generellen Mitwirkungspflicht des Arbeitgebers rechtfertigt, die lediglich durch Zumutbarkeitsgesichtspunkte im Einzelfall begrenzt wird. In diesem Zusammenhang ist davon auszugehen, dass nur dann, wenn bereits bei abstrakter Betrachtung keinerlei für das Arbeitsverhältnis relevanten oder lediglich gegenüber der arbeitsvertraglichen Interessenlage des Arbeitgebers zu vernachlässigende schutzwürdige Interessen des Arbeitnehmers zu erkennen sind, man annehmen kann, dass den Arbeitgeber generell keine Mitwirkungsverpflichtung an einer Maßnahme zur stufenweisen Wiedereingliederung trifft. Sofern hingegen eine solche abstrakte Betrachtung zwar zu dem Ergebnis führt, dass die arbeitsvertragliche Fürsorgepflicht grundsätzlich als Verpflichtungsgrundlage in Betracht kommt, die Interessenlage jedoch nicht die Annahme einer generellen Mitwirkungspflicht des Arbeitgebers zulässt, weil den abstrakten gewichtigen schutzwürdigen Arbeitnehmerbelangen erhebliche - nicht durch Vorteile oder Eigenmaßnahmen des Arbeitgebers - auszugleichende Arbeitgeberinteressen gegenüberstehen, wäre ferner zu prüfen, inwieweit be-

---

[560] So insbesondere BAG, Urt. v. 13.11.1984 (Az.: 3 AZR 255/84), BAGE 47, 169, 173 ff.
[561] So grundlegend BAG, Urt. v. 12.09.2006 (Az.: 9 AZR 271/06), NZA 2007, 269, 271; vgl. auch BAG, Urt. v. 16.05.2007 (Az.: 8 AZR 709/06), NZA 2007, 1154, 1160.
[562] Vgl. BAG, Urt. v. 11.12.2001 (Az.: 3 AZR 339/00), NZA 2002, 1150, 1152 sowie BAG, Urt. v. 04.10.2005 (Az.: 9 AZR 598/04), NZA 2006, 545, 549.

sondere Umstände des Einzelfalles bzw. die konkrete Interessenlage der Parteien im Einzelfall eine Mitwirkungspflicht des Arbeitgebers an einer Maßnahme zur stufenweisen Wiedereingliederung begründen können.

### bb) Feststellung der für die Interessenabwägung relevanten Belange

### (1) Zugunsten der Arbeitnehmer bestehende gesetzliche Konkretisierungen der allgemeinen arbeitsvertraglichen Fürsorgepflicht

Im Rahmen der Feststellung der für eine Interessenabwägung relevanten Belange ist zunächst zu beachten, dass zahlreiche gesetzliche Konkretisierungen der allgemeinen arbeitsvertraglichen Fürsorgepflicht existieren, welche die Ausgestaltung und den Umfang derselben von vornherein beeinflussen und damit auch das Ergebnis der Interessenabwägung zur Ermittlung einer bestehenden Handlungspflicht des Arbeitgebers. Als eine solche, eine gesteigerte privatrechtliche Fürsorgepflicht begründende Norm wird dabei vom BAG insbesondere § 81 Abs. 4 anerkannt[563], welcher jedoch bei nicht behinderten Arbeitnehmern in persönlicher Hinsicht keine Anwendung findet.

### (a) § 84 Abs. 2

In Bezug auf § 84 Abs. 1 hat das BAG gleichfalls bereits ausdrücklich deutlich gemacht, dass die dem Arbeitgeber danach zukommende aktive Rolle für die Eingliederung und Ausgliederung des schwerbehinderten Arbeitnehmers eine privatrechtlich gesteigerte Fürsorgepflicht des Arbeitgebers begründet.[564] Schon unter Berücksichtigung des beschriebenen Verhältnisses der Abs. 1 und 2 des § 84[565] wird deutlich, dass auch die in § 84 Abs. 2 geregelte Verpflichtung Ausdruck der gesteigerten Fürsorgeverpflichtung des Arbeitgebers ist, und zwar in Bezug auf sämtliche Beschäftigte des Betriebs/Unternehmens.[566] Denn bei § 84 Abs. 2 handelt es sich für den Fall des Auftretens personenbedingter Schwierigkeiten im Arbeitsverhältnis um eine verdrängende Spezialregelung gegenüber § 84 Abs. 1.[567] Durch § 84 Abs. 2 wird allgemein die besondere Verantwortung des Arbeitgebers betont, die Zeit der Arbeitsunfähigkeit sämtlicher seiner Beschäftigten als aktive Phase der Überwindung, Beseitigung bzw. Verkürzung der Arbeitsunfähigkeit sowie der Vorbeugung erneuter Arbeitsunfähigkeit zu begreifen und zu nutzen. Genau diese besondere Verantwortung des Arbeitgebers

---

[563] Vgl. hierzu BAG, Urt. v. 10.05.2005 (Az.: 9 AZR 230/04), NZA 2006, 155, 159; BAG, Urt. v. 22.09.2005 (Az.: 2 AZR 519/04), NZA 2006, 486, 490.

[564] Vgl. BAG, Urt. v. 04.10.2005 (Az.: 9 AZR 632/04), NZA 2006, 442, 445 mit Anm. Kohte, jurisPR-ArbR 27/2006, Anm. 2.

[565] Vgl. unter Teil 2, 1. Kapitel, § 2, D, II, 2.

[566] Vgl. unter Teil 2, 1. Kapitel, § 2, D, II, 3.

[567] Vgl. hierzu bereits unter Teil 2, 1. Kapitel, § 2, D, I, 2, c, bb.

ist Ausdruck seiner gesteigerten präventiven Rücksichtnahmepflicht auf die gesundheitlichen Interessen seiner Beschäftigten. Da eine Maßnahme zur stufenweisen Wiedereingliederung als mögliches Ergebnis des in § 84 Abs. 2 geregelten Klärungsverfahrens der so beschriebenen Zwecksetzung entspricht, kann aus § 84 Abs. 2 auch konkret in Bezug auf die stufenweise Wiedereingliederung eine gesteigerte Fürsorgepflicht des Arbeitgebers abgeleitet werden.

**(b)  § 618 BGB**

Dass dem präventiven Gesundheitsschutz im Arbeitsverhältnis ein hoher Stellenwert zukommt, wird ferner deutlich durch § 618 BGB und die diese Vorschrift konkretisierenden öffentlich-rechtlichen Verpflichtungen zum technischen Arbeitsschutz. Diese Vorschriften steigern anerkanntermaßen gleichfalls die allgemeine arbeitsvertragliche Fürsorgepflicht des Arbeitgebers, und zwar in arbeitsschutzbezogener Hinsicht.[568] Da es im Rahmen des Klärungsverfahrens nach § 84 Abs. 2 u.a. darum geht, mögliche Defizite im Bereich des technischen Arbeitsschutzes aufzuklären, besteht eine denkbar enge Verknüpfung des § 84 Abs. 2 mit § 618 BGB, so dass auch § 618 BGB - zumindest mittelbar - konkret in Bezug auf eine Maßnahme zur stufenweisen Wiedereingliederung zu einer Steigerung der arbeitsvertraglichen Fürsorgepflicht führt.

**(c)  § 2 Abs. 2 SGB III**

Auch wenn im Zusammenhang mit der stufenweisen Wiedereingliederung allein aus der Vorschrift des § 2 Abs. 2 SGB III keine unmittelbare Mitwirkungsverpflichtung abgeleitet werden kann, könnte diese dennoch zumindest Ausdruck einer gesteigerten arbeitsvertraglichen Fürsorgepflicht im Sinne des Bestehens einer allgemeinen Verpflichtung zur Inanspruchnahme von weitgehend aus Mitteln der Leistungsträger finanzierten sozialrechtlichen Möglichkeiten sein. Dies setzt allerdings zunächst grundlegend voraus, dass man § 2 Abs. 2 SGB III nicht bereits sozialrechtlich lediglich als „staatlicherseits nicht durchsetzbare Norm"[569], einen „nicht umsetzbaren Appell"[570] oder eine „gesetzgeberische, sanktionsfreie Erwartungshaltung"[571] einstuft. Die Vorschrift müsste überdies neben ihrem öffentlich-rechtlichen Charakter zugleich als eine das Arbeitsrecht beeinflussbare Norm angesehen werden können und letztlich auch ihr sachlicher Regelungsgehalt derart weit reichen. Zu § 2 Abs. 2 S. 2 Nr. 3 SGB III hat das BAG in seiner Entscheidung vom 29.09.2005 (Az.: 8 AZR 571/04) zwischenzeitlich überzeugend klargestellt, dass die beschriebene Verpflichtung des Arbeitgebers zwar über

---

[568]  Vgl. hierzu bereits unter Teil 2, 1. Kapitel, § 5, B, II, 3, b, bb.
[569]  So Leitherer, in Eicher/Schlegel, Komm. zum SGB III, § 2 Rdnr. 14.
[570]  So Niesel, NZA 1997, 580, 584.
[571]  So Eichenhofer, SGb 2000, 289, 292.

eine lediglich programmatische Zielvorstellung des Gesetzgebers hinausgeht, dass die systematische Stellung und der Normtext jedoch den rein sozialrechtlichen Regelungszusammenhang sowie die Entstehungsgeschichte den rein arbeitsmarktpolitischen Zweck belegen.[572] Auch wenn das BAG in diesem Zusammenhang zugleich ausführt, dass bei § 2 Abs. 2 S. 2 Nr. 3 SGB III nicht der individuelle Schutz des Arbeitnehmers im Vordergrund steht, insbesondere nicht der Schutz seines Vermögens bezweckt ist und die Regelung daher auch nicht die Fürsorgepflicht des Arbeitgebers in Bezug auf finanzielle Einbußen des Arbeitnehmers gestaltet und konkretisiert, geht es ersichtlich nicht soweit, der Norm des § 2 Abs. 2 SGB III allgemein jegliche Einwirkung auf die arbeitsvertragliche Fürsorgepflicht abzusprechen. Denn es beschränkt seine Ausführungen auf die Fürsorgepflicht in Bezug auf finanzielle Einbußen des Arbeitnehmers und führt im Übrigen unter Verweis auf einen Beitrag von Klaus Bepler, Vors. RiBAG, 4. Senat[573], Folgendes aus: „§ 2 Abs. 2 Satz 1 SGB III verdeutlicht, dass durch die Mitwirkung des Arbeitgebers die Vermeidung der Arbeitslosigkeit und der unnötigen Inanspruchnahme von Leistungen der Arbeitsförderung bezweckt sind. § 2 SGB III bezweckt eine Verbesserung des Zusammenwirkens von Arbeitgeber, Arbeitnehmer und den Agenturen für Arbeit. Der Arbeitgeber wird zur Mitwirkung veranlasst, um so im Sinne der Solidargemeinschaft den Eintritt des Versicherungsfalls Arbeitslosigkeit möglichst zu vermeiden und die Dauer eingetretener Arbeitslosigkeit möglichst einzugrenzen (...).“ Insoweit ist zu berücksichtigen, dass Bepler in dem vom BAG so in Bezug genommenen Beitrag klarstellt, dass aus der Gesetzesgeschichte heraus, insbesondere des „Job-AQTIV-Gesetzes“, mehr für ein Hineinwirken des § 2 SGB III in das Arbeitsvertragsrecht spreche, auch wenn der Schutzzweck der in S. 2 Nr. 3 enthaltenen Bestimmung nicht dahin gehe, den ausscheidenden Arbeitnehmer vor einer Minderung des Arbeitslosengeldes zu bewahren, sondern lediglich dahin, „dass der Arbeitgeber das Seine dazu beizutragen hat, den Eintritt der Arbeitslosigkeit bei demnächst bei ihm ausscheidenden Arbeitnehmern zu verhindern.“[574] Die Auffassung von Bepler überzeugt. Denn § 2 Abs. 2 SGB III verdeutlicht schon nach der Gesetzesbegründung die besondere Verantwortung des Arbeitgebers für die Vermeidung von Arbeitslosigkeit, welcher er regelmäßig nur durch arbeitsrechtliche Entscheidungen gerecht werden kann. Selbst wenn die Vorschrift dabei nicht vordergründig den individuellen Schutz des Arbeitnehmers im Blick hat, so kann daraus vor dem Hintergrund der Bedeutung des Arbeitsverhältnisses für die Persönlichkeitsentfaltung zumindest ein Sekundärschutz dahingehend abgeleitet werden, im Rahmen der arbeitsvertraglichen Fürsorgepflicht alles dazu beizutragen, dem Eintritt einer Arbeitslosigkeit entgegenzuwirken. Demzufolge ist § 2 Abs. 2 SGB III grundsätzlich geeignet, die arbeitsvertraglichen Pflichten zu beeinflussen. Zu klären ist

---

[572] Vgl. NZA 2005, 1406, 1408.
[573] Vgl. jurisPR-ArbR 35/2004, Anm. 3.
[574] Vgl. jurisPR-ArbR 35/2004, Anm. 3, B.

daher lediglich noch, ob § 2 Abs. 2 SGB III nach seinem sachlichen Regelungsgehalt soweit reicht, hieraus auch konkret in Bezug auf eine Maßnahme zur stufenweisen Wiedereingliederung eine gesteigerte Fürsorgepflicht anzunehmen. Hierfür spricht, dass der Gesetzgeber in § 2 Abs. 2 S. 2 SGB III lediglich Regelbeispiele aufgeführt und im Übrigen in der Gesetzesbegründung sowie durch die Stellung in einem SGB deutlich gemacht hat, dass er mit § 2 Abs. 2 SGB III die vorrangige Nutzung sozialrechtlicher Möglichkeiten zur Vermeidung von Entlassungen zur Aufgabe der Arbeitgeber macht. D.h. der Arbeitgeber soll alle sozialrechtlichen Möglichkeiten zur Förderung seiner Arbeitnehmer und zur Erhaltung der Arbeitsplätze in seine Erwägungen einbeziehen und nutzen, soweit andere Möglichkeiten nicht zum gleichen Erfolg führen. Berücksichtigt man dann, dass mit einer stufenweisen Wiedereingliederung die beruflichen Wiedereingliederungschancen des Arbeitnehmers verbessert werden sollen und hierfür kein vergleichbar wirksames Mittel zur Verfügung steht, wird deutlich, dass die Mitwirkung des Arbeitgebers an einer Maßnahme zur stufenweisen Wiedereingliederung im Rahmen der arbeitsvertraglichen Fürsorgepflicht vom Regelungsbereich des § 2 Abs. 2 S. 2 SGB III erfasst sein kann[575] und damit die Vorschrift insgesamt Ausdruck einer dahingehend gesteigerten Fürsorgepflicht des Arbeitgebers ist.[576]

## (2) Schutzwürdige Arbeitnehmerbelange

Als wesentliches Arbeitnehmerinteresse im Zusammenhang mit der stufenweisen Wiedereingliederung ist das Interesse an der gesundheitsschonenden, weil allmählichen und zugleich genesungsfördernden, Reintegration in das Arbeitsverhältnis zu benennen. Hinzu kommt die dadurch wiedererlangte Möglichkeit der Persönlichkeitsentfaltung. Insoweit ist zunächst grundlegend zu berücksichtigen, dass die Arbeit unbestritten eine wesentliche Möglichkeit zur Entfaltung der geistigen und körperlichen Fähigkeiten und damit zur Entfaltung der Persönlichkeit eines jeden Menschen darstellt. Wird dem Arbeitnehmer diese Möglichkeit der Persönlichkeitsentfaltung durch Arbeitsleistung genommen, so ist auch seine Würde als Mensch betroffen (§ 242 BGB i.V.m. Art. 1 und 2 GG). Das BAG umschreibt in ständiger Rechtsprechung das Arbeitsverhältnis diesbezüglich wie folgt: „Das Arbeitsverhältnis sei ein personenrechtliches Gemeinschaftsverhältnis, das nicht nur wie beim Dienstvertrag der selbständig Tätigen oder bei sonstigen Schuldverhältnissen lediglich einzelne bestimmte Leistungen betreffe, sondern für seinen Geltungsbereich die ganze Person des Arbeitnehmers erfasse, deshalb wesentlich sein Leben gestalte und

---

[575] So ausdrücklich auch Bepler, ArbuR 1999, 219, 222; ders., in Gagel, Komm. zum SGB III, § 2 Rdnrn. 12 f., 49; vgl. auch Gagel, in Arbeitsrecht und Arbeitsgerichtsbarkeit, Seiten 521, 526; ders., BB 2001, 358, 359.

[576] So auch Gagel, NZA 2001, 988, 991 f.; ders. Forum B, Diskussionsbeitrag Nr. 1/2003, Seite 2.

seine Persönlichkeit bestimme. Die Achtung und Anerkennung des Arbeitnehmers als Mensch beruhe auch nicht nur auf dem wirtschaftlichen Wert seiner Leistung, sondern weitgehend darauf, wie er die ihm obliegenden Aufgaben erfülle. Gerade das gebe ihm im Bereich des Arbeitslebens maßgeblich seine Würde als Mensch. Deshalb müsse der Arbeitgeber nicht bloß aufgrund seiner Treupflicht, sondern vor allem auch aufgrund der jedermann aus Art. 1 und Art. 2 des Grundgesetzes obliegenden Verpflichtung alles unterlassen, was die Würde des Arbeitnehmers und die freie Entfaltung der Persönlichkeit beeinträchtigen kann."[577] Die Gesundheit des Arbeitnehmers ist dabei integraler Bestandteil bzw. Vorbedingung der grundrechtlich geschützten Persönlichkeitsentfaltung, welche gleichfalls wesentlich durch die berufliche Betätigung beeinflusst wird.[578] Denn aus sozialmedizinischer Sicht gelten die Funktionen der Erwerbsarbeit wie Gelderwerb, Zeitstruktur, Sozialkontakt, Status und Identität, regelmäßige Aktivität und Umgebungsfaktoren als wesentliche Bedingungen für emotionales Wohlbefinden und psychische Stabilität.[579] Damit kommt der Gesundheit und Persönlichkeitsentfaltung des Arbeitnehmers eine zentrale, durch das Grundgesetz abgesicherte und über die zivilrechtlichen Generalklauseln (§ 242 BGB) sowie gesetzlichen Konkretisierungen der allgemeinen Fürsorgepflicht in das Arbeitsverhältnis einwirkende Bedeutung zu.

### (3) Schutzwürdige Arbeitgeberbelange

Auch der Arbeitgeber dürfte ein starkes Interesse an einer genesungs- und persönlichkeitsfördernden allmählichen Reintegration seiner Beschäftigten in das Arbeitsverhältnis haben. Denn infolge einer erfolgreichen stufenweisen Wiedereingliederung wird ihm die Arbeitsleistung i.d.R. in qualitativer und quantitativer Hinsicht früher und dauerhafter wieder zur Verfügung stehen, was in der Summe nicht ohne Einfluss auf den Erreichungsgrad der Unternehmensziele und der Erhaltung der Wettbewerbsfähigkeit des Unternehmens bleibt.[580] Dies gilt umso mehr, als in Zeiten einer restriktiven Personalplanung der Ausfall des erkrankten Kollegen vielfach durch die verbliebenen Beschäftigten der Abteilung unter Aufwendung nicht unerheblicher zusätzlicher körperlicher Reserven ausgeglichen wird, so dass die Rückkehr des Kollegen - wenn auch (zunächst) nicht vollschichtig - zugleich die Arbeitsmotivation und damit auch die Arbeitsergebnisse der übrigen Belegschaft steigern wird. Dennoch können allgemeine

---

[577] BAG, Urt. v. 10.11.1955 (Az.: 2 AZR 591/54), AP Nr. 2 zu § 611 BGB Beschäftigungspflicht, Bl. 119 f.; BAG, Beschl. v. 27.02.1985 (Az.: GS 1/84), BAGE 48, 122, 138; vgl. auch BAG, Beschl. v. 05.04.2006 (Az.: 3 AZB 61/04), NZA 2006, 694, 695.

[578] Für Sigmund Freud definierte sich Gesundheit sogar wesentlich durch die Arbeit (*„Gesundheit als die Fähigkeit, lieben und arbeiten zu können"*); zit. nach Weber/Hörmann/Heipertz, DÄBl., Heft 43 vom 26.10.2007, Seite A 2957.

[579] Vgl. Weber/Hörmann/Heipertz, DÄBl., Heft 43 vom 26.10.2007, Seiten A 2957, A 2960.

[580] So allgemein im Zusammenhang mit dem Nutzen betrieblicher Gesundheitsförderung Gerst, DÄBl., Heft 15 vom 14.04.2006, Seiten A 989, A 990.

schutzwürdige Interessen der Arbeitgeber an der Nichtdurchführung einer Maßnahme zur stufenweisen Wiedereingliederung benannt werden, insbesondere:
der Schutz des Unternehmens vor krankheitsbedingten Arbeitsfehlern und den
daraus resultierenden materiellen und/oder immateriellen Schäden (Vermögens-
und/oder Imageschäden) sowie - möglicherweise - fehlende freie/verfügbare
personelle Kapazitäten im Vorgesetzten- und/oder Kollegenkreis zur notwendigen verantwortungsvollen Betreuung/Begleitung der Maßnahme.

### cc) Umfassende Abwägung der sich gegenüberstehenden Belange

Demzufolge sind einerseits ganz gewichtige Arbeitnehmerbelange an der stufenweisen Wiedereingliederung (Gesundheit, Persönlichkeitsentfaltung) anzu-
führen, die durch Wertungen der Verfassung (Art. 2 Abs. 1 i.V.m. Art. 1 Abs. 1
GG) und einfachgesetzliche Normen (§ 84 Abs. 2, § 618 BGB, § 2 Abs. 2 SGB
III) noch entsprechend verstärkt werden. Dem stehen grundsätzlich auch nicht
zu vernachlässigende materielle, immaterielle und u.U. organisatorische Arbeitgeberinteressen gegenüber. Berücksichtigt man im Weiteren allerdings die Vorteile der stufenweisen Wiedereingliederung für den Arbeitgeber sowie die Möglichkeit der Abmilderung von Vermögensschäden durch entsprechende vertragliche Gestaltung, wird deutlich, dass eine lediglich unter Zumutbarkeitsgesichtspunkten eingeschränkte Verpflichtung des Arbeitgebers zur Mitwirkung an einer
Maßnahme zur stufenweisen Wiedereingliederung anzunehmen ist. Denn so hat
der Arbeitgeber die Möglichkeit, in die separat abzuschließende Wiedereingliederungsvereinbarung einen entsprechenden Passus aufzunehmen, wonach der
Arbeitnehmer im Rahmen der Grundsätze zur eingeschränkten Arbeitnehmerhaftung sowie der Haftungserleichterung des § 105 SGB VII für dienstliche
Handlungen uneingeschränkt verantwortlich und damit haftbar ist.[581] Dadurch
kann er sich zumindest gegen mögliche Vermögensschäden absichern, die infolge von krankheitsbedingten Arbeitsfehlern des Rehabilitanden eintreten können.
Hinzu kommt, dass der Arbeitgeber im Zusammenhang mit der stufenweisen
Wiedereingliederung - abgesehen von der Bindung zusätzlicher personeller Kapazitäten, die für die Betreuung der Maßnahme notwendig sind, sich aber in den
meisten Fällen im Rahmen halten werden - regelmäßig keine finanziellen Belastungen hat.[582] Vielmehr ist das Gegenteil der Fall: Angesichts der ärztlicherseits
gestellten positiven beruflichen Prognose, welche die Verwertbarkeit der Ar-

---

[581] Vgl. hierzu das Formulierungsbeispiel unter Teil 2, 6. Kapitel, § 1, C, IV (Ziff. 7 der Mus-
tervereinbarung).
[582] Vgl. zur mangelnden Vergütungspflicht des Arbeitgebers im Einzelnen unter Teil 2, 6.
Kapitel, § 1, B, I, 2, a, aa.

beitsleistung des Arbeitnehmers bereits im Rahmen des Wiedereingliederungsplans impliziert, erhält der Arbeitgeber eine zusätzliche kostenlose Arbeitskraft.

**b)  Fazit**

Demzufolge besteht für den Arbeitgeber nach der von der Verfasserin vertretenen Ansicht auch bei dem Personenkreis der von Behinderung bedrohten und
nicht behinderten Arbeitnehmer aus der arbeitsvertraglichen Fürsorgepflicht
heraus eine Verpflichtung zur Durchführung der stufenweisen Wiedereingliederung, welche - wie auch die aus § 81 Abs. 4 und § 618 BGB i.V.m. Art. 5 RL
2000/78/EG resultierende Verpflichtung - lediglich durch Zumutbarkeitsgesichtspunkte beschränkt ist. Durch die Begrenzung unter Zumutbarkeitsgesichtspunkten ist eine interessengerechte Lösungsfindung im Einzelfall ausreichend gewährleistet, weil der Arbeitgeber hierdurch in die Lage versetzt wird,
erfolgreich insbesondere tätigkeits-, krankheitsbildspezifische oder sonstige organisatorische Umsetzungsschwierigkeiten bzw. Realisierungshemmnisse vor-
zubringen. Nur eine solche Betrachtungsweise wird überdies der Bedeutung des
Instruments der stufenweisen Wiedereingliederung, der Gesundheit und Persönlichkeitsentfaltung des Arbeitnehmers im Arbeitsverhältnis sowie der vom Gesetzgeber verstärkt deutlich gemachten besonderen Verantwortung des Arbeitgebers im Hinblick auf die Gesunderhaltung seiner Arbeitnehmer gerecht.

**4.  Kreis der arbeitslosen Leistungsberechtigten**

Angesichts der Tatsache, dass die allgemeine Fürsorgepflicht als arbeitsvertragliche Nebenpflicht zumindest eine vorvertragliche Beziehung zwischen den Ver-
tragsparteien voraussetzt, kann sie in Bezug auf lediglich von Behinderung bedrohte oder nicht behinderte arbeitslose Leistungsberechtigte nicht als Grundlage für eine Mitwirkungsverpflichtung des Arbeitgebers an einer Maßnahme zur
stufenweisen Wiedereingliederung herangezogen werden, sofern nicht wenigstens bereits die Phase der Vertragsanbahnung mit dem Arbeitgeber erreicht ist.
Gegenüber diesem Personenkreis gelten auch noch nicht die in § 84 Abs. 2 und
§ 618 BGB statuierten Verhaltenspflichten, welche die arbeitsvertragliche Fürsorgepflicht verstärken. Demzufolge besteht dahingehend keine echte Mitwirkungsverpflichtung des Arbeitgebers, selbst wenn man die Arbeitgeber durch §
2 Abs. 2 SGB III für aufgerufen hält, Arbeitsplätze für eine stufenweise Wiedereingliederung zur Verfügung zu stellen.[583] Denn § 2 Abs. 2 SGB III allein scheidet - wie bereits ausgeführt -[584] ebenfalls als entsprechende Verpflichtungs-

---

[583] So Gagel, NZA 2001, 988, 989.
[584] Vgl. die Ausführungen unter Teil 2, 3. Kapitel, § 2, C, III, 1, a, bb.

grundlage aus. Diese Vorschrift „taugt" nur zur entsprechenden Verstärkung der arbeitsvertraglichen Fürsorgepflicht, welche jedoch zeitlich erst in der Phase der Vertragsanbahnung einsetzt. Auch für die Gruppe der (schwer-) behinderten arbeitslosen Leistungsberechtigten muss gleichfalls wenigstens die Phase der Vertragsanbahnung oder zumindest der Bewerberstatus erreicht sein, um eine entsprechende Schutzwirkung der Verpflichtungsgrundlage des § 81 Abs. 4 S. 1 Nr. 1 bzw. § 618 BGB annehmen zu können.[585]

## IV. Zusammenfassende Schlussfolgerungen

Zusammenfassend lässt sich in Bezug auf den Kreis der Arbeitgeber Folgendes festhalten: Sofern eine ordnungsgemäße, weil arbeits- und sozialrechtlichen Anforderungen genügende[586], ärztliche Empfehlung für eine stufenweise Wiedereingliederung in Form eines Wiedereingliederungsplans vorliegt, trifft diesen - abgesehen von den arbeitslosen Leistungsberechtigten - eine Verpflichtung zur Mitwirkung an einer Maßnahme zur stufenweisen Wiedereingliederung, die lediglich unter Zumutbarkeitsgesichtspunkten beschränkt ist. Für die (schwer-) behinderten Arbeitnehmer folgt dies aus den beschriebenen Verflechtungen der § 28, § 74 SGB V mit §§ 81 Abs. 4 S. 1 Nr. 1 bzw. § 618 BGB, die im Zusammenhang mit Art. 5 RL 2000/78/EG vom 27.11.2000 zu betrachten und zugleich Ausdruck einer gesteigerten Fürsorgepflicht des Arbeitgebers sind. Für die von Behinderung bedrohten und nicht behinderten Arbeitnehmer ergibt sich eine dahingehende Mitwirkungsverpflichtung aus der durch § 84 Abs. 2, § 618 BGB und § 2 Abs. 2 SGB III gesteigerten arbeitsvertraglichen Fürsorgepflicht des Arbeitgebers nach umfassender Abwägung der beiderseitigen schutzwürdigen Belange, welche sowohl die grundlegende Bedeutung des Instruments der stufenweisen Wiedereingliederung für den Arbeitnehmer als auch die dem Arbeitgeber hieraus resultierenden Vorteile berücksichtigt.

---

[585] Vgl. hierzu bereits die Ausführungen unter Teil 2, 1. Kapitel, § 2, D, I, 2, c, cc.
[586] Vgl. zu diesem Erfordernis und den hieran im Einzelnen gestellten Anforderungen unter Teil 2, 5. Kapitel, § 2, B.

**D. Rolle des Betriebsrats, der Schwerbehindertenvertretung und sonstiger möglicher Beteiligter**

**I. Betriebsrat**

**1. Beteiligungsrechte im Zusammenhang mit der Aufnahme der Tätigkeit im Rahmen des Wiedereingliederungsplans**

Jedenfalls im Zusammenhang mit der Aufnahme der Tätigkeit im Rahmen des Wiedereingliederungsplans bestehen anerkanntermaßen keine betriebsverfassungsrechtlichen Mitbestimmungsrechte der Betriebsräte nach §§ 87 Abs. 1 Nrn. 2 und 3, 99 BetrVG[587], weil die Lage und Dauer der Tätigkeitszeit von den medizinischen Gegebenheiten bestimmt werden, ebenso wie der Inhalt der Tätigkeit.[588]

**2. Beteiligungsrechte bei der Vorbereitung einer stufenweisen Wiedereingliederung**

**a) Beteiligungsrechte nach § 84 Abs. 2**

Berücksichtigt man, dass sich die stufenweise Wiedereingliederung als mögliches Ergebnis des in § 84 Abs. 2 vorgesehenen Klärungsverfahrens[589] und damit als Bestandteil des BEM darstellt, ergibt sich hinsichtlich möglicher Beteiligungsrechte bei der Vorbereitung einer stufenweisen Wiedereingliederung folgendes Bild: Die in § 84 Abs. 2 S. 7 normierte Überwachungspflicht gibt dem Betriebsrat[590] insbesondere einen Anspruch darauf, zu erfahren, ob und in welchem Umfang Beschäftigte innerhalb eines Jahres länger als sechs Wochen ununterbrochen oder wiederholt arbeitsunfähig waren.[591] Hierdurch besteht für den Betriebsrat in Bezug auf eine stufenweise Wiedereingliederung die grundsätzliche Möglichkeit, sich zumindest einen Überblick über den Personenkreis zu verschaffen, den er zum Zwecke der dahingehenden Unterstützung ansprechen kann. Dem Betriebsrat kommt aufgrund seiner Nähe zu den Beschäftigten des Unternehmens insoweit vor allem in Bezug auf den betroffenen Leistungsberechtigten jedenfalls eine nicht unbedeutende unterstützende, in Form einer beratenden Funktion zu. Insbesondere sind aktive Gespräche über die grundsätzli-

---

587  Für Personalräte gilt nach § 75 Abs. 1 und 3 BPersVG Entsprechendes.
588  Vgl. Reinecke, in Küttner/Röller, Ordn.-Nr. 351 Rdnr. 15.
589  Vgl. hierzu bereits unter Teil 2, 1. Kapitel, § 2, D, II, 5.
590  Für Personalräte gilt Entsprechendes, was aus § 93 folgt.
591  Vgl. im Zusammenhang mit den Rechten des Personalrats Klaesberg, PersR 2005, 427, 430.

che Möglichkeit, zu den Chancen und Risiken einer stufenweisen Wiedereingliederung sowie die Unterstützung beim Vorgehen im Zusammenhang mit dem Anstoßen einer solchen Maßnahme (z.B. Hinweise zur Kontaktaufnahme mit den Rehabilitationsträgern) denkbar. § 84 Abs. 2 S. 6 gibt dem Betriebsrat überdies ein Klärungs- und damit Initiativrecht[592] auf Einleitung und - bei Zustimmung des Betroffenen - auf Durchführung eines BEM im Einzelfall. Aus § 84 Abs. 2 S. 1 folgt zudem ein Anspruch auf Teilnahme am BEM, wobei durch den Wortlaut („klärt der Arbeitgeber mit der zuständigen Interessenvertretung ... mit Zustimmung *und Beteiligung* der betroffenen Person") hinreichend klargestellt ist, dass dem Betriebsrat auch ein generelles Recht zusteht, an einem im Rahmen des § 84 Abs. 2 - mit Zustimmung des Betroffenen - initiierten Präventions- bzw. Eingliederungsgespräch teilzunehmen[593], dessen Gegenstand bereits eine mögliche Maßnahme zur stufenweisen Wiedereingliederung sein kann. Ferner hat er danach einen grundsätzlichen Anspruch darauf, dass der Arbeitgeber das nach § 84 Abs. 2 S. 1 vorgesehene Klärungsverfahren anstößt, das regelmäßig mit einem Präventions- bzw. Eingliederungsgespräch beginnt.

**b)   Mitbestimmungsrechte nach § 87 Abs. 1 BetrVG**

Fraglich ist, ob über diese, auf den konkreten Einzelfall bezogenen Beteiligungstatbestände des § 84 Abs. 2 hinaus im Zusammenhang mit der Vorbereitung einer Maßnahme zur stufenweisen Wiedereingliederung Mitbestimmungsrechte aus § 87 Abs. 1 BetrVG hergeleitet werden können. Diese Frage stellt sich insbesondere dann, wenn der Arbeitgeber eine allgemeine bzw. formalisierte Verfahrensordnung zur Durchführung eines BEM schafft oder anwendet, die als Maßnahme zur Überwindung der Arbeitsunfähigkeit auch Regelungen zur stufenweisen Wiedereingliederung beinhalten kann. Dies ist streitig.

**aa)   Herrschende Literaturauffassung**

Die herrschende Meinung im Schrifttum leitet ein solches Mitbestimmungsrecht aus § 87 Abs. 1 Nr. 1 und/oder Nr. 7 BetrVG[594] ab, weil es bei der Schaffung einer entsprechenden Verfahrensordnung zum einen um eine Frage der Ordnung des Betriebs ginge und zum anderen die Vorschrift des § 84 Abs. 2 ein Verfah-

---

[592] So auch Gagel/Schian/Schian, Forum B, Diskussionsbeitrag Nr. 4/2004, Seiten 5 f.; Britschgi, AiB 2005, 284, 286 und Düwell, FS für Küttner, 139, 152.
[593] A.A. Balders/Lepping, NZA 2005, 854, 856.
[594] Für Personalräte gilt nach § 75 Abs. 3 Nr. 11, 15 BPersVG Entsprechendes.

ren der gesundheitlichen Prävention eingeführt habe, das zumindest mittelbar auf den betrieblichen Arbeits- und Gesundheitsschutz abzielt.[595]

## bb) Mindermeinung

Dieser Argumentation wird im Wesentlichen entgegengehalten, dass in § 84 Abs. 2 eine abschließende Regelung der Beteiligungsrechte im Zusammenhang mit dem BEM zu erblicken, jedenfalls mit § 83 Abs. 2 a Ziff. 5 durch den Gesetzgeber das BEM erkennbar in der Integrationsvereinbarung „verortet" worden sei. Zudem werde mit der Einführung eines BEM dem Arbeitnehmer weder ein bestimmtes Verhalten abverlangt, noch habe dies einen Bezug zur betrieblichen Ordnung i.S. des § 87 Abs. 1 Nr. 1 BetrVG. Auch gehe es dabei nicht um die Festlegung von unter § 87 Abs. 1 Nr. 1 BetrVG subsumierbaren allgemeingültigen Verhaltensregeln, sondern um die Leistungsfähigkeit einzelner Arbeitnehmer zur Erbringung der vertraglich geschuldeten Arbeitsleistung. Angesichts der gänzlich unterschiedlichen Zielrichtungen der Einführung eines formalisierten BEM und des § 87 Abs. 1 Nr. 7 BetrVG sei letzterer als Mitbestimmungstatbestand ebenfalls nicht einschlägig. Insoweit müsse berücksichtigt werden, dass mit der Einführung eines formalisierten BEM geklärt werden soll, ob und durch welche Maßnahmen eine erneute Arbeitsunfähigkeit des Betroffenen vermieden werden kann, wobei die in der Vergangenheit aufgetretenen Erkrankungen auch nicht im Zusammenhang mit der bisherigen Tätigkeit des Betroffenen oder den Arbeitsabläufen im Betrieb gestanden haben müssen. Hingegen soll durch die Einhaltung der Mitbestimmung nach § 87 Abs. 1 Nr. 7 BetrVG insbesondere vermieden werden, dass die Beschäftigten im Betrieb Gefährdungen ausgesetzt werden.[596]

## cc) Rechtsprechung

Eine explizite Entscheidung des BAG zu dieser Thematik existiert bislang noch nicht. Insbesondere in dem Verfahren 1 ABR 45/08[597], in dem es um das Bestehen eines Mitbestimmungsrechts u.a. im Zusammenhang mit dem BEM ging,

---

[595] Vgl. Gagel, NZA 2004, 1359; 1361; ders., jurisPR-ArbR 1/2007, Anm. 1, C; ders. jurisPR-ArbR 39/2008, Anm. 5, C; Gagel/Schian/Schian, Forum B, Diskussionsbeitrag Nr. 5/2004, Seiten 1, 3; Gaul/Süßbrich/Kulejewski, ArbRB 2004, 308, 310 f.; Steinau-Steinrück/Hagemeister, NJW-Spezial 2005, 129; Britschgi, AiB 2005, 284, 287; Düwell, FS für Küttner, 139, 153 sowie ausführlich Kohte, Forum B, Diskussionsbeitrag Nr. 9/2006, Seiten 1, 3 ff.

[596] I.d.S. Namendorf/Natzel, DB 2005, 1794, 1795; dies, FA 2005, 162, 163 sowie Balders/Lepping, NZA 2005, 854, 856.

[597] Veröff. in der juris Datenbank.

war die Frage nicht entscheidungserheblich. Es fehlte insoweit an einem Hauptantrag, der den Bestimmtheitserfordernissen des § 253 Abs. 2 Nr. 2 ZPO genügte. Anders als das LAG Hamburg (Vorinstanz) in dem Beschluss vom 21.05.2008 (Az.: H 3 TaBV 1/08)[598] nimmt das BAG auch nicht im Rahmen eines obiter dictums zu der Frage Stellung, sondern stellt in seinem Beschluss vom 18.08.2009 klar: „Sein Begehr läuft vielmehr auf eine gerichtliche Kommentierung zu § 84 Abs. 2 SGB IX mit allen im Rahmen des BEM in Betracht kommenden generell-abstrakten oder individuell-konkreten Regelungen und Maßnahmen und den dabei nach § 87 Abs. 1 Nr. 7 BetrVG etwa eröffneten Mitbestimmungsrechten hinaus. Hierzu sind die Gerichte für Arbeitssachen nicht berufen." Das BAG lässt die Frage des Bestehens eines Mitbestimmungsrechts also ausdrücklich offen. Das LAG Hamburg hat sich zuvor in der zitierten Entscheidung ausdrücklich gegen das Bestehen eines Mitbestimmungsrechts nach § 87 Abs. 1 Nr. 7 BetrVG ausgesprochen, weil das BEM wegen des Zustimmungserfordernisses des betroffenen Arbeitnehmers einen rein individuellen Bezug aufweise. Ein Mitbestimmungsrecht nach § 87 Abs. 1 Nr. 1 BetrVG hält das LAG Hamburg hingegen für möglich, sofern der Arbeitgeber das BEM in formalisierter Weise durchführt. Die übrige arbeits- und landesarbeitsgerichtliche Rechtsprechung spricht sich - soweit ersichtlich - für ein Mitbestimmungsrecht aus und schließt sich damit der herrschenden Literaturauffassung an. Hierbei wird § 87 Abs. 1 Nr. 1 BetrVG und/oder § 87 Abs. 1 Nr. 7 BetrVG als einschlägig betrachtet.[599]

#### dd) Stellungnahme

Sofern kollektivrechtliche Regelungen in Frage stehen, der Arbeitgeber also den Ablauf des BEM vom ersten Anschreiben, über das Präventions- bzw. Eingliederungsgespräch, die Datenerfassung und -auswertung bis hin zur konkreten Umsetzung im Anschluss formalisiert regeln möchte, handelt es sich um eine Maßnahme, die sowohl nach § 87 Abs. 1 Nr. 1 BetrVG als auch nach § 87 Abs. 1 Nr. 7 BetrVG mitbestimmungspflichtig ist.

#### (1) § 87 Abs. 1 Nr. 1 BetrVG

Dass ein Fall des § 87 Abs. 1 Nr. 1 BetrVG vorliegt, ergibt sich aus Folgendem: Es ist anerkannt, dass das formalisierte Durchführen von Kranken- bzw. Vorsorgegesprächen, welche insbesondere der Aufklärung und Vorbereitung einer Be-

---

[598] Vgl. AiB 2009, 232 f.

[599] Vgl. ArbG Bielefeld, Beschl. v. 10.05.2006 (Az.: 3 BV 8/06), veröff. unter www.reha-recht.de, Forum B, Diskussionsbeitrag Nr. 9/2006, Anlage 1; ArbG Dortmund, Beschl. v. 20.06.2005 (Az.: 5 BV 48/05), veröff. in der juris Datenbank sowie LAG Schleswig-Holstein, Beschl. v. 19.12.2006 (Az.: 6 TaBV 14/06), AiB 2007, 425 ff. (ebenso die Vorinstanz ArbG Neumünster, Beschl. v. 07.03.2006, Az.: 2 BV 6 c/06, n.v.).

seitigung arbeitsbedingter Einflussfaktoren auf die Gesundheit zur Verringerung künftiger Fehlzeiten dienen, gleichfalls dem Mitbestimmungsrecht des § 87 Abs. 1 Nr. 1 BetrVG unterliegt. Dies gilt zumindest dann, wenn standardisierte Fragebögen verwendet werden.[600] Nichts anderes kann daher für das BEM gelten, bei dem es insbesondere um die Überwindung einer bestehenden Arbeitsunfähigkeit geht. Denn das Erreichen dieser Zielsetzung des BEM erfordert u.a. das gezielte Ausfindigmachen von möglicherweise für die Arbeitsunfähigkeit ursächlichen Arbeitsbedingungen.

**(2) § 87 Abs. 1 Nr. 7 BetrVG**
Nach der Rechtsprechung des BAG unterfällt überdies jede gesetzliche Regelung, welche auch nur mittelbar dem betrieblichen Gesundheitsschutz dient, dem Mitbestimmungstatbestand des § 87 Abs. 1 Nr. 7 BetrVG.[601] Berücksichtigt man - wie gerade ausgeführt -, dass es im Rahmen eines BEM insbesondere um die Überwindung einer bestehenden Arbeitsunfähigkeit geht und das Erreichen dieser Zielsetzung u.a. das gezielte Ausfindigmachen von möglicherweise für die Arbeitsunfähigkeit ursächlichen Arbeitsbedingungen erfordert, so wird hinreichend deutlich, dass auch der Tatbestand des § 87 Abs. 1 Nr. 7 BetrVG tangiert ist. Denn das BEM dient wenigstens mittelbar dem betrieblichen Gesundheitsschutz. Vor diesem Hintergrund überzeugt auch die Argumentation zum abschließenden Charakter des § 84 Abs. 2 hinsichtlich der Beteiligungsrechte des Betriebsrats nicht. Denn der Vorschrift des § 84 Abs. 2 fehlt insoweit der erkennbar bzw. eindeutig abschließende Charakter i.S. einer das - bereits vor Einführung des heutigen § 84 Abs. 2 im Jahr 2004 bestehende - Mitbestimmungsrecht des § 87 BetrVG ausschließenden Wirkung. Dies wäre jedoch schon angesichts des besonders hohen Stellenwertes des betrieblichen Gesundheitsschutzes erforderlich, zumal das BAG in seiner Entscheidung vom 25.01.2000 (Az.: 1 ABR 3/99)[602] deutlich gemacht hat, dass derartige, die Mitbestimmungsrechte des Betriebsrats ausschließende gesetzliche Regelungen im heutigen Arbeitsrecht die begründungsbedürftige Ausnahme darstellen. Zu beachten ist allerdings, dass das BEM nicht nur Regelungen zum betrieblichen Gesundheitsschutz, sondern auch solche zur betrieblichen Gesundheitsförderung (z.B. Festlegung eines Verfahrens zur Beratung und Mobilisierung der Betroffenen zur vorbeugenden Gesundheitsförderung etc.) beinhalten kann, die nicht dem Mitbestimmungstatbestand des § 87 Abs. 1 Nr. 7 BetrVG unterliegen. Demzufolge

---

[600] Vgl. BAG, Beschl. v. 08.11.1994 (Az.: 1 ABR 22/94), NZA 1995, 857 ff.
[601] So etwa BAG, Beschl. v. 08.06.2004 (Az.: 1 ABR 4/03), NZA 2005, 227, 229; vgl. auch LAG Hessen, Beschl. v. 29.08.2002 (Az.: 5 TaBVGa 91/02), RDV 2004, 130 f., das jede systematische Erhebung von aktuellen Gesundheitsrisiken im Betrieb dem Mitbestimmungstatbestand des § 87 Abs. 1 Nr. 7 BetrVG zuordnet.
[602] Vgl. NZA 2000, 665, 667.

beschränkt sich das erzwingbare Mitbestimmungsrecht des § 87 Abs. 1 Nr. 7 BetrVG auf die mitbestimmungspflichtigen Teile des BEM.

## 3. Fazit

Insgesamt kann festgehalten werden, dass dem Betriebsrat gerade im Zusammenhang mit der Vorbereitung einer stufenweisen Wiedereingliederung eine bedeutsame Rolle zukommt, selbst wenn der Arbeitgeber keine allgemeine bzw. formalisierte Verfahrensordnung zur Durchführung eines BEM schafft oder anwendet.

## II. Schwerbehindertenvertretung

Die Aufgaben der Schwerbehindertenvertretung (sog. Vertrauensleute der Schwerbehinderten) sind in § 95 geregelt. Im Rahmen des § 84 Abs. 2 hat sie bereits nach dem Wortlaut die gleiche Rechtsstellung wie der Betriebsrat, so dass zur Vermeidung von Wiederholungen auf die Ausführungen unter § 2, D, I, 2, a dieses Kapitels verwiesen wird. § 95 Abs. 1 S. 2 Nr. 1 stellt dabei nochmals explizit klar, dass die Schwerbehindertenvertretung u.a. darüber wacht, dass die dem Arbeitgeber nach § 84 obliegenden Verpflichtungen erfüllt werden. § 95 Abs. 2 S. 1 gewährt der Schwerbehindertenvertretung überdies ein umfassendes Unterrichtungs- und Anhörungsrecht in Bezug auf Angelegenheiten, welche einzelne Schwerbehinderte oder die schwerbehinderten Menschen als Gruppe betreffen. In diesem Zusammenhang bedeutsam ist ferner die Regelung in § 83, insbesondere § 83 Abs. 2 a Nr. 5, welche festschreibt, dass Gegenstand einer Integrationsvereinbarung auch Regelungen „zur Durchführung einer betrieblichen Prävention (betriebliches Eingliederungsmanagement) und zur Gesundheitsförderung" sein können, demzufolge auch Regelungen zur stufenweisen Wiedereingliederung. In der Praxis von großer Bedeutung ist zudem das Kommunikationsrecht der Schwerbehindertenvertretung nach § 99, weil auf diese Weise die Rehabilitationsträger frühzeitig eingebunden werden können.

## III. Sonstige Beteiligte

Aus dem Normzweck und Normzusammenhang der § 28, § 74 SGB V folgt überdies, dass als mögliche weitere Beteiligte einer Maßnahme zur stufenweisen Wiedereingliederung die Fachkräfte für Arbeitssicherheit und der betriebliche Sozialdienst bzw. die betriebliche Sozialberatung in Betracht kommen. Die Rechtsstellung der Fachkräfte für Arbeitssicherheit ist in §§ 5 ff. ASiG geregelt. Deren Einbindung gewinnt immer dann an Relevanz bzw. Bedeutung, soweit sich im Zusammenhang mit der stufenweisen Wiedereingliederung Fragen des Arbeitsschutzes auftun. Die betriebliche Sozialberatung ist zumeist integraler Bestandteil von großen Unternehmen, welche dort in erster Linie eine unterstützende Funktion wahrnimmt. Sie wirkt einerseits auf einer individuellen Ebene bei den Mitarbeitern i.s. einer persönlichen Beratung, Entlastung und Verbesserung der Leistungsfähigkeit im Unternehmen, wobei die SozialberaterInnen mit den im Rahmen ihre Tätigkeit erlangten Informationen von Mitarbeitern vertraulich umgehen. Die betriebliche Sozialberatung wirkt aber auch auf genereller Ebene, indem sie Führungskräfte befähigt, Verhalten und Auffälligkeiten der Mitarbeiter als Symptome für das Unternehmen zu erkennen und zu verstehen. Der betrieblichen Sozialberatung kann daher vorrangig unterstützende, in Form einer beratenden Funktion zukommen. Insbesondere sind aktive Gespräche über die grundsätzliche Möglichkeit, zu den Chancen und Risiken einer stufenweisen Wiedereingliederung sowie die Unterstützung beim Vorgehen im Zusammenhang mit dem Anstoßen einer solchen Maßnahme denkbar.

## E. Mögliche Konsequenzen der Nichtdurchführung des Verfahrens zur stufenweisen Wiedereingliederung für den Arbeitgeber

### I. Beschäftigungsklage des Arbeitnehmers

Führt der Arbeitgeber trotz Zumutbarkeit die ärztlich empfohlene Maßnahme zur stufenweisen Wiedereingliederung nicht freiwillig durch, kann der wiedereingliederungswillige Arbeitnehmer unter Vorlage eines ausreichenden ärztlichen Wiedereingliederungsplans vor dem Arbeitsgericht zunächst unmittelbar auf Beschäftigung im Rahmen einer Maßnahme zur stufenweisen Wiedereingliederung klagen.[603] Der Arbeitgeber kann demzufolge (zwangsweise) - ggf. nach Durchlaufen sämtlicher Instanzen - gerichtlich zu einer entsprechenden Beschäftigung verpflichtet werden.

### II. Auswirkungen auf die Rechtswirksamkeit einer krankheitsbedingten Arbeitgeberkündigung[604]

Überdies stellt sich die Frage, inwieweit die Nutzung des in § 28, § 74 SGB V geregelten Instruments zu den Obliegenheiten im Zusammenhang mit dem Ausspruch einer personenbedingten Kündigung aus Krankheitsgründen gehört. Möglicherweise ist der Arbeitgeber am Ausspruch einer krankheitsbedingten Kündigung gehindert bzw. diese erweist sich im Nachhinein als rechtsunwirk-

---

[603] Zu den prozessualen Einzelheiten ausführlich unter Teil 2, 8. Kapitel.
[604] Hierzu ausführlich auch Gawlick, Seiten 184 ff.

sam, wenn er vor Ausspruch derselben eine ärztlich empfohlene stufenweise Wiedereingliederung abgelehnt bzw. unterlassen hat. Bei der Beantwortung dieser Frage wird im Nachfolgenden danach unterschieden, ob es sich um eine Kündigung im Anwendungsbereich des KSchG handelt oder nicht.

## 1. Kündigungen im Anwendungsbereich des KSchG

Ausgehend von der gleichgelagerten Diskussion um die Nichtdurchführung des BEM nach § 84 Abs. 2[605] kann die Durchführung einer Maßnahme zur stufenweisen Wiedereingliederung jedenfalls nicht als formelle Wirksamkeitsvoraussetzung einer krankheitsbedingten Kündigung betrachtet werden, zumal diese nur auf entsprechende ärztliche Empfehlung, also nicht generell, in Betracht zu ziehen ist.

### a) Sozialwidrigkeit der Kündigung nach § 1 KSchG

Die Kündigung könnte sich jedoch als sozialwidrig i.S. des § 1 KSchG erweisen.

### aa) Missachtung der 3-Stufen-Prüfung des BAG

Ausgangspunkt der Beurteilung ist dabei zunächst die vom BAG entwickelte 3-Stufen-Prüfung: negative Gesundheitsprognose, erhebliche Beeinträchtigung betrieblicher Interessen sowie Interessenabwägung. Da die Vorschriften der § 28, § 74 SGB V aus Arbeitgebersicht zudem nicht lediglich einen sanktionslosen öffentlich-rechtlichen, sondern privatrechtlich verpflichtenden Charakter aufweisen, kann die stufenweise Wiedereingliederung auch Bestandteil der materiell - rechtlichen Wirksamkeitsprüfung im Rahmen des 3-Stufen-Modells sein. Fraglich ist daher, an welcher Stelle konkret sich eine unterbliebene stufenweise Wiedereingliederung möglicherweise materiell-rechtlich auswirkt.

### (1) Negative Gesundheitsprognose

Die negative Gesundheitsprognose im Rahmen einer krankheitsbedingten Kündigung erfordert allgemein, dass sich im Zeitpunkt des Kündigungszugangs aus objektiven Umständen eine negative Prognose für zu erwartende weitere Fehlzeiten ergibt. Im Zusammenhang mit den im Rahmen der stufenweisen Wiedereingliederung vornehmlich relevanten Langzeiterkrankungen ist eine solche Zukunftsprognose nach der Rechtsprechung des BAG gegeben, wenn mit einer Wiederherstellung der Arbeitsfähigkeit des Arbeitnehmers in absehbarer Zeit

---

[605] Vgl. hierzu bereits unter Teil 2, 1. Kapitel, § 2, D, II, 4.

nicht zu rechnen ist.[606] Berücksichtigt man, dass dem wiedereingliederungsbereiten Arbeitnehmer in der Arbeitsunfähigkeitsbescheinigung nach § 28, § 74 SGB V eine positive berufliche Prognose bestätigt wird, die vielfach auf die Wiederherstellung der vollen Arbeitsfähigkeit nach Durchlaufen des Wiedereingliederungsplans gerichtet ist, wird es sehr häufig bereits an der so beschriebenen negativen Gesundheitsprognose fehlen. Nur wenn der Arbeitgeber im Rahmen der abgestuften Darlegungs- und Beweislast nachweisen kann, dass die stufenweise Wiedereingliederung entgegen der ärztlichen Prognose nicht zum Erfolg geführt hätte oder lediglich mit einer teilweisen Wiederherstellung der Arbeitsfähigkeit zu rechnen war[607], kann es gelingen, das Bestehen einer negativen Gesundheitsprognose zu begründen.

**(2) Erhebliche Beeinträchtigung betrieblicher Interessen/Interessenabwägung: Unvermeidbarkeit der Kündigung**

Gelingt es dem Arbeitgeber, trotz Verweigerung einer stufenweisen Wiedereingliederung eine negative Gesundheitsprognose darzulegen und entsprechend nachzuweisen, muss sich aus dem weiteren Arbeitgebervortrag ferner eine erhebliche Beeinträchtigung betrieblicher Interessen sowie eine zu seinen Gunsten ausfallende Interessenabwägung und damit insgesamt eine Unvermeidbarkeit der Arbeitgeberkündigung ableiten lassen können. Dies wird nicht gelingen, sofern sich eine krankheitsbedingte Kündigung ohne vorherige Durchführung einer ärztlich empfohlenen stufenweisen Wiedereingliederung als unverhältnismäßig erweist, weil sie nicht als letzte Reaktion auf eine Störung des Arbeitsverhältnisses und damit als „ultima-ratio" angesehen werden kann. Insoweit ist zu berücksichtigen, dass eine Beendigungskündigung nur dann ausgesprochen werden darf, wenn kein anderes, das betriebliche oder wirtschaftliche Interesse in gleicher Weise befriedigendes Mittel zur Verfügung steht. D.h. der Arbeitgeber ist verpflichtet, nach billigem Ermessen vorrangig betriebliche Maßnahmen zu prüfen, bevor er zum Mittel der Beendigungskündigung greift. Der Verstoß gegen das in § 1 Abs. 2 KSchG explizit verankerte „ultima-ratio-Prinzip" führt unmittelbar zur Unwirksamkeit einer arbeitgeberseitigen Kündigung, weil sich dessen Wahrung als Obliegenheit des Arbeitgebers („Verhaltensanforderung im eigenen Interesse") darstellt.[608] Zwar kann eine Maßnahme zur stufenweisen Wiedereingliederung nicht als anderweitige Weiterbeschäftigungsmöglichkeit i.S. des § 1 Abs. 2 S. 3 KSchG angesehen werden, da es sich hierbei nicht um

---

[606] So bereits BAG, Urt. v. 22.02.1980 (Az.: 7 AZR 295/78), AP Nr. 6 zu § 1 KSchG 1969; BAG, Urt. v. 25.11.1982 (Az.: 2 AZR 140/81), AP Nr. 7 zu KSchG 1969; BAG, Urt. v. 19.05.1993 (Az.: 2 AZR 598/92), EEK II/217.

[607] Dass eine solche Prognose im Rahmen der § 28, § 74 SGB V ausreichend ist, wurde bereits unter Teil 2, 2. Kapitel, § 3, III ausführlich dargestellt.

[608] Vgl. nur Preis, NZA 1998, 449, 455 f. m.w.N.

einen vorhandenen anderen Arbeitsplatz, sondern um einen betrieblichen Rehabilitationsplatz handelt. Diese stellt auch keine echte arbeitgeberseitige Überbrückungsmaßnahme i.S. einer den fehlenden Arbeitnehmer ersetzenden Maßnahme (wie Einstellung einer Ersatzkraft oder einer vorgehaltenen Personalreserve, zeitweilige Übertragung der Aufgaben auf andere Mitarbeiter etc.) zur Vermeidung einer Kündigung dar.[609] Dennoch kann sie allgemein als mildere Reaktion auf eine Störung des Arbeitsverhältnisses sowie als betriebliche Maßnahme angesehen werden, die grundsätzlich geeignet ist, eine Weiterbeschäftigung des Arbeitnehmers zu sichern und damit eine krankheitsbedingte Kündigung zu vermeiden, was nach dem beschriebenen weiten Inhalt des ultima-ratio-Prinzips ausreichend ist, um bei mangelnder Durchführung einer stufenweisen Wiedereingliederung einen Verstoß gegen den Verhältnismäßigkeitsgrundsatz anzunehmen.[610] Dies gilt jedenfalls dann, wenn dem Arbeitgeber bei objektiv ex-anter Betrachtung die stufenweise Wiedereingliederung insgesamt zumutbar war oder im Falle einer lediglich auf die Wiederherstellung teilweiser Arbeitsfähigkeit gerichteten beruflichen Prognose eine (sinnvolle) Verwertungsmöglichkeit des Restleistungsvermögens im Betrieb oder an einer anderen Stelle im Unternehmen nach Durchlaufen des Wiedereingliederungsplans bestand. Kann der Arbeitgeber hingegen umgekehrt eine Unzumutbarkeit, ein Scheitern im Falle der Durchführung oder eine unternehmensweite mangelnde bzw. nicht sinnvolle Verwertbarkeit des Restleistungsvermögens[611] bei einer lediglich auf die Wiederherstellung teilweiser Arbeitsfähigkeit gerichteten beruflichen Prognose nachweisen, stellt sich die stufenweise Wiedereingliederung nicht als mildere Alternative zur streitgegenständlichen Arbeitgeberkündigung dar, so dass ihre Nichtdurchführung dann auch ohne Auswirkungen auf die materiell-rechtliche Rechtswirksamkeit der Kündigung bleibt. Dieses Ergebnis zu den Auswirkungen der stufenweisen Wiedereingliederung auf die Verhältnismäßigkeit der Arbeitgeberkündigung wird bestätigt durch die aus § 2 Abs. 2 SGB III zu entnehmenden Wertungen. Zwar ist sowohl im arbeits- als auch im sozialrechtlichen Schrifttum streitig, inwieweit diese Vorschrift Auswirkungen auf das Kündigungsschutzrecht hat. Die ganz überwiegende Auffassung sieht darin aber zumindest eine Bestätigung bzw. Ausformung des allgemein in § 1 Abs. 2 KSchG

---

[609] So Becker, Seite 113.
[610] So auch Bepler, ArbuR 1999, 219, 222; ders., in Gagel, Komm. zum SGB III, § 2 Rdnrn. 13, 49; Gagel, BB 2001, 358, 359; ders, NZA 2001, 988, 992; ders. Forum B, Diskussionsbeitrag Nr. 1/2003, Seite 2; Gagel/Schian/Dalitz/Schian, Forum B, Diskussionsbeitrag Nr. 4/2004, Seite 1; dies., Forum B, Diskussionsbeitrag Nr. 9/2005, Seite 2.
[611] Etwa weil der angestammte Arbeitsplatz des Arbeitnehmers zwingend eine Vollzeitstelle ist oder mit dem Restleistungsvermögen des Arbeitnehmers trotz organisatorischer Maßnahmen des Arbeitgebers in qualitativer Hinsicht der Arbeitsplatz nicht ausgefüllt werden kann und auch keine anderweitige unternehmensweite Einsatzmöglichkeit besteht.

verankerten ultima-ratio-Prinzips[612], ohne die Anforderungen hieran zu erweitern.[613] Dies überzeugt, da durch § 2 Abs. 2 SGB III verstärkt deutlich wird, dass der Arbeitgeber im Rahmen seiner Fürsorgepflicht alle sozialrechtlichen Möglichkeiten zur Förderung des Arbeitnehmers sowie zur Erhaltung seines Arbeitsplatzes zur Sicherung einer Weiterbeschäftigung zu nutzen hat, soweit andere Möglichkeiten nicht zum gleichen Erfolg führen. Eine besondere Bedeutung in diesem Zusammenhang haben dabei nicht nur die Hilfen zur beruflichen und medizinischen Rehabilitation, sondern auch und gerade die stufenweise Wiedereingliederung nach § 28, § 74 SGB V.

**bb) Verstoß gegen ein Diskriminierungsverbot des AGG**

Durch die beschriebene Verknüpfung der § 28, § 74 SGB V mit der materiellrechtlichen Verpflichtung aus § 81 Abs. 4 S. 1 Nr. 1, die ihrerseits Bestandteil des aus Art. 5 RL 2000/78/EG resultierenden Diskriminierungsschutzes ist[614], könnte sich eine krankheitsbedingte Kündigung nach verweigerter stufenweiser Wiedereingliederung im persönlichen Anwendungsbereich des SGB IX und AGG überdies als diskriminierend erweisen. Dies setzt angesichts der Tatsache, dass nach der Rechtsprechung des EuGH eine Krankheit für sich noch keine Behinderung (i.S. eines relevanten Diskriminierungsmerkmals) darstellt[615], nach Auffassung der Verfasserin jedoch zunächst voraus, dass der betreffende Mitarbeiter behindert i.S. der Definition des SGB IX bzw. BGG ist. Überdies müssen die Vorschriften des AGG, auf die schließlich auch § 81 Abs. 2 verweist, trotz der in § 2 Abs. 4 AGG geregelten Ausnahme Anwendung finden. Welche Bedeutung der in § 2 Abs. 4 AGG enthaltenen gesetzlichen Anordnung im Einzelnen zukommt, ist in der arbeitsrechtlichen Literatur umstritten. Ein Teil der Autoren nimmt an, § 2 Abs. 4 AGG solle die Anwendung der in Umsetzung der europarechtlichen Antidiskriminierungsrichtlinien geschaffenen gesetzlichen Regelungen im AGG vollständig ausschließen. Mit diesem Inhalt sei die Vorschrift allerdings aus europarechtlichen Gründen unanwendbar, so dass § 2 Abs. 4 AGG letztlich die Anwendung der übrigen Normen des Gesetzes nicht hindere. Andererseits wird die Auffassung vertreten, § 2 Abs. 4 AGG müsse - ebenso wie das Kündigungsschutzrecht - richtlinienkonform ausgelegt werden und eröffne die Möglichkeit der Anwendung der europarechtlichen Diskriminie-

---

[612] So Fischermeier, NZA 1997, 1089, 1091; Rolfs, NZA 1998, 17, 19; Löwisch, NZA 1998, 729; Beckschulze, BB 1998, 791, 793; Preis, NZA 1998, 449, 454 f., 458; Bepler, ArbuR 1999, 219, 222; ders., in Gagel, Komm. zum SGB III, § 2 Rdnrn. 13, 49; Gagel, BB 2001, 358, 359; ders, NZA 2001, 988, 992.
[613] I.d.S. nur Schaub NZA 1997, 810.
[614] Vgl. die Ausführungen unter Teil 2, 1. Kapitel, § 2, D, I, 1, 2, c, cc, (2).
[615] Vgl. bereits die Ausführungen unter Teil 2, 1. Kapitel, § 2, D, I, 1, b.

rungsverbote im Kündigungsschutzrecht.[616] Die Kommission der EG hat im Rahmen des Vertragsverletzungsverfahrens Nr. 2007/2362 mit Aufforderungsschreiben vom 31.01.2008 gegenüber der BRD gerügt, dass diese weder durch das AGG noch durch die Bestimmungen zum allgemeinen und besonderen Kündigungsschutz die Regelung des Art. 3 Abs. 1 Buchstabe c RL 2000/78/EG korrekt umgesetzt habe.[617] Die Bundesregierung sah dies aufgrund der Möglichkeit einer richtlinienkonformen Auslegung von § 2 Abs. 4 AGG anders[618], genauso wie nachfolgend das BAG. Letzteres hatte am 06.11.2008 Gelegenheit zur Bedeutung des § 2 Abs. 4 AGG Stellung zu beziehen. In mehreren gleichgelagerten Rechtsstreiten (u.a. Rechtssache 2 AZR 523/07[619]), die zuvor am 29.01.2007 bzw. 05.02.2007 erstinstanzlich vom ArbG Osnabrück entschieden[620] und dessen Urteile nachfolgend vom LAG Niedersachsen aufgehoben worden sind[621], hat das BAG dabei grundlegend festgestellt, dass § 2 Abs. 4 AGG der Anwendung der materiellen Diskriminierungsverbote im Rahmen des Kündigungsschutzes nach dem Kündigungsschutzgesetz nicht im Wege steht. Vielmehr seien die Diskriminierungsverbote des AGG - einschließlich der ebenfalls im AGG vorgesehenen Rechtfertigungen für unterschiedliche Behandlungen - bei der Auslegung der unbestimmten Rechtsbegriffe des Kündigungsschutzgesetzes in der Weise zu beachten, dass sie Konkretisierungen des Begriffs der Sozialwidrigkeit darstellen.

## b) Fazit

Demzufolge kann sich eine krankheitsbedingte Kündigung, die sich im Anwendungsbereich des KSchG bewegt, bei unterlassener stufenweiser Wiedereingliederung in zweierlei Hinsicht als sozialwidrig i.S. des § 1 KSchG erweisen: Ent-

---

[616] Zum Meinungsstand im Einzelnen vgl. Thüsing ADS, Rdnrn. 103 ff. sowie ArbG Osnabrück, Urt. v. 05.02.2007 (Az.: 3 Ca 724/06), NZA 2007, 626, 627.

[617] Vgl. BT-Drs. 16/8461.

[618] Vgl. Antwort der Bundesregierung vom 10.03.2008 auf die Kleine Anfrage von Abgeordneten und der Fraktion DER LINKEN, BT-Drs. 16/8461, Seite 3 sowie Antwort der Bundesregierung vom 25.04.2008 auf die Kleine Anfrage von Abgeordneten und der Fraktion DER LINKEN, BT-Drs. 16/8965, Seite 3.

[619] Abgedr. in NZA 2009, 361 ff. mit Anm. Boemke, in jurisPR-ArbR 20/2009, Anm. 1.

[620] U.a. Urt. v. 29.01.2007 (Az.: 3 Ca 716/06), LAGE § 2 AGG Nr. 1; Urt. v. 05.02.2007 (Az.: 3 Ca 721/06), ArbuR 2007, 103; Urt. v. 05.02.2007 (Az.: 3 Ca 778/06), BB 2007, 1504 f.; Urt. v. 05.02.2007 (Az.: 3 Ca 677/06), DB 2007, 1200 sowie Urt. v. 05.02.2007 (Az.: 3 Ca 724/06), NZA 2007, 626 ff.

[621] Vgl. u.a. Urt. v. 13.07.2007 (Az.: 16 Sa 269/07), ArbuR 2007, 389 f., durch welches das (unveröffentlichte) Urteil des ArbG Osnabrück vom 29.01.2007 (Az.: 3 Ca 728/06) aufgehoben wurde, mit Anm. Kohte, in jurisPR-ArbR 5/2008, Anm. 1; (unveröffentlichtes) Urt. v. 13.07.2007 (Az.: 16 Sa 290/07) als Vorinstanz zur beim BAG unter dem Az. 2 AZR 523/07 anhängigen Rechtssache.

weder der Arbeitgeber hat die 3-Stufen-Prüfung des BAG missachtet oder gegen ein Diskriminierungsverbot des AGG verstoßen, letzteres etwa dadurch dass sich sein Handeln als unzulässige Benachteiligung wegen einer Behinderung darstellt.

## 2. Kündigungen außerhalb des Anwendungsbereichs des KSchG

In Bezug auf krankheitsbedingte Kündigungen, welche sich außerhalb des Anwendungsbereichs des KSchG bewegen, kann zunächst gleichfalls auf die parallele Diskussion um die Kündigungsrelevanz der Nichtdurchführung eines BEM nach § 84 Abs. 2 verwiesen werden.[622] Ferner lässt sich - wie im Anwendungsbereich des KSchG - festhalten, dass sich durch die beschriebene Verknüpfung der § 28, § 74 SGB V mit der materiell-rechtlichen Verpflichtung aus § 81 Abs. 4 S. 1 Nr. 1, die ihrerseits Bestandteil des aus Art. 5 RL 2000/78/EG resultierenden Diskriminierungsschutzes ist, eine krankheitsbedingte Kündigung nach verweigerter stufenweiser Wiedereingliederung im persönlichen Anwendungsbereich des SGB IX und AGG als diskriminierend erweisen kann. Für alle übrigen Personenkreise gilt hingegen allein der strenge Prüfungsmaßstab der §§ 138, 242 BGB. Vertritt man dabei - wie das BAG in der Entscheidung vom 28.06.2007 (Az.: 6 AZR 750/06)[623] - die Auffassung, dass dem Grundsatz der Verhältnismäßigkeit und damit dem „ultima-ratio-Prinzip" nur im Rahmen des normierten Kündigungsschutzes Bedeutung zukommt, wird sich eine krankheitsbedingte Kündigung trotz zuvor verweigerter stufenweiser Wiedereingliederung regelmäßig nicht als treuwidrig i.S. des § 242 BGB erweisen. Nur wenn man - zumindest für den Bereich der Kündigungen nach Ablauf der Wartezeit - die Anwendung des Verhältnismäßigkeitsgrundsatzes befürwortet, kann sich eine krankheitsbedingte Kündigung zumindest dann als willkürlich und damit treuwidrig i.S. des § 242 BGB darstellen, wenn konkrete Anhaltspunkte dafür existieren, dass durch die ärztlicherseits mit Zustimmung des Arbeitnehmers empfohlene stufenweise Wiedereingliederung der Arbeitsplatz hätte erhalten und damit die Kündigung vermieden werden können.

## III. Außerordentliche verhaltensbedingte Arbeitnehmerkündigung

Berücksichtigt man, dass der Arbeitgeber bei einer unberechtigten Nichtbeschäftigung im Rahmen einer Maßnahme zur stufenweisen Wiedereingliederung seine Fürsorgepflicht und damit eine arbeitsvertragliche Nebenpflicht verletzt, ist grundsätzlich nach entsprechender Abmahnung und unter Berücksichtigung des

---

[622] Vgl. hierzu bereits unter Teil 2, 1. Kapitel, § 2, D, II, 4, b.
[623] Vgl. NZA 2007, 1049, 1052 mit krit. Anm. Gagel, jurisPR-ArbR 39/2007, Anm. 1, C.

Einzelfalles die Möglichkeit einer außerordentlichen Arbeitnehmerkündigung in Betracht zu ziehen, auch wenn diese Konstellation nicht sonderlich praxisrelevant ist. Denn das BAG erkennt in ständiger Rechtsprechung an, dass die schuldhafte Verletzung der Beschäftigungspflicht durch den Arbeitgeber ein Recht zur außerordentlichen Kündigung begründen kann.[624]

## 4. Kapitel: Bedeutung der stufenweisen Wiedereingliederung in der Praxis

Obwohl das Instrument der stufenweisen Wiedereingliederung gesetzlich nur fragmentarisch geregelt ist, hat der Gesetzgeber durch die in § 28 implizierte Klarstellung, dass die stufenweise Wiedereingliederung von allen Trägern medizinischer Rehabilitationsleistungen zu unterstützen ist, deren enorme praktische Bedeutung hervorgehoben. Auch die AU-RL[625] legen bereits in ihrer Präambel unter § 1 fest, dass die ärztliche Beurteilung zur stufenweisen Wiedereingliederung wegen ihrer Tragweite für den Versicherten und ihrer arbeits- und sozialversicherungsrechtlichen sowie wirtschaftlichen Bedeutung besondere Sorgfalt erfordert. Sie sprechen vor diesem Hintergrund in ihrer Anlage bundesweit einheitliche „Empfehlungen zur Umsetzung der stufenweisen Wiedereingliederung" in der Praxis aus. Worin die Bedeutung des Instruments der stufenweisen Wiedereingliederung im Einzelnen besteht, soll im Nachfolgenden getrennt nach arbeits- und sozialrechtlichen, sozialmedizinischen sowie wirtschaftlichen Aspekten erörtert werden, um deren Unverzichtbarkeit in der betrieblichen, arbeits- sowie sozialrechtlichen Praxis zu veranschaulichen.

### § 1 Arbeitspolitische Bedeutung

### A. Ausgangssituation

Die demographische Entwicklung in Deutschland lässt in den nächsten Jahren/ Jahrzehnten eine alternde Beschäftigtenstruktur sowie einen Fachkräftemangel am Arbeitsmarkt erwarten. Hinzu kommen die wachsende Globalisierung der Arbeitswelt und eine damit verbundene zunehmende Arbeitsverdichtung bei zeitgleich geringerem Vorhalten von Personalreserven.[626] Vor diesem Hinter-

---

[624] Vgl. nur BAG, Urt. v. 19.08.1976 (Az.: 3 AZR 173/75), AP Nr. 4 zu § 611 Beschäftigungspflicht.

[625] Vgl. BAnz. 2004, Nr. 61, Seiten 6501 ff.; zuletzt geänd. durch Beschl. v. 19.09.2006, BAnz. 2006, Nr. 241, Seite 7356.

[626] Vgl. Bericht der Bundesregierung über den Stand von Sicherheit und Gesundheit bei der Arbeit 2005, Seiten 14 ff., 50; Baumann/Czarny/Flach u.a., iqpr-Forschungsbericht Nr. 3/2007, Seiten 1, 91.

grund wird es nicht nur in Branchen mit erhöhtem Fachkräftebedarf immer wichtiger, die vorhandene Belegschaft mit so wenigen krankheitsbedingten Unterbrechungen und so lange wie möglich im Betrieb/Unternehmen zu halten. Besonders in kleineren und mittleren Unternehmen werfen krankheitsbedingte Fehlzeiten erhebliche organisatorische Schwierigkeiten auf, etwa durch das nicht oder nicht fristgerechte Abarbeiten von Aufträgen infolge der ausgefallenen Qualifikation des erkrankten Mitarbeiters bzw. fehlender anderweitiger personeller Ressourcen oder schon allein aufgrund der stärkeren Belastung von Kollegen des arbeitsunfähigen Arbeitnehmers.[627]

## B. Empirische Datenlage

Auch wenn die empirische Datenlage hinsichtlich der stufenweisen Wiedereingliederung in ihrer Gesamtheit noch immer als unzureichend einzuschätzen ist[628], haben doch mehrere Praxisstudien - jedenfalls tendenziell - mit einiger Sicherheit Folgendes gezeigt: Mit Hilfe dieses Instruments gelingt der dauerhafte Einsatz am Arbeitsplatz besser als ohne eine stufenweise Wiedereingliederung, wird die Zahl der Frühverrentungen reduziert und tritt die endgültige Arbeitsfähigkeit des arbeitsunfähigen Arbeitnehmers früher ein.[629] Daraus resultieren - einzelfallabhängig -[630] u.U. zugleich mehrere positive Effekte:[631]

---

[627] Vgl. Hetzel/Flach/Marquardt, in Baumann/Czarny/Flach u.a., iqpr-Forschungsbericht Nr. 3/2007, Seite 7 des Anhangs 8.3 [= Ergebnisse einer Befragung von kleineren und mittleren Unternehmen zur frühzeitigen Eingliederung von Mitarbeitern nach längerer Krankheit].

[628] I.d.S. zu Recht auch Baumann/Czarny/Flach u.a., iqpr-Forschungsbericht Nr. 3/2007, Seite 93 sowie Bürger, Rehabilitation 2004, 152, 153; so auch Faßmann/Oertel, in Forschungsbericht BMA 249 (Sozialforschung), Seiten 2 f.; Schaaf, SGb 1993, 506.

[629] Brost/Krasemann/Stolley, Rehabilitation 1982, 45, 48 f. (allerdings einschränkend im Hinblick auf den früheren Eintritt der endgültigen Arbeitsfähigkeit); Köhn/Moch, BKK 1990, 485, 486; Köhn/Müller, BKK 1990, 700, 704; Faßmann/Oertel, in Forschungsbericht BMA 204 (Gesundheitsforschung), Seiten 52, 185 ff.; Hüllen, ErgoMed 1993, 178; Karoff/Goedecker, Herz/Kreisl. 1993, 215; Schaaf, SGb 1993, 506, 507; Becker, Seiten 35 f.; Faßmann/Oertel, in Forschungsbericht BMA 249 (Sozialforschung), Seiten 3, 129 f. (allerdings einschränkend im Hinblick auf den früheren Eintritt der endgültigen Arbeitsfähigkeit); Karoff, Herz 1998, 533, 534 f.; Morawe AuA 1998, 273, 274; BAR, AH stufenweise Wiedereingliederung, Seite 11; Bürger, Rehabilitation 2004, 152, 158 f.; zuletzt Bürger/Gluth/Koch, Abschlussbericht Stufenweise Wiedereingliederung zu Lasten der Gesetzlichen Rentenversicherung 2008, Seiten 124 ff.

[630] Zu den einzelnen Determinanten eines erfolgreichen Verlaufs der stufenweisen Wiedereingliederung finden sich detaillierte Ausführungen bei Faßmann/Oertel, in Forschungsbericht BMA 249 (Sozialforschung), Seiten 104 - 113 sowie Seiten 131 - 136.

[631] Vgl. hierzu auch Hetzel/Flach/Marquardt, in Baumann/Czarny/Flach u.a., iqpr-Forschungsbericht Nr. 3/2007, Seiten 10 ff. des Anhangs 8.3 [= Ergebnisse einer Befragung von kleineren und mittleren Unternehmen zur frühzeitigen Eingliederung von Mitarbeitern nach längerer Krankheit].

- den Arbeitgebern gehen gerade im Sektor der hochqualifizierten Tätigkeiten keine wertvollen beruflichen Kenntnisse und Fertigkeiten verloren,
- der Stand der Auftragsbearbeitung verbessert sich mit der Folge der Annahmemöglichkeit von ggf. lukrativen Folgeaufträgen,
- die Ausfallzeiten anderer Kollegen durch zunehmende Überlastung infolge Miterledigung der Aufgaben des erkrankten Arbeitnehmers werden verringert,
- das Betriebsklima und damit die Arbeitsmotivation der Kollegen verbessert sich,
- krankheitsbedingte Kündigungen samt der daraus ggf. resultierenden langwierigen und mit erheblichen Rechtsunsicherheiten behafteten Rechtsstreitigkeiten und/oder aufwendige Neueinstellungen werden vermieden,
- die zukünftigen und ggf. sogar aktuellen[632] Entgeltfortzahlungskosten verringern sich.

## C. Schlussfolgerungen

Damit erweist sich die stufenweise Wiedereingliederung nach § 28, § 74 SGB V in arbeits- und sozialrechtlicher Hinsicht insgesamt als unverzichtbares Instrument zur dauerhaften Integration behinderter und von Behinderung bedrohter Menschen sowie als wirksames Mittel des Arbeitgebers zur Prävention im Arbeitsleben. Dies gilt umso mehr, als sie erklärtermaßen[633] durch ein hohes Maß an Flexibilität gekennzeichnet ist und nicht nur allein, sondern als integraler Bestandteil der medizinischen Rehabilitation auch und gerade flankierend mit medizinischen und diese ergänzenden Leistungen vollzogen wird. Durch die rechtliche Verknüpfung mit §§ 81 Abs. 4 S. 1 Nr. 1, 84 Abs. 2 trägt die stufenweise Wiedereingliederung bezogen auf behinderte Menschen überdies zur Verwirklichung des Gleichbehandlungsgrundsatzes in Beschäftigung und Beruf bei und ist daher zugleich von enormer europarechtlicher Bedeutung. Vor diesem Hintergrund kann allen Arbeitgebern nur empfohlen werden, in geeigneten Fällen die stufenweise Wiedereingliederung - ggf. im Rahmen eines sog. BGM -[634] als

---

[632] Sofern insbesondere aufgrund tarifvertraglicher Regelungen eine Entgeltfortzahlungspflicht bis zum letzten Tag der Arbeitsunfähigkeit besteht.

[633] So ausdrücklich Ziff. 2 S. 2 sowie Ziff. 5 S. 2 der Anlage zu den AU-RL i.d.F. v. 01.12. 2003 (vgl. BAnz. 2004, Nr. 61, Seiten 6501 ff.; zuletzt geänd. durch Beschl. v. 19.09.2006, BAnz. 2006, Nr. 241, Seite 7356).

[634] Das BGM beschreibt ein System von innerbetrieblichen Strukturen und Prozessen, das eine Steuerung von gesundheitsrelevanten Analysen und Interaktionen zulässt (vgl. Bericht der Bundesregierung über den Stand von Sicherheit und Gesundheit bei der Arbeit

arbeits- und sozialrechtliches Handlungsinstrument zu ergreifen und sich die hieraus resultierenden - beschriebenen - Vorteile zu nutze zu machen.

## § 2 Sozialmedizinische Bedeutung

### A. Ausgangssituation

Insbesondere bei wochen- oder monatelanger Abwesenheit aus dem Berufsalltag gestaltet sich die Wiederaufnahme der Beschäftigung mit voller zeitlicher und inhaltlicher Belastung nachgewiesenermaßen häufig als schwierig. So führt der abrupte Übergang in den Berufsalltag nicht selten dazu, dass die Arbeitsaufnahme schon nach kurzer Zeit durch erneute Arbeitsunfähigkeit scheitert. Denn auch wenn die Arbeitnehmer als arbeitsfähig aus der Behandlung entlassen werden, ist die Leistungsfähigkeit meist nicht sogleich wieder vollumfänglich abrufbar. Dies ist zum einen auf die lange Phase der Arbeitsentwöhnung und auf - heutzutage nicht seltene - zwischenzeitliche innerbetriebliche Veränderungen bzw. Umstrukturierungen zurückzuführen, welche die Betroffenen vielfach außerstande setzen, ihre tatsächliche Leistungsfähigkeit nach der Genesung realistisch einzuschätzen. Hinzu kommt auch und gerade die psychische Situation vieler Betroffener nach der langen „Arbeitsabstinenz". Hierbei sind insbesondere - kontraproduktive - psychische Hemmungen bzgl. der erfolgreichen Arbeitsaufnahme, durch psycho-soziale, insbesondere familiäre Gründe, verursachte Versagensängste oder gar eine ausgebildete „Rentenneurose" zu beobachten.[635] Insoweit ist zu berücksichtigen, dass die Erwerbsarbeit aus sozialmedizinischer Sicht nicht nur als Gelderwerb, sondern zugleich wesentlich als Quelle für den Sozialkontakt, den Status und die Identität eines Menschen anzusehen ist, welche einen wichtigen Beitrag für emotionales Wohlbefinden und psychische Stabilität leistet.[636] Gerade das Fehlen bzw. die Einschränkung dieses emotionalen Wohlbefindens und der psychischen Stabilität infolge der krankheitsbedingten langen Erwerbslosigkeit setzt die Betroffenen vielfach außerstande, sogleich nach der Genesung dem physischen und/oder psychischen Leistungsdruck einer vollschichtigen Erwerbsarbeit standzuhalten, der angesichts des mit der Globalisierung verbundenen Wettbewerbsdrucks überdies in den letzten Jahren tendenziell stetig gestiegen ist.

---

2005, Seiten 89 ff.; Baumann/Czarny/Flach u.a., iqpr-Forschungsbericht Nr. 3/2007, Seiten 1 f.).

[635] Vgl. Brost/Krasemann/Stolley, Rehabilitation 1982, 45; Vetter, BKK 1989, 676, 678; Köhn/Moch, BKK 1990, 485; Faßmann/Oertel, in Forschungsbericht BMA 204 (Gesundheitsforschung), Seiten 51 f.; Hüllen, ErgoMed 1993, 178; Schaaf, SGb 1993, 506, 508; Faßmann/Oertel, in Forschungsbericht BMA 249 (Sozialforschung), Seite 126; Morawe AuA 1998, 273, 274; Bürger, Rehabilitation 2004, 152, 157.

[636] Vgl. Weber/Hörmann/Heipertz, DÄBl., Heft 43 vom 26.10.2007, Seiten A 2957, A 2960.

## B. Empirische Datenlage

Die mittlerweile über Jahrzehnte gemachten Praxiserfahrungen haben gezeigt, dass die stufenweise Wiedereingliederung ein probates Mittel darstellt, den beschriebenen Nachteilen entgegenzuwirken. So ist dieses Instrument nach Angaben vieler Betroffener insbesondere geeignet,

-   Versagens- und Verlustängste abzubauen und damit zu psychischer Entlastung beizutragen,
-   Selbstvertrauen wiederzugewinnen bzw. das Selbstbewusstsein zu steigern (insbesondere ein positives Selbstbild zu schaffen),
-   die vollschichtige Leistungsfähigkeit unter der zunehmenden Belastung leichter (d.h. ohne Stress und Überbelastung) wiederzugewinnen,
-   insgesamt ein leichteres Zurechtfinden in der Arbeitswelt zu ermöglichen.[637]

## C. Schlussfolgerungen

Vor diesem Hintergrund erweist sich die stufenweise Wiedereingliederung in sozialmedizinischer Hinsicht als ein wesentlicher Gesundungsfaktor, vorausgesetzt die medizinischen Durchführungsvoraussetzungen sowie ein entsprechender Eingliederungswille des Betroffenen liegen vor. Die gleichwohl stets gegebene „Rückfallgefahr" im Einzelfall, die damit verbundene Unsicherheit bei der Personaleinsatzplanung sowie das damit verbundene Risiko der Unmutserzeugung bei den Kollegen ist angesichts der grundlegenden möglichen Vorteile für den Beschäftigten ungleich geringer. Schon deshalb ist es den Beteiligten zu empfehlen, die dahingehende Fremd- und Eigenverantwortung für die Gesundheit wahrzunehmen und Bedenken bzgl. eines möglichen Scheiterns soweit als möglich zurückzustellen, zumal die „Rückfallgefahr" und die sonstigen negativen Auswirkungen ohne eine Maßnahme zur stufenweisen Wiedereingliederung ersichtlich höher sind.

---

[637] Vgl. Brost/Krasemann/Stolley, Rehabilitation 1982, 45, 50; Vetter, BKK 1989, 676, 678; Köhn/Moch, BKK 1990, 485; Köhn/Müller, BKK 1990, 700, 704; Faßmann/Oertel, in Forschungsbericht BMA 204 (Gesundheitsforschung), Seite 52; Hüllen, ErgoMed 1993, 178; Becker, Seite 36; Faßmann/Oertel, in Forschungsbericht BMA 249 (Sozialforschung), Seite 121; Morawe AuA 1998, 273, 274; Hetzel/Flach/Marquardt, in Baumann/Czarny/Flach u.a., iqpr-Forschungsbericht Nr. 3/2007, Seite 10 des Anhangs 8.3 [= Ergebnisse einer Befragung von kleineren und mittleren Unternehmen zur frühzeitigen Eingliederung von Mitarbeitern nach längerer Krankheit]; Bürger/Gluth/Koch, Abschlussbericht Stufenweise Wiedereingliederung zu Lasten der Gesetzlichen Rentenversicherung 2008, Seite 123.

## § 3 Wirtschaftliche Bedeutung

### A. Ausgangssituation

Die im Jahr 2008 in Deutschland 35.845 Tsd. gesetzlich krankenversicherten Arbeitnehmer wiesen durchschnittlich 12,7 Arbeitsunfähigkeitstage/Jahr und damit insgesamt 456,8 Mio. Arbeitsunfähigkeitstage/Jahr auf. Das verursacht volkswirtschaftliche Produktionsausfälle von insgesamt ca. 43 Mrd. € sowie den Ausfall an Bruttowertschöpfung von 78 Mrd. €.[638] Diese Zahlen signalisieren unbestreitbar Handlungsbedarf, was u.a. die weitestgehende Nutzung von arbeits- bzw. sozialrechtlichen Handlungsinstrumentarien erfordert, welche i.S. der Stabilisierung der Volkswirtschaft geeignet sind, die so beschriebenen Arbeitsunfähigkeitstage und damit verbundenen Kosten zu verringern.

### B. Empirische Datenlage

Durch verschiedene Praxisstudien[639], länderspezifisch in Bezug auf das BEM durchgeführte Prämierungsprogramme[640] sowie eine Auswertung der im REHADAT hinterlegten Integrationsvereinbarungen[641] hat sich gezeigt, dass das Instrument der stufenweisen Wiedereingliederung in vielen großen und mittleren[642] Unternehmen fester Bestandteil des BEM oder gar von Integrationsvereinbarungen ist bzw. regelmäßig als Mittel zur frühzeitigen Eingliederung von Mitarbeitern nach längerer Krankheit eingesetzt wird. So ist beispielsweise die

---

[638] Vgl. Bericht der Bundesregierung über den Stand von Sicherheit und Gesundheit bei der Arbeit 2008, Seite 28 f.

[639] Vgl. Brost/Krasemann/Stolley, Rehabilitation 1982, 45 ff.; Vetter, BKK 1989, 676; Faßmann/Oertel, in Forschungsbericht BMA 204 (Gesundheitsforschung), Seite 23; Köhn/ Moch, BKK 1990, 485, 489; Köhn/Müller, BKK 1990, 700, 701; Faßmann/Oertel, BKK 1991, 18, 22 f.; Karoff/Goedecker, Herz/Kreisl. 1993, 215; Hüllen, ErgoMed 1993, 178; Faßmann/Oertel, in Forschungsbericht BMA 249 (Sozialforschung), Seiten 2 ff., 123; Fraisse/Karoff, Rehabilitation 1997, 233 ff.; Karoff, Herz 1998, 533 ff.; Schmal/Niehaus/Heinrich, Rehabilitation 2001, 241, 242; Bürger, Rehabilitation 2004, 152; Hetzel/Flach/Marquardt, in Baumann/Czarny/Flach u.a., iqpr-Forschungsbericht Nr. 3/2007, Anhang 8.3 [= Ergebnisse einer Befragung von kleineren und mittleren Unternehmen zur frühzeitigen Eingliederung von Mitarbeitern nach längerer Krankheit].

[640] Am 13.06.2007 wurden insbesondere zehn hessische Unternehmen in einer Prämierungsveranstaltung bei der Fraport AG gemeinsam vom Landeswohlfahrtsverband Hessen und der Vereinigung der hessischen Unternehmerverbände für ihr Beispiel gebendes BEM ausgezeichnet (vgl. http://www.login-integration.de/52.html).

[641] Vgl. www.rehadat.de/Integrationsvereinbarungen.

[642] Vgl. Hetzel/Flach/Marquardt, in Baumann/Czarny/Flach u.a., iqpr-Forschungsbericht Nr. 3/2007, Seite 10 des Anhangs 8.3 [= Ergebnisse einer Befragung von kleineren und mittleren Unternehmen zur frühzeitigen Eingliederung von Mitarbeitern nach längerer Krankheit].

Ford-Werke GmbH mit knapp 24.000 Mitarbeitern in Deutschland das erste Unternehmen in Europa, das für seinen herausragenden „Disability Management Prozess" zertifiziert wurde. Das Unternehmen betreibt bereits seit 2001 ein systematisches BEM, in dessen Rahmen allein im Jahr 2006 von den Integrationsteams u.a. insgesamt 343 stufenweise Wiedereingliederungen behandelt wurden.[643] Auch in anderen Unternehmen der Automobilindustrie wird die stufenweise Wiedereingliederung bei Mitarbeitern, die über längere Zeit aus dem Erwerbsleben ausgegliedert waren, regelmäßig praktiziert, so etwa bei Audi, DaimlerChrysler, Opel sowie Volkswagen, wobei bei der Adam Opel GmbH, welche in Deutschland im Jahr 2006 ca. 15.639 Mitarbeiter beschäftigte, das Instrument der stufenweisen Wiedereingliederung fester Bestandteil der seit 2002 bestehenden Integrationsvereinbarung ist.[644] Beim Klinikum der Goethe-Universität Frankfurt a.M. ist sie ebenfalls Bestandteil der seit 01.07.2006 bestehenden Integrationsvereinbarung. Bei der Pirelli Deutschland GmbH stellt die stufenweise Wiedereingliederung nach eigenen Angaben die am häufigsten genutzte Maßnahme zur Überwindung der Arbeitsunfähigkeit dar.[645] Überdies hat eine im Jahr 2005 erfolgte Auswertung von im REHADAT hinterlegten Integrationsvereinbarungen ergeben, dass 18 von 95 vor dem 01.05.2004 abgeschlossene und 6 von 21 nach dem 01.05.2004 abgeschlossene Regelwerke die stufenweise Wiedereingliederung als Maßnahme zur Arbeitsplatzerhaltung explizit aufführen.[646] Im Jahresbericht der DRV Bund von 2005 wird zudem darauf hingewiesen, dass auf der Grundlage der seit 01.05.2004 geltenden Gesetzeslage (= Einführung des § 51 Abs. 5) und des hierzu von der Rentenversicherung entwickelten Verfahrens im Berichtsjahr bereits eine große Zahl von stufenweisen Wiedereingliederungen gefördert worden sind.[647]

Zwar lassen die so gewonnenen Daten mangels detaillierter, vollständiger bzw. ergebnisorientierter Wissenschafts- bzw. Praxisuntersuchungen noch keine definitiven Rückschlüsse auf die konkrete Kostenwirksamkeit der stufenweisen Wiedereingliederung zu. Dennoch verdeutlichen sie unzweifelhaft, dass dieses Instrument in der Praxis ersichtlich vielfach zum Einsatz gelangt. Berücksichtigt man dann, dass - wie bereits ausgeführt -[648] mit Hilfe der stufenweisen Wieder-

---

[643] Vgl. BT-Drs. 16/6044, Seiten 61 f.; hierzu auch Gawlick, Seiten 4 f.

[644] Vgl. Schmal/Niehaus/Heinrich, Rehabilitation 2001, 241, 242; ZB 2/2003 [Stufenweise Wiedereingliederung - Erprobt und für gut empfunden]; vgl. auch unter: http://www.login-integration.de/52.html → BEM.

[645] Siehe unter http://www.login-integration.de/52.html → BEM.

[646] Vgl. Baumann/Czarny/Flach u.a., iqpr-Forschungsbericht Nr. 3/2007, Seiten 8 - 13 sowie Anhang 8.1.

[647] Vgl. Jahresbericht 2005, Seite 46.

[648] Vgl. hierzu bereits unter Teil 2, 4. Kapitel, § 1, B.

eingliederung nachweislich - jedenfalls tendenziell - der dauerhafte Einsatz am Arbeitsplatz besser als ohne eine stufenweise Wiedereingliederung gelingt, die Zahl der Frühverrentungen reduziert wird und die endgültige Arbeitsfähigkeit des arbeitsunfähigen Arbeitnehmers früher eintritt, zeigt sich, dass diese geeignet ist:

- Entgeltfortzahlungs(folge)kosten sowie Leistungen aus der Sozialversicherung in enormer Höhe einzusparen,
- zur Erhöhung des Sozialprodukts und der Erwirtschaftung von Steuern und Sozialversicherungsbeiträgen beizutragen,
- spezifische berufsfördernde Maßnahmen, wie Umschulungen (die meist mit dem Verlust des alten Arbeitsplatzes einhergehen und kostenintensiv sind) entbehrlich zu machen.

## C. Schlussfolgerungen

Damit stellt sich die stufenweise Wiedereingliederung in wirtschaftlicher Hinsicht als ein wirksames und unverzichtbares Instrument zur Stabilisierung der Volkswirtschaft dar. Sie trägt durch die Verringerung der Fluktuations- und Absentismuskosten sowie durch die Aktivierung der Arbeitsbereitschaft und Steigerung der Arbeitsfreude zur Erhöhung der Arbeitsproduktivität, Wirtschaftlichkeit und damit Wettbewerbsfähigkeit der Unternehmen bei. Sie ist daher in betriebswirtschaftlicher Hinsicht für jedes Unternehmen ungleich interessant, was - wie die beschriebenen Praxisbeispiele zeigen - viele Unternehmen erfreulicherweise mittlerweile auch für sich erkannt haben und das Instrument gezielt einsetzen. Überdies erweist sich die stufenweise Wiedereingliederung als ein wertvolles Instrument zur Stabilisierung der Beitragslasten zur Sozialversicherung, weil es geeignet ist, Folgekosten in der GKV und GRV zu vermeiden bzw. zu verringern.

Demzufolge kann die stufenweise Wiedereingliederung ohne Zweifel in jeder Hinsicht als für die betriebliche, arbeits- und sozialrechtliche Praxis unverzichtbar spezifiziert werden.

**5. Kapitel: Verfahren zur Vorbereitung der stufenweisen Wiedereingliederung in der Praxis**

*§ 1 Ärztliche Untersuchung des Leistungsberechtigten*

Ausgangspunkt für die Umsetzung einer Maßnahme zur stufenweisen Wiedereingliederung in der Praxis ist eine ärztliche (Folge-) Untersuchung des Leistungsberechtigten nach ärztlicherseits bereits festgestellter Arbeitsunfähigkeit.

**A. Initiatoren**

Die Initiative zu einer dahingehenden ärztlichen Untersuchung kann - wie auch die generelle Initiative zur Durchführung einer Maßnahme zur stufenweisen Wiedereingliederung - grundsätzlich von allen in das Verfahren der stufenweisen Wiedereingliederung eingebundenen Personen ausgehen. Die ärztliche Untersuchung kann demzufolge vom Leistungsberechtigten selbst, vom Arbeitgeber bzw. dessen Repräsentanten (Personalabteilung, betriebliche Sozialberatung etc.) oder dessen Sozialpartner (Betriebsrat), von den Rehabilitationsträgern sowie von sämtlichen am Verfahren möglicherweise beteiligten Ärzten (also insbesondere vom behandelnden Haus- bzw. Facharzt, Betriebsarzt oder den Ärzten beim MDK) angestoßen werden.

**I. „Arzt" im von § 74 SGB V gebrauchten Sinne**

**1. Begriff**

Das Gesetz richtet sich in § 74 SGB V zunächst allgemein und primär an den „Arzt", der insbesondere für die Ausstellung einer Arbeitsunfähigkeitsbescheinigung verantwortlich ist, aus welcher u.a. Art und Umfang der möglichen Tätigkeiten hervorgehen soll. Fraglich ist, ob es sich hierbei stets um einen Kassen- bzw. Vertragsarzt[649] handeln muss. Hierfür spricht zunächst die - wenn auch umstrittene -[650] Stellung des § 74 SGB V inmitten der Vorschriften zur Aufgaben-

---

[649] Das Kassenarztrecht regelt die Rechtsbeziehungen der gesetzlichen Krankenkassen zu Ärzten, Zahnärzten, Psychotherapeuten, sonstigen Leistungserbringern sowie teilweise zu den Krankenhäusern. Das GStrG vom 21.12.1992 (BGBl. 1992, Teil I, Seite 2266) hat den Begriff „Kassenarzt" durch den Terminus „Vertragsarzt" ersetzt. In der Gesetzesbegründung heißt es zu dieser Änderung: *„Zur Herstellung gleicher Wettbewerbsbedingungen unter den Kassen und zur Angleichung der Rahmenbedingungen für die ärztliche Versorgung werden die bisher unterschiedlich geregelten Formen der Teilnahme an der kassenärztlichen und vertragsärztlichen Versorgung vereinheitlicht und durchgehend als vertragsärztliche Versorgung bezeichnet."*
[650] Vgl. hierzu m.w.N. bereits unter Teil 2, 1. Kapitel, § 2, C.

stellung der Kassen- bzw. Vertragsärzte, zum Inhalt und Umfang der kassenärztlichen Versorgung sowie zu den Pflichten der Kassenärztlichen Vereinigungen. Hinzu kommt, dass § 74 SGB V angesichts der Einordnung in das SGB V als Recht der GKV und spezielles Leistungsgesetz ohnedies nur gesetzlich versicherte Arbeitnehmer schützt. Gleiches gilt schließlich auch unmittelbar für § 28, da - wie bereits ausgeführt -[651] zur Annahme der Leistungsberechtigteneigenschaft erforderlich ist, dass der Betreffende Anspruchsinhaber nach den materiellen Leistungsgesetzen ist, was im Rahmen des SGB V wiederum das Bestehen eines Pflichtversicherungsverhältnisses oder zumindest das Bestehen einer freiwilligen gesetzlichen Versicherung erfordert. Berücksichtigt man ferner, dass der Status als Kassen- bzw. Vertragsarzt und die daraus resultierende (Zwangs- bzw. Pflicht-) Mitgliedschaft in der zuständigen Kassenärztlichen Vereinigung unabdingbar ist, um überhaupt Versicherte der GKV (sog. Kassenpatienten) behandeln zu dürfen, so lassen § 28, § 74 SGB V keine andere Auslegung als diejenige zu, dass der in § 74 SGB V allgemein als „Arzt" benannte Arzt ein Kassen- bzw. Vertragsarzt sein muss[652] und auch begrifflich nur sein kann.[653] Selbstverständlich bedeutet die so vorgenommene gesetzliche Beschränkung nicht zugleich zwingend, dass ein sog. Privatarzt bzw. nicht zugelassener Leistungserbringer den Vorschlag zu einer stufenweisen Wiedereingliederung nicht unterbreiten kann bzw. darf. Derartige Vorschläge sind angesichts der Zwecksetzung der stufenweisen Wiedereingliederung vielmehr stets wünschenswert, auch wenn dieser Personenkreis eben nicht unmittelbar als Adressatenkreis der § 28, § 74 SGB V angesprochen ist.

## 2. Rolle

Nach § 74 SGB V „**soll** der Arzt auf der Bescheinigung über die Arbeitsunfähigkeit Art und Umfang der möglichen Tätigkeiten angeben…". D.h. die Vorschrift ist gegenüber den Kassen- bzw. Vertragsärzten als „Soll-Vorschrift" ausgestaltet, so dass daraus nicht entnommen werden kann, in welchem Maße die Kassen- bzw. Vertragsärzte verpflichtet sein sollen, bei einer von ihnen festgestellten Arbeitsun-

---

[651] Vgl. hierzu bereits unter Teil 2, 2. Kapitel, § 1, B, II, 1.

[652] A.A. - soweit ersichtlich - nur Grüner, in Wiegand, Komm. zum SGB IX, § 28 Rdnr. 4, allerdings ohne Begründung.

[653] Zur Behandlung von sog. Kassenpatienten benötigt jeder approbierte und niedergelassene Facharzt in Deutschland eine spezielle Zulassung oder Ermächtigung (sog. Kassenzulassung), die zugleich eine Pflicht- bzw. Zwangsmitgliedschaft in der Kassenärztlichen Vereinigung seines Niederlassungsbezirks nach sich zieht. Approbierte niedergelassene Fachärzte, die eine solche Kassenzulassung nicht besitzen, bezeichnet man als sog. Privatärzte bzw. als nicht zugelassene Leistungserbringer. Diese können i.E. „nur" Privatpatienten behandeln und damit einen zumindest von der gesetzlichen Regelung der § 28, § 74 SGB V nicht angesprochenen Personenkreis.

fähigkeit das Vorliegen der Voraussetzungen für eine stufenweise Wiedereingliederung des Leistungsberechtigten zu prüfen und auf einer entsprechenden Arbeitsunfähigkeitsbescheinigung festzuhalten. Auch die Gesetzesmaterialien zu § 74 SGB V und § 28 sind zu dieser Frage nicht aussagekräftig. Insbesondere in der Begründung zur Vorgängerentwurfsregelung des § 82 SGB V wird gleichfalls der Begriff „soll" verwendet. Denn dort wird sinngemäß ausgeführt, dass auf der Arbeitsunfähigkeitsbescheinigung bekundet werden „soll", welche Tätigkeiten verrichtet werden können.[654] Fraglich ist, ob die so in § 74 SGB V angeordnete Verhaltensanforderung Ausdruck der Einräumung von sozial- und damit verwaltungsrechtlichen Ermessens durch den Gesetzgeber darstellt, so dass die zur Bedeutung und Auslegung von „Soll-Vorschriften" entwickelten Rechtsgrundsätze herangezogen werden können. Dies erscheint nicht ganz unproblematisch, weil die Kassen- bzw. Vertragsärzte als Inhaber freier bzw. selbstständiger Berufe nicht unmittelbare Träger öffentlicher Gewalt und daher grundsätzlich keine Adressaten gesetzgeberisch eingeräumten Ermessens sind. Andererseits sind die Kassen- bzw. Vertragsärzte qua ihrer Stellung in der jeweils zuständigen Kassenärztlichen Vereinigung als Körperschaft öffentlichen Rechts organisiert (somit also Träger öffentlicher Gewalt) und ihre Stellung sowie ihre Verpflichtungen sind undenkbar eng mit denen der Kassenärztlichen Vereinigungen verknüpft, was schon durch die Regelung in § 75 Abs. 2 S. 2 SGB V zum Ausdruck kommt. Danach haben u.a. die Kassenärztlichen Vereinigungen „die Erfüllung der den Vertragsärzten obliegenden Pflichten zu überwachen und die Vertragsärzte ... zur Erfüllung dieser Pflichten anzuhalten". Demzufolge kann man die Kassen- bzw. Vertragsärzte bei der Erfüllung ihrer Aufgaben, u.a. auch im Rahmen der § 28, § 74 SGB V als „verlängerter Arm" der Kassenärztlichen Vereinigungen ansehen, so dass sich die Verwendung des Begriffs „soll" in § 74 SGB V als Ausdruck der Einräumung von sozial- und damit verwaltungsrechtlichen Ermessens darstellt.

Demzufolge ergibt sich unter Berücksichtigung der im Teil 2, 3. Kapitel, § 2, A, II dieser Arbeit getätigten Ausführungen zum Inhalt und zur Reichweite sozial- bzw. verwaltungsrechtlicher Soll-Vorschriften im Zusammenhang mit der stufenweisen Wiedereingliederung folgendes Bild: Einerseits ist der behandelnde Kassen- bzw. Vertragsarzt bei entsprechender Überzeugung vom Vorliegen der im ersten HS von § 28, § 74 SGB V aufgezählten tatbestandlichen Voraussetzungen für eine stufenweise Wiedereingliederung[655] zur Bescheinigung von Art und Umfang der möglichen Tätigkeiten auf der auszustellenden Arbeitsunfähigkeitsbescheinigung bzw. dem Wiedereingliederungsplan verpflichtet. Anderer-

---

[654] Vgl. BT-Drs. 11/2237, Seiten 30, 192.
[655] Vgl. hierzu bereits oben im Teil 2, 2. Kapitel.

seits trifft ihn gleichermaßen die Verpflichtung, bei medizinischen oder tatsächlichen Zweifeln/Unklarheiten insbesondere im Zusammenhang mit der Möglichkeit der teilweisen Verrichtbarkeit der bisherigen Tätigkeit oder dem Vorliegen einer positiven beruflichen Prognose die Stellungnahme des MDK und/oder die des Betriebsarztes einzuholen, sofern aus seiner Sicht zumindest die realistische Chance besteht, dass dadurch seine Zweifel/Unklarheiten möglicherweise ausgeräumt werden. Umgekehrt muss der behandelnde Kassen- bzw. Vertragsarzt bei entsprechender Überzeugung vom Nichtvorliegen der tatbestandlichen Voraussetzungen der § 28, § 74 SGB V die Möglichkeit derselben ggf. unter Einschaltung des MDK und/oder ggf. des Betriebsarztes nicht weiter prüfen. Dies gilt auch deshalb, weil dem behandelnden Kassen- bzw. Vertragsarzt im Rahmen der Feststellung der Wiedereingliederungsvoraussetzungen nach § 28, § 74 SGB V angesichts seiner besonderen Stellung gegenüber dem Leistungsberechtigten eine sog. Einschätzungsprärogative zusteht.[656] Letzteres bedeutet allerdings nicht zugleich zwingend, dass ihm bei der Prüfung des Vorliegens der Voraussetzungen einer stufenweisen Wiedereingliederung gegenüber der Krankenkasse bzw. dem MDK eine übergeordnete Stellung zukommt. Hiergegen sprechen schon die das Verhältnis der verschiedenen Beteiligten untereinander regelnden Vorschriften der § 7 Abs. 2 S. 1 AU-RL[657] und § 62 Abs. 3 BMV-Ärzte i.d.F. vom 01.01.2009[658], welche bezüglich der Feststellung der Arbeitsunfähigkeit - als grundlegende Voraussetzung für die Durchführung einer stufenweisen Wiedereingliederung im Rahmen der § 28, § 74 SGB V - grundsätzlich die Verbindlichkeit des Gutachtens des MDK festlegen. Demzufolge bleibt es der Krankenkasse bzw. dem MDK weiterhin möglich, ihrerseits das Vorliegen der gesetzlichen Voraussetzungen einer stufenweisen Wiedereingliederung eigenständig zu (über-) prüfen[659], ohne dabei lediglich auf eine „Vertretbarkeitskontrolle" der Entscheidung des behandelnden Kassen- bzw. Vertragsarztes beschränkt zu sein.[660] Dies ändert jedoch nichts daran, dass der behandelnde Kassen- bzw. Vertragsarzt nicht von sich aus eine entsprechende Prüfung der Krankenkassen bzw. des MDK anstoßen muss, wenn nach seiner Einschätzung die gesetzlichen Voraussetzungen für eine stufenweise Wiedereingliederung nicht vorliegen.

[656] So auch das SG Dresden, Urt. v. 12.01.2006 (Az.: S 18 KR 440/03), veröff. in der juris-Datenbank mit krit. Anm. Pick, Forum B, Diskussionsbeitrag Nr. 6/2007, Seiten 3 f.

[657] Vgl. BAnz. 2004, Nr. 61, Seiten 6501 ff.; zuletzt geänd. durch Beschl. v. 19.09.2006, BAnz. 2006, Nr. 241, Seite 7356.

[658] Veröff. unter http://www.kbv.de/rechtsquellen/2310.html daris.kbv.de/daris.asp.

[659] Ebenso Pick, Forum B, Diskussionsbeitrag Nr. 6/2007, Seiten 3 f.

[660] A.A. SG Dresden, Urt. v. 12.01.2006 (Az.: S 18 KR 440/03), veröff. in der juris-Datenbank.

## II. Rolle der Krankenkassen und des MDK

Entgegen der beschriebenen gesetzlichen Konzeption erfolgt die Anregung einer ärztlichen Untersuchung noch sehr häufig von den Krankenkassen.[661] Diese prüfen aufgrund gezielter Recherchen bzw. fest gefügter Handlungsroutinen alle Arbeitsunfähigkeits-/Krankengeldfälle einer bestimmten Dauer und gehen daraufhin entweder zunächst auf den Leistungsberechtigten zu, um Klarheit über dessen grundsätzliche Bereitschaft zu einer stufenweisen Arbeitsaufnahme zu erhalten, oder unterbreiten den Sachverhalt dem MDK zur Begutachtung. Im letzteren Fall setzt sich der MDK regelmäßig mit dem Leistungsberechtigten oder mit dessen Zustimmung mit dem behandelnden Arzt oder dem Betriebsarzt mit dem Ziel der Vornahme einer entsprechenden ärztlichen Untersuchung in Verbindung.[662] Das Gesetz geht jedoch primär davon aus, dass der MDK auf Initiative des Kassen- bzw. Vertragsarztes in das Verfahren einbezogen wird. Denn so ordnet § 74 SGB V an, dass der Kassen- bzw. Vertragsarzt in „geeigneten Fällen" mit Zustimmung der Krankenkasse die Stellungnahme des MDK einholen soll.

Grundsätzlich gilt, dass der MDK vor dem Hintergrund der gesetzgeberischen Vorgabe nach Zweckmäßigkeit und Wirtschaftlichkeit der medizinischen Leistungen die gesetzlichen Krankenkassen u.a. durch ärztliche Einzelfallbegutachtungen/Stellungnahmen bei Fragen zur Arbeitsunfähigkeit oder zur Notwendigkeit, zu Art, Umfang und Dauer von Rehabilitationsleistungen bzw. -maßnahmen unterstützt. Zu diesem Zweck beschäftigte der MDK nach eigenen Angaben[663] Ende 2008 insgesamt 2068 Ärzte/Ärztinnen, 2512 Mitarbeiter als Assistenzpersonal im medizinischen/pflegerischen Bereich sowie 56 Mitarbeiter als nichtärztliches Personal in Heil- und Gesundheitsberufen. Im Wesentlichen sind die Aufgaben des MDK in § 275 SGB V beschrieben. Gutachterliche Stellungnahmen im Zusammenhang mit Maßnahmen zur stufenweisen Wiedereingliederung können dabei unter § 275 Abs. 1 Nr. 3 a SGB V subsumiert werden.[664] Danach fertigt der MDK gutachterliche Stellungnahmen bei Arbeitsunfähigkeit zur Sicherung des Behandlungserfolgs, insbesondere zur Einleitung von Maßnahmen der Leistungsträger für die Wiederherstellung der Arbeitsfähigkeit. Aus dieser Vorschrift wird zugleich deutlich, dass die gesetzlichen Krankenkas-

---

[661] Vgl. Faßmann/Oertel, in Forschungsbericht BMA 249 (Sozialforschung), Seite 27.

[662] BAR, AH stufenweise Wiedereingliederung, Seite 24; Zu dem sog. „Screening-Verfahren" durch den MDK finden sich detaillierte Ausführungen bei Faßmann/Oertel, in Forschungsbericht BMA 249 (Sozialforschung), Seiten 27 ff.

[663] Vgl. unter „www.mdk.de/Wir über uns/Aufgaben und Leistungen/Zahlen/Tabelle 2: Personal der Medizinischen Dienste Ende 2008".

[664] So auch Becker, Seite 56; vgl. auch Horch/Hoffart/Stenner, MED SACH 1993, 25, 27 f.

sen als mögliche beteiligte Rehabilitationsträger selbst auch berechtigt sind, von sich aus eine entsprechende Stellungnahme des MDK zu veranlassen. Im Übrigen ist davon auszugehen, dass sie die vom Kassen- bzw. Vertragsarzt im Rahmen der § 28, § 74 SGB V begehrte Zustimmung zur Einholung einer entsprechenden Stellungnahme durch den Gutachtenauftrag an den MDK erteilt.[665] Bei der insoweit mit Zustimmung der jeweiligen Krankenkasse eingeholten Stellungnahme des MDK handelt es sich um eine ärztliche Stellungnahme. Die AU-RL[666] regeln jedoch explizit keine Fälle, in denen seitens des Kassen- bzw. Vertragsarztes zwingend der MDK einzubeziehen ist, was angesichts der „Betriebsferne" der Ärzte des MDK auch wenig verwundert. Vielmehr ist davon auszugehen, dass vom behandelnden Arzt eine Stellungnahme des MDK zur stufenweisen Wiedereingliederung regelmäßig nur in den Fällen angefordert wird, in denen der Kassen- bzw. Vertragsarzt selbst wegen gewisser bestehender Unsicherheiten/Zweifel bzgl. der möglichen Erfolgsaussichten einer Maßnahme zur stufenweisen Wiedereingliederung eine Aussage bzw. Bestätigung von einem weiteren Beteiligten erlangen möchte. Dies gilt auch deshalb, weil dem MDK - wie beschrieben - primär eine „wirtschaftliche Kontrollfunktion" zukommt und der Kassen- bzw. Vertragsarzt nach Ziff. 2 S. 3 der Anlage zu den AU-RL[667] - mit Zustimmung des Betroffenen - vom Betrieb auch selbst eine Beschreibung über die Anforderungen der Tätigkeiten des Betroffenen anfordern kann. Mangels dahingehenden statistischen Zahlenmaterials handelt es sich dabei aber selbstverständlich nur um eine Vermutung der Verfasserin und sollte auch lediglich als solche aufgefasst werden. Zu berücksichtigen ist, dass in der Praxis angesichts des sog. „Screening-Verfahrens" der Krankenkassen[668] ohnedies vielfach Konstellationen existieren, in denen es ohne Anregung des Kassen- bzw. Vertragsarztes des Betroffenen zu einer Untersuchung beim MDK nach § 275 Abs. 1 Nr. 3 SGB V kommt. In diesen Fällen steht demzufolge gar nicht die Anregung zur Durchführung einer stufenweisen Wiedereingliederung seitens eines Kassen- bzw. Vertragsarztes im Raum, so dass dann seitens des MDK - auch ohne entsprechenden Hinweis im Gesetzestext - aktiv der Vorschlag zu einer stufenweisen Wiedereingliederung getätigt werden kann, wenn dieser eine solche Maßnahme aufgrund der Aktenlage und der ärztlichen Untersuchungen aus medizinischen oder therapeutischen Gründen für angezeigt hält.

---

[665] So auch Horch/Hoffart/Stenner, MED SACH 1993, 25, 28.

[666] Vgl. BAnz. 2004, Nr. 61, Seiten 6501 ff.; zuletzt geänd. durch Beschl. v. 19.09.2006, BAnz. 2006, Nr. 241, Seite 7356.

[667] Vgl. BAnz. 2004, Nr. 61, Seiten 6501 ff.; zuletzt geänd. durch Beschl. v. 19.09.2006, BAnz. 2006, Nr. 241, Seite 7356.

[668] Zu dem sog. „Screening-Verfahren" durch den MDK finden sich detaillierte Ausführungen bei Faßmann/Oertel, in Forschungsbericht BMA 249 (Sozialforschung), Seiten 27 ff.

## III. Rolle des Betriebsarztes

Betriebsärzte haben regelmäßig nur selten Gelegenheit zur Anregung einer stufenweisen Wiedereingliederung und der damit verbundenen ärztlichen Untersuchung, da sie aus Datenschutzgründen ohne Zustimmung des Leistungsberechtigten kaum etwas über dessen Arbeitsunfähigkeit erfahren. Demzufolge eröffnen sich nur dann Möglichkeiten zu einer Anregung durch den Betriebsarzt, wenn dieser entweder eigeninitiativ vom Leistungsberechtigten oder auf Ansinnen des Arbeitgebers infolge einer Einzelfallentscheidung bzw. aufgrund spezifischer betriebsinterner Regelungen (etwa in Form einer Integrationsvereinbarung nach § 83) kontaktiert wird.[669] Erst in einer späteren Phase des Verfahrens, nämlich im Zusammenhang mit der Erstellung des Wiedereingliederungsplans, kommt dem Betriebsarzt eine weitaus größere Bedeutung zu. Dessen grundsätzliche Stellung und Verantwortung im Rahmen einer Maßnahme zur stufenweisen Wiedereingliederung wird daher im entsprechenden Sachzusammenhang unter § 2, C, II dieses Kapitels erörtert.

## B.  Person des Untersuchenden

Nach der gesetzlichen Konzeption können sämtliche am Verfahren der stufenweisen Wiedereingliederung beteiligungsfähigen Ärzte die ärztliche Untersuchung durchführen.[670] Das ist zunächst der die Erkrankung behandelnde Kassen- bzw. Vertragsarzt (Haus- oder Facharzt), der i.d.R. das intensivste Vertrauensverhältnis zum Leistungsberechtigten hat. In Betracht kommen ferner die Ärzte des MDK sowie der Betriebsarzt bzw. Ärzte in überbetrieblichen Diensten von Betriebsärzten. Für den Fall, dass der Leistungsberechtigte in einer ambulanten oder stationären Einrichtung zur medizinischen Rehabilitation behandelt wird, kann auch der behandelnde Arzt dieser Einrichtung die notwendige ärztliche Untersuchung durchführen, zumal es häufig sinnvoll ist, die Arbeit unmittelbar im Anschluss an einen längerfristigen stationären Aufenthalt oder auch während bzw. nach einer ambulanten Rehabilitationsleistung wieder aufzunehmen. Überdies kann die ärztliche Untersuchung von Ärzten in den sozialmedizinischen Diensten der GRV (DRV Bund bzw. DRV der verschiedenen Bundesländer) durchgeführt werden. Handelt es sich bei dem behandelnden Arzt des Leistungsberechtigten um einen sog. Privatarzt bzw. nicht zugelassenen Leistungserbringer, der nach der gesetzlichen Konzeption nicht als Adressat der § 28, § 74 SGB V angesprochen ist, kann dieser gleichwohl die maßgebliche Untersuchung durchführen und damit eine stufenweise Wiedereingliederung anstoßen. Ein sol-

---

[669]  Vgl. BAR, AH stufenweise Wiedereingliederung, Seite 40.
[670]  Vgl. hierzu bereits unter Teil 2, 5. Kapitel, § 1, A.

ches Verständnis entspricht der Zwecksetzung der stufenweisen Wiedereingliederung. Auch betont Ziff. 2 der Anlage zu den AU-RL[671], dass eine standardisierte Betrachtung der stufenweisen Wiedereingliederung nicht möglich ist, vielmehr zwischen allen Beteiligten eine einvernehmliche Lösung unter Berücksichtigung der Umstände des Einzelfalles angestrebt werden sollte.

## C. Zielrichtung der ärztlichen Untersuchung

### I. Feststellung der Eignung des Leistungsberechtigten für eine stufenweise Wiedereingliederung

Im Unterschied zu herkömmlichen ärztlichen Untersuchungen ist Zielrichtung der ärztlichen Untersuchung vor Durchführung einer stufenweisen Wiedereingliederung allgemein die Feststellung, ob der Leistungsberechtigte nach seinem Krankheitsbild, seiner Persönlichkeit, seiner Psyche und körperlichen/geistigen Konstitution bzw. Leistungsfähigkeit als geeignet erscheint, noch im Stadium der Arbeitsunfähigkeit seine bisherige Tätigkeit stufenweise wieder aufzunehmen und dadurch zugleich voraussichtlich besser wieder in das Erwerbsleben eingegliedert zu werden. Es geht bei der ärztlichen Untersuchung zu den Möglichkeiten einer stufenweisen Wiedereingliederung demnach vor allem darum, die jeweiligen Ressourcen und das Restarbeitsvermögen zu bestimmen und auf dieser Basis geeignete Beschäftigungsmöglichkeiten zu identifizieren. Diese Zielrichtung wird in der Praxis der Rehabilitationsmedizin nicht selten verkannt.[672]

### II. Erfordernis einer medizinischen Aufklärung

Erforderlich ist zunächst eine sorgfältige medizinische Aufklärung bzw. Begutachtung. Der Schwerpunkt der Untersuchung liegt dabei weniger auf der Feststellung der Eignung des Krankheitsbildes als mehr auf der Beurteilung der psychosozialen und physischen Faktoren des Leistungsberechtigten. Denn die Zielgruppe der stufenweisen Wiedereingliederung ist - wie bereits ausgeführt -[673] vom Krankheitsbild her sehr weit gefasst; sie kann also grundsätzlich nach allen schwereren oder chronischen Erkrankungen und auch beim Vorliegen eines unklaren Krankheitsbildes eingesetzt werden, ohne dass medizinische Einschluss- oder Ausschlusskriterien zu beachten wären.

---

[671] Vgl. BAnz. 2004, Nr. 61, Seiten 6501 ff.; zuletzt geänd. durch Beschl. v. 19.09.2006, BAnz. 2006, Nr. 241, Seite 7356.

[672] Zu diesem generellen Problem vgl. den Grundsatzbeitrag von Gagel/Schian, SGb 2002, 529 ff.

[673] Vgl. die Ausführungen unter Teil 2, 2. Kapitel, § 1, D.

## III. Erfordernis der Abklärung der arbeitsplatzbezogenen Anforderungen und Belastungen

Eine sorgfältige medizinische Beurteilung der psychosozialen und physischen Faktoren erfordt insbesondere eine Beurteilung anhand folgender Kriterien: Art der Arbeit (körperlich oder mental), Schwere der körperlichen Arbeit (leichte, mittelschwere, schwere oder schwerste Tätigkeiten), Arbeitsablauf (statischer oder dynamischer Ablauf), Körperhaltung und Bewegungsablauf (Sitzen, Gehen, Stehen, Wechsel zwischen diesen Haltungen, Bücken, Knien, Heben, Tragen, Haltearbeiten, Zwangshaltungen, Gerüstbesteigungen, Überkopfarbeiten etc.), Umwelteinflüsse (Hitze, Kälte, Zugluft, Nässe, Lärm, chemische Reizstoffe etc.), Arbeitsorganisation (Akkord, Wechsel-, Nachtschicht), Wegefähigkeit (zumutbare Wegstrecke), Arbeitszeit sowie sonstige besondere psychische Belastungen im Arbeitsumfeld (tätigkeitsspezifischer besonders hoher Umsatzdruck, insgesamt hoher Termindruck bzw. Arbeitsverdichtung etc.). Aus all diesen Kriterien lässt sich durch den begutachtenden Arzt unter Berücksichtigung der konkreten Psyche des Leistungsberechtigten zunächst ein negatives Leistungsbild ermitteln, aus dem abschließend ein positives Leistungsbild abgeleitet und beschrieben werden kann und sollte.[674] Bereits in diesem Stadium des Verfahrens - und nicht erst zwingend bei der Erstellung des Wiedereingliederungsplans - kann es demzufolge notwendig werden, vom Arbeitgeber die Anforderungen der Tätigkeit des Leistungsberechtigten anzufordern.[675]

## IV. Notwendigkeit einer Klärung der Möglichkeiten einer schrittweisen Arbeitsaufnahme

Abschließend empfiehlt sich im Zusammenhang mit der beschriebenen ärztlichen Untersuchung, dass abgeklärt wird, inwieweit das Arbeitsumfeld unter Berücksichtigung der Tätigkeitsspezifika und der konkreten Arbeitsplatzausgestaltung überhaupt eine schrittweise Arbeitsaufnahme erlaubt bzw. möglich macht. Diese Klärung erfolgt sinnvollerweise durch eine Rücksprache mit dem Arbeitgeber und/oder dem Betriebsarzt entweder vom Leistungsberechtigten selbst,

---

[674] Vgl. auch Horch/Hoffart/Stenner, MED SACH 1993, 25, 28 f.; BAR, AH stufenweise Wiedereingliederung, Seiten 42 f.; ausführlich zur sorgfältigen Ermittlung des Leistungsprofils und des Abgleichs mit dem Anforderungsprofil im Zusammenhang mit Rentenverfahren Gagel/Schian, SGb 2002, 529, 531 ff.

[675] Vgl. zu dieser Möglichkeit Ziff. 2 S. 3 der Anlage zu den AU-RL i.d.F. v. 01.12.2003 (abgedr. im BAnz. 2004, Nr. 61, Seiten 6501 ff.; zuletzt geänd. durch Beschl. v. 19.09. 2006, vgl. BAnz. 2006, Nr. 241, Seite 7356).

vom untersuchenden Arzt oder - weil diesem eine zentrale Koordinierungsfunktion zukommt[676] - vom zuständigen Rehabilitationsträger.

## D. Ärztliche Feststellung als Ergebnis der Untersuchung und Aufklärungen

Als Ergebnis der ärztlichen Untersuchung stellt der untersuchende Arzt i.d.R. auf dem dafür vorgesehenen Vordruck-Muster Nr. 1 der KBV[677] schließlich zunächst eine Arbeitsunfähigkeits(folge)bescheinigung aus, die vom Wiedereingliederungsplan zu trennen ist. Nur dann, wenn die ärztliche Untersuchung während eines bereits gewisse Zeit in die Zukunft reichenden attestierten Arbeitsunfähigkeitszeitraums erfolgt, also nicht unmittelbar vor oder nach Ablauf eines attestierten Arbeitsunfähigkeitszeitraums, wird ggf. ohne separate Arbeitsunfähigkeitsbescheinigung ausschließlich ein Wiedereingliederungsplan erstellt.[678]

### I. Feststellung der Arbeitsunfähigkeit

Die „ärztliche Feststellung" i.S. der § 28, § 74 SGB V orientiert sich unter Berücksichtigung der Festlegungen in § 2 Abs. 1 AU-RL[679] - wie auch sonst die Feststellung der Arbeitsunfähigkeit - allgemein am Inhalt des Arbeitsvertrages. Sie enthält - entsprechend ihrem Wesen - zunächst die Feststellung, dass der Leistungsberechtigte (weiterhin) arbeitsunfähig ist.

### II. Angabe der Art und des Umfangs der möglichen Tätigkeiten

Nach der gesetzlichen Konzeption sollen dabei bereits auf dieser Arbeitsunfähigkeitsbescheinigung ferner Art und Umfang der möglichen zu verrichtenden Tätigkeiten angegeben werden. Dies impliziert zugleich die Aussage, dass der Leistungsberechtigte seine arbeitsvertragliche Tätigkeit teilweise verrichten kann, demzufolge also insgesamt die Prognose besteht, dass durch eine stufenweise Wiederaufnahme die Wiedereingliederung in das Erwerbsleben gefördert wird. Angesichts des durch das Vordrucks-Muster Nr. 1 der KBV vorgegebenen Inhalts der Arbeitsunfähigkeitsbescheinigung sowie des insbesondere nach dem Vordrucks-Muster Nr. 20 der KBV vorgesehenen Inhalts für den Wiedereinglie-

---

[676] So auch BAR, AH stufenweise Wiedereingliederung, Seite 32.
[677] Vgl. Vereinbarung über Vordrucke für die vertragsärztliche Versorgung (Anlage 2 BMV-Ä/EKV), Stand: 01.07.2009 (veröff. unter: http://www.kbv.de/rechtsquellen/2306.html).
[678] Vgl. hierzu unter Teil 2, 5. Kapitel, § 2.
[679] Vgl. BAnz. 2004, Nr. 61, Seiten 6501 ff.; zuletzt geänd. durch Beschl. v. 19.09.2006, BAnz. 2006, Nr. 241, Seite 7356.

derungsplan[680] finden sich in der arbeits- und sozialrechtlichen Praxis allerdings nur selten bereits auf der Arbeitsunfähigkeitsbescheinigung Angaben zu Art und Umfang möglicher Tätigkeiten. Vielmehr nutzen die Ärzte hierfür das separate Formular für den Wiedereingliederungsplan. So sieht es i.E. auch Ziff. 8 S. 2 der Anlage zur AU-RL[681] vor, in der ausdrücklich ausgeführt wird, dass der Arzt auf dem Vordruck Nr. 20 u.a. „die tägliche Arbeitszeit und diejenigen Tätigkeiten anzugeben [hat], die der Versicherte während der Phase der Wiedereingliederung ausüben kann bzw. denen er nicht ausgesetzt werden darf".

## § 2 Erstellung eines Wiedereingliederungsplans

Nach Ziff. 3 der „Erläuterungen zur Vereinbarung über Vordrucke für die vertragsärztliche Versorgung" soll der Arzt im Einverständnis mit dem Versicherten unter Verwendung des Muster-Vordrucks Nr. 20 der KBV (= „Maßnahmen zur stufenweisen Wiedereingliederung in das Erwerbsleben - Wiedereingliederungsplan") einen Wiedereingliederungsplan erstellen, nachdem er vorab mit dem Arbeitgeber abgeklärt hat, ob eine stufenweise Wiedereingliederung in Betracht kommt.[682]

## A. Begriff

Der Begriff des Wiedereingliederungsplans ist dabei weder gesetzlich festgelegt, noch wird dieser in den AU-RL[683] explizit verwendet. Unter Berücksichtigung des Inhalts des Muster-Vordrucks Nr. 20 der KBV sowie Ziff. 3 der Anlage zu den AU-RL lässt sich allerdings folgende allgemeine Begriffsdefinition herleiten: Bei dem Wiedereingliederungsplan handelt es sich um einen Plan, in welchem der Ablauf der stufenweisen Wiederaufnahme der beruflichen Tätigkeit auf der Grundlage ärztlicher Beurteilung festgelegt wird. Er konkretisiert demzufolge den Verlauf der Wiedereingliederungsphase vor dem Hintergrund der bestehenden krankheitsbedingten Einschränkungen der Leistungsfähigkeit des Leistungsberechtigten einerseits und seiner zu erwartenden gesundheitlichen und leistungsmäßigen Fortschritte andererseits.

---

[680] Vgl. Vereinbarung über Vordrucke für die vertragsärztliche Versorgung (Anlage 2 BMV-Ä/EKV), Stand: Juli 2009 (veröff. unter: http://www.kbv.de/rechtsquellen/2306.html).

[681] Vgl. BAnz. 2004, Nr. 61, Seiten 6501 ff.; zuletzt geänd. durch Beschl. v. 19.09.2006, BAnz. 2006, Nr. 241, Seite 7356.

[682] Vgl. Erläuterungen zur Vereinbarung über Vordrucke für die vertragsärztliche Versorgung, Stand: 01.07.2009, Muster 20, Ziff. 3 (veröff. unter: http://www.kbv.de/ rechtsquellen/2306.html).

[683] Vgl. BAnz. 2004, Nr. 61, Seiten 6501 ff.; zuletzt geänd. durch Beschl. v. 19.09.2006, BAnz. 2006, Nr. 241, Seite 7356.

## B.   Inhalt im Einzelnen

## I.   Allgemeines

Wesentliche konkrete Inhalte des Wiedereingliederungsplans lassen sich zunächst aus Ziff. 1 und 3 der Anlage zu den AU-RL[684] entnehmen, nämlich:

- die Angabe der zeitlichen Abstufung („kontinuierlich") und Ausdehnung des Wiedereingliederungsverlaufes („sollte ... in der Regel einen
Zeitraum von sechs Monaten nicht überschreiten"), also Spezifizierung der
Abfolge und Dauer der einzelnen Belastungsstufen,
- die Beschreibung der quantitativen und/oder qualitativen Anforderungen einer Tätigkeit, die aufgrund der krankheitsbedingten Leistungseinschränkungen noch möglich sind sowie
- Hinweise auf etwaig zu vermeidende arbeitsbedingte Belastungen
und nicht geeignete Tätigkeiten.[685]

Dabei wird durch Ziff. 3 S. 3 der Anlage zur AU-RL deutlich, dass auch eine
ausschließlich vorübergehende Verkürzung der täglichen Arbeitszeit Inhalt eines
Wiedereingliederungsplans sein kann.

Unter Berücksichtigung der Zielsetzung einer Maßnahme zur stufenweisen
Wiedereingliederung kann als möglicher Inhalt des Wiedereingliederungsplans
überdies ausgemacht werden:

- die Benennung notwendiger flankierender Maßnahmen am Arbeitsplatz bzw. im Arbeitsumfeld (z.B. Schaffung von Arbeitserleichte-
rungen, Zurverfügungstellung technischer Hilfen u.ä.).

Ein Blick in den Muster-Vordruck Nr. 20 der KBV veranschaulicht zudem, dass
der Wiedereingliederungsplan und nicht schon die Arbeitsunfähigkeitsbescheinigung[686] - anders als die gesetzliche Konzeption es an sich vorsieht    -[687] zugleich enthält

---

[684]   Vgl. BAnz. 2004, Nr. 61, Seiten 6501 ff.; zuletzt geänd. durch Beschl. v. 19.09.2006,
BAnz. 2006, Nr. 241, Seite 7356.

[685]   Ziff. 3 S. 3 der Erläuterungen zur Vereinbarung über Vordrucke für die vertragsärztliche
Versorgung, Stand: Juli 2009 spricht davon, dass der Arzt im Wiedereingliederungsplan
ggf. die Belastungseinschränkung definieren soll *(z.B. „Tätigkeit nur im Sitzen", „Darf
nicht heben").*

[686]   Auch wenn die Arbeitsunfähigkeitsbescheinigung und der Wiedereingliederungsplan for-
mell zu trennen sind, erfolgt deren Erstellung regelmäßig zeitgleich bzw. im unmittelbaren
zeitlichen Zusammenhang.

- die Angabe, dass durch eine stufenweise Wiederaufnahme die Wiedereingliederung in das Erwerbsleben gefördert wird (= positive berufliche Prognose).

Ferner ist auf dem Muster-Vordruck Nr. 20 der KBV vorgesehen, dass getroffen wird

- eine Prognoseentscheidung zum Zeitpunkt der Wiederherstellung der Arbeitsfähigkeit,

wobei hierbei ersichtlich noch von der Wiederherstellung der vollen Arbeitsfähigkeit ausgegangen wird, was jedoch erwiesenermaßen[688] und höchstrichterlich anerkannt[689], nicht notwendig ist. Vielmehr genügt eine auf die teilweise Wiederherstellung der Arbeitsfähigkeit gerichtete Prognose. Dabei zählt auch die Angabe zum voraussichtlichen Zeitpunkt des „Ob" und „Wie" einer möglichen Fortsetzung des Arbeitsverhältnisses zum notwendigen Mindestinhalt eines Wiedereingliederungsplans. Dies folgt aus der Tatsache, dass originäres gesetzgeberisches Ziel der stufenweisen Wiedereingliederung grundsätzlich die Ausübung einer Teiltätigkeit und nicht eine therapeutische Erprobung ist, auch wenn letztere selbstverständlich empfohlen und vereinbart werden kann, ohne dass hierauf zugleich ein gesetzlicher Anspruch besteht.

## II. Bedeutung vor dem Hintergrund der BAG-Entscheidung vom 13.06. 2006 (9 AZR 229/05)

Mittlerweile hatte auch das BAG in seiner Grundsatzentscheidung vom 13.06. 2006 (Az.: 9 AZR 229/05)[690] Gelegenheit, sich mit dem notwendigen Mindestinhalt eines Wiedereingliederungsplans zu befassen. Das BAG führt dabei aus, dass aus der ausgestellten ärztlichen Bescheinigung des behandelnden Arztes die „Art und Weise der empfohlenen Beschäftigung, Beschäftigungsbeschränkungen, Umfang der täglichen oder wöchentlichen Arbeitszeit sowie die Dauer der Maßnahme abzulesen" sein müssen. Zudem müsse sie „eine Prognose enthalten, wann voraussichtlich die Wiederaufnahme der arbeitsvertraglich vereinbarten Tätigkeit erfolgen werde". Denn, so weiter das BAG, die „besondere Mitwirkungspflicht des Arbeitgebers setzt voraus, dass der Arbeitnehmer dem Arbeitgeber eine ärztliche Bescheinigung vorlegt, die ... dem Arbeitgeber hinreichend deutlich macht, dass mit dem Eingliederungsplan auch eine betrieblich nutzbare

---

[687] Vgl. bereits unter Teil 2, 5. Kapitel, § 1, D, II.
[688] Vgl. die Ausführungen unter Teil 2, 2. Kapitel, § 3, A, III.
[689] Vgl. BAG, Urt. v. 13.06.2006 (Az.: 9 AZR 229/05), NZA 2007, 91, 94.
[690] Zum Sachverhalt vgl. bereits die Ausführungen unter Teil 2, 3. Kapitel, § 2, C, I, 4.

Tätigkeit wiedererlangt werden kann". Damit decken sich die vom BAG so entwickelten Inhalte mit den bereits als notwendig dargestellten Inhalten.

Aus dieser Entscheidung vom 13.06.2006 wird zugleich die zentrale Bedeutung eines inhaltlich hinreichend bestimmten Wiedereingliederungsplans deutlich: Das BAG hat nach Zuerkennen eines grundsätzlichen Beschäftigungsanspruchs im Rahmen einer stufenweisen Wiedereingliederung die Revision des klagenden Chefkellners (sog. „Chef de Rang") eines Gourmetrestaurants allein deshalb als unbegründet zurückgewiesen, weil dieser nicht bis spätestens zum Schluss der mündlichen Verhandlung vor dem LAG einen ausreichenden Wiedereingliederungsplan vorgelegt hatte. Zwar hatte der behandelnde Arzt in dem entsprechenden Muster-Vordruck Nr. 20 der KBV die einzelnen Wiedereingliederungsstufen samt der Art der zu verrichtenden Tätigkeiten angegeben. Die auf dem Vordruck vorgesehenen Felder zur absehbaren Arbeitsfähigkeit waren hingegen unausgefüllt geblieben. Dies hielt das BAG zu Lasten des klagenden Arbeitnehmers für entscheidend, weil sich nach Auffassung des Gerichts ein dahingehender Rückschluss angesichts der bis zur letzten Wiedereingliederungsstufe reduzierten täglichen Stundenzahl von drei Stunden auch nicht aus der vom Arzt empfohlenen Befristung der Maßnahme auf drei Monate ergab.[691] Die dahingehende Rechtsauffassung des BAG erscheint auf den ersten Blick sehr formalistisch und praxisfern, zumal im Einleitungssatz des Muster-Vordrucks Nr. 20 der KBV unmittelbar vor der tabellarischen Aufführung der einzelnen Stufen samt Tätigkeitsbeschreibung vom behandelnden Arzt die positive berufliche Prognose signalisiert wird („Durch die stufenweise Wiederaufnahme seiner Tätigkeit kann der o.g. Versicherte schonend wieder in das Erwerbsleben eingegliedert werden."), so dass man gemeinsam mit dem Wiedereingliederungsplan zugleich die Prognose der Wiederherstellung der Arbeitsfähigkeit samt Zeitpunkt als impliziert ansehen könnte. Andererseits stellt eben die Prognose über den Zeitpunkt der Wiederherstellung der Arbeitsfähigkeit streng genommen etwas anderes dar, als die positive berufliche Prognose in dem Sinne, dass durch eine stufenweise Wiederaufnahme der Tätigkeit die Wiedereingliederung in das Erwerbsleben gefördert wird. Vor diesem Hintergrund ist der dahingehenden Auffassung des BAG zuzustimmen.

## III. Fazit

Zusammenfassend erscheint es auch und gerade vor dem Hintergrund der beschriebenen BAG-Rechtsprechung als besonders wichtig, dass die Tätigkeitsbeschränkungen - sofern denn solche existieren - möglichst präzise aus der Bescheinigung hervorgehen oder zumindest dezidiert mündlich besprochen bzw.

---

[691] Vgl. NZA 2007, 91, 93 f.

abgestimmt werden und dass wirklich nur das bescheinigt wird, was der Arbeitnehmer auch tatsächlich uneingeschränkt leisten kann. Zudem muss der behandelnde Arzt - schon vor dem Hintergrund eines möglichen gerichtlichen Verfahrens bei Zustimmungsverweigerung des Arbeitgebers - nun in besonderem Maße darauf achten, dass er zugleich eine Prognose über die Wiederherstellung der Arbeitsfähigkeit abgibt. Hierdurch kommt dem behandelnden Arzt an dieser Stelle im Verfahren der stufenweisen Wiedereingliederung eine besondere Verantwortung zu, deren Nichtwahrnehmung ggf. sogar mit Haftungsrisiken verbunden ist. Das BAG hat in der Entscheidung vom 13.06.2006 zwar deutlich gemacht, dass die „besondere Mitwirkungspflicht des Arbeitgebers" im Zusammenhang mit der stufenweisen Wiedereingliederung von schwerbehinderten Arbeitnehmern allgemein unter der Voraussetzung der Erstellung eines Wiedereingliederungsplans steht, der sozialrechtlichen Anforderungen genügt. Zu beachten ist jedoch, dass nach allgemeinen prozessrechtlichen Regelungen ein solcher hinreichender Wiedereingliederungsplan noch bis zum Schluss der letzten mündlichen Verhandlung vor dem LAG als Tatsachengericht nachgereicht werden kann. Demzufolge sollte sich der Arbeitgeber nicht vorschnell auf einen unzureichenden Wiedereingliederungsplan zurückziehen und nur deshalb eine Maßnahme zur stufenweisen Wiedereingliederung ablehnen.

## C.  Rolle der beteiligten Rechtsträger

## I.  Vertrauensvolle Zusammenarbeit aller Akteure

Gerade bei der Erarbeitung des Wiedereingliederungsplans bedarf es - je nach besonderer Situation im Einzelfall und ungeachtet der bereits beschriebenen besonderen Verantwortung des behandelnden Arztes - insgesamt einer engen und vertrauensvollen Zusammenarbeit zwischen sämtlichen am Verfahren beteiligten Rechtsträgern. Dieses Erfordernis betont Ziff. 2 S. 1 der Anlage zu den AU-RL[692] explizit für die stufenweise Wiedereingliederung und findet überdies für die Einleitung und Ausführung von Leistungen zur Teilhabe allgemein seinen Ausdruck in der „Gemeinsamen Empfehlung zur Verbesserung der gegenseitigen Information und Kooperation aller beteiligten Akteure nach § 13 Abs. 2 Ziff. 8 und 9 SGB" vom 22.03.2004.[693]

So ist zunächst eine enge Zusammenarbeit zwischen dem Leistungsberechtigten und dem behandelnden Arzt erforderlich, damit gewährleistet ist, dass letzterer

---

[692] Vgl. BAnz. 2004, Nr. 61, Seiten 6501 ff.; zuletzt geänd. durch Beschl. v. 19.09.2006, BAnz. 2006, Nr. 241, Seite 7356.
[693] Vgl. unter http://www.bar-frankfurt.de/Gemeinsame_Empfehlungen.bar.

alle Informationen sowie Unterlagen erhält, welche für die von ihm abzugeben-
den Erklärungen erforderlich sind. Hierzu gehören etwa eine Arbeitsplatzbe-
schreibung bzw. ein Arbeitsplatzanforderungsprofil samt einer nach § 5
ArbSchG erstellten Gefährdungsbeurteilung, sofern der Leistungsberechtigte
noch in einem Arbeitsverhältnis steht. Nach Einwilligung des in einem Arbeitsverhältnis stehenden Leistungsberechtigten[694] kann der behandelnde Arzt - unter
Wahrung seiner ärztlichen Schweigepflicht im Übrigen - diese Informationen
und Unterlagen auch unmittelbar beim Arbeitgeber, der Arbeitnehmervertretung
und/oder beim Betriebsarzt anfordern.

## II. Bedeutung des Betriebsarztes

Der Betriebsarzt erweist sich im Vorfeld der Erstellung eines Wiedereingliederungsplans auf betrieblicher Ebene vielfach als ein geeigneter Kooperationspart-
ner für den behandelnden Arzt, was insbesondere den ihm gesetzlich zugeordne-
ten Aufgaben nach § 3 ASiG zuzurechnen ist. Insbesondere § 3 Abs. 1 Ziff. 1
Buchstabe f legt fest, dass die Betriebsärzte u.a. den Arbeitgeber insbesondere
bei „Fragen des Arbeitsplatzwechsels sowie der Eingliederung und Wiedereingliederung Behinderter in den Arbeitsprozeß" zu beraten haben. Hinzu kommt die in § 3 Abs. 1
Ziff. 1 Buchstabe d geregelte Beratungspflicht hinsichtlich der gesundheitsge-
rechten Gestaltung der Arbeitsplätze, des Arbeitsablaufs und der Arbeitsumge-
bung sowie die in § 3 Abs. 1 Ziff. 1 Buchstabe g geregelte Beratungspflicht hinsichtlich der Beurteilung der Arbeitsbedingungen (Gefährdungsanalyse). Demgemäß ist der Betriebsarzt insgesamt Berater bei gesundheitsförderli-
chen/rehabilitativen Maßnahmen sowie bei der Gestaltung der Arbeitsplätze
(Ergonomie, Umwelteinflüsse, Organisation). Er ist verantwortlich für arbeitsmedizinische Begutachtungen in Form der Erstellung eines individuellen Fähigkeitsprofils, eines Arbeitsplatzanforderungsprofils sowie eines Abgleichs zwischen körperlicher Leistungsfähigkeit und beruflichem Anforderungsprofil. Bei
Abweichungen des Fähigkeitsprofils vom Anforderungsprofil hat er Vorschläge
für gestalterische oder organisatorische (Umorganisations-) Maßnahmen/und
oder für die Einleitung von gezielten Trainings- oder Rehabilitationsmaßnahmen
zu erarbeiten. Berücksichtigt man, dass die Entsprechung von verbleibenden Fähigkeiten und Anforderungen der Arbeitsbedingungen wesentliche Voraussetzung für eine erfolgreiche Integration des Leistungsberechtigten ist, wird deut-

---

[694] Zum Einwilligungserfordernis des Leistungsberechtigten vgl. Ziff. 2 S. 3 der Anlage zu
den AU-RL (BAnz. 2004, Nr. 61, Seite 6501; zuletzt geänd. durch Beschl. v. 19.09.2006,
BAnz. 2006, Nr. 241, Seite 7356).

lich, dass dem Betriebsarzt insgesamt eine zentrale Bedeutung im Zusammenhang mit der stufenweisen Wiedereingliederung zukommt.[695]

Vor diesem Hintergrund regelt § 74 SGB V, dass der Kassen- bzw. Vertragsarzt vor Ausstellung der Arbeitsunfähigkeitsbescheinigung in „geeigneten Fällen" die Stellungnahme des Betriebsarztes einholen soll. Ziff. 4 der Anlage zu den AU-RL[696] bestimmt darüber hinaus, dass „eine stufenweise Wiedereingliederung an Arbeitsplätzen, für die arbeitsmedizinische Vorsorgeuntersuchungen nach den berufsgenossenschaftlichen Grundsätzen erforderlich sind, ... grundsätzlich nur mit Zustimmung des Betriebsarztes erfolgen" kann. Ausgenommen davon sollen nur Fälle sein, „bei denen feststeht, dass die am Arbeitsplatz vorliegende spezifische Belastung keine nachteiligen Auswirkungen auf den Gesundungsprozess des Betroffenen selbst oder Unfall- oder Gesundheitsgefahren für ihn selbst oder Dritte mit sich bringen kann". Es verbietet sich, dass man aus Ziff. 4 der Anlage zu den AU-RL ein echtes Zustimmungserfordernis ableitet, das überdies noch im Verhältnis zwischen dem Leistungsberechtigten und dem Arbeitgeber wirkt. Denn für das dort geregelte Zustimmungserfordernis gibt es keine gesetzliche Rechtsgrundlage, den AU-RL selbst kommt insbesondere keine normative Wirkung zu.[697] Ungeachtet dessen ist das vom Richtliniengeber so statuierte Einbeziehungserfordernis sinnvoll, gleichwohl es sachlich nicht weit genug geht. Es erscheint insbesondere als angebracht, wenn der Kassen- bzw. Vertragsarzt nach Einwilligung des Leistungsberechtigten in zahlreichen weiteren, über Ziff. 4 der Anlage zu den AU-RL hinausgehenden Fällen den Betriebsarzt einbezieht. Ein solches Verständnis folgt bereits aus der weiten Formulierung des § 74 SGB V („in geeigneten Fällen") und der Tatsache, dass der Betriebsarzt - zumindest bei in einem Arbeitsverhältnis stehenden Betroffenen - regelmäßig bessere Kenntnisse über den betreffenden Arbeitsplatz und dessen Leistungsanforderungen besitzt bzw. sich derartige Kenntnisse durch Rücksprache mit den Fach- bzw. Personalverantwortlichen des Arbeitgebers in relativ kurzer Zeit verschaffen kann. Hinzu kommt, dass das SGB IX unter § 13 Abs. 2 Ziff. 8 allgemein für Leistungen zur Teilhabe Folgendes ausführt: „Die Rehabilitationsträger nach § 6 Abs. 1 Nr. 1 bis 5 vereinbaren darüber hinaus gemeinsame Empfehlungen, in welchen Fällen und in welcher Weise der behandelnde Hausarzt oder Facharzt und der Betriebs- oder Werksarzt in die Einleitung und Ausführung von Leistungen zur Teilhabe einzubinden sind". Eine solche Empfehlung stellt die „Gemeinsame Empfehlung zur Verbesserung der gegenseitigen Information und Kooperation aller beteiligten Akteure nach § 13 Abs. 2 Ziff. 8 und 9 SGB" vom 22.03.2004 dar, in der an mehreren Stellen (vgl. u.a. § 4 Abs. 1, Unterabs. 3 sowie § 5 Abs. 6 und 7) zum Ausdruck kommt, dass die

---

[695] Grundsätzlich zur Stellung des Betriebsarztes in der medizinischen Rehabilitation vgl. Tavs, Betriebsarzt und medizinische Rehabilitation, Seiten 12 f. m.w.N.

[696] Vgl. BAnz. 2004, Nr. 61, Seite 6501; zuletzt geänd. durch Beschl. v. 19.09.2006 (BAnz. 2006, Nr. 241, Seite 7356).

[697] Vgl. bereits die Ausführungen unter Teil 2, 2. Kapitel, § 1, A, III.

Betriebs- bzw. Werksärzte als zentrale Ansprechpartner und Koordinatoren für ein wirksames betriebliches Teilhabemanagement frühzeitig „im Bedarfsfall" bzw. „bei Auftreten von Rehabilitationsbedarf" einzubinden sind.[698] Hierdurch wird deutlich, dass es zum einen keine begrenzten Fallgestaltungen geben soll, bei denen die Betriebs- bzw. Werksärzte einbezogen werden können und zum anderen weder allgemein noch in bestimmten Fallgestaltungen ein - wenn auch nur grundsätzliches - Zustimmungserfordernis bestehen soll. Vielmehr wird durch die beschriebenen Formulierungen das weite Verständnis des § 74 SGB V bestätigt.

## III. Fazit

Insgesamt erscheint es als besonders sinnvoll, wenn nach der Einwilligung des Leistungsberechtigten der behandelnde Arzt und der Betriebsarzt direkt miteinander in Kontakt treten, um die medizinischen Aspekte der stufenweisen Wiedereingliederung gemeinsam zu erörtern und zu planen. Vielfach ist bereits im Zusammenhang mit der Erstellung/Erlangung eines Arbeitsplatzanforderungsprofils einschließlich einer Gefährdungsbeurteilung eine Kommunikation des Betriebsarztes mit den zuständigen Fach- und Personalverantwortlichen des Arbeitgebers notwendig. Auch hiermit muss jedoch der Leistungsberechtigte einverstanden sein, so dass der Mitwirkungsbereitschaft des Leistungsberechtigten erkennbar ein sehr hoher Stellenwert zukommt. Aber auch die Rehabilitationsträger und ihre gemeinsamen Servicestellen können als Verhandlungspartner des Arbeitgebers gerade im Zusammenhang mit der Erstellung des Wiedereingliederungsplans eine wichtige Koordinierungsfunktion wahrnehmen. Diese sind insbesondere zuständig für die Regelung von Fragen der finanziellen Abwicklung mit dem Arbeitgeber, ggf. unter Mitwirkung der Arbeitnehmervertretung.

## D.  Zustandekommen

## I.  Zustimmung des Leistungsberechtigten

Nachdem der behandelnde Arzt den Wiedereingliederungsplan mit dem notwendigen Inhalt ausgestellt sowie mit entsprechender Unterschrift versehen hat, muss der Leistungsberechtigte diesem und der damit im Anschluss verbundenen Durchführung der stufenweisen Wiedereingliederung explizit zustimmen. Dies folgt aus dem Umstand, dass eine solche Maßnahme vom Leistungsberechtigten weder arbeits- noch sozialrechtlich erzwungen werden kann.[699] Ziff. 8 der Anla-

---

[698]  Vgl. unter http://www.bar-frankfurt.de/Gemeinsame_Empfehlungen.bar.
[699]  Vgl. bereits die Ausführungen unter Teil 2, 3. Kapitel, § 2, B.

ge zu den AU-RL[700] verdeutlicht dieses Zustimmungserfordernis und legt dabei zugleich ein Schriftformerfordernis für die dahingehende Erklärung des Leistungsberechtigten fest, indem ihm abverlangt wird, dass er auf dem entsprechenden Muster-Vordruck Nr. 20 der KBV seine Einverständniserklärung abgibt. Schon wegen des mangelnden normativen Charakters der AU-RL[701] kommt diesem Schriftformerfordernis aus arbeits- und sozialrechtlicher Sicht keine Bedeutung zu. Die AU-RL können verbindlich vielmehr nur die Pflichten der Kassen- bzw. Vertragsärzte regeln. Demzufolge kann die Maßnahme auch dann durchgeführt werden, wenn sich aus anderen Umständen zweifelsfrei ergibt, dass der Leistungsberechtigte mit dem Wiedereingliederungsplan und der anschließenden Durchführung der Maßnahme einverstanden ist.

## II. Zustimmung des Arbeitgebers

Die AU-RL führen in Ziff. 6 der Anlage aus, dass die stufenweise Wiedereingliederung nicht durchführbar ist, wenn der Arbeitgeber erklärt, dass eine dahingehende Beschäftigung des Versicherten nicht möglich ist. Auch diesbezüglich ist auf dem Muster-Vordruck Nr. 20 der KBV die Abgabe einer entsprechenden Arbeitgebererklärung vorgesehen, wobei - anders als beim Leistungsberechtigten - gleichfalls eine ablehnende Erklärung schriftlich fixiert werden soll (vgl. Ziff. 8 S. 3 der Anlage zu den AU-RL). An anderer Stelle wurde bereits festgestellt, dass den Arbeitgeber eine Mitwirkungsverpflichtung an einer Maßnahme zur stufenweisen Wiedereingliederung trifft, die lediglich die Gruppe der arbeitslosen Leistungsberechtigten ausnimmt.[702] Vor diesem Hintergrund kann dessen verweigerte Zustimmung zum Wiedereingliederungsplan und damit zur anschließenden Durchführung der Maßnahme in Bezug auf die in einem Arbeitsverhältnis stehenden Leistungsberechtigten lediglich (noch) als vorübergehendes tatsächliches Durchsetzungshindernis, nicht aber als Grund für ein endgültiges Scheitern einer stufenweisen Wiedereingliederung angesehen werden. Das bedeutet, dass der Leistungsberechtigte trotz rechtlicher Zustimmungs- bzw. Mitwirkungsverpflichtung des Arbeitgebers auch bei Vorliegen aller gesetzlichen Voraussetzungen mangels Existenz einer gesetzlichen Zustimmungsfiktion die Arbeit nicht entsprechend dem Wiedereingliederungsplan aufnehmen kann. Vielmehr ist er zunächst auf die Inanspruchnahme gerichtlichen Rechtsschutzes auf dem Arbeitsgerichtsweg angewiesen.[703]

---

[700] Vgl. BAnz. 2004, Nr. 61, Seite 6501; zuletzt geänd. durch Beschl. v. 19.09.2006 (BAnz. 2006, Nr. 241, Seite 7356).
[701] Vgl. bereits die Ausführungen unter Teil 2, 2. Kapitel, § 1, A, III.
[702] Vgl. bereits die Ausführungen unter Teil 2, 3. Kapitel, § 2, C, III.
[703] Vgl. hierzu im Einzelnen die Ausführungen unter Teil 2, 8. Kapitel, § 2.

## 6. Kapitel: Arbeits- und sozialrechtlicher Vollzug der stufenweisen Wiedereingliederung in der Praxis

### § 1 Arbeitsrechtliche Rechtsbeziehungen während des Vollzugs

### A. Arbeitsrechtliche Rechtsnatur der stufenweisen Wiedereingliederung

Vor dem Hintergrund der fortbestehenden Arbeitsunfähigkeit des Leistungsberechtigten sowie dem rehabilitativ-therapeutischen Charakter der Maßnahme ist die stufenweise Wiedereingliederung entgegen vereinzelter Stimmen in der arbeitsrechtlichen Literatur[704] arbeitsrechtlich weder als Fortführung des bestehenden Arbeitsverhältnisses - sofern ein solches zwischen den Beteiligten überhaupt besteht -[705] noch als abgewandeltes Arbeitsverhältnis anzusehen. Ein solches Rechtsverständnis entspricht gefestigter höchstrichterlicher Rechtsprechung sowie der ganz herrschenden Literaturauffassung sowohl im arbeits- als auch im sozialrechtlichen Schrifttum[706] und entbehrt daher im vorliegenden Rahmen einer weitergehenden Erörterung. Angesichts der Tatsache, dass die stufenweise Wiedereingliederung für den Arbeitgeber überdies nicht (mehr) als freiwillige Maßnahme betrachtet werden kann[707], scheidet von vornherein auch die Qualifizierung als Gefälligkeitsverhältnis aus. Gegen eine solche Annahme spricht zudem der Zweck der stufenweisen Wiedereingliederung. Letzterer steht zugleich einer Einordnung als bereicherungsrechtliches Schuldverhältnis i.S. der §§ 812 ff. BGB entgegen. Der Leistungsberechtigte erbringt insoweit insbesondere keine Leistung i.S. des § 812 Abs. 1 S. 1 BGB, sondern übt eine tatsächliche Tätigkeit mit therapeutischer Zielsetzung aus. Die Annahme eines Auftragsverhältnisses i.S. der §§ 662 ff. BGB ist ebenfalls nicht möglich. Der Leistungsberechtigte besorgt kein Geschäft für den Arbeitgeber. Insgesamt lässt sich die stufenweise Wiedereingliederung keiner der anerkannten vertraglichen oder gesetzlichen Schuldverhältnisse zuordnen. Das BAG hat daher schon frühzeitig und

---

[704] Vgl. insbesondere Glaubitz, NZA 1992, 402 sowie Wank, BB 1992, 1993, 1998.

[705] Unter Teil 2, 2. Kapitel, § 1, B, II, 2 wurde bereits ausführlich dargelegt, dass auch arbeitslose Leistungsberechtigte Adressaten der § 28, § 74 SGB V sind.

[706] Vgl. BAG, Urt. v. 29.01.1992 (Az.: 5 AZR 37/91), BB 1993, 143, 144; BAG, Urt. v. 19.04.1994 (Az.: 9 AZR 462/92), AP Nr. 2 zu § 74 SGB V, Bl. 32, 35; BAG, Urt. v. 28.07.1999 (Az.: 4 AZR 192/98), AP Nr. 3 zu § 74 SGB V, Bl. 343; zuletzt auch BAG, Urt. v. 13.06.2006 (Az.: 9 AZR 229/05), NZA 2007, 91, 93; BSG, Urt. v. 21.03.2007 (Az.: B 11a AL 31/06 R), SGb 2007, 290 f.; v. Hoyningen-Huene, NZA 1992, 49, 51; Compensis, NZA 1992, 631, 633; Gitter, ZfA 1995, 123, 132; Becker, Seiten 76 ff.; Gagel/Schian, BehindR 2006, 53, 54; Schmidt, NZA 2007, 893, 894; Grüner, in Wiegand, Komm. zum SGB IX, § 28 Rdnr. 10; Oppermann, in Hauck/Noftz, Komm. zum SGB IX, § 28 Rdnr. 9 f.; Nebe, in Feldes/Kohte/Stevens-Bartol, SGB IX, § 28 Rdnr. 18; Kohte, in Kreikebohm/Spellbrink/Waltermann, Komm. zum SGB, § 28 Rdnr. 7.

[707] Vgl. hierzu bereits die Ausführungen unter Teil 2, 3. Kapitel, § 2, C, III.

dann fortlaufend überzeugend von einem neben das Arbeitsverhältnis tretenden Rechtsverhältnis sui generis, also einem Rechtsverhältnis eigener Art i.S. des § 311 Abs. 1 BGB, gesprochen.[708]

## B. Inhalt des Wiedereingliederungsverhältnisses

Die Einordnung der Maßnahme der stufenweisen Wiedereingliederung als Rechtsverhältnis sui generis i.S. des § 311 Abs. 1 BGB erfordert angesichts der gesetzlichen Abstraktheit eines solchen Rechtsverhältnisses eine sorgfältige Bestimmung der während des Vollzugs im Einzelnen bestehenden arbeitsrechtlichen Rechte und Pflichten.

## I. Rechte und Pflichten im Wiedereingliederungsverhältnis

Ausgangspunkt für eine nähere Bestimmung der bestehenden gegenseitigen Rechte und Pflichten müssen dabei zunächst die gesetzlichen Regelungen zur stufenweisen Wiedereingliederung sowie die ärztliche Feststellung in Form der Arbeitsunfähigkeitsbescheinigung und des detaillierten Wiedereingliederungsplans sein. Denn diese zeichnen den Inhalt des Wiedereingliederungsverhältnisses zumindest teilweise vor, indem sie dem Leistungsberechtigten fortbestehende Arbeitsunfähigkeit attestieren und überdies Art und Umfang der ausführbaren Tätigkeiten beschreiben.

### 1. Pflichten des Leistungsberechtigten

### a) „Teilverrichtung" der bisherigen Tätigkeit als Hauptpflicht?

Nach § 28, § 74 SGB V und dem diese konkretisierenden Wiedereingliederungsplan ist Gegenstand des Wiedereingliederungsverhältnisses eine „Teilverrichtung" der bisherigen Tätigkeit. Diese „Teilverrichtung" als reale Leistung von Arbeit durch Eingliederung in einen Betrieb ist daher als echte Hauptpflicht des Leistungsberechtigten in Betracht zu ziehen.

---

[708] Vgl. BAG, Urt. v. 29.01.1992 (Az.: 5 AZR 37/91), BB 1993, 143, 144; BAG, Urt. v. 19.04.1994 (Az.: 9 AZR 462/92), AP Nr. 2 zu § 74 SGB V, Bl. 35; BAG, Urt. v. 28.07.1999 (Az.: 4 AZR 192/98), AP Nr. 3 zu § 74 SGB V, Bl. 343; zuletzt auch BAG, Urt. v. 13.06.2006 (Az.: 9 AZR 229/05), NZA 2007, 91, 93.

## aa) Entscheidendes Kriterium: Rechtscharakter der Tätigkeit

Nach Zustimmung des Leistungsberechtigten zum Wiedereingliederungsplan liegt es nahe, die von ihm im Rahmen des Wiedereingliederungsverhältnisses ausgeübte Beschäftigung zugleich als dessen echte Haupt(leistungs)pflicht anzusehen, zumal er mit der so erklärten Zustimmung signalisiert hat, alles Erdenkliche zu unternehmen, um den Wiedereingliederungszweck zu erreichen oder diesen jedenfalls zu fördern. Dieser Schluss ist jedoch angesichts des Charakters der ausgeübten Tätigkeit als rehabilitativ-therapeutische Maßnahme nicht zwingend. Er ist auch nicht haltbar, weil er zum einen dem Willen des Gesetzgebers zuwiderlaufen würde, wonach sich die stufenweise Wiedereingliederung für den Leistungsberechtigten vollumfänglich als freiwillig vollziehen soll. Zum anderen wäre ein solcher Schluss nicht vereinbar mit dem Umstand, dass die Maßnahme - als Ausfluss des Freiwilligkeitsprivilegs - vom Leistungsberechtigten (nach Rücksprache mit dem behandelnden Arzt) aus gesundheitlichen Gründen jederzeit abgebrochen werden kann.[709] Vor diesem Hintergrund bleibt es den Parteien des Wiedereingliederungsverhältnisses zwar unbenommen, im Rahmen des separat abzuschließenden Wiedereingliederungsvertrages[710] eine Verpflichtung des Leistungsberechtigten zu statuieren, die ihm nach ärztlicher Feststellung noch möglichen und der Genesung dienlichen Arbeiten zu verrichten, um den Wiedereingliederungszweck zu erreichen.[711] Dies kann ggf. für beide Seiten auch aus psychologischen Gründen von Vorteil sein.[712] Ohne eine solche vertragliche Vereinbarung kann jedoch nicht angenommen werden, dass eine mit Sanktionen belegbare dahingehende Rechtspflicht des Leistungsberechtigten zur Verrichtung der Teiltätigkeiten besteht.[713]

## bb) Weisungsrecht als notwendiger Gestaltungsfaktor

### (1) Allgemeines

Auch wenn die reale Tätigkeit des Leistungsberechtigten im Rahmen einer Wiedereingliederung nicht als Hauptpflicht angesehen werden kann und sich diese zugleich außerhalb des Arbeitsverhältnisses bewegt, bedeutet dies nicht zwangs-

---

[709] Zur Abbruchmöglichkeit des Leistungsberechtigten vgl. die Ausführungen unter Teil 2, 7. Kapitel, § 2, B, I, 1.

[710] Hierzu unter Teil 2, 6. Kapitel, § 1, C.

[711] I.d.S. Gagel/Schian, BehindR 2006, 53, 54.

[712] Es wird dadurch ggf. eine gesteigerte Motivation bzw. ein gesteigertes „Durchhaltevermögen" des Leistungsberechtigten im Hinblick auf den erfolgreichen Abschluss der Maßnahme und damit ein höheres Maß an Planungssicherheit für den Arbeitgeber erreicht.

[713] So insbesondere auch v. Hoyningen-Huene, NZA 1992, 49, 52 sowie Gitter, ZfA 1995, 123, 135.

läufig, dass sich die freiwillige Leistungserbringung losgelöst von der betrieblichen Organisation und den hierbei vom Arbeitgeber aufgestellten allgemeingültigen Anweisungen vollzieht. Hiergegen spricht bereits, dass die zur Wiedereingliederung verrichtete Arbeit innerhalb des arbeitsteiligen Betriebsgefüges erbracht wird und nicht nur der Leistungsberechtigte, sondern ebenso seine Tätigkeit in dieses integriert werden muss.

### (2) Wahrung der betrieblichen Ordnung

Das erfordert zunächst, dass sich der Leistungsberechtigte im Rahmen seiner Beschäftigung an die allgemeingültigen Organisationsanweisungen des Arbeitgebers hält. Hierzu gehört insbesondere die Wahrung der betrieblichen Ordnung (Einhaltung von Rauchverboten, Vorgaben zur Parkplatzbenutzung etc.) sowie die Einhaltung etwaiger Arbeitsschutzbestimmungen (Tragen von Schutzkleidung etc.).

### (3) Beachtung von Vorgaben zum Zeitpunkt und Ort der Leistungserbringung

Ebenso ist der Leistungsberechtigte vor diesem Hintergrund grundsätzlich verpflichtet, seine Leistung im Rahmen eines etwaigen Dienstplans des Arbeitgebers[714] und an einem bestimmten Ort innerhalb des Betriebsgefüges zu erbringen. Dies gilt nur dann nicht, wenn der Zweck der Wiedereingliederungsmaßnahme, insbesondere die im Wiedereingliederungsplan benannten Tätigkeiten bzw. Tätigkeitsbeschränkungen, dem entgegensteht. Sofern der 4. Senat des BAG in seiner Entscheidung vom 28.07.1999 (Az.: 4 AZR 192/98) ausgeführt hat, dass „der Arbeitgeber den Arbeitnehmer im Wiedereingliederungsverhältnis nicht bindend anweisen [kann], an einem bestimmten Arbeitsort eine bestimmte Arbeitstätigkeit auszuüben"[715], hindert dies nicht die Annahme des Bestehens eines auf den Ort der Leistungserbringung gerichteten Weisungsrechts als Ausfluss aus dem Wiedereingliederungsverhältnis. Insoweit ist zunächst zu berücksichtigen, dass die so gewählte Aussage konkret im Zusammenhang mit der in dem Rechtsstreit streitgegenständlichen Tarifnorm zu einem Anspruch auf Fahrtkostenabgeltung bei Auswärtstätigkeit (§ 7 Ziff. 3 BRTV-Bau) steht, was dem Grunde nach schon einer Verallgemeinerungsfähigkeit entgegensteht. Denn die dahingehende Tarifnorm bzw. der mit ihr verbundene Anspruch setzt ersichtlich eine Tätigkeit in einem Arbeitsverhältnis und damit einen Einsatz des Mitarbeiters aufgrund einer auf das Arbeitsverhältnis bezogenen Weisung voraus, was bei einer Tätigkeit in einem Wiedereingliederungsverhältnis gerade nicht der Fall ist. Der Möglichkeit

---

[714] A.A. LAG Rheinland-Pfalz, Urt. v. 04.03.2005 (Az.: 12 Sa 566/04), NZA-RR 2005, 568, 570.
[715] Vgl. BAG AP Nr. 3 zu § 74 SGB V, Bl. 343.

einer Verallgemeinerung der dahingehenden Aussage steht ferner entgegen, dass der 5. Senat des BAG bereits in seiner Entscheidung vom 29.01.1992 (Az.: 5 AZR 37/91) - ersichtlich allgemein - klargestellt hat, dass in einem nach § 74 SGB V begründeten Rechtsverhältnis unter Berücksichtigung des Zwecks der Wiedereingliederungsmaßnahme u.a. ein Weisungsrecht des Arbeitgebers besteht[716] und sich der 4. Senat in seiner Entscheidung vom 28.07.1999 von dieser Rechtsauffassung des 5. Senats auch nicht ausdrücklich distanziert hat. Hinzu kommt, dass der Ort der realen Leistungserbringung dem Grunde nach von den gesetzlichen Bestimmungen der § 28, § 74 SGB V sowie vom diese konkretisierenden Wiedereingliederungsplan vorgezeichnet ist, weil sich die Beschäftigung im Rahmen einer Wiedereingliederung auf die „bisherige Tätigkeit" bezieht.[717] D.h. solange sich die die reale Tätigkeit auch hinsichtlich des Arbeitsortes in diesem vorgezeichneten Rahmen hält und hierdurch überdies die Erreichung des Wiedereingliederungszwecks nicht gefährdet wird, hat der Leistungsberechtigte die dahingehenden Weisungen des Arbeitgebers zu befolgen. Vor diesem Hintergrund ist die beschriebene Formulierung des BAG in der Entscheidung vom 28.07.1999 (Az.: 4 AZR 192/98) als missglückt anzusehen. Es ist daher zu erwarten, dass das BAG - sobald es hierzu Gelegenheit erhält - eine entsprechende Klarstellung vornehmen wird.

**(4) Beachtung von Vorgaben zu Art und zum Umfang der auszuführenden Tätigkeiten**

Art und Umfang der möglichen Tätigkeiten einschließlich etwaiger Tätigkeitsbeschränkungen sind auf Basis der „bisherigen Tätigkeit" bereits durch den Wiedereingliederungsplan festgelegt. Demzufolge bleibt nur in diesem engen Rahmen Raum für ein Weisungsrecht des Arbeitgebers.

**cc) Fazit**

Zusammenfassend kann festgehalten werden, dass im Wiedereingliederungsverhältnis - auch ohne Statuierung einer entsprechenden Leistungspflicht des Leistungsberechtigten - ein durch die gesetzlichen Vorgaben (§ 28, § 74 SGB V), die ärztliche Feststellung sowie den Zweck des Wiedereingliederungsverhältnisses eingeschränktes Weisungsrecht des Arbeitgebers bezogen auf die „Teilverrichtung" der bisherigen Tätigkeit gem. § 315 BGB besteht. Dieses darf vom Arbeitgeber unter Beachtung der Grundsätze billigen Ermessens im Einzelfall ausgeübt werden. Es stellt angesichts der Tatsache, dass sich die reale Leistung des Leistungsberechtigten durch Eingliederung in die betriebliche Organisation

---

[716] Vgl. BB 1993, 143, 144.
[717] Zur Auslegung dieser Begrifflichkeit vgl. bereits unter Teil 2, 2. Kapitel, § 2, A.

vollzieht, einen für die praktische Durchführbarkeit des Wiedereingliederungsverhältnisses unverzichtbaren Gestaltungsfaktor dar. Dem Arbeitgeber und Leistungsberechtigten bleibt es selbstverständlich unbenommen, das Weisungsrecht im Rahmen des abzuschließenden Wiedereingliederungsvertrages[718] unter Beachtung des Wiedereingliederungszwecks i.S. einer Einschränkung, Ausweitung oder bloßen Ausgestaltung im Einzelnen konkret festzulegen.

## b) Nebenpflichten

Im Wiedereingliederungsverhältnis als Rechtsverhältnis sui generis i.S. des § 311 Abs. 1 BGB bestehen - wie in jedem anderen Vertragsverhältnis auch -, verschiedene Nebenpflichten, insbesondere solche nach § 241 Abs. 2 BGB. Den Leistungsberechtigten treffen daher vornehmlich die aus der Treuepflicht abzuleitenden Einzelpflichten. Das BAG hat dies bereits in der Entscheidung vom 29.01.1992 (Az.: 5 AZR 37/91) festgestellt und darüber hinaus konkretisierend ausgeführt, dass sich diese „als fortwirkende Ausstrahlung des in seinen Hauptpflichten weiter ruhenden Arbeitsverhältnisses ergeben, soweit sie mit dem Zweck der Wiedereingliederungsmaßnahme vereinbar sind".[719] Für den - nicht zwingenden -[720] Fall, dass sich das Wiedereingliederungsverhältnis in einem bzgl. der Arbeitspflicht ruhenden, aber noch fortbestehenden Arbeitsverhältnis vollzieht - wie in dem der Entscheidung des BAG vom 29.01.1992 zugrunde liegenden Sachverhalt -, geht das BAG demzufolge ersichtlich davon aus, dass die Nebenpflichten unmittelbar auf dem Arbeitsverhältnis und nicht auf dem separat eingegangenen Wiedereingliederungsverhältnis beruhen. Vor dem Hintergrund, dass grundsätzlich auch arbeitslose Leistungsberechtigte Adressaten einer stufenweisen Wiedereingliederung sein können, stellt sich die dogmatische Frage, ob die dahingehende Auffassung des BAG so haltbar ist oder es jedenfalls einer differenzierten bzw. konkretisierenden Betrachtungsweise bedarf.

## aa) Rechtsgrundlage und Inhalt bei in einem Arbeitsverhältnis stehenden Leistungsberechtigten

Bei in einem Arbeitsverhältnis stehenden Leistungsberechtigten - und dem damit weit überwiegenden Teil der Betroffenen - kann tatsächlich nicht davon ausgegangen werden, dass mit der Suspendierung der Arbeitspflicht infolge krankheitsbedingter Arbeitsunfähigkeit zugleich sämtliche aus dem Arbeitsver-

---

[718] Hierzu unter Teil 2, 6. Kapitel, § 1, C.
[719] Vgl. BB 1993, 143, 144.
[720] Unter Teil 2, 2. Kapitel, § 1, B, II, 2 wurde bereits ausführlich dargelegt, dass auch arbeitslose Leistungsberechtigte Adressaten einer stufenweisen Wiedereingliederung sein können.

hältnis resultierende Nebenpflichten aufgehoben sind. Vielmehr bestehen bei Suspendierung der Hauptleistungspflicht(en) angesichts des Dauerschuldverhältnischarakters des Arbeitsverhältnisses anerkanntermaßen bestimmte arbeitsvertragliche Nebenpflichten weiter, selbst wenn sich der Arbeitnehmer - wie gewöhnlich - in dieser Zeit nicht in der betrieblichen Organisation aufhält. Dies muss erst recht gelten, wenn der Arbeitnehmer - wie bei der stufenweisen Wiedereingliederung - in den Betrieb eingegliedert ist und dort eine reale Tätigkeit erbringt. Einer Einschränkung bedarf es in dieser besonderen Konstellation nur dahingehend, dass angesichts der rehabilitativ-therapeutischen Zielsetzung der stufenweisen Wiedereingliederung nur solche Nebenpflichten fortbestehen können, die nicht mit dem Wiedereingliederungszweck kollidieren. Hierdurch wird jedoch nicht ausgeschlossen, dass zugleich unmittelbar aus dem Wiedereingliederungsverhältnis als selbstständiges Rechtsverhältnis eigenständige Nebenpflichten hergeleitet werden können, sofern diese nicht bereits aus dem (ruhenden) Arbeitsverhältnis folgen. Einer solchen Annahme steht die vom BAG gewählte Formulierung der „fortwirkenden Ausstrahlung" nicht entgegen. Dies gilt schon deshalb, weil das BAG offen gelassen hat, was es dogmatisch hierunter versteht und sich auch nicht mit der Frage des Bestehens von Nebenpflichten im Wiedereingliederungsverhältnis befasst hat, die sich wegen der Zwecksetzung der Maßnahme gerade nicht aus dem (ruhenden) Arbeitsverhältnis ableiten lassen (z.B. etwaige Nebenleistungspflichten im Zusammenhang mit der freiwilligen realen Tätigkeitserbringung). Demzufolge wird vorliegend davon ausgegangen, dass im Rahmen des Wiedereingliederungszwecks unmittelbar aus dem Wiedereingliederungsverhältnis zwar vollumfänglich Nebenpflichten begründet werden, diese aber nur insoweit als selbstständige Nebenpflichten zutage treten, als diese nicht mit den aus dem Arbeitsverhältnis fortbestehenden Nebenpflichten deckungsgleich sind und daher von diesen durch entsprechende „fortwirkende Ausstrahlung" überlagert werden.

**(1) Aus dem Arbeitsverhältnis fortbestehende Nebenpflichten**

Bei suspendierter Arbeitspflicht bleibt - mit oder ohne Durchführung einer Maßnahme zur stufenweisen Wiedereingliederung - selbstverständlich die Mehrheit der aus der Treuepflicht des § 241 Abs. 2 BGB herzuleitenden Unterlassungspflichten des Arbeitnehmers aus dem Arbeitsverhältnis aufrecht erhalten. Dazu gehören vor allem Wettbewerbsverbote sowie Verschwiegenheitspflichten in Bezug auf Betriebsgeheimnisse, welche ersichtlich nicht den Wiedereingliederungszweck berühren. Gleiches gilt für die aus § 241 Abs. 2 BGB ableitbaren Handlungspflichten in Form der Schutzpflichten des Arbeitnehmers, die erfordern, dass der Arbeitnehmer dem Arbeitgeber drohende Schäden oder Gefahren in seinem Arbeitsbereich anzeigt bzw. diese im Rahmen des Möglichen und Zumutbaren verhindert bzw. selbst behebt.[721] Die zuletzt benannte Einzelpflicht läuft jedenfalls dann dem Wiedereingliederungszweck nicht zuwider, solange sich diese nicht auch auf die Pflicht zu Notarbeiten bezieht, welche angesichts des Gesundheitszustands des noch immer arbeitsunfähigen Arbeitnehmers als ausgeschlossen angesehen werden kann.[722]

## (2) Unmittelbar aus dem Wiedereingliederungsverhältnis resultierende selbstständige Nebenpflichten

### (a) Nebenleistungspflichten

Zwar haben die sog. unselbstständigen Neben*leistungs*pflichten aus dem Arbeitsverhältnis aufgrund der suspendierten Arbeitspflicht für das Wiedereingliederungsverhältnis keine Bedeutung. Auch trifft den Arbeitnehmer keine Rechtspflicht zur „Teilverrichtung" der bisherigen Tätigkeit als Hauptpflicht. Dies bedeutet jedoch nicht zugleich, dass in Bezug auf die reale Leistungserbringung im Wiedereingliederungsverhältnis keine Neben*leistungs*pflichten begründet werden, sofern sich der Arbeitnehmer freiwillig für die reale Leistungserbringung entscheidet. Vielmehr bestehen auch in diesem Rechtsverhältnis sui generis - wie in jedem anderen Schuldverhältnis - Neben*leistungs*pflichten, wie z.B. die Pflicht zur sorgfältigen Durchführung der Wiedereingliederungstätigkeit, zur Mitteilung, Auskunft oder Rechenschaftslegung über die Wiedereingliederungstätigkeit sowie zur Anzeige einer etwaigen „Wiedereingliederungsunfähigkeit". Diese Pflichten laufen dem Wiedereingliederungszweck ersichtlich nicht zuwider und haben ihren Grund unmittelbar im Wiedereingliederungsverhältnis. Sie werden mangels dahingehender Ausstrahlungswirkung des Arbeitsverhältnisses nicht von den daraus resultierenden Neben(leistungs)pflichten überlagert.

### (b) Keine selbstständigen aus der Treuepflicht ableitbaren Einzelpflichten

Anders verhält es sich jedoch mit den aus der Treuepflicht ableitbaren Unterlassungs- und Handlungspflichten. Diese werden zwar gleichermaßen durch die Eingehung des Wiedereingliederungsverhältnisses begründet, gewinnen allerdings keine eigenständige Bedeutung, sondern werden aufgrund der Deckungsgleichheit infolge „fortwirkender Ausstrahlung" von denjenigen des Arbeitsverhältnisses überlagert.[723]

---

[721] Vgl. hierzu im Einzelnen Preis, in ErfK, § 611 BGB Rdnrn. 735 ff.
[722] So auch Gitter, ZfA 1995, 123, 140.
[723] A.A. Becker, Seiten 129 f., die angesichts der unterschiedlichen Rechtsgrundlagen von einem „Nebeneinander" der Pflichten ausgeht.

## bb) Rechtsgrundlage und Inhalt bei arbeitslosen Leistungsberechtigten

In Bezug auf den Personenkreis der arbeitslosen Leistungsberechtigten, denen gleichwohl von einem Arbeitgeber die Möglichkeit zu einer stufenweisen Wiedereingliederung gegeben wird, können denknotwendig keine aus einem (ruhenden) Arbeitsverhältnis bestehenden Nebenpflichten auf das Wiedereingliederungsverhältnis „fortwirkend ausstrahlen" i.S. der BAG-Rechtsprechung. Nach der vorliegend vertretenen Rechtsansicht[724] ergibt sich jedoch ein unmittelbar aus dem Wiedereingliederungsverhältnis folgender Kreis an Nebenpflichten (sowohl Neben*leistungs*pflichten als auch die aus der Treuepflicht resultierenden Einzelpflichten), der mit den zuvor beschriebenen Nebenpflichten der leistungsberechtigten Arbeitnehmer deckungsgleich ist. Dabei können die aus der Treuepflicht resultierenden Unterlassungs- und Handlungspflichten mangels zeitgleichen Bestehens eines (ruhenden) Arbeitsverhältnisses bei diesen Personen jedoch nicht überlagert werden und gewinnen damit an selbstständiger Bedeutung.

## 2.  Pflichten des Arbeitgebers

## a)  Hauptpflichten

## aa)  Vergütungspflicht

Es hat sich - höchstrichterlich mehrfach bestätigt -[725] sowohl in der arbeits- als auch in der sozialrechtlichen Literatur die überzeugende Rechtsansicht durchgesetzt, dass jedenfalls nach Ablauf des Entgeltfortzahlungszeitraums[726] und ohne - entsprechend zulässige - Vergütungsvereinbarung im Wiedereingliederungsvertrag keine Verpflichtung des Arbeitgebers zur Vergütung der Wiedereingliederungstätigkeit besteht.[727] Überzeugend ist dieses Rechtsverständnis deshalb,

---

[724] Vgl. hierzu unter Teil 2, 6. Kapitel, § 1, B, I, 1, b, aa.

[725] Vgl. BAG, Urt. v. 29.01.1992 (Az.: 5 AZR 37/91), BB 1993, 143, 144; BAG, Urt. v. 28.07.1999 (Az.: 4 AZR 192/98), AP Nr. 3 zu § 74 SGB V, Bl. 343.

[726] Unterstellt, während der stufenweisen Wiedereingliederung besteht ein (ruhendes) Arbeitsverhältnis.

[727] Vgl. v. Hoyningen-Huene, NZA 1992, 49, 52; Compensis, NZA 1992, 631, 633; Gitter, ZfA 1995, 123, 137 f.; Becker, Seiten 120 ff.; BAR, AH stufenweise Wiedereingliederung, Seite 11; Schmidt, NZA 2007, 893, 894; Dalichau/Grüner, GStrG, § 74 SGB V Seite 7; Klückmann, in Hauck/Noftz, Komm. zum SGB V, § 74 Rdnr. 15; Brackmann, HbSV, § 74 Ziff. 2 („Arbeitsentgelt"); Grüner, in Wiegand, Komm. zum SGB IX, § 28 Rdnr. 10; Oppermann, in Hauck/Noftz, Komm. zum SGB IX, § 28 Rdnr. 11; Schimanski, in GK-SGB IX, § 28 Rdnr. 16; Majerski-Pahlen, in Neumann/Pahlen/Majerski-Pahlen, Komm. zum SGB IX, § 28 Rdnr. 5; Mrozynski, Komm. zum SGB IX, § 28 Rdnr. 3; Stähler, in Lachwitz/Schellhorn/Welti, HK-SGB IX, § 28 Rdnr. 13; Nebe, in Feldes/Kohte/Stevens-Bartol, SGB IX, § 28 Rdnrn. 17, 23.

weil der Leistungsberechtigte während der stufenweisen Wiedereingliederung weiterhin arbeitsunfähig ist und es für die außerhalb des Arbeitsverhältnisses stehende rehabilitativ-therapeutische Maßnahme an einer gesetzlichen Grundlage für die Gewährung einer Vergütung fehlt.

### bb) Entgeltfortzahlungspflicht bei krankheitsbedingter (vorübergehender) Hinderung an der Wiedereingliederungstätigkeit

Es kann grundsätzlich keine Verpflichtung des Arbeitgebers zur Zahlung von Vergütung für den Fall statuiert werden, dass der Leistungsberechtigte die stufenweise Wiedereingliederung freiwillig begonnen hat, dann aber infolge der Verschlechterung seines Gesundheitszustands (vorübergehend) krankheitsbedingt daran gehindert ist, die Wiedereingliederungstätigkeit fortzuführen. Etwas anderes gilt nur dann, wenn der Entgeltfortzahlungszeitraum für den Personenkreis der in einem Arbeitsverhältnis stehenden Leistungsberechtigten noch nicht abgelaufen ist oder wenn bei im Wiedereingliederungsvertrag vereinbarter Vergütung der Wiedereingliederungstätigkeit zugleich die Vergütungsfortzahlung für den Fall der krankheitsbedingten Verhinderung vereinbart wurde. In allen anderen Fällen scheitert ein derartiger Vergütungs(fort)zahlungsanspruch daran, dass für einen einzigen Krankheitsfall nur einmal für sechs Wochen bzw. 42 Kalendertage Entgeltfortzahlung nach § 3 Abs. 1 EntgeltFG geleistet werden muss bzw. ohne Vergütungspflicht in Bezug auf die Wiedereingliederungstätigkeit denknotwendig auch keine Vergütungsfortzahlungspflicht begründet werden kann. In der - grundsätzlich gleichfalls denkbaren - Konstellation der vereinbarten Vergütungspflicht ausschließlich in Bezug auf die Wiedereingliederungstätigkeit, also ohne Regelung der Fortzahlung bei (vorübergehender) krankheitsbedingter Verhinderung an der Wiedereingliederungstätigkeit, kann eine Vergütungsfortzahlungspflicht aufgrund des auflösend bedingten Charakters des Rechtsverhältnisses der stufenweisen Wiedereingliederung[728] ebenso wenig angenommen werden.

### cc) Fazit

Nach alledem kann festgehalten werden, dass für den Arbeitgeber - wie auch für den Leistungsberechtigten - keine gesetzlichen Hauptleistungspflichten im Wiedereingliederungsverhältnis bestehen. Solche können zwischen den Parteien im Wiedereingliederungsvertrag allerdings ohne weiteres vereinbart werden.

---

[728] Vgl. hierzu unter Teil 2, 7. Kapitel, § 2, A, I.

## b) Nebenpflichten

Wie für den Leistungsberechtigten bestehen auch für den Arbeitgeber im Wiedereingliederungsverhältnis als Rechtsverhältnis sui generis i.S. des § 311 Abs. 1 BGB verschiedene Nebenpflichten, die sich für einen in einem Arbeitsverhältnis stehenden Leistungsberechtigten nach der bereits dargestellten Rechtsprechung des BAG vom 29.01.1992 (Az.: 5 AZR 37/91) insbesondere „als fortwirkende Ausstrahlung des in seinen Hauptpflichten weiter ruhenden Arbeitsverhältnisses [darstellen], soweit sie mit dem Zweck der Wiedereingliederungsmaßnahme vereinbar sind.".[729] Aus den bereits benannten Gründen[730] wird vorliegend - in Konkretisierung der dahingehenden Rechtsprechung des BAG - davon ausgegangen, dass im Rahmen des Wiedereingliederungszwecks unmittelbar aus dem Wiedereingliederungsverhältnis vollumfänglich Nebenpflichten begründet werden, diese aber nur insoweit als selbstständige Nebenpflichten zutage treten, als diese nicht mit den aus den Arbeitsverhältnis fortbestehenden Nebenpflichten deckungsgleich sind und daher von diesen durch entsprechende „fortwirkende Ausstrahlung" überlagert werden.

### aa) Aus dem Arbeitsverhältnis fortbestehende Nebenpflichten bei in einem Arbeitsverhältnis stehenden Leistungsberechtigten

### (1) Beschäftigungspflicht

Vor dem Hintergrund, dass den Arbeitgeber - abgesehen von der Gruppe der arbeitslosen Leistungsberechtigten - eine umfängliche Rechtspflicht zur Mitwirkung an der stufenweisen Wiedereingliederung trifft[731], ist - bezogen auf die in einem Arbeitsverhältnis stehenden Leistungsberechtigten - auch ohne entsprechende Vereinbarung im Wiedereingliederungsvertrag gleichfalls von einer Nebenpflicht zur Beschäftigung während der gesamten Dauer der Wiedereingliederungsmaßnahme auszugehen. Diese Beschäftigungspflicht folgt unmittelbar aus dem Arbeitsverhältnis, konkret aus der arbeitsvertraglichen Fürsorgepflicht des Arbeitgebers entweder in seiner durch Gesetz konkretisierten (§ 81 Abs. 4 S. 1 Nr. 1) oder allgemeinen (§ 241 Abs. 2 BGB) Form.[732] Dies hat das BAG in der Entscheidung vom 13.06.2006 (Az.: 9 AZR 229/05) zumindest in Bezug auf den Kreis der schwerbehinderten Arbeitnehmer bestätigt, indem es dort ausführt, dass im Schwerbehindertenrecht die Unfähigkeit zur Erbringung der vertraglich geschuldeten Arbeit einen (arbeitsvertraglichen) Beschäftigungsanspruch nicht ausschließt, vielmehr eine anderweitige Tätigkeit im Rahmen einer Wiederein-

---

[729] Vgl. BB 1993, 143, 144.
[730] Vgl. Teil 2, 6. Kapitel, § 1, B, I, 1, b, aa.
[731] Vgl. bereits die Ausführungen unter Teil 2, 3. Kapitel, § 2, C, III.
[732] Vgl. zur arbeitsvertraglichen Fürsorgepflicht unter Teil 2, 3. Kapitel, § 2, C, III, 3.

gliederung verlangt werden kann.[733] Die Annahme einer unmittelbar auf dem Arbeitsverhältnis beruhenden Beschäftigungspflicht für die gesamte Dauer der Wiedereingliederungsphase dient auch und gerade der Erreichung des Wiedereingliederungszwecks und ist daher mit diesem vereinbar. Dies gilt zumindest solange, wie sich im Rahmen der Durchführung der Maßnahme nicht die Notwendigkeit zu einer Anpassung des Wiedereingliederungsplans an die Belastungseinschränkungen oder zu einem Abbruch aus gesundheitlichen Gründen ergibt (vgl. Ziff. 5 S. 2 der Anlage zu den AU-RL[734]).

**(2) Schutzpflichten**

Als Einzelverpflichtung im Rahmen der Fürsorgepflicht trifft den Arbeitgeber während der stufenweisen Wiedereingliederung gleichsam eine besonders ausgeprägte Pflicht zum Schutz von Leben und Gesundheit des genesenden Leistungsberechtigten, welche ihre Grundlage ebenfalls unmittelbar im Arbeitsverhältnis hat (konkret: §§ 3 ff. ArbSchG, §§ 241 Abs. 2, 618 BGB). Wie auch sonst besteht daneben die Pflicht zum Schutz von Persönlichkeitsbelangen sowie von Sachen des Leistungsberechtigten, welche dieser im Rahmen der realen betrieblichen Tätigkeit eingebracht hat. Hinzu kommt die dem Arbeitgeber in Bezug auf den Leistungsberechtigten obliegende Vermögenssorgepflicht.[735] Die dahingehende ordnungsgemäße Pflichterfüllung fördert die Erreichung des Wiedereingliederungszwecks und ist daher in jedem Fall mit diesem vereinbar.

**(3) Gleichbehandlungspflicht/Diskriminierungsverbot**

Als allgemeiner arbeitsrechtlicher und dem Wiedereingliederungszweck nicht zuwider laufender Grundsatz gilt der Gleichbehandlungsgrundsatz als fortwirkende Ausstrahlung des Arbeitsverhältnisses auch im Wiedereingliederungsverhältnis.[736] Allerdings wird eine ungleiche Behandlung aufgrund der unterschiedlichen Zwecke des Arbeits- und Wiedereingliederungsverhältnisses sowie der unterschiedlichen Leistungsfähigkeit der Betroffenen vielfach geboten und damit zulässig sein. Bei mehreren im Betrieb im Rahmen einer stufenweisen Wiedereingliederung tätigen Mitarbeitern ist daher insbesondere eine etwaige Ungleichbehandlung in Bezug auf das „Ob" oder die Höhe einer gewährten Vergütung nur dann nicht mit dem allgemeinen Gleichbehandlungsgrundsatz vereinbar, wenn die Tätigkeiten dieser Mitarbeiter nicht nur vergleichbar, sondern auch in gleichem Maße wirtschaftlich verwertbar sind und auch sonst kein sachlicher Grund für die Ungleichbehandlung vorliegt. Neben diesem allgemeinen

---

[733] Vgl. NZA 2007, 91, 93.
[734] Veröff. im BAnz. 2004, Nr. 61, Seiten 6501 ff.; zuletzt geänd. durch Beschl. v. 19.09. 2006, BAnz. 2006, Nr. 241, Seite 7356.
[735] Vgl. hierzu m.w.N. Becker, Seiten 130 ff.
[736] Vgl. hierzu m.w.N. Gitter, ZfA 1995, 123, 144.

arbeitsrechtlichen Gleichbehandlungsgrundsatz ist als fortwirkende Ausstrahlung des Arbeitsverhältnisses im Wiedereingliederungsverhältnis zudem das Benachteiligungsverbot gem. § 7 AGG zu beachten. Dies gilt auch und gerade deshalb, weil § 2 Abs. 1 Ziff. 2 AGG explizit u.a. den weiten Begriff der Beschäftigungsbedingungen aufführt und § 6 Abs. 1 AGG einen weiten Beschäftigtenbegriff enthält.

**(4) Anwendung etwaig bestehender tariflicher Regelungen**
Der Arbeitgeber kann im Einzelfall verpflichtet sein, bestimmte tarifvertraglich geregelte Rechte auch dem in einem Arbeitsverhältnis stehenden Leistungsberechtigten während einer Maßnahme zur stufenweisen Wiedereingliederung zu gewähren (z.b. Fahrtkosten- bzw. Reisekostenerstattung bei Durchführung der stufenweisen Wiedereingliederung außerhalb der regelmäßigen Betriebsstätte oder vorübergehender Auswärtstätigkeit im Rahmen der Maßnahme zur stufenweisen Wiedereingliederung). Denn bei beiderseitiger Tarifbindung bleibt die Tarifgebundenheit des zur Wiedereingliederung Beschäftigten nach § 3 TVG trotz der ruhenden Hauptleistungspflichten aus seinem Arbeitsvertrag bestehen.[737] Nur wenn das entsprechende Tarifwerk eine dahingehende Einschränkung des persönlichen Geltungsbereichs enthält oder die konkret in Frage stehende tarifliche Regelung ausdrücklich bzw. bei entsprechender Auslegung das Tätigwerden im Rahmen eines Arbeitsverhältnisses fordert, ist die Anwendung des Tarifvertrages/der konkreten Tarifnorm ausgeschlossen. Demgemäß hat das BAG in der Entscheidung vom 28.07.1999 (Az.: 4 AZR 192/98)[738] einen Anspruch auf tariflich geregelte Fahrtkostenerstattung versagt, weil die Anwendung des streitigen Bundesrahmentarifvertrages-Bau und dessen § 7 eine sozialversicherungspflichtige Tätigkeit in einem Arbeitsverhältnis voraussetzt. Einschränkungen hinsichtlich der Anwendung bestehender tariflicher Regelungen sind wegen des während der stufenweisen Wiedereingliederung ruhenden Arbeitsverhältnisses zudem zu machen, wenn das in Frage stehende Tarifwerk bzw. das konkrete tarifliche Recht lediglich kraft arbeitsvertraglicher Bezugnahmeklausel gilt.

**(5) Keine Pflicht zur Urlaubsgewährung**
Bezogen auf einen etwaig noch bestehenden Urlaubsanspruch aus dem ruhenden, aber fortbestehenden Arbeitsverhältnis gilt zunächst grundsätzlich, dass die stufenweise Wiedereingliederung nichts an dessen Dauer, Befristung auf das

---

[737] Gleiches gilt i.E. für sonstige betriebliche Regelungen, wie Betriebsvereinbarungen oder einseitige Arbeitgeberrichtlinien (z.B. Reisekostenrichtlinie). Entscheidend ist jeweils der persönliche und sachliche Anwendungsbereich der betrieblichen Regelung.
[738] Vgl. AP Nr. 3 zu § 74 SGB V mit Anm. Boemke, NZA 1999, 1295 f.

Kalenderjahr und eine mögliche Übertragung einschließlich des Übertragungszeitraums ändert, weil der Leistungsberechtigte während der Maßnahme arbeitsunfähig bleibt.[739] [740] Fraglich ist, ob ein Leistungsberechtigter insbesondere aus (vorübergehender) Überforderung im Wiedereingliederungsverhältnis etwaig noch bestehende Urlaubsansprüche ganz oder teilweise beanspruchen kann, so dass der Arbeitgeber zur entsprechenden Erfüllung und damit Unterbrechung der stufenweisen Wiedereingliederung verpflichtet ist. Hiergegen sprechen sogleich mehrere Gründe: Zum einen ist der Urlaubsanspruch gerade auf eine Befreiung von der Arbeitspflicht gerichtet. Da der leistungsberechtigte Arbeitnehmer von seiner aus dem Arbeitsverhältnis resultierenden Arbeitspflicht bereits aufgrund seiner krankheitsbedingten Arbeitsunfähigkeit suspendiert ist, kann er von dieser Pflicht nicht ein weiteres Mal zum Zwecke der Urlaubsgewährung befreit werden. Hinzu kommt, dass eine planwidrige Unterbrechung des Wiedereingliederungsverhältnisses in vielen Fällen den Erfolg der stufenweisen Wiedereingliederung, die nach Maßgabe eines ärztlichen Wiedereingliederungsplans erfolgt, gefährden könnte und daher mit dem Wiedereingliederungszweck nicht vereinbar ist. Vor diesem Hintergrund kann der Arbeitgeber nicht als verpflichtet angesehen werden, dem leistungsberechtigten Arbeitnehmer während einer Maßnahme zur stufenweisen Wiedereingliederung einen begehrten Urlaubswunsch zu erfüllen. Ein solcher Anspruch ist vielmehr nicht erfüllbar.[741] Dessen ungeachtet kann während einer Maßnahme zur stufenweisen Wiedereingliederung in Einzelfällen eine gewünschte Urlaubsgewährung sinnvoll und für den Arbeitgeber aus wirtschaftlichen Gründen (= Unternehmensbilanz) zu empfehlen sein. Dies gilt insbesondere dann, wenn hierdurch eher die erfolgreiche Beendigung der Maßnahme gewährleistet ist oder die Maßnahme über einen längeren Zeitraum (etwa sechs Monate) avisiert ist und sich über zwei Kalenderjahre erstreckt, also über den Jahreswechsel hinausgeht. Allerdings läuft der Arbeitgeber dann Gefahr, dass sich der Leistungsberechtigte unter Verweis auf § 9 BUrlG im Nachgang auf eine Unwirksamkeit der Urlaubsgewährung beruft und eine entsprechende Nachforderung stellt.

---

[739] Vgl. hierzu ausführlich Gitter, ZfA 1995, 123, 141 ff.

[740] Dabei sind die an anderer Stelle bereits beschriebenen Auswirkungen der „Schultz-Hoff/Stringer"- Entscheidung des EuGH vom 20.01.2009 (Az.: C-350/06 und 520/06) und der im Anschluss hieran ergangenen Entscheidung des BAG vom 24.03.2009 (Az.: 9 AZR 983/07) zum Schicksal des Urlaubs- und Abgeltungsanspruchs bei fortdauernder Krankheit des Arbeitnehmers zu beachten; vgl. hierzu ausführlich unter Teil 2, 1. Kapitel, § 2, D, I, I, 2, c, bb, (2).

[741] So auch BAG, Urt. v. 19.04.1994 (Az.: 9 AZR 462/92), AP Nr. 2 zu § 74 SGB V, Bl. 31, 34; vgl. auch Gitter, ZfA 1995, 123, 144 sowie Mrozynski, Komm. zum SGB IX, § 28 Rdnr. 5.

## bb) Unmittelbar aus dem Wiedereingliederungsverhältnis resultierende Nebenpflichten

Auch für den Arbeitgeber bestehen im Wiedereingliederungsverhältnis Neben-leistungspflichten, die an die Gewährung der Wiedereingliederungsmöglichkeit anknüpfen. Bei arbeitslosen Leistungsberechtigten, welche von einem Arbeitge-ber die Möglichkeit zur Durchführung einer Maßnahme zur stufenweisen Wie-dereingliederung erhalten, gewinnen zudem die unmittelbar auf dem Wiederein-gliederungsverhältnis beruhenden Schutzpflichten an Bedeutung. Denn in Bezug auf diese Personen können die Schutzpflichten mangels zeitgleichen Bestehens eines (ruhenden) Arbeitsverhältnisses nicht von den aus dem Arbeitsverhältnis fortwirkenden Pflichten überlagert werden. Rechtsgrundlage ist dabei § 241 Abs. 2 BGB und bei der Annahme der Arbeitnehmerähnlicheneigenschaft des arbeitslosen Leistungsberechtigten zusätzlich § 618 BGB sowie §§ 3 ff. ArbSchG. Insoweit ist anerkannt, dass die Vorschrift des § 618 Abs. 1 BGB so-wohl für Arbeitnehmer als auch für Selbstständige und damit zwangsläufig auch für Arbeitnehmerähnliche gilt.[742] Zwar wird überwiegend die Rechtsansicht ver-treten, dass die arbeitnehmerähnlichen Personen keine eigenständige Gruppe von Erwerbstätigen darstellen, sondern nur eine Untergruppe der Selbstständi-gen[743] und § 12 a Abs. 1 Ziff. 1, 1. HS TVG nicht als verallgemeinerungswürdi-ge Legaldefinition des Arbeitnehmerähnlichen taugt.[744] Wegen des weiten Be-schäftigtenbegriffs des § 2 Abs. 2 Nr. 3 ArbSchG i.V.m. § 5 Abs. 1 ArbGG und der innerbetrieblichen Beschäftigung ist davon auszugehen, dass während einer Maßnahme zur stufenweisen Wiedereingliederung zumindest arbeitsschutzrecht-lich ein arbeitnehmerähnliches Beschäftigungsverhältnis besteht.[745] Insoweit ist zu berücksichtigen, dass im Rahmen der § 2 Abs. 2 Ziff. 3 ArbSchG, § 5 Abs. 1 ArbGG für die Arbeitnehmerähnlichkeit ersichtlich die wirtschaftliche Abhän-gigkeit von einem bestimmten Auftraggeber als maßgebliches Kriterium gilt und überdies die im Rahmen einer stufenweisen Wiedereingliederung Beschäftigten vergleichbar einem Arbeitnehmer sozial schutzbedürftig sind. Hingegen dürfte eine Verletzung des allgemeinen Gleichbehandlungsgrundsatzes aufgrund der grundlegend unterschiedlichen Ausgangssituation von vornherein ausscheiden, wenn der Arbeitgeber seinen Arbeitnehmern, die eine Wiedereingliederungstä-tigkeit ausüben, nach abgelaufenem Entgeltfortzahlungszeitraum eine Wieder-eingliederungsvergütung gewährt, nicht jedoch einem arbeitslosen Leistungsbe-rechtigten in gleicher Situation.

---

[742] Vgl. Wank, in Wiedemann, Komm. zum TVG, § 12 a Rdnr. 15 b m.w.N.
[743] Vgl. Wank, in Wiedemann, Komm. zum TVG, § 12 a Rdnr. 43 m.w.N.
[744] Vgl. Wank, in Wiedemann, Komm. zum TVG, § 12 a Rdnr. 3 m.w.N.
[745] So auch Kohte, in Kollmer, Komm. zum ArbSchG, § 2 Rdnr. 102 sowie Nebe, in Fel-des/Kohte/Stevens-Bartol, SGB IX, § 28 Rdnr. 26.

## II. Haftung im Wiedereingliederungsverhältnis

## 1. Haftung des Leistungsberechtigten

### a) Haftung bei Bestehen eines (ruhenden) Arbeitsverhältnisses

#### aa) Sach- oder Vermögensschaden

##### (1) Schaden beim Arbeitgeber

Sofern der Arbeitnehmer dem Arbeitgeber bei einer betrieblich veranlassten Tätigkeit einen Sach- oder Vermögensschaden zufügt, haftet er nach der höchstrichterlichen Rechtsprechung des BAG und des BGH nur eingeschränkt, nämlich ausschließlich bei Vorsatz und grober Fahrlässigkeit vollständig sowie bei mittlerer Fahrlässigkeit quotal unter Berücksichtigung aller Umstände des Einzelfalles.[746] Die Gründe für diese Haftungserleichterung sind dabei im Wesentlichen folgende: Der Arbeitnehmer erbringt die Arbeitsleistung in einer fremdbestimmten betrieblichen Organisation, deren Risikofaktoren der Arbeitgeber durch sein Weisungsrecht festlegt, so dass letzterem nach dem Rechtsgedanken des § 254 BGB das Betriebsrisiko zugerechnet wird. Hinzu kommt, dass die volle Überwälzung des Haftungsrisikos die wirtschaftliche Existenzvernichtung für den Arbeitnehmer bedeuten kann, weil i.d.R. insbesondere keine Äquivalenz zwischen Verdienst und Haftungsrisiko besteht.[747] Angesichts der Tatsache, dass die so aufgeführten Haftungsmilderungsgründe gleichermaßen auf den in einem Wiedereingliederungsverhältnis tätigen Arbeitnehmer zutreffen und gerade wegen dessen verminderter Leistungsfähigkeit die Gefahr von Arbeitsfehlern infolge gelegentlichen Außerachtlassens der verkehrsüblichen Sorgfalt besteht, wirken nach der hier vertretenen Rechtsansicht die benannten Haftungserleichterungen aus dem fortbestehenden Arbeitsverhältnis in das Wiedereingliederungsverhältnis hinein.[748] Den Parteien des Wiedereingliederungsvertrages bleibt es jedoch unbenommen, weitergehende Haftungserleichterungen zu vereinbaren.

##### (2) Schaden bei Kollegen oder betriebsfremden Personen

Verursacht der Arbeitnehmer während seiner Wiedereingliederungstätigkeit hingegen Sach- oder Vermögensschäden bei Kollegen oder einer betriebsfremden Person, so gelten - wie im Rahmen des Arbeitsverhältnisses - die allgemei-

---

[746] Vgl. BAG, Urt. v. 25.09.1997 (Az.: 8 AZR 288/96), NZA 1998, 310 sowie BAG, Urt. v. 18.01.2007 (Az.: 8 AZR 250/06), AP Nr. 15 zu § 254 BGB; ferner BGH, Urt. v. 29.11. 1990 (Az.: I ZR 45/89) , BB 1991, 626.

[747] Vgl. hierzu grundlegend: BAG, Urt. v. 25.09.1957 (Az.: GS 4/56), AP Nr. 4 zu §§ 898, 899 RVO, Bl. 824 ff.

[748] So auch Gitter, ZfA 1995, 123, 145 sowie Becker, Seiten 136 f.

nen zivilrechtlichen Haftungsgrundsätze. Hierbei ist gleichermaßen als „fortwirkende Ausstrahlung" aus dem Arbeitsverhältnis analog §§ 257, 670 BGB ein innerbetrieblicher Freistellungsanspruch gegenüber dem Arbeitgeber anzunehmen.[749]

### bb) Personenschaden

Verletzt ein Arbeitnehmer bei Ausübung seiner Arbeitstätigkeit einen anderen Betriebsangehörigen, greift die Haftungserleichterung des § 105 SGB VII ein. Diese Haftungserleichterung kommt auch dem im Rahmen eines Wiedereingliederungsverhältnisses tätigen Arbeitnehmer zugute. Denn zum einen setzt § 105 SGB VII nicht zwingend ein Tätigwerden zum Zwecke des Vollzugs eines Arbeitsverhältnisses voraus, sondern spricht allgemein von einer „betrieblichen Tätigkeit". Hierunter kann gleichfalls die durch Eingliederung in die betriebliche Organisation zu vollziehende reale Leistungserbringung im Rahmen einer Maßnahme zur stufenweisen Wiedereingliederung gefasst werden.[750] Überdies bleibt der arbeitsunfähige Arbeitnehmer während einer Wiedereingliederungstätigkeit wegen des Fortbestehens des Beschäftigungsverhältnisses gem. § 2 Abs. 1 Nr. 1 SGB VII gesetzlich unfallversichert und ein Unfall, der sich dabei ereignet, stellt sich als Arbeitsunfall i.S. des § 8 Abs. 1 SGB VII dar. Schädigt der Arbeitnehmer während seiner Wiedereingliederungstätigkeit hingegen eine betriebsfremde Person, so gelangen auch hier die allgemeinen zivilrechtlichen Haftungsgrundsätze zur Anwendung, wobei gleichfalls als „fortwirkende Ausstrahlung" aus dem Arbeitsverhältnis analog §§ 257, 670 BGB ein innerbetrieblicher Freistellungsanspruch gegenüber dem Arbeitgeber anzunehmen ist.[751]

### b) Haftung arbeitsloser Leistungsberechtigter

### aa) Sach- oder Vermögensschaden

Werden dem Arbeitgeber von einem arbeitslosen Leistungsberechtigten Sach- oder Vermögensschäden zugefügt, können die für das Arbeitsverhältnis entwickelten Grundsätze der eingeschränkten Arbeitnehmerhaftung mangels Bestehen eines Arbeitsverhältnisses nicht auf das Wiedereingliederungsverhältnis „ausstrahlen". Dennoch erscheint es aufgrund des Tätigwerdens in fremder Organisations- und Personalhoheit mit allen damit verbundenen Risiken als gerechtfer-

---

[749]  So auch Becker, Seiten 141 f.
[750]  Vgl. zur Begrifflichkeit der „betrieblichen Tätigkeit" Griese, in Küttner/Röller Ordn.-Nr. 24 Rdnrn. 4 - 6 sowie Ordn.-Nr. 32 Rdnrn. 3 f.
[751]  So auch Gitter, ZfA 1995, 123, 146 sowie Becker, Seite 141.

tigt, eine entsprechende Anwendung der dahingehenden Grundsätze auf diesen Personenkreis anzunehmen. Grundlage hierfür ist dann unmittelbar das Wiedereingliederungsverhältnis. Verursacht der arbeitslose Leistungsberechtigte während seiner Wiedereingliederungstätigkeit hingegen Sach- oder Vermögensschäden bei Betriebsangehörigen oder einer betriebsfremden Person, gelten die allgemeinen zivilrechtlichen Haftungsgrundsätze. Es stellt sich einzig die Frage, ob im Innenverhältnis - wie bei in einem Arbeitsverhältnis stehenden Leistungsberechtigten - ein innerbetrieblicher Freistellungsanspruch analog §§ 257, 670 BGB gegen den Arbeitgeber angenommen werden kann. Berücksichtigt man, dass dieser Anspruch darauf gerichtet ist, den Schädiger im Innenverhältnis von den Risiken der betrieblichen Tätigkeit entsprechend den Grundsätzen der eingeschränkten Arbeitnehmerhaftung zu entlasten[752] und wendet man letztere - wie vorliegend - auf arbeitslose Leistungsberechtigte an, muss man konsequent auch die Grundsätze zum innerbetrieblichen Freistellungsanspruch für diesen Personenkreis zur Geltung kommen lassen, zumal die zu beurteilenden Schäden - hier wie da - durch das Tätigwerden in nur beschränkt beherrschbarer fremder Organisations- und Personalhoheit verursacht worden sind.

## bb) Personenschaden

Bei Personenschäden, die betriebsangehörigen Personen im Rahmen des Wiedereingliederungsverhältnisses von arbeitslosen Leistungsberechtigten zugefügt werden, greift unmittelbar die Haftungserleichterung des § 105 SGB VII. Denn alle Arbeitslosen, die von der BA Leistungen erhalten, unterliegen der Meldepflicht i.S. des § 2 Abs. 1 Nr. 14 SGB VII und sind daher unfallversichert, wenn sie einer Aufforderung der BA nachkommen, sich bei dieser oder bei einem möglichen Arbeitgeber vorzustellen bzw. tätig zu werden. Letzteres ist bei einer von der BA mitgetragenen stufenweisen Wiedereingliederung gerade gegeben. Bei Vollzug einer stufenweisen Wiedereingliederung handelt es sich überdies gleichermaßen um eine „betriebliche Tätigkeit" i.S. des § 105 SGB VII. Im Falle eines dabei verursachten Personenschadens liegt dann begriffsnotwendig zugleich ein Arbeitsunfall i.S. des § 8 Abs. 1 SGB VII vor. Sofern eine betriebsfremde Person geschädigt wird, gelten hingegen die allgemeinen zivilrechtlichen Haftungsgrundsätze, wobei aus den bereits benannten Gründen auch diesbezüglich im Innenverhältnis die Grundsätze des innerbetrieblichen Schadensausgleichs zur Anwendung gelangen.

---

[752] Vgl. hierzu allgemein Griese, in Küttner/Röller, Ordn.-Nr. 32 Rdnr. 19.

## 2. Haftung des Arbeitgebers

### a) Sach- und Vermögensschaden

Die Haftung des Arbeitgebers für Sach- und Vermögensschäden unterliegt keinen Besonderheiten im Vergleich zur diesbezüglichen Haftung im Arbeitsverhältnis[753], weil sich die Situation des Wiedereinzugliedernden dahingehend nicht von der Tätigkeit als Arbeitnehmer unterscheidet. Der Arbeitgeber haftet daher auch für ohne sein Verschulden verursachte Eigenschäden des Leistungsberechtigten, sofern diese nicht als arbeitsadäquat anzusehen und aus der besonderen Gefahr der Tätigkeit erwachsen sind.[754] Dies gilt nicht nur für die Gruppe der in einem Arbeitsverhältnis stehenden Leistungsberechtigten, sondern wegen der vergleichbaren Situation (= Tätigwerden in fremder Organisations- und Personalhoheit mit allen damit verbundenen Risiken) auch für die der arbeitslosen Leistungsberechtigten, denen die Möglichkeit zu einer stufenweisen Wiedereingliederung gegeben wurde.

### b) Personenschaden

Bei Personenschäden kommt den Arbeitgebern die Haftungsbeschränkung des § 104 SGB VII zugute. D.h. sie haften gegenüber Versicherten, „die für ihr Unternehmen tätig sind oder zu ihren Unternehmen in einer sonstigen die Versicherung begründenden Beziehung stehen", für vorsätzlich oder auf einem nach § 8 Abs. 2 Nrn. 1 - 4 SGB VII versicherten Weg verursachte Versicherungsfälle (§ 7 SGB VII). Dies gilt für in einem Arbeitsverhältnis stehende und arbeitslose Leistungsberechtigte gleichermaßen. Denn zum einen sind beide Personengruppen während einer Maßnahme zur stufenweisen Wiedereingliederung gesetzlich unfallversichert, der arbeitsunfähige Arbeitnehmer nach § 2 Abs. 1 Nr. 1 SGB VII und der arbeitslose Leistungsberechtigte nach § 2 Abs. 1 Nr. 14 SGB VII. Zum anderen führen beide im Rahmen des Wiedereingliederungsverhältnisses eine „betriebliche Tätigkeit" aus, so dass im Falle eines dabei verursachten Personenschadens begriffsnotwendig zugleich ein Arbeitsunfall i.S. des § 8 Abs. 1 SGB VII vorliegt.

---

[753]  Vgl. zur Haftung des Arbeitgebers im Arbeitsverhältnis Griese, in Küttner/Röller, Ordn.-Nr. 24.

[754]  Vgl. zur allgemeinen arbeitsrechtlichen Situation Griese, in Küttner/Röller, Ordn.-Nr. 24 Rdnr. 13 sowie Ordn.-Nr. 68 Rdnrn. 6 ff.; grundlegend: BAG, Beschl. v. 10.11.1961 (Az.: GS 1/60), BB 1962, 178 ff.

## C.  Abschluss eines Wiedereingliederungsvertrages

Rechtsgrundlage für die Begründung eines Wiedereingliederungsverhältnisses ist ein privatrechtlicher Wiedereingliederungsvertrag bzw. eine privatrechtliche Wiedereingliederungsvereinbarung zwischen Arbeitgeber und Leistungsberechtigtem.

## I.  Inhalt

### 1.  Mindestinhalt

Der Mindestinhalt des Wiedereingliederungsvertrages wird bereits durch den Inhalt des Wiedereingliederungsplans vorgezeichnet: Beginn und planmäßiges Ende der Maßnahme, Abfolge und Dauer der einzelnen Belastungsstufen, quantitative und/oder qualitative Ausgestaltung der einzelnen Stufen.[755] Der Inhalt des Wiedereingliederungsplans seinerseits folgt für die Kassen- bzw. Vertragsärzte verbindlich aus den AU-RL.[756] Aus Ziff. 5 S. 2, 3 der Anlage zu den AU-RL ergibt sich dabei, dass im Falle einer Steigerung der Belastbarkeit eine Anpassung vorzunehmen ist. Gleiches gilt bei Herausstellen von nachteiligen gesundheitlichen Folgen für den Leistungsberechtigten, sofern die Wiedereingliederung in diesem Fall nicht sogar gänzlich abzubrechen ist.

### 2.  Weitergehende Regelungen

Neben diesen Mindestinhalten sind selbstverständlich weitergehende vertragliche Vereinbarungen zwischen Arbeitgeber und Leistungsberechtigtem zum Inhalt des Wiedereingliederungsverhältnisses möglich. Hierbei empfehlen sich zur Vermeidung von Unklarheiten und daraus möglicherweise resultierenden Rechtsstreitigkeiten neben einer - ggf. notwendigen -[757] Konkretisierung der (nicht) zu verrichtenden Tätigkeiten insbesondere detaillierte Regelungen zu den einzelnen Rechten und Pflichten der Parteien im Wiedereingliederungsverhältnis[758], wie etwa:

- eine hinreichend bestimmte positive oder klarstellende negative Vergütungsregelung, einschließlich einer Klärung der Vergütungsfortzahlungsfrage bei vorübergehender krankheitsbedingter Verhinde-

---

[755] Vgl. bereits unter Teil 2, 5. Kapitel, § 2, B, I.
[756] Abgedr. in BAnz. 2004, Nr. 61, Seiten 6501 ff.; zuletzt geänd. durch Beschl. v. 19.09. 2006, BAnz. 2006, Nr. 241, Seite 7356.
[757] Abhängig von der Detailliertheit des Wiedereingliederungsplans.
[758] Sofern nicht bereits kollektivrechtlich detailliert geregelt.

rung am Vollzug des Wiedereingliederungsplans, sofern die stufenweise Wiedereingliederung nach Ablauf des Entgeltfortzahlungszeitraums beginnt oder darüber hinaus fortdauert,
- eine Regelung zum Inhalt und Umfang des Weisungsrechts im Wiedereingliederungsverhältnis,
- eine allgemeine und in spezifischen Punkten konkretisierte Aussage
zu den Nebenpflichten der Parteien (z.B. Unterrichtungspflicht ggü.
dem Arbeitgeber bei eintretender Überforderung aus gesundheitlichen Gründen; Anzeige- und ggf. Bescheinigungspflicht bei notwendig werdendem Abbruch der Maßnahme u.ä.),
- eine hinreichend bestimmte positive oder klarstellende negative Ur-
laubsregelung,
- eine klarstellende Aussage zur Haftung und zum Unfallversiche-
rungsschutz im Wiedereingliederungsverhältnis,
- eine weitergehende Regelung zu vorzeitigen Beendigungs- und
Rücktrittsmöglichkeiten unter genauer Angabe der Gründe (auch unter - näher umschriebenen - Zumutbarkeitsgesichtspunkten für den
Arbeitgeber) sowie
- eine allgemeine Nebenabredenklausel.

Darüber hinaus können - einzelfallabhängig - ferner folgende Punkte in einem
Wiedereingliederungsvertrag festgehalten werden:

- die Vereinbarung von regelmäßigen Ruhetagen,
- die Festlegung eines Betreuers/Ansprechpartners für die Maßnahme
im Betrieb sowie
- die Vereinbarung der Zahlung eines Zuschusses zum Krankengeld
(als oder anstelle einer Vergütungsregelung).[759]

Wichtig ist dabei an dieser Stelle die zusammenfassende Klarstellung, dass der
Wiedereingliederungsvertrag als Folge des Grundsatzes der Privatautonomie
gänzlich offen für angemessene Regelungen des Einzelfalles ist. Demgemäß
schließt Ziff. 2 S. 2 der Anlage zu den AU-RL[760] für die Kassen- bzw. Vertragsärzte verbindlich eine standardisierte Betrachtungsweise ausdrücklich aus. Auf
diese Weise kann medizinisch zweckmäßigen Modalitäten ebenso flexibel
Rechnung getragen werden wie den Wünschen, Bedürfnissen sowie Zumutbar-

---

[759] Zur Einordnung etwaiger Zahlungen des Arbeitgebers als Zuschuss zum Krankengeld vgl.
die Ausführungen unter Teil 2, 7. Kapitel, § 1, B, VII, 1.
[760] Abgedr. in BAnz. 2004, Nr. 61, Seiten 6501 ff.; zuletzt geänd. durch Beschl. v. 19.09.
2006, BAnz. 2006, Nr. 241, Seite 7356.

keitsgesichtspunkten beider Parteien. Daher dürfen die als möglich benannten weitergehenden Regelungsgegenstände keinesfalls als abschließend betrachtet werden.

## II. Form

Es existiert keine gesetzliche Norm i.S. des § 126 BGB, welche vorschreibt, dass der Wiedereingliederungsvertrag schriftlich abgeschlossen werden muss. Er erlangt daher auch in formlos abgeschlossener Form Rechtswirksamkeit. Aus Gründen der Rechtsklarheit ist jedoch zu empfehlen, den Wiedereingliederungsvertrag schriftlich zu verfassen, gleichwohl er nicht den dahingehend strengen gesetzlichen Anforderungen genügen muss.

## III. Verpflichtung zum Abschluss

Angesichts der Tatsache, dass sowohl der Wiedereingliederungsplan als auch die AU-RL[761] bereits die Mindestinhalte des Wiedereingliederungsverhältnisses festlegen, stellt sich die Frage, inwieweit für beide Seiten eine Verpflichtung zum Abschluss eines separaten Wiedereingliederungsvertrages besteht. Ggf. kann bereits im Wiedereingliederungsplan selbst eine dahingehend privatrechtliche Vollzugsgrundlage/ein Wiedereingliederungsvertrag gesehen werden. Dieser Gedanke drängt sich für den Bereich der GKV insbesondere deshalb auf, weil sowohl der Leistungsberechtigte als auch der Arbeitgeber auf dem entsprechenden Muster-Vordruck Nr. 20 der KBV ausdrücklich ihr Einverständnis mit dem vorgesehenen Wiedereingliederungsplan erklären. Hinzu kommt, dass der Arbeitgeber dabei die Möglichkeit für weitergehende Anmerkungen hat und überdies neben der Krankenkasse und dem behandelnden Arzt auch der Leistungsberechtigte sowie der Arbeitgeber Ausfertigungen des vollständig ausgefüllten, also insbesondere von beiden Parteien unterzeichneten, Musters erhalten.[762] Nach allgemeinen zivilrechtlichen Grundsätzen genügt eine solche Handhabung zur Annahme einer hinreichenden privatrechtlichen Vertragsgrundlage, zumal gesetzlich keine Schriftform i.S. des § 126 BGB für das Zustandekommen eines Wiedereingliederungsverhältnisses vorgesehen ist. Vor diesem Hintergrund kann zumindest bei Vorliegen eines von allen Beteiligten unterzeichneten Wiedereingliederungsplans[763] keine Rechtsverpflichtung zum Abschluss eines separaten Wiedereingliederungsvertrages angenommen werden. Vielmehr

---

[761] Abgedr. in BAnz. 2004, Nr. 61, Seiten 6501 ff.; zuletzt geänd. durch Beschl. v. 19.09. 2006, BAnz. 2006, Nr. 241, Seite 7356.

[762] Vgl. Vereinbarung über Vordrucke für die vertragsärztliche Versorgung (Anlage 2 BMV-Ä/EKV), Stand: 01.07.2009 (veröff. unter: http://www.kbv.de/rechtsquellen/2306.html).

[763] Unabhängig davon, ob der Muster-Vordruck Nr. 20 der KBV verwendet wurde.

stellt sich dann bereits der Wiedereingliederungsplan als ausreichende privat-rechtliche Vollzugsgrundlage dar. Gleichwohl ist es sowohl dem Leistungsbe-rechtigten als auch dem Arbeitgeber stets zu empfehlen, einen separaten Wie-dereingliederungsvertrag abzuschließen. Denn nur so kann angesichts der gerin-gen gesetzlichen und untergesetzlichen Regelungsdichte zum Rechtsinstitut der stufenweisen Wiedereingliederung ausreichende Rechtsklarheit hinsichtlich der beiderseitigen Rechte und Pflichten im Wiedereingliederungsverhältnis geschaf-fen werden.

## IV. Formulierungsvorschlag

Als Praxishilfe für beide Parteien des privatrechtlichen Wiedereingliederungs-vertrages wird nachfolgend ein Formulierungsvorschlag unterbreitet, der die von der Verfasserin als wesentlich empfundenen Regelungsmaterien umfasst, jedoch keine individuelle Anpassung an die Bedürfnisse im Einzelfall ersetzt. Hierbei erfolgt eine Orientierung an der unter Teil 2, 6. Kapitel, § 1, B, I, II bereits her-ausgearbeiteten Gesetzeslage. D.h. es werden - abgesehen von einzelnen An-merkungen im Fußnotentext - keine davon abweichenden [z.B. positive Vergü-tungs(fortzahlungs)regelung, positive Urlaubszusage, weitergehende Haftungs-einschränkungen bei Schadenszufügung im Rahmen des Wiedereingliederungs-verhältnisses etc.], sondern ausschließlich konkretisierende Regelungen unter Berücksichtigung der Rechtsprechung des BAG getroffen. Derartige von der Gesetzeslage abweichende Regelungen sind im Einzelfall - je nach Krankheits-bild und damit wirtschaftlichem Nutzen der Tätigkeit des Leistungsberechtigten für den Arbeitgeber - gleichwohl wünschenswert. Für den Fall, dass von den Parteien - anders als im Formulierungsvorschlag angeraten - in den Wiederein-gliederungsvertrag insbesondere keine negative Vergütungs- oder Urlaubsrege-lung aufgenommen wird, bedeutet dies jedenfalls nicht im Umkehrschluss, dass ein solcher Anspruch des Leistungsberechtigten besteht. Denn ohne deutliche Anhaltspunkte für einen dahingehenden Parteiwillen, kann ein solcher Gewäh-rungswille nicht unterstellt werden.[764]

---

[764] So auch Gagel/Schian, BehindR 2006, 53, 54.

**„Vereinbarung**
**über die stufenweise Wiedereingliederung nach § 28 SGB IX, § 74 SGB V**

*Zwischen*
*Herrn/Frau*

_____
*(Rehabilitand/in)*

*und*
*der Firma*

_____
*(Arbeitgeber/in)*

*wird zur allmählichen Rückkehr in das Erwerbsleben Nachfolgendes vereinbart:*

### 1. Ärztliche Feststellungen

*Der/Die Rehabilitand/in* _____ *ist seit dem* _____ *arbeitsunfähig krank. Nach der von ihm/ihr vorgelegten ärztlichen Bescheinigung vom* _____ *kann er/sie seine/ihre bisherige Tätigkeit bei fortbestehender Arbeitsunfähigkeit teilweise wieder verrichten und durch eine stufenweise Wiederaufnahme dieser Tätigkeit voraussichtlich besser in das Erwerbsleben zurückgeführt werden (§ 28 SGB IX, § 74 SGB V).*

*Art und Umfang der möglichen Tätigkeiten ergeben sich aus der diesem Wiedereingliederungsvertrag in Ablichtung beigehefteten ärztlichen Bescheinigung über „Maßnahmen zur stufenweisen Wiedereingliederung in das Erwerbsleben (Wiedereingliederungsplan)".*

### 2. Zeitliche und tätigkeitsspezifische Ausgestaltung der Maßnahme

*Das Wiedereingliederungsverhältnis beginnt am* _____ *und wird in folgenden Stufen realisiert:*

*a. Vom* _____ *bis zum* _____ *täglich* _____ *Stunden.*

*b. Vom* _____ *bis zum* _____ *täglich* _____ *Stunden.*
*c. Vom* _____ *bis zum* _____ *täglich* _____ *Stunden.*

*[Optional: „In Konkretisierung der Angaben im Wiedereingliederungsplan werden folgende Tätigkeiten verrichtet:*
*1. Stufe: ........................................................................................................................*
*2. Stufe: ........................................................................................................................*
*3. Stufe: ........................................................................................................................*

*Nachfolgende Tätigkeiten dürfen nicht verrichtet werden:*
*1. Stufe: ........................................................................................................................*
*2. Stufe: ........................................................................................................................*
*3. Stufe: ...................................................................................................................... "]*

*Den Parteien ist dabei bewusst, dass es unter fortschreitendem Vollzug des Wiedereingliederungsverhältnisses ggf. zu einer Anpassung der einzelnen Stufen an die Belastbarkeit des/der Rehabilitanden/in kommen kann, sofern sich im Rahmen der regelmäßig durchzuführenden ärztlichen Untersuchungen herausstellt, dass eine Steigerung oder Herabsetzung der Belastungen möglich bzw. aus gesundheitlichen Gründen erforderlich ist.*

### 3. Leistungs- und Vergütungspflicht

*Zwischen den Parteien besteht Einigkeit darüber, dass die Wiedereingliederungsmaßnahme seitens des/der Rehabilitanden/in auf freiwilliger Basis durchgeführt wird. Da sich die Wiedereingliederungstätigkeit des/der Rehabilitanden/in jedoch im Rahmen der betrieblichen Organisation des/der Arbeitgebers/in vollzieht, ist der/die Rehabilitand/in verpflichtet, die allgemeingültigen betrieblichen Organisationsanweisungen der/des Arbeitgebers/in, konkretisierende Vorgaben zum Zeitpunkt und Ort der Leistungserbringung sowie zu Art und zum Umfang der auszuführenden Tätigkeiten zu beachten, sofern diese Umstände nicht bereits abschließend durch den Wiedereingliederungsplan bzw. Ziff. 2 dieser Vereinbarung festgelegt sind und die Weisung auch nicht der rehabilitativ-therapeutischen Zwecksetzung der Maßnahme widerspricht.*

*Vor dem Hintergrund der rehabilitativ-therapeutischen Zielsetzung der stufenweisen Wiedereingliederung werden für die im Rahmen der Maßnahme erbrachten Leistungen des/der Rehabilitanden/in weder Vergütung noch Zuwendungen anderer Art geschuldet. Dies gilt demzufolge auch für den Fall, dass der/die Rehabilitand/in infolge der Verschlechterung seines/ihres Gesundheitszustands vorübergehend gehindert ist, die Wiedereingliederungstätigkeit krankheitsbedingt fortzuführen.[765]*

### 4. Urlaubsanspruch

*Zwischen den Parteien besteht darüber hinaus Einigkeit, dass während der stufenweisen Wiedereingliederung kein Anspruch auf die Gewährung von Erholungsurlaub besteht.*

### 5. Vorzeitige Beendigung der Maßnahme

*Angesichts der Freiwilligkeit der Maßnahme für den/die Rehabilitand/in ist er/sie grundsätzlich jederzeit berechtigt, die Maßnahme vorzeitig zu beenden. Ungeachtet dessen ist der/die Rehabilitand/in ohne Einhaltung einer Frist in jedem Fall zur Beendigung des Wiedereingliederungsverhältnisses vor Ablauf des unter Ziff. 2 dieser Vereinbarung benannten Zeitpunktes berechtigt, wenn nach ärztlicher Einschätzung der mit dem Wiedereingliederungsverhältnis erstrebte Erfolg erkennbar nicht eintritt/eintreten wird oder bei weiterem Vollzug eine Verschlechterung seines/ihres Gesundheitszustands oder sonstige nachteilige gesundheitliche Folgen zu befürchten sind, ohne dass dem durch eine Anpassung des Wiedereingliederungsplans an die Belastungseinschränkungen Rechnung getragen werden kann. Darüber hinaus besteht ein vorzeitiges fristloses Beendigungsrecht des/der Rehabilitanden/in bei Vorliegen eines wichtigen Grundes i.S. des § 314 BGB.*

*Der/Die Arbeitgeber/in ist zur vorzeitigen Beendigung des Wiedereingliederungsverhältnisses ohne Einhaltung einer Frist insbesondere dann berechtigt, wenn sich Anhaltspunkte dafür ergeben, dass die Fortsetzung des Wiedereingliederungsverhältnisses zu einer Verschlechterung des Gesundheitszustands des/der Rehabilitanden/in führt oder führen kann und*

---

[765] Alternativ zur Motivationsförderung: „*Dem/der Rehabilitand/in wird für die im Rahmen der Maßnahme erbrachten Leistungen eine Vergütung/ein Zuschuss zum Krankengeld/ein Aufwendungsersatz in Höhe von ... gezahlt. Dies gilt nicht für den Fall, dass der/die Rehabilitand/in infolge der Verschlechterung seines/ihres Gesundheitszustands vorübergehend gehindert ist, die Wiedereingliederungstätigkeit krankheitsbedingt fortzuführen.*"

230

*dieser Umstand vom behandelnden Arzt bestätigt wird. Ferner besteht ein vorzeitiges Beendi-gungsrecht des/der Arbeitgebers/in bei Vorliegen eines wichtigen Grundes i.S. des § 314 BGB. Ein solcher wichtiger Grund ist - vorbehaltlich einer Interessenabwägung im Einzelfall - insbesondere dann anzunehmen, wenn die Fortführung der Maßnahme für den/die Arbeit-geber/in eine unzumutbare Belastung darstellt, weil beispielsweise die Tätigkeit des/der Re-habilitanden/in zu einer erheblichen Störung der betrieblichen Abläufe oder zu einem materi-ellen bzw. immateriellen Nachteil des Arbeitgebers in nicht unbeträchtlichem Umfang geführt hat bzw. zu führen droht.*

**6. Handlungs- und Unterlassungspflichten, insbesondere Unterrichtungs- und Anzeige-pflichten des/der Rehabilitanden/in**

*Neben den allgemeinen aus der vertraglichen Treuepflicht ableitbaren Handlungs- und Unterlassungspflichten, wie Verschwiegenheitsgebot, Anzeige drohender Schäden etc., ist der/ die Rehabilitand/in insbesondere verpflichtet, den/die Arbeitgeber/in unverzüglich zu unterrichten, falls er/sie sich gesundheitlich der Belastung durch die Wiedereingliederungs-maßnahme nicht (mehr) gewachsen fühlt. Dies beinhaltet zugleich die Pflicht des/der Rehabi-litand/in, dem/der Arbeitgeber/in unverzüglich anzuzeigen, sofern ein Abbruch der stufenwei-sen Wiedereingliederung aus gesundheitlichen Gründen erforderlich wird.*

**7. Haftung und Versicherungsschutz**

*Der/Die Rehabilitand/in ist für seine/ihre dienstlichen Handlungen - abgesehen von den all-gemeinen Grundsätzen zur eingeschränkten Arbeitnehmerhaftung sowie der Haftungserleich-terung des § 105 SGB VII - uneingeschränkt verantwortlich. Er genießt Unfallversicherungs-schutz nach den allgemeinen gesetzlichen Regelungen.*

**8. Sonstige maßnahmespezifische Vereinbarungen**

*Darüber hinaus wird in Bezug auf die Wiedereingliederungsmaßnahme Folgendes verein-bart:*

_____
_____
_____

*(Wenn hier nichts eingetragen ist, sind keine sonstigen Vereinbarungen getroffen.)*

**9. Nebenabreden und geltungserhaltende Reduktion**

*Nebenabreden bedürfen zwingend der Schriftform. Sollte eine der hier getroffenen Regelun-gen unwirksam sein, wird die Gültigkeit der übrigen Abmachungen davon nicht berührt. Die unwirksame Regelung ist dann so durchzuführen, wie es Sinn und Zweck dieser Vereinbarung am ehesten entspricht.*


_____     _____
*(Ort, Datum)*                      *(Ort, Datum)*


_____     _____
*(Unterschrift Arbeitgeber/in)*     *(Unterschrift Rehabilitand/in)"*

## § 2 Sozialrechtlicher Vollzug der stufenweisen Wiedereingliederung

### A. Regelmäßige medizinische Untersuchung

Während des Vollzugs des Wiedereingliederungsverhältnisses ist der Leistungsberechtigte vom behandelnden Arzt in regelmäßigen Abständen auf die gesundheitlichen Auswirkungen der schrittweisen Arbeitsaufnahme hin zu untersuchen, um so

- etwaige Risiken einschätzen,
- über die Fortdauer der Maßnahme befinden

und - soweit dies angezeigt erscheint -

- den Wiedereingliederungsplan hinsichtlich der Belastungseinschränkungen modifizieren oder
- die Arbeitsunfähigkeit als beendet feststellen

zu können (vgl. Ziff. 5 der Anlage zu den AU-RL[766]).

### B. Anpassung des Wiedereingliederungsplans an die individuellen Bedürfnisse und vorzeitiger Abbruch aus gesundheitlichen Gründen

Sofern sich im Rahmen der regelmäßigen medizinischen Untersuchungen herausstellt, dass sich die Belastbarkeit des Leistungsberechtigten erhöht hat, ist eine Anpassung des Wiedereingliederungsplans an die gesteigerte Belastbarkeit vorzunehmen. Umgekehrt muss genauso eine Anpassung an die Belastungseinschränkungen erfolgen, wenn sich im Rahmen der ärztlichen Untersuchung(en) herausstellt, dass bei Fortführung des ursprünglich aufgestellten Wiedereingliederungsplans für den Leistungsberechtigten nachteilige gesundheitliche Folgen erwachsen können und diese Folgen durch eine entsprechende Anpassung des Wiedereingliederungsplans abgewendet werden können. Für den Fall, dass eine Anpassung des Wiedereingliederungsplans nicht ausreichend ist, um die gesundheitlichen Nachteile abzuwenden, ist die Wiedereingliederungsmaßnahme gänzlich vorzeitig abzubrechen (vgl. Ziff. 5 der Anlage zu den AU-RL). Wird aus gesundheitlichen Gründen ein vorzeitiger Abbruch der Maßnahme notwendig, wird dem Leistungsberechtigten dies neben einer daraus resultierenden un-

---

[766] Abgedr. in BAnz. 2004, Nr. 61, Seiten 6501 ff.; zuletzt geänd. durch Beschl. v. 19.09. 2006, BAnz. 2006, Nr. 241, Seite 7356.

unterbrochenen Fortdauer der Arbeitsunfähigkeit vom behandelnden Arzt attestiert.

## C.  Rolle der möglichen beteiligten Rechtsträger

Während des Vollzugs des Wiedereingliederungsverhältnisses ist insbesondere eine vertrauensvolle Zusammenarbeit zwischen dem behandelnden Arzt und dem Betriebsarzt notwendig, weil letzterem die ärztliche Betreuung des Leistungsberechtigtem im Betrieb obliegt. So unterrichtet der Betriebsarzt - nach Zustimmung des Leistungsberechtigten - den behandelnden Arzt und ggf. den MDK bzw. Ärztlichen Dienst des Rehabilitationsträgers über den Ablauf sowie die Ergebnisse der Maßnahme und schlägt die aus seiner Sicht ggf. notwendigen Änderungen des Wiedereingliederungsplans vor. Alle Veränderungen im ursprünglich vereinbarten Wiedereingliederungsplan sind den Beteiligten (insbesondere dem Leistungsberechtigten, dem zuständigen Rehabilitationsträger sowie dem Arbeitgeber) dabei unverzüglich zur Zustimmung mitzuteilen. Auch an dieser Stelle kommt dem zuständigen Rehabilitationsträger eine wesentliche Koordinierungsfunktion zu. Wird aus gesundheitlichen Gründen ein vorzeitiger Abbruch der Maßnahme notwendig, muss dies den Beteiligten gleichfalls unverzüglich mitgeteilt werden. Ohne dass diesbezüglich eine bestimmte Rollenverteilung festgeschrieben ist, erscheint unter Treuepflichtgesichtspunkten insbesondere eine Unterrichtung des Arbeitgebers unmittelbar durch den Leistungsberechtigten als angebracht, sofern dieser aus gesundheitlichen Gründen hierzu in der Lage ist.

## 7. Kapitel:  Sozialrechtliche Auswirkungen während des Vollzugs und nach Beendigung der stufenweisen Wiedereingliederung

### § 1  Sozialrechtliche Auswirkungen während des Vollzugs der stufenweisen Wiedereingliederung

Nach der gesetzlichen Konzeption bleibt der Leistungsberechtigte während des Vollzugs einer Maßnahme zur stufenweisen Wiedereingliederung weiterhin arbeitsunfähig, so dass kein gesetzlicher Vergütungsanspruch entsteht.[767] Vor diesem Hintergrund stellt sich einerseits die Frage, inwieweit sein Lebensunterhalt während dieser Zeit durch sozialrechtliche Leistungsansprüche gesichert wird und wie sich eine etwaig vertraglich vereinbarte Vergütung hierauf auswirkt. Überdies bedarf es einer Klärung, durch welche konkreten sozialrechtlichen

---

[767] Vgl. hierzu bereits ausführlich unter Teil 2, 6. Kapitel, § 1, B, I, 2, a, aa.

Leistungen das erstrebte Ziel der Wiedereingliederung durch die Rehabilitationsträger unmittelbar gefördert werden muss oder jedenfalls unterstützt werden kann, um i.E. eine dauerhafte Lebensunterhaltssicherung zu erreichen. Ausgangspunkt für eine dahingehende Beurteilung ist zunächst § 28 selbst. Diese unter den Leistungen der medizinischen Rehabilitation befindliche Vorschrift trifft bereits eine wesentliche Aussage zu den sozialrechtlichen Auswirkungen während des Vollzugs der stufenweisen Wiedereingliederung, indem sie anordnet, dass „die medizinischen und die sie ergänzenden Leistungen [entsprechend der Zielsetzung der stufenweisen Wiedereingliederung] erbracht werden sollen". Damit verweist § 28 nicht nur auf den Leistungskatalog des § 26 Abs. 2 und 3, sondern auch auf den des § 44, so dass bereits ein weiter Bereich möglicher maßnahmebezogener und unterhaltssichernder sozialrechtlicher Leistungsansprüche gesetzlich fixiert wird. § 28 stellt in diesem Punkt daher zugleich eine sachlich wichtige Ergänzung zu § 74 SGB V dar, der zum Leistungsspektrum während des Bestehens eines Wiedereingliederungsverhältnisses keinerlei Aussage trifft.

## A. Unmittelbar maßnahmeunterstützende bzw. -fördernde sozialrechtliche Leistungsansprüche

## I. Anspruch auf Leistungen zur medizinischen Rehabilitation nach § 26

Als zu erbringende („sollen") unmittelbar maßnahmeunterstützende bzw. -fördernde Leistungen benennt § 28 zunächst die medizinischen Leistungen und damit die Leistungen zur medizinischen Rehabilitation i.S. des § 26.

### 1. Begriff

Die Leistungen zur medizinischen Rehabilitation umfassen allgemein neben rehabilitationsspezifischen Leistungen zum Ausgleich von Funktionseinschränkungen und zur Minimierung von Beeinträchtigungen auch Maßnahmen der Primärprävention und zur Verhütung von Gesundheitsgefahren, um körperliche, geistige und seelische Schäden möglichst erst gar nicht entstehen zu lassen.[768]

### 2. Im Zusammenhang mit der stufenweisen Wiedereingliederung relevante Leistungen

Das Leistungsspektrum, das allerdings als nicht abschließend betrachtet werden muss („insbesondere"), ist im Einzelnen in § 26 Abs. 2 und 3 aufgeführt. Im Zusammenhang mit der stufenweisen Wiedereingliederung relevant sind dabei ins-

---

[768] Vgl. nur Oppermann, in Hauck/Noftz, Komm. zum SGB IX, § 26 Rdnr. 14.

besondere die in § 26 Abs. 2 Nr. 7 geregelte Belastungserprobung und Arbeitstherapie, die in § 26 Abs. 3 Nr. 3 geregelte Information und Beratung von Vorgesetzten und Kollegen sowie die in § 26 Abs. 3 Nr. 5 geregelten Hilfen zur seelischen Stabilisierung und zur Förderung der sozialen Kompetenz des Leistungsberechtigten.

### a) Belastungserprobung und Arbeitstherapie (§ 26 Abs. 2 Nr. 7)

Wie bereits ausgeführt[769], gewinnen die Belastungserprobung und Arbeitstherapie im Zusammenhang mit der stufenweisen Wiedereingliederung vornehmlich in der Anfangsphase an Bedeutung, in der es darum geht, konkrete Aussagen über die Möglichkeit einer beruflichen Wiedereingliederung zu tätigen.

### b) Information und Beratung von Vorgesetzten und Kollegen (§ 26 Abs. 3 Nr. 3)

Nur wenn im unmittelbaren sozialen Umfeld sowie am Arbeitsplatz ein Mindestmaß an Verständnis für den Leistungsberechtigten aufgebracht wird, lässt sich das Vorhaben der stufenweisen Wiedereingliederung erfolgreich verwirklichen. Insbesondere sind erfahrungsgemäß positive Resultate dort zu erwarten, wo sich eine stufenweise Wiedereingliederung in Übereinstimmung mit Kollegen und Vorgesetzten vollzieht und wo eine solche Maßnahme nicht nur geduldet, sondern auch aktiv unterstützt wird.[770] Vor diesem Hintergrund kann es angebracht sein, unmittelbare Vorgesetzte und Kollegen des weiterhin arbeitsunfähigen Leistungsberechtigten über die beabsichtigte stufenweise Wiedereingliederung zu informieren, um Verständnis zu werben und über konkrete Kooperationsmöglichkeiten zu beraten. Dies gilt auch deshalb, da Studien ergeben haben, dass diesbezüglich tatsächlich vielfach Aufklärungs- und Interventionsbedarf besteht, weil es für das Arbeitsumfeld schwierig ist, sich die fortbestehende Arbeitsunfähigkeit des Leistungsberechtigten und die damit verbundene geringere Leistungsfähigkeit bewusst zu machen.[771] Derartige Maßnahmen können insbesondere in solchen Betrieben/Unternehmen relevant werden, in denen es keine Arbeitnehmervertretung gibt, die zur entsprechenden Aufklärung kompetent beitragen kann. In diesen Fällen - aber selbstverständlich nicht nur dann - gewährleistet § 26 Abs. 3 Nr. 3 die erforderliche Unterstützung durch die zuständigen Rehabilitationsträger.

---

[769] Vgl. Ausführungen unter Teil 2, 2. Kapitel, § 3, B, I.
[770] Vgl. insbesondere Faßmann/Oertel, in Forschungsbericht BMA 249 (Sozialforschung), Seiten 92 ff., 128.
[771] Vgl. Faßmann/Oertel, in Forschungsbericht BMA 249 (Sozialforschung), Seite 128.

### c) Hilfen zur seelischen Stabilisierung und Förderung der sozialen Kompetenz des Leistungsberechtigten (§ 26 Abs. 3 Nr. 5)

In sozialmedizinischer Hinsicht kommt im Zusammenhang mit der erfolgreichen Wiedereingliederung in das Erwerbsleben insbesondere der Stabilisierung der Psyche des Leistungsberechtigten sowie der Förderung seiner sozialen Kompetenz grundlegende Bedeutung zu. Denn die psychische Situation vieler Betroffener ist - wie bereits ausgeführt -[772] insbesondere nach langer „Arbeitsabstinenz" vielfach als schwierig zu beurteilen. Vor diesem Hintergrund bedarf es neben der schrittweisen Arbeitsaufnahme als Stabilisierungsinstrument ggf. weitergehender persönlicher Unterstützung, welche durch § 26 Abs. 3 Nr. 5 durch die zuständigen Rehabilitationsträger gewährleistet werden kann. Denn in diesem Rahmen sollen zur seelischen Stabilisierung und zur Förderung der sozialen Kompetenz verstärkt kommunikative Aktivitäten trainiert, interpersonelle Aktivitäten gefördert und die Reaktion in Krisensituationen sowie der Umgang mit diesen erlernt werden. Das hat den Aufbau einer selbstsicheren Persönlichkeit zum therapeutischen Ziel.[773] Derart geschulte Fähigkeiten können entscheidend zum Erfolg der stufenweisen Wiedereingliederung beitragen, insbesondere dann, wenn es wegen der vorübergehend qualitativ und/oder quantitativ geminderten Leistungsfähigkeit des Leistungsberechtigten zu zwischenmenschlichen Problemen mit Vorgesetzten und/oder Kollegen kommen sollte. Aber auch langfristig gesehen, können solche Maßnahmen erkennbar helfen, dem Leistungsberechtigten eine dauerhafte Integration in das betriebliche Umfeld zu ermöglichen.

### II. Anspruch auf Leistungen zur Teilhabe am Arbeitsleben nach §§ 33 ff.

### 1. Kein Ausschluss durch beschränkten Verweis in § 28

Die §§ 33 ff. fassen im Kapitel 5 des SGB IX die Leistungen zusammen, die von den zuständigen Rehabilitationsträgern an behinderte Menschen zur Teilhabe am Arbeitsleben zu erbringen sind, wohingegen die stufenweise Wiedereingliederung nach § 28 zuvor im Kapitel 4 unter den Leistungen zur medizinischen Rehabilitation aufgeführt ist. Diese systematische Einordnung macht zugleich deutlich, dass die stufenweise Wiedereingliederung nicht als Leistung zur Teilhabe am Arbeitsleben angesehen werden kann und vom Gesetzgeber auch nicht dahingehend betrachtet wird.

---

[772] Vgl. Ausführungen unter Teil 2, 4. Kapitel, § 2, A.
[773] Vgl. Oppermann, in Hauck/Noftz, Komm. zum SGB IX, § 26 Rdnr. 34.

Im Zentrum der Leistungen nach § 33 steht der Erhalt, die Verbesserung oder die (Wieder-) Herstellung der beruflichen Fähigkeiten bzw. der Erwerbsfähigkeit der behinderten Menschen, welche durch die Leistungen an den Arbeitgeber nach § 34 vervollständigt werden. Wie beim Rechtsinstitut der stufenweisen Wiedereingliederung ist auch bei Maßnahmen nach §§ 33 ff. vordergründiges Ziel die Eingliederung des behinderten Menschen in das Arbeitsleben. Die zentrale Norm des § 33 ist dabei wie folgt aufgebaut: Die Abs. 1, 2 und 4 enthalten allgemeine Grundlagenregelungen über die Teilhabe am Arbeitsleben, insbesondere Aussagen zur Zielsetzung und zur Auswahl der Maßnahmen. Die Abs. 3 und 6 zählen beispielhaft das - breit gefächerte - Spektrum der Maßnahmen auf, die zur Erreichung der Ziele einzusetzen sind. Dabei fasst Abs. 3 den traditionellen Bestand der Leistungen zusammen. Abs. 6 normiert dessen Erweiterung und eine Angleichung an den in § 26 Abs. 3 ebenfalls beispielhaft enthaltenen Leistungskatalog der medizinischen Rehabilitation. In den Abs. 5, 7 und 8 finden sich vorrangig klarstellende Regelungen zum Leistungsspektrum des Abs. 3. Die Stellung im Gesetz verleitet zwar zu der Annahme, dass sich Leistungen zur Teilhabe am Arbeitsleben stets an Maßnahmen zur medizinischen Rehabilitation anschließen müssen, letzteren also immer nachgelagert sind. Dennoch ist eine solche Nachlagerung - wenn auch praktisch häufig vorkommend - nicht zwingend. Vielmehr können nach der Rechtsprechung des BSG berufsfördernde Maßnahmen, wozu die Leistungen zur Teilhabe am Arbeitsleben zählen, bereits im Zustand der Arbeitsunfähigkeit durchgeführt werden.[774] Ein Beleg dafür sind auch und gerade die Regelungen der § 28, § 74 SGB V. Demzufolge schließt § 28 trotz der Beschränkung der Rechtsfolge auf die Erbringung von medizinischen (§§ 26 ff.) und die sie ergänzenden Leistungen (§§ 44 ff.) parallel möglicherweise angezeigte Leistungen zur Teilhabe am Arbeitsleben nach §§ 33 ff. keineswegs aus. Parallel möglicherweise angezeigte Leistungen zur Teilhabe am Arbeitsleben nach §§ 33 ff. sind daher von den Rehabilitationsträgern in geeigneten Fällen bereits im Stadium der stufenweisen Wiedereingliederung zu prüfen. Sofern es dabei um Leistungen i.S. des § 33 Abs. 3 - 8 geht, müssen sie entweder flankierend oder jedenfalls im Anschluss an die stufenweise Wiedereingliederung erbracht werden, sofern dies im konkreten Einzelfall zur Erreichung der in § 33 Abs. 1 benannten Ziele erforderlich ist. Denn bei den in § 33 Abs. 3 - 8 aufgeführten Leistungen handelt es sich insoweit um „Pflichtleistungen", was durch die Formulierung in Abs. 1 „werden ... erbracht, um ..." deutlich wird.[775] Sofern hingegen Leistungen i.S. des § 34 an den Arbeitgeber in Frage stehen, ist über deren Erbringung unter Berücksichtigung des Einzelfalles im Rahmen pflichtgemäßen Ermessens („können") zu entscheiden.

---

[774] BSG, USK 83141 Seiten 664, 665.
[775] Vgl. auch Großmann, in GK-SGB IX, § 33 Rdnr. 2.

## 2. Im Zusammenhang mit der stufenweisen Wiedereingliederung relevante Leistungen

Unmittelbare Relevanz im Zusammenhang mit der stufenweisen Wiedereingliederung besitzen insbesondere die unter § 33 Abs. 3 Nr. 1 i.V.m. Abs. 8 aufgeführten Hilfen zur Erhaltung des Arbeitsplatzes und dabei speziell die Übernahme der Kosten für eine notwendige Arbeitsassistenz nach § 33 Abs. 8 Nr. 3 sowie die Übernahme der Kosten technischer Arbeitshilfen nach § 33 Abs. 8 Nr. 5. Überdies ist die Gewährung von Zuschüssen für Arbeitshilfen im Betrieb an den Arbeitgeber i.S. des § 34 Abs. 1 Nr. 3 von Bedeutung.

### a) Übernahme der Kosten für eine notwendige Arbeitsassistenz (§ 33 Abs. 3 Nr. 1 i.V.m. Abs. 8 Nr. 3)

Die Arbeitsassistenz, die grundsätzlich als zeitlich befristete Einstiegshilfe angelegt ist[776], kann in unterschiedlicher Ausprägung gewährleistet werden. So ist es einerseits möglich, dass der Arbeitgeber die Assistenzkraft zur Verfügung stellt und die dadurch entstehenden Kosten vom Rehabilitationsträger ersetzt bekommt. Davon zu unterscheiden ist die selbstbeschaffte Assistenzkraft. In diesem Fall hat der Leistungsberechtigte die Assistenzkraft im Rahmen eines Beschäftigungsverhältnisses verpflichtet und erhält die ihm entstehenden Aufwendungen ersetzt.[777] § 33 Abs. 8 S. 2 legt fest, dass die Arbeitsassistenz „in Abstimmung mit dem Rehabilitationsträger nach § 6 Abs. 1 Nrn. 1 bis 5 durch das Integrationsamt" zu organisieren ist. Die dahingehende Leistung der Rehabilitationsträger kann vornehmlich bei krankheitsbedingten körperlichen Einschränkungen in Betracht kommen und ist dabei - einzelfallabhängig - ggf. bereits während der Phase der stufenweisen Wiedereingliederung sinnvoll.

### b) Übernahme der Kosten technischer Arbeitshilfen (§ 33 Abs. 3 Nr. 1 i.V.m. Abs. 8 Nr. 5)

Von besonderer Relevanz bereits während der Phase der stufenweisen Wiedereingliederung können technische Arbeitshilfen i.S. des § 33 Abs. 3 Nr. 1 i.V.m. Abs. 8 Nr. 5 sein. Dabei handelt es sich um Vorrichtungen und Geräte, die am Arbeitsplatz installiert werden. Durch ihren Einsatz sollen vorhandene Fähigkeiten gefördert, Restfähigkeiten genutzt, unterstützt und gleichzeitig geschützt, aber auch ausgefallene Fähigkeiten zumindest teilweise ersetzt werden. Hierdurch besteht die Möglichkeit, bei bestimmten Behinderungen die Arbeitstätig-

---

[776] Vgl. BT-Drs. 14/5074, Seite 108.
[777] Vgl. Vogt, in Kossens/von der Heide/Maß, Komm. zum SGB IX, § 33 Rdnr. 46.

keit überhaupt erst zu ermöglichen, die Arbeitsausführung zu erleichtern, d.h. Arbeitsbelastungen zu verringern, und die Arbeitssicherheit zu gewährleisten. Technische Arbeitshilfen sind dabei entweder persönliche Hilfsmittel (z.b. orthopädische Sicherheitsschuhe, spezielle Hör- und Sehhilfen u.ä.) oder mobile technische Arbeitshilfen (z.b. Sitzhilfen, Hebevorrichtungen u.ä.).[778] Sofern diese wegen gesundheitlicher Beeinträchtigungen erforderlich sind, um die Folgeerscheinungen einer (drohenden) Behinderung für die Verrichtung bestimmter beruflicher Tätigkeiten oder die Durchführung anderer Leistungen zur Teilhabe am Arbeitsleben auszugleichen, besteht hierauf ein Rechtsanspruch des Leistungsberechtigten. In diesem Zusammenhang regelt § 33 Abs. 3 Nr. 1 i.V.m. Abs. 8 Nr. 5 zugleich eine entsprechende Kostenübernahmepflicht des Rehabilitationsträgers.

## c) Gewährung von Zuschüssen für Arbeitshilfen im Betrieb (§ 34 Abs. 1 Nr. 3)

Für den Fall, dass eine technische Arbeitshilfe für die dauerhafte Wiedereingliederung in das Erwerbsleben notwendig ist und der Arbeitgeber im Zusammenhang mit ihrer Zurverfügungstellung bzw. der dahingehenden Ausstattung des Arbeitsplatzes Kosten hat, besteht nach § 34 Abs. 1 Nr. 3 die Möglichkeit der Gewährung eines Zuschusses, sofern der Rehabilitationsträger nach § 33 Abs. 3 Nr. 1 i.V.m. Abs. 8 Nr. 5 nicht ohnedies zur (vollständigen) Kostenübernahme verpflichtet ist. Von einer Notwendigkeit für die dauerhafte Wiedereingliederung ist bereits auszugehen, wenn die Arbeitshilfe die Durchführung einer Maßnahme zur stufenweisen Wiedereingliederung ermöglicht bzw. fördert.

## B. Lebensunterhaltssichernde sozialrechtliche Leistungsansprüche durch Erhalt des sozialversicherungsrechtlichen Status während des Vollzugs

## I. Krankengeldanspruch in der GKV (§§ 44 ff. SGB V)

Der Leistungsberechtigte bleibt sowohl nach dem gesetzgeberischen Willen[779] als auch nach der gesetzlichen Konzeption während des Vollzugs einer Maßnahme zur stufenweisen Wiedereingliederung weiterhin arbeitsunfähig und unterfällt der Versicherungspflicht. Er besitzt bzw. behält daher in der GKV alle daran geknüpften Leistungsansprüche, insbesondere den Anspruch auf Krankengeld nach § 44 Abs. 1 S. 1 SGB V, sofern die Höchstbezugsdauer von 78

---

[778] Vgl. Großmann, in GK-SGB IX, § 33 Rdnr. 136; Götze, in Hauck/Noftz, Komm. zum SGB IX, § 33 Rdnr. 38.

[779] Vgl. BR-Drs. 200/88 zu § 82, Seite 192 bzw. BT-Drs. 11/2237, Seite 192.

Wochen für dieselbe Krankheit (vgl. § 48 Abs. 1 SGB V) noch nicht ausgeschöpft ist.[780] Hierbei ist zu berücksichtigen, dass die Krankengeldhöchstbezugsdauer nicht für die Dauer der Wiedereingliederungsmaßnahme „gehemmt" bzw. „ausgesetzt" wird. Vielmehr wird die in einem Wiedereingliederungsverhältnis absolvierte Zeit wegen der fortbestehenden Arbeitsunfähigkeit und dem mit der Maßnahme sekundär verfolgten Zweck der finanziellen Entlastung der Rehabilitationsträger[781] in den 78 Wochenzeitraum einbezogen.[782]

## II. Versorgungskrankengeldanspruch im Entschädigungsrecht (§§ 16 ff. BVG)

Im Entschädigungsrecht wird der Lebensunterhalt während der stufenweisen Wiedereingliederung durch Fortzahlung des Versorgungskrankengeldes nach §§ 16 ff. BVG gesichert. Dieses wird von der GKV auftragsweise für die Versorgungsämter für Arbeitsunfähigkeitszeiten wegen eines Versorgungsleidens (vgl. § 16 Abs. 1 BVG) geleistet. Es beträgt 80 v.H. des Regellohnes und darf das entgangene regelmäßige Nettoarbeitsentgelt nicht übersteigen (vgl. § 16a Abs. 1 BVG). Insoweit ist der im BVG verwendete Arbeitsunfähigkeitsbegriff mit dem der GKV identisch, so dass der Leistungsberechtigte während des Vollzugs der stufenweisen Wiedereingliederung als arbeitsunfähig anzusehen ist.

## III. Anspruch auf Verletztengeld in der GUV (§§ 45 ff. SGB VII)

Beruht die Arbeitsunfähigkeit des Leistungsberechtigten auf einem Arbeitsunfall oder einer Berufskrankheit (§§ 8 f. SGB VII) und damit auf einem Versicherungsfall i.S. des § 7 Abs. 1 SGB VII, erhält der Leistungsberechtigte grundsätzlich statt des Krankengeldes (vgl. § 49 Abs. 1 Nr. 3 SGB V) Verletztengeld nach §§ 45 ff. SGB VII. Wie bereits ausgeführt[783], ist sowohl der in einem Arbeitsverhältnis stehende als auch der arbeitslose Leistungsberechtigte während einer Maßnahme zur stufenweisen Wiedereingliederung gem. § 2 Abs. 1 Nr. 1 bzw. Nr. 14 SGB VII gesetzlich unfallversichert. Er gilt während einer stufenweisen

---

[780] Allgemein erhalten arbeitslose Leistungsberechtigte, die nach Eintritt der Arbeitslosigkeit arbeitsunfähig erkranken, zunächst sechs Wochen weiter ALG I und danach für 78 Wochen Krankengeld (vgl. § 126 SGB III, § 5 Abs. 1 Nr. 2 SGB V). ALG II- Empfänger haben seit 01.01.2005 hingegen keinen Krankengeldanspruch mehr, soweit sie nicht aufgrund eines anderen Umstandes mit Anspruch auf Krankengeld versichert sind (z.B. vor der Arbeitsunfähigkeit versicherungspflichtig beschäftigt waren).

[781] Vgl. die Ausführungen unter Teil 2, 1. Kapitel, § 3, B.

[782] Vgl. Faßmann/Oertel, in Forschungsbericht BMA 204 (Gesundheitsforschung), Seiten 166 ff.; Köhn/Müller, BKK 1990, 700, 703; Schaaf, SGb 1993, 506; Becker, Seite 188; BAR, AH stufenweise Wiedereingliederung, Seiten 15 f.

[783] Vgl. unter Teil 2, 6. Kapitel, § 1, B, II, 1, a, bb, b, bb.

Wiedereingliederung nach dem - insoweit einheitlich zu bestimmenden - Begriff der Arbeitsunfähigkeit[784] überdies auch in diesem Zweig der Sozialversicherung als arbeitsunfähig, so dass die Leistungsvoraussetzungen für einen Anspruch auf Verletztengeld gegeben sind. Anders als beim Krankengeld existiert hierbei keine Höchstbezugsdauer. Vielmehr wird dieses - zumindest wenn mit dem Wiedereintritt der Arbeitsfähigkeit zu rechnen ist - grundsätzlich bis zum letzten Tag der Arbeitsunfähigkeit bzw. bis zum Entstehen eines Anspruchs auf Übergangsgeld gezahlt (vgl. §§ 46 Abs. 3, 49 SGB VII).

## IV. Anspruch auf Erwerbsminderungsrente in der GUV (§§ 56 ff. SGB VII)

Sofern der Leistungsberechtigte vor Aufnahme des Wiedereingliederungsverhältnisses die Voraussetzungen für einen Anspruch auf Erwerbsminderungsrente nach §§ 56 ff. SGB VII erfüllt, bleibt dieser Anspruch durch die stufenweise Wiederaufnahme der Tätigkeit unbeeinflusst, da sich hierdurch nichts an dem dort vorausgesetzten Erwerbsminderungsgrad des Leistungsberechtigten ändert.

## V. Anspruch auf Berufsunfähigkeits- und Erwerbsminderungsrente in der GRV (§§ 43, 240 f. SGB VI)[785]

Für den Fall, dass der Leistungsberechtigte im Zeitpunkt des Beginns einer stufenweisen Wiedereingliederung eine Erwerbsminderungsrente nach § 43 SGB VI oder eine Rente wegen Erwerbsminderung bei Berufsunfähigkeit nach §§ 240 f. SGB VI erhält, wird diese auch während der stufenweisen Arbeitsaufnahme weitergezahlt, zumindest solange, bis mit zunehmender Besserung des Zustands die Voraussetzungen für den Rentenanspruch entfallen. Denn auch für die GRV muss gelten, dass sich am sozialversicherungsrechtlichen Status des Leistungsberechtigten nichts ändert. Seine Versicherungspflicht für die GRV folgt aus § 1 S. 1 Nr. 1 SGB VI, wobei diese Norm an den Beschäftigungsbegriff des § 7 Abs. 1 SGB IV anknüpft, der nicht zwingend eine vergütungspflichtige Tätigkeit in einem Arbeitsverhältnis voraussetzt, sondern jede unselbstständige Tätigkeit genügen lässt, die dem Arbeitsverhältnis ähnlich ist.[786] Die dahingehenden Voraussetzungen sind beim Wiedereingliederungsverhältnis gegeben, weil der Leistungsberechtigte seine reale Leistung innerhalb der betrieblichen Organisation des Arbeitgebers erbringt und durch seine (begrenzte)

---

[784] Vgl. hierzu bereits unter Teil 2, 2. Kapitel, § 1, A, IV, 3.

[785] Der Anspruch auf Übergangsgeld nach §§ 20 f. SGB VI wird vor dem Hintergrund der im Wesentlichen maßgeblichen Vorschriften der § 45 Abs. 1 Nr. 3, §§ 46 ff. im Rahmen des Anspruchs auf ergänzende Leistungen erörtert (vgl. Teil 2, 7. Kapitel, § 1, C, II, 1, b).

[786] Vgl. Hauck/Haines, Komm. zum SGB IV, § 7 Rdnrn. 2 f., 9.

Eingliederung samt des damit verbundenen Weisungsrechts des Arbeitgebers ein gewisses Abhängigkeitsverhältnis geschaffen wird.[787]

## VI. Anspruch auf ALG I in der ALV (§§ 117 ff. SGB III)

Grundsätzlich gilt zunächst, dass derjenige Leistungsberechtigte, der vor einer Maßnahme zur stufenweisen Wiedereingliederung der Versicherungspflicht in der ALV unterlag, dies bleibt. Insoweit ordnet § 27 Abs. 2 S. 2 Nr. 3 SGB III sinngemäß an, dass Versicherungsfreiheit auch nicht dadurch eintritt, dass eine stufenweise Wiedereingliederung nach § 28, § 74 SGB V im Umfang einer lediglich geringfügigen Beschäftigung (vgl. Legaldefinition in § 8 SGB IV) durchgeführt wird. Damit ist jedoch noch nicht die Frage beantwortet, ob derjenige Leistungsberechtigte, der vor Beginn einer stufenweisen Wiedereingliederung wegen des Nichtbestehens eines Arbeitsverhältnisses oder des Ablaufs des Krankengeld- bzw. Überbrückungsgeldzeitraums von 78 Wochen lediglich einen Anspruch auf ALG I nach §§ 117 ff. SGB III besitzt, diesen Anspruch auch während des Vollzugs der Maßnahme hat.[788] Dies setzt voraus, dass die in § 118 SGB III normierten Anspruchsvoraussetzungen während einer stufenweisen Wiedereingliederung weiterhin vorliegen.

### 1. Beschäftigungslosigkeit (§ 119 Abs. 1 Nr. 1 SGB III)

Da das Rechtsverhältnis der stufenweisen Wiedereingliederung kein leistungsrechtliches Beschäftigungsverhältnis, sondern ein Rechtsverhältnis mit rehabilitativ-therapeutischer Zielsetzung darstellt[789], besteht die Beschäftigungslosigkeit des Leistungsberechtigten während des Vollzugs weiterhin fort i.S. des § 119 Abs. 1 Nr. 1 SGB III.[790] [791]Dies gilt auch dann, wenn zwischen den Parteien des Wiedereingliederungsverhältnisses ein in den Hauptleistungspflichten ruhendes Arbeitsverhältnis besteht, weil nach der Rechtsprechung des BSG ein fortbeste-

---

[787] So auch Becker, Seiten 189 f. m.w.N.; a.A. Gagel/Schian/Dalitz/Schian, Forum B, Diskussionsbeitrag Nr. 6/ 2004, Seite 7 sowie Gagel, Forum B, Diskussionsbeitrag Nr. 3/2010, Seite 3.

[788] Die für die Praxis wichtigste Fallgruppe stellt die Eingliederung von Personen dar, deren Anspruch auf Krankengeld nach 78 Wochen ausgelaufen, deren Arbeitsverhältnis jedoch nicht beendet ist.

[789] Vgl. hierzu bereits unter Teil 2, 1. Kapitel, § 4.

[790] So auch ausdrücklich das BSG, Urt. v. 21.03.2007 (Az.: B 11a L 31/06 R), SGb 2007, 290 f. mit Anm. Luik, jurisPR-SozR 24/2007, Anm. 4; vgl. auch Gagel, Forum B, Diskussionsbeitrag Nr. 2/2010, Seiten 1 f., 5.

[791] Es kann - wie bereits ausgeführt - allenfalls ein beitragsrechtliches Beschäftigungsverhältnis vorliegen (§ 27 Abs. 2 S. 2 Nr. 3 SGB III); vgl. hierzu auch Luik, jurisPR-SozR 24/2007, Anm. 4 sowie Brand, in Niesel, Komm. zum SGB III, § 27 Rdnr. 17, § 119 Rdnrn. 38 ff.

hendes Arbeitsverhältnis der Annahme einer Beschäftigungslosigkeit nicht zwingend entgegensteht. Vielmehr ist in den Fällen, in denen die Arbeitskraft des Arbeitnehmers infolge lang anhaltender gesundheitlicher Beeinträchtigungen nicht mehr der Verfügungsbefugnis des Arbeitgebers unterliegt, von einer faktischen Beschäftigungslosigkeit auszugehen.[792] Darüber hinaus hindert die während der stufenweisen Wiedereingliederung fortbestehende Arbeitsunfähigkeit des Betroffenen nicht die Annahme einer Beschäftigungslosigkeit, weil sich das Erfordernis der Arbeitsfähigkeit im Rahmen des § 119 Abs. 5 Nr. 1 SGB III auf die üblichen Bedingungen des für den Leistungsberechtigten noch in Betracht kommenden Arbeitsmarktes bezieht. Letztere unterscheiden sich überwiegend von den Anforderungen im Rahmen des noch bestehenden Arbeitsverhältnisses.

2. **Verfügbarkeit (§ 119 Abs. 1 Nr. 3, Abs. 5 SGB III)**

Fraglich ist jedoch, ob der Leistungsberechtigte weiterhin verfügbar i.S. des § 119 Abs. 1 Nr. 3, Abs. 5 SGB III ist.

a) **Ausübbarkeit einer Beschäftigung i.S. des § 119 Abs. 5 Nr. 1 SGB III oder Vorliegen der Voraussetzungen der Nahtlosigkeitsregelung des § 125 Abs. 1 SGB III**

Nach § 119 Abs. 5 Nr. 1 SGB III erfordert die Verfügbarkeit des Leistungsberechtigten zunächst, dass er eine versicherungspflichtige, mindestens 15 Stunden wöchentlich umfassende zumutbare Beschäftigung unter den üblichen Bedingungen des für ihn in Betracht kommenden Arbeitsmarktes ausüben kann und darf. Demzufolge besteht hiernach insbesondere im Zusammenhang mit den den Krankengeldzeitraum überschreitenden Langzeiterkrankungen schon immer dann kein Anspruch auf ALG I nach §§ 117 - 124 SGB III, wenn die Leistungsfähigkeit des Leistungsberechtigten aus gesundheitlichen Gründen soweit abgesunken ist, dass sie den Anforderungen des § 119 Abs. 5 Nr. 1 SGB III nicht genügen kann. Die so eingeschränkten Leistungsberechtigten haben nur dann gleichwohl einen Anspruch auf ALG I, wenn sie die Voraussetzungen der Nahtlosigkeitsregelung des § 125 Abs. 1 SGB III erfüllen. Nach dieser Vorschrift wird die Verfügbarkeit fingiert, solange der RVT keine verminderte Erwerbsfähigkeit i.S. der GRV festgestellt hat. Umstritten war bislang, ob die (fin-

---

[792] Vgl. insbesondere BSG, Urt. v. 09.09.1993 (Az.: 7 RAr 9/92), SozR 3-4100, § 101 Nr. 4; BSG, Urt. v. 28.09.1993 (Az.: 11 Rar 69/92), SozR 3-4100, § 101 Nr. 5; vgl. auch Söhngen, in Eicher/Schlegel, Komm. zum SGB III, § 119 SGB III, Rdnrn. 48, 50 sowie Steinmeyer, in Gagel, Komm. zum SGB III, § 119 Rdnrn. 31 f. m.w.N.

gierte) Verfügbarkeit weiter besteht, wenn in dieser Zeit eine Teilnahme an einer Maßnahme zur stufenweisen Wiedereingliederung erfolgt. Hiergegen sprach, dass das BSG insbesondere im Zusammenhang mit der Teilnahme an einem stationären Heilverfahren eine Verfügbarkeit abgelehnt hat.[793] In diesem Punkt hat das BSG in seinem Urteil vom 21.03.2007 (Az.: B 11a AL 31/06 R)[794] nunmehr allerdings erfreulicherweise für Klarheit gesorgt, indem es dort ausführt, dass die Durchführung einer stufenweisen Wiedereingliederung keine wesentliche Änderung der Verfügbarkeit darstellt, die zur Einstellung der Leistung berechtigt, sofern ALG I aufgrund der Nahtlosigkeitsregelung gewährt wird. Zur Begründung führt das BSG aus, dass andernfalls Arbeitnehmer, die freiwillig die Chance einer Beendigung der Arbeitsunfähigkeit wahrnähmen, schlechter gestellt würden als die Anderen. Das Urteil verdient uneingeschränkt Zustimmung, da es in Bezug auf die Sicherung des Lebensunterhalts für den Vollzugszeitraum einer stufenweisen Wiedereingliederung während des Bezugs von ALG I - zumindest für die Fälle des § 125 Abs. 1 SGB III - einen wesentlichen Beitrag leistet.

**b)** **Möglichkeit des zeit- und ortsnahen Folgeleistens von Vorschlägen der BA (§ 119 Abs. 5 Nr. 2 SGB III)**

Bei Nichtvorliegen der Voraussetzungen des § 125 Abs. 1 SGB III erfordert die Verfügbarkeit überdies, dass der Betroffene nach § 119 Abs. 5 Nr. 2 SGB III den Vorschlägen der Agentur für Arbeit zur beruflichen Eingliederung zeit- und ortsnah Folge leisten kann. Stellt man allein darauf ab, dass nach der hier vertretenen Rechtsauffassung[795] die stufenweise Wiedereingliederung für den Leistungsberechtigten in jeder Phase den Charakter einer freiwilligen Maßnahme trägt und damit von diesem jederzeit abgebrochen werden kann, ergeben sich hinsichtlich der Verfügbarkeit keine Probleme. Da die stufenweise Wiedereingliederung jedoch gerade dazu dient, den Leistungsberechtigten langfristig wieder in das Erwerbsleben zu integrieren, nach der gesetzlichen Konzeption ein Abbruch beim Nichtauftreten von gesundheitlichen Schwierigkeiten daher an sich nicht gewollt ist, liegt es nahe, den Leistungsberechtigten regelmäßig nicht als „verfügbar" i.S. des § 119 Abs. 1 Nr. 3, Abs. 5 Nr. 2 SGB III anzusehen.[796] Demzufolge erscheint ein Anspruch auf ALG I während der stufenweisen Wie-

---

[793] Vgl. BSG, Urt. v. 05.11.1998 (Az.: B 11 AL 35/98), DBlR 4502, AFG/§ 103.
[794] Vgl. SGb 2007, 290 f.; vgl. auch LSG Hessen, Urt. v. 15.12.2008 (Az.: 9 AL 177/07), info also 2009, 159 ff.
[795] Vgl. hierzu bereits unter Teil 2, 3. Kapitel, § 2, B, III.
[796] I.d.S. Gagel/Schian/Dalitz/Schian, Forum B, Diskussionsbeitrag Nr. 6/2004, Seite 5; Gagel, Forum B, Diskussionsbeitrag Nr. 24/2007, Seite 4; vgl. auch Steinmeyer, in Gagel, Komm. zum SGB III, § 119 Rdnr. 193 d.

dereingliederung als problematisch, zumal sich die in § 120 SGB III geregelten Sonderfälle der Verfügbarkeit nicht auf die stufenweise Wiedereingliederung beziehen, sondern lediglich Maßnahmen zur Eignungsfeststellung, Trainingsmaßnahmen, Maßnahmen der Berufsfindung und die Arbeitserprobung erfassen. Berücksichtigt man allerdings, dass der Leistungsberechtigte keinen Rechtsanspruch auf Vergütung der von ihm erbrachten Eingliederungstätigkeit hat[797] und die Arbeitgeber vor diesem Hintergrund auch eher selten eine Vergütung leisten, wäre bei Verneinung der Verfügbarkeit i.S. des § 119 Abs. 1 Nr. 3, Abs. 5 SGB III und damit Ablehnung eines Anspruchs auf ALG I der Lebensunterhalt des Betroffenen in den meisten Fällen nicht gesichert. Angesichts des freiwilligen Charakters der stufenweisen Wiedereingliederung für den Leistungsberechtigten erscheint es nicht sachgerecht, ihm bei Teilnahme an einer solchen Maßnahme derartig nachteilige Konsequenzen „aufzubürden". Vielmehr muss man diesen zur Wahrung des Anspruchs auf ALG I als „verfügbar" i.S. des § 119 Abs. 1 Nr. 3, Abs. 5 SGB III betrachten, sofern sämtliche sonstigen Verfügbarkeitsvoraussetzungen des § 119 Abs. 5 SGB III im Einzelfall vorliegen, auch wenn dies i.E. der Zielsetzung einer Maßnahme zur stufenweisen Wiedereingliederung zuwiderläuft. Aus systematischen Gründen und zur Vermeidung nicht zielführender Maßnahmeabbrüche zugunsten eines anderen Eingliederungsangebots der Agentur für Arbeit i.S. des § 119 Abs. 5 Nr. 2 SGB III ist dem Gesetzgeber jedoch zu empfehlen, die Vorschrift des § 120 SGB III um die stufenweise Wiedereingliederung zu ergänzen.[798]

### 3. Eigenbemühungen (§ 119 Abs. 1 Nr. 2 SGB III)

Während des Vollzugs einer Maßnahme zur stufenweisen Wiedereingliederung hat der Leistungsberechtigte i.d.R. nur sehr begrenzt die Möglichkeit, sich darüber hinaus anderweitig um die Beendigung seiner Beschäftigungslosigkeit zu bemühen. Ferner stellt gerade die Teilnahme an einer solchen Maßnahme ein Bemühen nach Beendigung der Beschäftigungslosigkeit dar. Vor diesem Hintergrund passt auch das Erfordernis von Eigenbemühungen um Arbeitsstellen i.S. des § 119 Abs. 1 Nr. 2 SGB III nicht zum Konzept der stufenweisen Wiedereingliederung. Vielmehr ist dem Gesetzgeber aus systematischen Gründen zu empfehlen, den an einer stufenweisen Wiedereingliederung teilnehmenden Leistungsberechtigten während des Vollzugs von dem Erfordernis der Eigenbemühungen zu entbinden bzw. die Teilnahme an einer Maßnahme zur stufenweisen Wiedereingliederung als spezielle Eigenbemühung anzuerkennen.

---

[797] Vgl. hierzu bereits unter Teil 2, 6. Kapitel, § 1, B, I, 2, a, aa.
[798] I.d.S. auch Gagel/Schian/Dalitz/Schian, Forum B, Diskussionsbeitrag Nr. 6/2004, Seite 5 sowie Stähler, in Lachwitz/Schellhorn/Welti, HK-SGB IX, § 28 Rdnr. 7.

## VII. Auswirkung einer Vergütung der Wiedereingliederungstätigkeit

Für den Fall, dass der Arbeitgeber sich damit einverstanden erklärt, ein Wiedereingliederungsmodell durchzuführen, das von vornherein oder ab einem gewissen Zeitpunkt einen Vergütungsanspruch vorsieht (z.B. "Modell der Spitzenverbände"; „Siemens-Modell")[799], stellt sich - anders als bei unentgeltlicher Tätigkeit - die Frage, wie sich dies auf den sozialversicherungsrechtlichen Status sowie die Leistungsansprüche des Leistungsberechtigten in den verschiedenen Zweigen der Sozialversicherung auswirkt.

## 1. GKV

Sofern der Leistungsberechtigte bis zu seiner Arbeitsunfähigkeit eine versicherungspflichtige Beschäftigung ausgeübt hat, ändert sich auch im Falle einer Vergütung der Wiedereingliederungstätigkeit nichts an seinem sozialversicherungsrechtlichen Status, selbst wenn die Wiedereingliederungstätigkeit im Einzelfall die Voraussetzungen einer geringfügigen Beschäftigung i.S. des § 8 SGB IV erfüllt. Denn den Gesetzesmaterialien liegt - unabhängig von der Vergütungsfrage - der Gedanke zugrunde, dass sich am sozialversicherungsrechtlichen Status des Leistungsberechtigten durch die Wiedereingliederungstätigkeit nichts ändert.[800] Dieser Umstand steht zugleich der Annahme entgegen, dass ein zunächst nicht der Versicherungspflicht unterfallender Leistungsberechtigter nur durch die Teilnahme an einer vergüteten Wiedereingliederungsmaßnahme der Versicherungspflicht unterfällt. Die Wiedereingliederungsvergütung ist dabei auf einen Krankengeld- bzw. Versorgungskrankengeldanspruch nach § 49 Abs. 1 Nr. 1 SGB V bzw. § 16 f Abs. 1 S. 1 BVG anzurechnen. Denn bei der Wiedereingliederungsvergütung handelt es sich um (teilweise fortgezahltes) Arbeitsentgelt i.S. der maßgeblichen Legaldefinition des § 14 SGB IV, nämlich um eine Einnahme aus einer Beschäftigung i.S. des § 7 Abs. 1 SGB IV.[801] Dass das Wiedereingliederungsverhältnis trotz seiner rehabilitativ-therapeutischen Zielsetzung die Voraussetzungen einer Beschäftigung i.S. des anzuwendenden § 7 Abs. 1 SGB IV erfüllt, wurde bereits ausgeführt.[802] Selbst wenn man Zahlungen des Arbeitgebers während der stufenweisen Wiedereingliederung nicht als (teilweise fortgezahltes) Arbeitsentgelt, sondern als Zuschuss zum Krankengeld einstuft,

---

[799] Vgl. den Überblick bei Faßmann/Oertel, in Forschungsbericht BMA 204 (Gesundheitsforschung), Seiten 84 f.

[800] Vgl. BR-Drs. 200/88 zu § 82, Seite 192 bzw. BT-Drs. 11/2237, Seite 192.

[801] A.A. Gagel, Forum B, Diskussionsbeitrag Nr. 3/2010, Seite 3: Er betrachtet Zuschüsse/Zahlungen des Arbeitgebers als ergänzende Leistungen aus dem der stufenweisen Wiedereingliederung zugrundeliegenden Arbeitsverhältnis.

[802] Vgl. Teil 2, 7. Kapitel, § 1, B, V.

sind diese auf das Krankengeld anzurechnen, sofern die Einnahmen zusammen mit dem Krankengeld das Nettoarbeitsentgelt um mehr als 50 € im Monat übersteigen.[803] Bei Übersteigen ruht der Anspruch auf Krankengeld in Höhe des übersteigenden Teils. Dies folgt aus § 49 Abs. 1 Nr. 1 SGB V i.V.m. § 23 c Abs. 1 S. 1 SGB IV.[804]

## 2. GUV

Im Rahmen der GUV ist es von vornherein unerheblich, ob die Wiedereingliederungstätigkeit vergütet wird, weil die Regelung zur Versicherungspflicht nach § 2 Abs. 1 Nr. 1 SGB VII nicht an eine „Beschäftigung gegen Entgelt", sondern lediglich an das Bestehen eines Beschäftigungsverhältnisses anknüpft. Der Leistungsberechtigte genießt daher stets Versicherungsschutz nach § 2 SGB VII. Die Wiedereingliederungsvergütung ist allerdings nach § 52 Nr. 1 SGB VII auf einen etwaigen Verletztengeldanspruch anzurechnen.

## 3. GRV

Sofern der bisher versicherungspflichtige Leistungsberechtigte eine Wiedereingliederungsvergütung erhält, ändert diese - wie in der GKV - nichts an seinem Status in der GRV, selbst wenn gem. § 5 Abs. 2 S. 1 Nr. 1 SGB VI i.V.m. § 8 SGB IV die Voraussetzungen einer geringfügigen Beschäftigung vorliegen. Denn nach dem in § 5 Abs. 2 S. 3 SGB VI ausdrücklich zum Ausdruck kommenden gesetzgeberischen Willen gilt die Tätigkeit im Rahmen einer stufenweisen Wiedereingliederung nicht als geringfügige Beschäftigung. Unterfiel der Leistungsberechtigte bis zum Vollzug der stufenweisen Wiedereingliederung nicht der Rentenversicherungspflicht, unterfällt er dieser angesichts des intendierten gesetzgeberischen Willens auch weiterhin nicht. An dieser Stelle gilt ebenfalls nichts anderes als in der GKV. Die Wiedereingliederungsvergütung ist nach § 21 Abs. 1 SGB VI i.V.m. § 52 Abs. 1 Nr. 1 auf einen Anspruch auf

---

[803] Nach Becker, Seiten 191 f. scheidet eine Einstufung als Krankengeldzuschuss generell aus. Nach Gagel, NZA 2001, 988, 992 sowie Gagel/Schian/Dalitz/Schian, Forum B, Diskussionsbeitrag Nr. 6/2004, Seite 7 soll „im Zweifel" eine Einstufung als Zuschuss zum Krankengeld erfolgen, sofern zum Zwecke der stufenweisen Wiedereingliederung ein Rechtsverhältnis mit therapeutischer Zielsetzung und kein normales Zweitarbeitsverhältnis begründet worden ist. Nach Gagel/Schian/Dalitz/Schian, Forum B, Diskussionsbeitrag Nr. 9/2005, Seite 6 sind Zahlungen des Arbeitgebers im Zusammenhang mit einem Vertrag auf Basis von § 28 „grundsätzlich" als Zuschuss zum Krankengeld anzusehen.

[804] So auch Haines/Liebig, Stellungnahme zu Diskussionsbeitrag Nr. 9/2005, Forum B, Januar 2006, Seite 4; zustimmend i.S. einer Klarstellung Gagel/Schian/Dalitz/Schian, Einleitung zu Haines/Liebig, Stellungnahme zu Diskussionsbeitrag Nr. 9/2005, Forum B, Januar 2006.

Übergangsgeld anzurechnen. Bei Erhalt einer Erwerbsminderungsrente sind die Hinzuverdienstgrenzen nach § 96 a SGB VI zu beachten. Bezüglich zukünftiger Ansprüche in der GRV gilt Folgendes: Da die stufenweise Wiedereingliederung am sozialversicherungsrechtlichen Status des leistungsberechtigten Arbeitnehmers nichts ändern soll, darf auch seine Rentenhöhe nicht geringer sein, als die eines arbeitsunfähigen Versicherten, der kein Wiedereingliederungsverfahren durchläuft. Insbesondere dürfen seine persönlichen Entgeltpunkte nicht niedriger sein. Fließt dem Leistungsberechtigten dabei ausschließlich die Wiedereingliederungsvergütung zu (also nicht auch Krankengeld etc.), liegt eine beitragsgeminderte Zeit gem. § 54 Abs. 3 SGB VI vor, d.h. eine Zeit, die gleichzeitig mit Beitrags- und Anrechnungszeiten belegt ist. Denn zum einen löst die Wiedereingliederungsvergütung die Versicherungspflicht nach § 1 Abs. 1 S. 1 Nr. 1 SGB VI sowie die Beitragspflicht nach § 162 Nr. 1 SGB VI aus, so dass eine Beitragszeit nach § 55 Abs. 1 S. 1 SGB VI vorliegt. Überdies kann aufgrund der Arbeitsunfähigkeit des wiedereinzugliedernden Arbeitnehmers eine Anrechnungszeit nach § 58 Abs. 1 Nr. 1 SGB VI angenommen werden, welche auch nicht durch § 58 Abs. 1 S. 3 SGB VI ausgeschlossen ist, weil die Wiedereingliederungsvergütung keine Sozialleistung i.S. des § 11 SGB I darstellt. Rentenrechtliche Nachteile werden konkret dadurch vermieden, dass bei der Rentenbemessung gem. § 71 Abs. 2 SGB VI die Summe der Entgeltpunkte um einen Zuschlag insoweit erhöht wird, als mindestens der Wert erreicht wird, den diese Zeiten als beitragsfreie Zeiten nach der Vergleichsbewertung des § 73 SGB VI hätten.

## 4. ALV

In der ALV gilt für die Frage der Versicherungspflicht - wie in der GKV und der GRV -, dass derjenige wiedereinzugliedernde Leistungsberechtigte, der bisher der Versicherungspflicht unterlag, dies ohne Rücksicht auf die Höhe des durch die Arbeitsaufnahme erzielten Entgelts bleibt; und derjenige, welcher nicht der Versicherungspflicht unterfiel, dieser auch nicht durch die Wiedereingliederungstätigkeit unterliegt. Für den ersten Fall ist ausdrücklich in § 27 Abs. 2 S. 2 Nr. 3 SGB III geregelt, dass die Versicherungspflicht nicht aufgrund einer stufenweisen Wiedereingliederung entfällt, die an sich den Tatbestand einer geringfügigen Beschäftigung erfüllt.

Wird eine Wiedereingliederungsvergütung gezahlt, kommt zunächst ein Ruhen des Arbeitslosengeldanspruchs nach § 143 SGB III in Betracht. Hierfür spricht, dass es sich bei der Wiedereingliederungsvergütung um (teilweise fortgezahltes)

Arbeitsentgelt handelt[805] und § 143 Abs. 1 SGB III keine Einschränkungen hinsichtlich Grund und Höhe der Arbeitsentgeltzahlung kennt. Gegen ein Ruhen des Anspruchs spricht allerdings entscheidend, dass bei Inkraftsetzen des § 143 SGB III Maßnahmen zur stufenweisen Wiedereingliederung während der Arbeitslosigkeit noch keine Rolle spielten. Der Gesetzgeber hatte bei der Verwendung des Begriffs Arbeitsentgelt in § 143 SGB III offensichtlich also Gegenleistungen für das Erbringen einer Arbeitsleistung im Auge.[806] Eine solche klassische Situation ist vorliegend gerade nicht gegeben, weil es sich bei der Wiedereingliederungsvergütung streng genommen um Einkommen handelt, das im Zusammenhang mit einer parallel zum Arbeitsverhältnis verrichteten Tätigkeit gezahlt wird. Sachnäher erscheint eher eine Anwendung des § 141 Abs. 1 SGB III. Dieser regelt eine Anrechnung von Nebeneinkommen bis auf einen Freibetrag von 165,00 €, spricht dabei von „Einkommen aus einer Erwerbstätigkeit" und verweist insoweit auf § 119 Abs. 3 SGB III. Die Vorschrift des § 119 Abs. 3 SGB III definiert den Begriff der Erwerbstätigkeit legal als „Ausübung einer Beschäftigung, selbstständigen Tätigkeit oder Tätigkeit als mithelfender Familienangehöriger". Entscheidend ist demnach, inwieweit eine Maßnahme zur stufenweisen Wiedereingliederung bei Entgeltzahlung ein die Arbeitslosigkeit ausschließendes Beschäftigungsverhältnis i.S. des SGB III darstellt. Das BSG verneint in der Entscheidung vom 21.03.2007 (Az.: B 11a AL 31/06 R) das Vorliegen eines leistungsrechtlichen Beschäftigungsverhältnisses, solange die stufenweise Wiedereingliederung unentgeltlich ist. Ob etwas anderes anzunehmen ist, wenn eine Wiedereingliederungsvergütung gezahlt wird, konnte das BSG offen lassen, weil in dem dort zugrundeliegenden Sachverhalt kein Entgelt gezahlt wurde.[807] Nach Auffassung der Verfasserin kann die stufenweise Wiedereingliederung ungeachtet einer gezahlten Wiedereingliederungsvergütung leistungsrechtlich nicht als Beschäftigungsverhältnis i.S. des SGB III betrachtet werden. Denn durch eine Entgeltzahlung ändert sich nicht der Charakter der stufenweisen Wiedereingliederung als rehabilitativ-therapeutische Maßnahme. Die Wiedereingliederungsvergütung hat demnach auch keinen Gegenleistungscharakter bezogen auf die während der stufenweisen Wiedereingliederung verrichteten Tätigkeiten, weil der Wert dieser Tätigkeiten dem Arbeitgeber ohnehin ohne weitere Leistungen zusteht.[808] Daraus folgt, dass man zum Zwecke der Anrechnung einer Wiedereingliederungsvergütung nicht ohne weiteres auf § 141 Abs. 1 SGB III zurückgreifen kann. Die gilt auch deshalb, weil die Vorschrift auf die Grenze der

---

[805] Vgl. hierzu bereits unter Teil 2, 7. Kapitel, § 1, B, VII, 1.
[806] I.d.S. auch Gagel, Forum B, Diskussionsbeitrag Nr. 3/2010, Seite 4.
[807] Vgl. SGb 2007, 290, 291.
[808] So auch Gagel, Forum B, Diskussionsbeitrag Nr. 3/2010, Seiten 5 f. und Luik, jurisPR-SozR 24/2007, Anm. 4, Seite 3; a.A. SG Karlsruhe, Urt. v. 17.11.2008 (Az.: S 5 AL 4129/08), veröff. in der juris-Datenbank.

Kurzzeitigkeit von 15 Wochenstunden i.S. des § 119 Abs. 3 SGB III abstellt und bei Überschreiten derselben Arbeitslosigkeit und damit eine Voraussetzung für den Anspruch auf ALG I entfällt, was bei einer Maßnahme zur stufenweisen Wiedereingliederung unabhängig vom Tätigkeitsumfang gerade nicht der Fall ist. Demzufolge fehlt - streng genommen - im SGB III eine ausdrückliche gesetzliche Grundlage für eine Anrechnung der Wiedereingliederungsvergütung. Andererseits hat der Gesetzgeber hinreichend zum Ausdruck gebracht, dass eine etwaig gezahlte Wiedereingliederungsvergütung nicht ohne Einfluss auf mögliche sozialrechtliche Leistungsansprüche bleiben soll[809], sondern eine Anrechnung derselben gewollt ist. Folglich muss die Vorschrift des § 141 Abs. 1 SGB III bis zu einer Gesetzesklarstellung dahingehend ergänzend ausgelegt bzw. entsprechend angewendet werden[810], wobei konsequenterweise bei einer weniger als 15 Wochenstunden umfassenden Tätigkeit der Freibetrag von 165,00 € zu beachten ist und im Übrigen eine vollständige Anrechnung erfolgen muss.

## C. Anspruch auf ergänzende Leistungen (§§ 44 ff.)

Neben den sozialrechtlichen Leistungsansprüchen, die unmittelbar aus dem Erhalt des sozialversicherungsrechtlichen Status resultieren, sind für den Leistungsberechtigten überdies die die Leistungen zur medizinischen Rehabilitation ergänzenden Leistungen i.S. der §§ 44 ff. von Relevanz. Denn diese sind nach der expliziten Anordnung des § 28 von den Rehabilitationsträgern gleichfalls entsprechend der Zielsetzung der stufenweisen Wiedereingliederung zu erbringen.

### I. Begriff und Bedeutung der Vorschrift des § 44

Die in § 44 Abs. 1 aufgezählten ergänzenden Leistungen zielen im Wesentlichen ab auf einen Ausgleich der wirtschaftlichen Folgen der Ausführung einer Leistung durch Lohnausfall mitsamt den darauf lastenden Aufwendungen für weiter laufende Sozialversicherungen, Reisekosten sowie den Ausfall bei der Betreuung insbesondere von Kindern. Zusätzlich umfassen sie Leistungen zum Rehabilitationssport und Funktionstraining. Bereits aus der im Gesetz verwendeten Begrifflichkeit folgt, dass eine selbstständige Erbringung der so aufgezählten Leistungen nicht in Betracht kommt, diese vielmehr streng akzessorisch sind und daher nur im Zusammenhang mit Leistungen zur medizinischen Rehabilitation oder zur Teilhabe am Arbeitsleben durch den jeweiligen Sozialleisträg-

---

[809] Vgl. BT-Drs. 11/2237, Seite 192; i.d.S. auch BSG, Urt. v. 21.03.2007 (Az.: B 11a AL 31/06 R), SGb 2007, 290, 291.
[810] Vgl. Gagel, Forum B, Diskussionsbeitrag Nr. 3/2010, Seiten 4 f.

ger erbracht werden. Erforderlich ist also stets eine ergänzbare Hauptleistung. Berechtigt zur Geltendmachung ergänzender Leistungen ist daher jeder, der nach Maßgabe des 4. oder 5. Kapitel des SGB IX Leistungen zur medizinischen Rehabilitation oder zur Teilhabe am Arbeitsleben tatsächlich erhält.

## II. Im Zusammenhang mit der stufenweisen Wiedereingliederung relevante Leistungen

### 1. Leistungen zum Lebensunterhalt (§ 44 Abs. 1 Nr. 1)

Gleich zu Beginn der in den Katalog des § 44 Abs. 1 aufgenommenen Leistungen finden sich entsprechend ihrer grundlegenden Bedeutsamkeit die Leistungen zum Lebensunterhalt.

#### a) Ansprüche auf Krankengeld, Versorgungskrankengeld und Verletztengeld

§ 44 Abs. 1 Nr. 1 stellt klar, dass während der Erbringung von Leistungen zur medizinischen Rehabilitation u.a. ein Anspruch auf Krankengeld, Versorgungskrankengeld und Verletztengeld besteht[811], wobei § 45 Abs. 1 verdeutlicht, dass sich die Anspruchsentstehung, Höhe und Berechnung nach den jeweiligen leistungsrechtlichen Spezialgesetzen richtet.

#### b) Anspruch auf Übergangsgeld

Nach § 44 Abs. 1 Nr. 1 werden die Leistungen zur medizinischen Rehabilitation ferner ergänzt durch das Übergangsgeld. Die Vorschrift des § 45 Abs. 1 Nr. 3 stellt dabei klar, dass Übergangsgeld im Zusammenhang mit Leistungen zur medizinischen Rehabilitation von den RVT nach Maßgabe des SGB IX sowie des SGB VI zu leisten ist.

#### aa) Begriff und Voraussetzungen

Das Übergangsgeld gewährleistet bei der Durchführung der erforderlichen Leistungen und in bestimmten Fällen zwischen und nach einer Leistung die wirtschaftliche Versorgung des Leistungsberechtigten und seiner Familie. Die Voraussetzungen für die Gewährung sind in § 20 SGB VI als leistungsrechtliches Spezialgesetz geregelt. Danach besteht im Zusammenhang mit Leistungen zur medizinischen Rehabilitation unter folgenden Voraussetzungen ein Anspruch

---

[811] Vgl. hierzu bereits unter Teil 2, 7. Kapitel, § 1, B, I - III.

auf Übergangsgeld: Der in der GRV Versicherte erzielt *unmittelbar* vor dem Leistungsbeginn oder vor einer in die Rehabilitationsleistung übergehenden Arbeitsunfähigkeit entweder Arbeitsentgelt oder Arbeitseinkommen und hat im Bemessungszeitraum Rentenversicherungsbeiträge gezahlt oder eine Entgeltersatzleistung bezogen, der rentenversicherungspflichtige Einkünfte zugrunde liegen. Bei Berücksichtigung der Entgeltersatzfunktion des Übergangsgeldes bedeutet „unmittelbar" i.S. des § 20 Nr. 3 SGB VI dabei, dass der Höhe des Übergangsgeldes die Verhältnisse zugrunde liegen, welche zuletzt vor Beginn der Leistung bzw. Arbeitsunfähigkeit maßgebend waren. Zu beurteilen ist demzufolge der letzte Tag vor Beginn der Leistung/Arbeitsunfähigkeit. Was als Arbeitsentgelt zu gelten hat, ergibt sich aus §§ 14, 17 SGB IV. Entgeltersatzleistungen, die einen Übergangsgeldanspruch begründen können, sind nach § 20 Nr. 3b SGB VI Krankengeld, Verletztengeld, Versorgungskrankengeld, Übergangsgeld, Kurzarbeitergeld, Arbeitslosengeld und Mutterschaftsgeld.

**bb) Höhe und Berechnung**

Im Gegensatz zum Krankengeld, Versorgungskrankengeld und Verletztengeld richten sich die Höhe und Berechnung des Übergangsgeldes im Wesentlichen nach den §§ 46 ff. und nicht nach dem SGB VI als Leistungsgesetz. Diesbezüglich findet sich in § 21 Abs. 1 SGB VI ein ausdrücklicher Verweis auf das SGB IX.

**cc) Dauer**

**(1) Grundsatz: Zahlung für die Dauer des Leistungserbringungszeitraums**
Aus § 45 Abs. 1 ergibt sich, dass als Folge der in § 44 Abs. 1 sowie § 20 Nr. 1 SGB VI zum Ausdruck kommenden Akzessorietät des Übergangsgeldes die Verpflichtung zur Zahlung von Übergangsgeld zunächst auf den Zeitraum der Erbringung von Leistungen zur medizinischen Rehabilitation (§§ 26 ff. i.V.m. § 15 SGB VI) begrenzt ist. Die Leistungen zur medizinischen Rehabilitation beginnen dabei grundsätzlich mit der Aufnahme in eine stationäre Einrichtung bzw. mit dem Beginn der Teilnahme in einer ambulanten Einrichtung und enden mit der Entlassung bzw. der Beendigung der Teilnahme.

**(2) Sonderfall: Anspruch auf Weiterzahlung bei Durchführung einer stufenweisen Wiedereingliederung im unmittelbaren Anschluss gem. § 51 Abs. 5**

Nach der durch Gesetz vom 23.04.2004 zum 01.05.2004[812] neu eingeführten Vorschrift des § 51 Abs. 5 wird das Übergangsgeld bis zum Ende einer Maßnahme zur stufenweisen Wiedereingliederung weitergezahlt, sofern letztere im unmittelbaren Anschluss an Leistungen zur medizinischen Rehabilitation erforderlich wird.[813] Mit der Vorschrift sollte dem in § 4 Abs. 2 S. 2 enthaltenen gesetzlichen Gebot der vollständigen und umfassenden Leistungserbringung Rechnung getragen werden.[814] Nach diesem hat der primär zuständige Rehabilitationsträger die Leistungen im Rahmen der für ihn geltenden Rechtsvorschriften nach Lage des Einzelfalles so vollständig, umfassend und in gleicher Qualität zu erbringen, dass Leistungen eines anderen Trägers möglichst nicht erforderlich werden. Besondere Bedeutung gewinnt die Vorschrift insbesondere für Personen, die eine Berufsunfähigkeits- oder Erwerbsminderungsrente nach §§ 43, 240 f. SGB VI erhalten, deren Zustand sich aber im Zuge medizinischer Rehabilitationsleistungen derart bessert, dass die Voraussetzungen für den Rentenanspruch entfallen.[815]

**(a) Erforderlichkeit der stufenweisen Wiedereingliederung**

Ein Anspruch auf Weiterzahlung des Übergangsgeldes über den Leistungserbringungszeitraum hinaus erfordert zunächst, dass sich eine stufenweise Wiedereingliederung im Rahmen der Leistungen zur medizinischen Rehabilitation als erforderlich herausgestellt hat. Das bedeutet, dass der in der Einrichtung zur medizinischen Rehabilitation behandelnde Arzt eine positive berufliche Prognose[816] abgegeben und daher eine stufenweise Wiedereingliederung empfohlen hat.[817] Nach der Gesetzesbegründung sind die Feststellungen nach § 28 insoweit regelmäßig spätestens bis zum Abschluss der Leistungen zur medizinischen Rehabilitation zu treffen, etwa im Verfahren nach § 11 Abs. 1.[818] Dem schließt sich

---

[812] Vgl. BGBl. 2004, Teil I, Seite 606.

[813] Zu aktuellen Erkenntnissen über Indikation, Einleitung und Durchführung des Verfahrens der stufenweisen Wiedereingliederung in der Zuständigkeit der Rentenversicherung vgl. Bürger/Gluth/Koch, Abschlussbericht Stufenweise Wiedereingliederung zu Lasten der Gesetzlichen Rentenversicherung 2008.

[814] Vgl. BT-Drs. 15/1783, Seiten 4, 13.

[815] I.d.S. auch Gagel/Schian/Dalitz/Schian, Forum B, Diskussionsbeitrag Nr. 6/2004, Seite 4.

[816] Zum Gegenstand und Inhalt der Prognose im Einzelnen vgl. unter Teil 2, 2. Kapitel, § 3.

[817] So auch Göhde, AmtlMitt LVA Rheinprovinz 2004, 89, 93; vgl. auch RVT, Gemeinsames Rundschreiben zum Übergangsgeld, Stand: Januar 2009 Seite 126 (vgl. http://www.deutsche-rentenversicherung.de/Formulare und Publikationen/Fachmitteilungen und Rundschreiben).

[818] Vgl. BT-Drs. 15/1783, Seiten 4, 13.

in seinen Entscheidungen vom 29.01.2008 (Az.: B 5a/5 R 26/07 R)[819] und 05.02.2009 (Az.: B 13 R 27/08 R)[820] auch das BSG an, indem es ausführt, dass die Voraussetzungen des § 28 im Zeitpunkt der Beendigung der stationären Rehabilitation bereits feststellbar sein müssen. Denn nur dann könne die stufenweise Wiedereingliederung „als ein auf das Reha-Ziel zu beziehender Bestandteil einer in der Zusammenschau einheitlichen (Gesamt-) Maßnahme gewertet werden".

**(b) Unmittelbarer Anschluss an Leistungen zur medizinischen Rehabilitation**

Nächste Voraussetzung für die Weitergewährung des Übergangsgeldes ist der unmittelbare Anschluss der stufenweisen Wiedereingliederung an Leistungen zur medizinischen Rehabilitation. Der Begriff der Unmittelbarkeit ist dabei nicht gesetzlich definiert, weder im SGB IX noch in einem der anderen SGB, insbesondere nicht im SGB IV. Als unbestimmter Rechtsbegriff bedarf er daher der Auslegung.

**(aa) Wortlaut**

Unter Berücksichtigung des Regelungsgegenstands des § 51 Abs. 5 ist der Begriff nach dem natürlichen Sprachgebrauch allgemein i.S. einer zeitlichen Nähe bzw. eines zeitlichen Zusammenhangs zu verstehen. Unklar bleibt dabei jedoch, ob dieser zeitliche Zusammenhang weiter i.S. eines sehr zeitnahen, möglichst umgehenden Anschlusses zu verstehen oder ob - enger gesehen - gar ein sofortiger, taggenauer Anschluss der stufenweisen Wiedereingliederung an eine zuvor durchgeführte Leistung zur medizinischen Rehabilitation erforderlich ist. Zieht man eine Parallele zum in § 121 Abs. 1 S. 1 BGB verwendeten und legal definierten Begriff der Unverzüglichkeit, der ein Handeln ohne schuldhaftes Zögern bedeutet, müsste man von einem weiteren Verständnis der in § 51 Abs. 5 enthaltenen Begrifflichkeit ausgehen. Denn nach höchstrichterlicher Rechtsprechung und allgemeiner Ansicht im zivilrechtlichen Schrifttum ist der Begriff der Unverzüglichkeit nicht gleichzusetzen mit einem sofortigen Tätigwerden. Vielmehr wird bei der Fristbemessung i.d.R. eine Frist von zwei Wochen als Obergrenze zuerkannt.[821] Andererseits ist das Ziehen einer solchen Parallele vom zivilrechtlich geprägten Begriff der Unverzüglichkeit zum öffentlich-rechtlichen der Unmittelbarkeit nicht zwingend, so dass die Wortlautauslegung mangels anderweitiger Indizien zu keinem eindeutigen Ergebnis führt.

---

[819] Vgl. NZS 2009, 164.
[820] Vgl. SGb 2009, 217 f. (Kurzwiedergabe).
[821] Vgl. BGH, Beschl. v. 15.03.2005 (Az.: VI ZB 74/04), NJW 2005, 1869 sowie Ellenberger, in Palandt, Komm. zum BGB, § 121 Rdnr. 3.

## (bb) Historie

Hintergrund der Gesetzesergänzung zum 01.05.2004 waren Auslegungsstreitigkeiten zwischen der GKV und GRV um Leistungen zur stufenweisen Wiedereingliederung. So vertrat die GRV bis zur entsprechenden Ergänzung des § 51 die Auffassung, dass derartige Leistungen nach § 15 Abs. 1 S. 1 SGB VI nur im Rahmen und damit nur zeitgleich mit einer Leistung zur medizinischen Rehabilitation oder einer Nachsorgeleistung der GRV erbracht werden können. Die GKV vertrat hingegen die Auffassung, dass eine derartige Auslegung des § 28 nicht der vom Gesetzgeber angestrebten Zielsetzung, für alle Trägerbereiche der medizinischen Rehabilitation die Möglichkeit einer stufenweisen Wiedereingliederung zu eröffnen, entspreche.[822] Gleichwohl nun durch die Neuregelung klargestellt ist, dass auch die GRV Übergangsgeld bei einer stufenweisen Wiedereingliederung zahlen kann, lässt sich aus den im Gesetzgebungsverfahren um die Gesetzesergänzung geführten Diskussionen nichts für die Auslegung des Wortes „unmittelbar" herleiten. Zwar hat der VdAK/AEV in seiner Stellungnahme vom 10.11.2003 zur BT-Drs. 15/1783 sehr weitgehend vorgeschlagen, im Rahmen von § 51 Abs. 5 von einem ausreichenden zeitlichen Zusammenhang auszugehen, wenn die stufenweise Wiedereingliederung innerhalb von drei Monaten nach Beendigung der Leistungen zur medizinischen Rehabilitation beginnt.[823] Diese angeregte Gesetzesergänzung wurde jedoch nicht aufgegriffen, so dass sie zur Auslegung nicht geeignet ist. Auch scheint eine solche weitgehende Auslegung nicht mit dem natürlichen Sprachgebrauch des Wortes „unmittelbar" vereinbar. In der Gesetzesbegründung selbst findet sich lediglich der Hinweis, dass die Feststellungen nach § 28 *regelmäßig* spätestens bis zum Abschluss der Leistungen zur medizinischen Rehabilitation zu treffen sind. Hierdurch wird zwar nicht deutlich, wann die stufenweise Wiedereingliederung nach Beendigung des Leistungserbringungszeitraums konkret beginnen muss, damit vom RVT Übergangsgeld weiter zu zahlen ist. Da jedoch die Feststellung der Erforderlichkeit ersichtlich nur „regelmäßig" bis zum Abschluss der Leistungen zur medizinischen Rehabilitation zu treffen ist, spricht einiges dafür, dass die Formulierung „im unmittelbaren Anschluss" nicht i.S. eines sofortigen, taggenauen Anschlusses zu verstehen ist. Denn hiernach werden ersichtlich Situationen zugelassen, wonach auch noch nach Abschluss der Leistungen zur medizinischen Rehabilitation die Erforderlichkeit einer stufenweisen Wiedereingliederung festgestellt werden kann. Dies lässt begriffsnotwendig einen späteren als sofortigen, taggenauen Beginn der Maßnahme zu. Wann die Maßnahme aber spätestens begonnen haben muss, lässt sich hieraus nicht ableiten. Demzufolge ist die Geset-

---

[822] Vgl. Göhde, AmtlMitt LVA Rheinprovinz 2004, 89, 93.
[823] Zit. nach Göhde, AmtlMitt LVA Rheinprovinz 2004, 89, 93.

zeshistorie nur insoweit ergiebig, dass diese gegen einen sofortigen, taggenauen Beginn der stufenweisen Wiedereingliederung spricht.

**(cc) Normzweck**

Der Normzweck, dem Gebot der vollständigen und umfassenden Leistungserbringung durch den primär zuständigen Rehabilitationsträger Rechnung zu tragen, um eine kontinuierliche Übergangsgeldzahlung sicherzustellen, spricht ebenfalls gegen eine zu restriktive Auslegung des Begriffs der „Unmittelbarkeit". Folglich kann auch unter Berücksichtigung einer Normzweckauslegung ein sofortiger, taggenauer Beginn der stufenweisen Wiedereingliederung nicht gefordert werden. Danach muss lediglich ein enger zeitlicher und sachlicher Zusammenhang mit der Leistung zur medizinischen Rehabilitation gewahrt sein. Wann aber dieser enge sachliche und vor allem zeitliche Zusammenhang konkret gewahrt ist, kann hieraus nicht abgeleitet werden.

**(dd) Systematik**

Sucht man in den verschiedenen SGB nach vergleichbaren Vorschriften, die für die Auslegung unter systematischen Gesichtspunkten fruchtbar gemacht werden können, stößt man auf die Regelung in § 32 Abs. 1 S. 2 SGB VI. Dort ist das Rechtsinstitut der AHB bzw. der Anschlussrehabilitation gesetzlich geregelt. Hierbei handelt es sich um eine medizinische Rehabilitationsmaßnahme, die im Anschluss an einen stationären Krankenhausaufenthalt in einer anerkannten AHB-Rehabilitationseinrichtung durchgeführt wird und deren Verfahren von der ehemaligen BfA (jetzt: DRV Bund) in Zusammenarbeit mit den gesetzlichen Krankenkassen entwickelt wurde.[824] Hintergrund der Einführung der AHB war die Sicherstellung der möglichst frühzeitigen Einleitung rehabilitativer Maßnahmen und die damit verbundene Nutzung der Chancen für die Rehabilitation. Auch hier wird u.a. unter der Voraussetzung, dass sich die AHB „unmittelbar" an die Krankenhausbehandlung anschließt, Übergangsgeld weitergezahlt.[825] Das Erfordernis der Unmittelbarkeit ist in diesem Zusammenhang nach der in § 32 Abs. 1 S. 2 SGB VI enthaltenen Legaldefinition gewahrt, wenn die AHB spätestens 14 Tage nach der Entlassung aus dem Krankenhaus begonnen wird. Überdies wird eine längere Frist zugelassen, wenn zwingende tatsächliche oder medizinische Gründe einem Beginn innerhalb der 14 Tage-Frist entgegenstehen. Angesichts der Tatsache, dass die stufenweise Wiedereingliederung wie die AHB rehabilitativ-therapeutischen Charakter besitzt, ihre Einleitung ebenfalls so frühzeitig als möglich erfolgen sollte und überdies der Wortlaut beider Vorschriften in Bezug auf die maßgebliche Passage nahezu identisch ist, erscheint

---

[824] Vgl. BfA, AHB, Seiten 3, 5.
[825] Vgl. RVT, Gemeinsames Rundschreiben zum Übergangsgeld, Stand: Januar 2009, Seiten 127 f. (vgl. http:// www.deutsche-rentenversicherung.de/Formulare und Publikationen/ Fachmitteilungen und Rundschreiben).

ein paralleles Verständnis des Begriffs der „Unmittelbarkeit" aus systematischen Gründen als angezeigt.[826] Hierdurch würde zugleich dem Prinzip der Einheit der Rechtsordnung Rechnung getragen werden. Für ein solches Begriffsverständnis spricht zudem die Vorschrift des § 14 Abs. 1 S. 1. Danach stellt der Rehabilitationsträger im Falle der Beantragung von Leistungen zur Teilhabe innerhalb von zwei Wochen nach Eingang des Antrags bei ihm fest, ob er nach dem für ihn geltenden Leistungsgesetz für die Leistung zuständig ist.

### (ee) Fazit

Demzufolge trägt keine der bewährten Auslegungsmethoden eine restriktive Auslegung des Begriffs der „Unmittelbarkeit" dahingehend, dass ein sofortiger, taggenauer Beginn der stufenweisen Wiedereingliederung erforderlich ist. Eine solche Betrachtung ist auch wenig realistisch bzw. praxisnah. Denn insoweit ist zu berücksichtigen, dass vor der tatsächlichen Realisierung einer Maßnahme zur stufenweisen Wiedereingliederung insbesondere ein Einvernehmen mit dem Arbeitgeber bzw. bei arbeitslosen Leistungsberechtigten mit möglichen potentiellen Unternehmen sowie mit dem Leistungsberechtigten selbst erzielt werden muss und überdies zunächst die betrieblichen Voraussetzungen für die Durchführung einer solchen Maßnahme geprüft/ggf. geschaffen werden müssen. Dies sieht in der Entscheidung vom 05.02.2009 auch das BSG (Az.: B 13 R 27/08 R)[827] so. Es führt vor dem Hintergrund der praktischen Umsetzungsprobleme aus, dass der unmittelbare Anschluss i.S. des § 51 Abs. 5 jedenfalls nicht erfordert, „dass sich die stufenweise Eingliederung völlig nahtlos an die vorangegangene Reha-Leistung anschließen muss". Neben diesen eher pragmatischen Gründen spricht sowohl die anhand der Historie als auch des Normzwecks vorgenommene Auslegung für ein weitergehenderes Verständnis, welches bestätigt und überdies konkretisiert wird durch die den Normzusammenhang berücksichtigende Auslegung. Fraglich ist allerdings, ob sich als regelmäßige zeitliche Obergrenze in der Tat die Vierzehntagesfrist des § 32 Abs. 1 S. 2 SGB VI oder gar des § 14 Abs. 1 S. 1 heranziehen lässt. Hierfür sprechen die im Rahmen der systematischen Auslegung bereits vorgebrachten Argumente. Hinzu kommt, dass insbesondere § 32 Abs. 1 S. 2 SGB VI eine Überschreitung bei Vorliegen von bestimmten Aus-

---

[826] So i.E. auch SG Schwerin, Urt. v. 26.01.2006 (Az.: S 2 AL 290/02), veröff. in der juris-Datenbank; Majerski-Pahlen, in Neumann/Pahlen/Majerski-Pahlen, Komm. zum SGB IX, § 51 Rdnr. 24; von der Heide, in Kossens/von der Heide/Maß, Komm. zum SGB IX, § 51 Rdnr. 23; Redwitz, in Bihr/Fuchs/Krauskopf/Ritz, Komm. zum SGB IX, § 51 Rdnr. 36; Grüner, in Wiegand, Komm. zum SGB IX, § 28 Rdnr. 12; i.d.S. gleichfalls Knittel, Komm. zum SGB IX, § 51 Rdnr. 30; vgl. zudem Arbeitsanweisung BfA zu § 28 (Stand:12.01.2005), Ziff. 3 samt Beispielen unter Ziff. 8, Nrn. 1 f.; Göhde, AmtlMitt LVA Rheinprovinz 2004, 89, 93; Höß, Mitt bay LVAen 2004, 559, 560 sowie Knufinke, Kompass (Knappschaft Bahn See) Nov./Dez.2006, 18, 19.

[827] Vgl. SGb 2009, 217 f. (Kurzwiedergabe).

nahmesituationen zulässt, was eine einzelfallabhängige Betrachtung ermöglicht. Die RVT sprechen sich ausdrücklich für ein solches Verständnis des Begriffs der „Unmittelbarkeit" aus.[828] In ihrem gemeinsamen Rundschreiben konkretisieren sie ferner die Ausnahmesituationen, in welchen die stufenweise Wiedereingliederung noch nach dem 14. Tag beginnen darf. Danach können - ebenfalls in Anlehnung an § 32 Abs. 1 SGB VI - im Einzelfall Leistungen nach dem 14. Tag erbracht werden, wenn zwingende tatsächliche (betriebliche) oder medizinische Gründe hierfür ursächlich sind. Als zwingende tatsächliche Gründe werden dabei benannt: Betriebs- und Werksferien, die vorherige Anpassung/Ausstattung des bisherigen Arbeitsplatzes oder Kurzarbeit. Ein zwingender medizinischer Grund soll dann gegeben sein, wenn eine Belastung von zwei Stunden täglich am Arbeitsplatz noch nicht, aber in Kürze möglich ist. Gegen eine solche regelmäßige zeitliche Obergrenze in Anlehnung an § 32 Abs. 1 S. 2 SGB VI oder § 14 Abs. 1 S. 1 spricht jedoch, dass ein so aufgestelltes „Regel-Ausnahme-Prinzip" stets die Gefahr einer statischen Beurteilung in sich birgt, wie auch die beschriebene Fallgruppenbildung der RVT zeigt. Unter Berücksichtigung des in § 4 Abs. 2 S. 2 verankerten Grundsatzes der umfassenden und vollständigen Leistungserbringung verbietet sich vielmehr eine Anlehnung an die in § 32 Abs. 2 S. 1 SGB VI, § 14 Abs. 1, S. 1 genannte 14 Tage-Frist. Demzufolge muss allein maßgeblich sein, ob das eigentliche Ziel einer jeden stationären Rehabilitation, nämlich die Wiedererlangung der Erwerbsfähigkeit des Leistungsberechtigten bzw. dessen Rückkehr in das Erwerbsleben möglichst auf Dauer (vgl. § 9 SGB VI; § 4 Abs. 1), aufgrund der vom RVT eingeleiteten medizinischen Reha - i.S. der erforderlichen Einheitlichkeit - durch die nachgehende stufenweise Wiedereingliederung noch erreichbar ist oder jedenfalls erscheint. Dies erfordert eine umfassende, weitestgehend flexible Berücksichtigung der Umstände des Einzelfalles, ausgehend vom spezifischen Krankheitsbild und der damit verbundenen unterschiedlichen Zeit der Rekonvaleszenz (bei erfolgreicher Bypassoperation ca. drei Monate[829]) sowie ausgehend von der Tatsache, dass die tatsächliche Realisierung einer Maßnahme zur stufenweisen Wiedereingliederung von vielfältigen, klärungsbedürftigen Faktoren abhängig sein kann. Das BSG hatte zunächst in der Entscheidung vom 29.01.2008 (Az.: B 5a/5 R 26/07 R)[830] die Frage, wie viel Zeit nach Beendigung der stationären Reha-Leistung bis zum Beginn der stufenweisen Wiedereingliederung höchstens verstrichen sein

---

[828] Vgl. RVT, Gemeinsames Rundschreiben zum Übergangsgeld, Stand: Januar 2009, Seiten 127 f. (vgl. http:// www.deutsche-rentenversicherung.de/Formulare und Publikationen/ Fachmitteilungen und Rundschreiben); zustimmend: Knufinke, Kompass (Knappschaft Bahn See) Nov./Dez.2006, 18, 19.

[829] Vgl. Schwartau/Frombach/Seger, MED SACH 1997, 93, 97.

[830] Vgl. NZS 2009, 164 mit Anm. Gagel, Forum B, Diskussionsbeitrag Nr. 3/2009 samt Ergänzung.

darf, um den unmittelbaren Anschluss zu wahren, noch ausdrücklich offen gelassen. In der Entscheidung vom 05.02.2009 (B 13 R 27/08 R)[831] hat es schließlich das beschriebene weitgehende Verständnis vom Unmittelbarkeitszusammenhang bestätigt. Dort führt es konkret Folgendes aus: „Dafür, dass in Anlehnung an die in § 14 Abs. 1 SGB IX genannte Frist ... oder in Anlehnung an § 32 Abs. 1 S. 2 SGB VI ... eine feststehende Grenze für den unmittelbaren Anschluss (hier: zwei Wochen) anzunehmen sein könnte, gibt das Gesetz nichts her. Abzustellen ist allein darauf, innerhalb welcher Zeit der durch die vorangehende Reha-Maßnahme eingeleitete Wiedereingliederungsversuch durch die nachgehende stufenweise Wiedereingliederung erfolgreich zum Abschluss gebracht werden kann. Hierzu sind allein die Umstände des Einzelfalles maßgebend. Solange die Leistungsvoraussetzungen des § 28 SGB IX ... vorliegen und die Einheitlichkeit des (hier: durch die AHB) begonnenen Reha-Verfahrens gewahrt ist, ist die Voraussetzung des unmittelbaren Anschlusses gegeben." Da ein solch weitgehendes Verständnis vom Begriff der Unmittelbarkeit unverkennbar zu gewissen Rechtsunsicherheiten und zu einem erhöhten Begründungsbedarf führt, bietet es sich an, eine Analogie zu § 32 Abs. 2 S. 1 SGB VI, § 14 Abs. 1 S. 1 SGB IX jedenfalls insoweit zu ziehen, als man die dort angesprochene Vierzehntagefrist als Untergrenze betrachtet.[832] Das hätte den Vorteil, dass es bei deren Einhaltung keiner weiteren Begründung bedürfte, dann also in jedem Fall das Kriterium der Unmittelbarkeit anzunehmen wäre. In der Entscheidung vom 20.10.2009 (Az.: B 5 R 44/08 R)[833] hat das BSG seine bisherige Rechtsprechung zum Unmittelbarkeitszusammenhang zusammengefasst und verdeutlicht. Die Entscheidung enthält insbesondere auch einen ersten Ansatz für eine begründungsunabhängige Untergrenze, indem das BSG den Unmittelbarkeitszusammenhang bei einer Zwischenzeit von weniger als einer Woche bejaht. Da in dem der Entscheidung zugrundeliegenden Sachverhalt die stufenweise Wiedereingliederung fünf Tage nach Beendigung der stationären medizinischen Rehabilitationsmaßnahme begonnen hatte, sah sich das BSG nicht veranlasst, weitergehende grundsätzliche Ausführungen zum Bestehen einer begründungsunabhängigen Untergrenze zu tätigen, obgleich eine solche Stellungnahme aus Praktikabilitätsgründen wünschenswert gewesen wäre. Demzufolge bleibt weiterhin offen, ob das BSG in einer anderen Konstellation nicht die Analogie zu § 32 Abs. 2 S. 1 SGB VI, § 14 Abs. 1 S. 1 SGB IX ziehen würde.

---

[831] Vgl. SGb 2009, 217 f. (Kurzwiedergabe); zustimmend: Finkenbusch, WzS 2009, 150 sowie Gagel, jurisPR-SozR 20/2009, Anm. 3, D.

[832] In diesem Sinne auch Kohte, in Kreikebohm/Spellbrink/Waltermann, Komm. zum SozR, § 28 Rdnr. 9; Gagel, jurisPR-SozR 20/2009, Anm. 3, D; ders., Forum B, Diskussionsbeitrag Nr. 3/2009 samt Ergänzung.

[833] Vgl. BSGE 104, 294, 301 mit Anm. Welti, jurisPR-SozR 12/2010, Anm. 5.

**(c) Weiterzahlung des Übergangsgeldes als Rechtsfolge**

Als Rechtsfolge sieht § 51 Abs. 5 die Weiterzahlung des Übergangsgeldes bis zum Ende der stufenweisen Wiedereingliederung vor. Da nach dieser Vorschrift das Übergangsgeld über das Ende der Leistungen zur medizinischen Rehabilitation hinaus weiter gezahlt werden soll, müssen letztere ebenfalls von der GRV erbracht worden sein und es muss bereits während dieser Leistungen ein Anspruch auf Übergangsgeld nach § 20 Abs. 1 SGB VI bestanden haben. Hierbei kann es sich auch um solche medizinischen Rehabilitationsleistungen handeln, die der RVT als zweitangegangener, aber eigentlich unzuständiger Träger im Rahmen der Regelungen des § 14 zu erbringen hatte.[834]

**dd) Anrechnung einer Wiedereingliederungsvergütung**

Eine etwaig vom Arbeitgeber gezahlte Wiedereingliederungsvergütung ist nach § 52 Abs. 1 Nr. 1 auf den Übergangsgeldanspruch anzurechnen. Zwar kann mangels sachlicher Anwendbarkeit des SGB IV auf die Regelungsmaterie des SGB IX[835] bei der Bestimmung der Reichweite des § 52 Abs. 1 Nr. 1 streng genommen unmittelbar weder auf die in § 7 Abs. 1 SGB IV enthaltene Legaldefinition des Begriffs der „Beschäftigung" noch auf die in § 18 a Abs. 2 S. 1 SGB IV enthaltene Legaldefinition des Begriffs des „Erwerbseinkommens" zurückgegriffen werden. Insbesondere in Bezug auf den allgemeinen Begriff des „Erwerbseinkommens" besteht jedoch keinerlei Anlass, sich für die Auslegung im Rahmen des § 52 Abs. 1 Nr. 1 nicht dennoch hieran zu orientieren, so dass eine Wiedereingliederungsvergütung - als mit dem Arbeitsentgelt vergleichbares Einkommen - als Erwerbseinkommen i.d.S. angesehen werden kann. Zu berücksichtigen ist überdies, dass sowohl das SGB III (§ 160 S. 2) als auch das SGB VI (§ 21 Abs. 1) als sozialrechtliche Leistungsgesetze, auf welche die angesprochenen Legaldefinitionen des SGB IV Anwendung finden, bezüglich der Einkommensanrechnung bei einem Übergangsgeldanspruch auf die Regelungen des SGB IX verweisen. Vor diesem Hintergrund ist es aus Sicht der Verfasserin zwingend, im Rahmen des § 52 gleichfalls auf den durch das SGB IV definierten Begriff der „Beschäftigung" zurückzugreifen. Dass eine Maßnahme zur stufenweisen Wiedereingliederung angesichts der Eingliederung des Leistungsberechtigten in die betriebliche Organisation des Arbeitgebers als eine „Beschäftigung" i.d.S. angesehen werden kann, wurde bereits dargelegt.[836] Folgt man dieser Rechtsansicht nicht, muss man die Maßnahme jedenfalls unter den in § 52

---

[834] Vgl. RVT, Gemeinsames Rundschreiben zum Übergangsgeld, Stand: Januar 2009, Seite 127 (vgl. http:// www.deutsche-rentenversicherung.de/Formulare und Publikationen/ Fachmitteilungen und Rundschreiben).

[835] Vgl. hierzu bereits unter Teil 2, 1. Kapitel, § 2, D, I, 2, c, cc, (1).

[836] Vgl. hierzu bereits unter Teil 2, 7. Kapitel, § 1, B, V.

Abs. 1 Nr. 1 verwendeten weiten Begriff der „Tätigkeit" fassen, so dass in jedem Fall eine Anrechnung der Wiedereingliederungsvergütung erfolgt.

## 2. Andere ergänzende Leistungen

### a) Anspruch auf Beiträge und Beitragszuschüsse (§ 44 Abs. 1 Nr. 2, Abs. 2)

§ 44 Abs. 1 Nr. 2 sieht vor dem Hintergrund der Notwendigkeit des wirtschaftlichen Ausgleichs für den Entgeltausfall während der Erbringung einer Leistung die Fortführung des Versicherungsschutzes durch Zahlung von Beiträgen und Beitragszuschüssen zur GKV, GUV, GRV, ALV und PV vor. Hierzu wird entweder ein Pflichtversicherungsverhältnis des Leistungsberechtigten begründet oder fortgesetzt und der Leistungsträger verpflichtet sich zur Übernahme der dadurch entstehenden Beiträge oder zur Zahlung eines Beitragszuschusses. Besteht hingegen lediglich eine freiwillige Versicherung, können unter den Voraussetzungen des § 44 Abs. 2 Beiträge oder Beitragszuschüsse bei einem Träger der GKV oder PV und im Ausnahmefall auch bei einem privaten Krankenversicherungsunternehmen übernommen werden.

### b) Haushaltshilfe (§ 44 Abs. 1 Nr. 6 i.V.m. § 54)

Sofern sich die Teilnahme an einer stufenweisen Wiedereingliederung als derart belastend bzw. kräfteraubend erweist, dass die Bewältigung des Haushalts unter Berücksichtigung der beschränkten Leistungsfähigkeit des Leistungsberechtigten daneben nicht möglich ist, kann der Vollzug der Maßnahme durch Leistungen nach § 44 Abs. 1 Nr. 6 i.V.m. § 54 abgesichert werden[837], sofern eine andere im Haushalt lebende Person den Haushalt nicht weiterführen kann und im Haushalt ein Kind lebt, das bei Beginn der Haushaltshilfe das 12. Lebensjahr noch nicht vollendet hat oder das behindert und auf Hilfe angewiesen ist.

## D. Anspruch auf Arbeitslosengeld II (§§ 19, 7 ff. SGB II)

Möglicherweise besteht im Zeitpunkt der Aufnahme einer Wiedereingliederungstätigkeit lediglich ein Anspruch auf ALG II nach §§ 19, 7 ff. SGB II, etwa weil der Krankengeldgewährungszeitraum abgelaufen und die Voraussetzungen für einen Anspruch auf ALG I nicht gegeben sind. Dieser Anspruch steht nach § 19 S. 1 SGB II lediglich erwerbsfähigen Hilfebedürftigen zu. Demzufolge scheidet ein solcher Anspruch nach § 9 Abs. 1 SGB II aus, wenn der Leistungs-

---

[837] Vgl. hierzu auch Mrozynski, Komm. zum SGB IX, § 28 Rdnr. 8.

berechtigte seinen Lebensunterhalt ausreichend aus eigenen Kräften und Mitteln, insbesondere aus eigenem zu berücksichtigendem Einkommen sichern kann und daher nicht hilfebedürftig ist. Als Einkommen zu berücksichtigen sind nach § 11 Abs. 1 S. 1 SGB II dabei grundsätzlich alle Einnahmen in Geld oder Geldeswert, wobei die in § 30 SGB II benannten Freibeträge nach § 11 Abs. 2 Nr. 6 SGB II „abzusetzen" sind. Vor diesem Hintergrund ändert eine nicht vergütete Wiedereingliederungstätigkeit nichts am Anspruch auf ALG II, eine Wiedereingliederungsvergütung schließt jedoch nach Auffassung der Verfasserin bei lebensunterhaltssichernder Höhe die Hilfebedürftigkeit des Leistungsberechtigten aus.

## § 2 Sozialrechtliche Auswirkungen nach Beendigung der stufenweisen Wiedereingliederung

### A. Erfolgreiche Beendigung nach ggf. modifiziertem Wiedereingliederungsplan

#### I. Rechtliche Qualifizierung

Das Rechtsverhältnis der stufenweisen Wiedereingliederung wird mit dem Ziel eingegangen, den Leistungsberechtigten - innerhalb eines Zeitraums von i.d.R. sechs Wochen bis sechs Monaten -[838] schrittweise wieder in das Erwerbsleben zu integrieren. Ist dieses Ziel am Ende des Wiedereingliederungsplans - ggf. nach zwischenzeitlicher Modifizierung desselben - erreicht, ist daher das Wiedereingliederungsverhältnis erfolgreich beendet. Da das Wiedereingliederungsverhältnis vor dem Hintergrund seines Rehabilitationszwecks insoweit auflösend bedingt i.S. des § 158 Abs. 2 BGB geschlossen wird[839], endet es nach vollständigem Durchlaufen des Wiedereingliederungsplans automatisch, ohne dass es hierzu noch entsprechender Willenserklärungen der Parteien bedarf.

#### II. Auswirkungen

Nach erfolgreichem Vollzug einer Maßnahme zur stufenweisen Wiedereingliederung gilt der Leistungsberechtigte nicht mehr als arbeitsunfähig, so dass er - ggf. mit Modifizierungen nach teilweiser Wiederherstellung der Arbeitsfähigkeit - wieder in das Erwerbsleben zurückkehren kann, sofern es sich um einen in einem Arbeitsverhältnis stehenden Leistungsberechtigten handelt. Damit entfallen

---

[838] Vgl. hierzu Ziff. 1 S. 4 der Anlage zu den AU-RL (BAnz. 2004, Nr. 61, Seiten 6501 ff.; zuletzt geänd. durch Beschl. v. 19.09.2006, BAnz. 2006, Nr. 241, Seite 7356).

[839] Vgl. hierzu ausführlich bereits Becker, Seiten 82 f.; vgl. auch Gitter, ZfA 1995, 123, 134 f.; v. Hoyningen-Huene, NZA 1992, 49, 52 sowie Schmidt, NZA 2007, 893, 895.

zugleich insbesondere etwaige Ansprüche auf Krankengeld, Versorgungskrankengeld, Verletztengeld, Übergangsgeld, ALG I sowie ALG II.

## B. Vorzeitiger einseitiger Abbruch

Zum geschilderten Bedingungseintritt i.s. des § 158 Abs. 2 BGB kann es hingegen nicht kommen, wenn die stufenweise Wiedereingliederung von einer der Parteien zuvor einseitig abgebrochen wird.

## I. Gründe für einen vorzeitigen Abbruch

### 1. Gründe für den Leistungsberechtigten

Da zumindest nach der gesetzlichen Konzeption die Maßnahme für den Leistungsberechtigten in jeder Phase als freiwillig einzustufen ist[840], kann er die stufenweise Wiedereingliederung - so unerwünscht dies auch sein mag - dem Grunde nach jederzeit ohne Angabe von Gründen und ohne Einhaltung einer Frist einseitig abbrechen. Ungeachtet dessen bleibt es den Parteien unbenommen, auch für den Leistungsberechtigten eine entsprechende Durchführungsverpflichtung vertraglich zu fixieren. Für diesen Fall muss der Leistungsberechtigte zur vorzeitigen Beendigung des Wiedereingliederungsverhältnisses ohne Einhaltung einer Frist insbesondere berechtigt sein, wenn nach ärztlicher Einschätzung der mit dem Wiedereingliederungsverhältnis erstrebte Erfolg erkennbar nicht eintritt/eintreten wird. Gleiches muss gelten, wenn bei weiterem Vollzug eine Verschlechterung seines Gesundheitszustands oder sonstige nachteilige gesundheitliche Folgen zu befürchten sind, ohne dass dem durch eine Anpassung des Wiedereingliederungsplans an die Belastungseinschränkungen Rechnung getragen werden kann (vgl. Ziff. 5 S. 3 der Anlage zu den AU-RL[841]). Darüber hinaus besteht jederzeit ein vorzeitiges fristloses Beendigungsrecht des Leistungsberechtigten bei Vorliegen eines wichtigen Grundes i.S. des § 314 BGB. Denn das Wiedereingliederungsverhältnis ist als Dauerschuldverhältnis i.d.S. anzusehen, weil es zu einer dauernden Leistung während des Tätigkeitszeitraums verpflichtet und eine dauernde Bindung zwischen Leistungsberechtigtem und Arbeitgeber begründet.[842]

---

[840] Vgl. hierzu bereits unter Teil 2, 3. Kapitel, § 2, B, III.
[841] Vgl. BAnz. 2004, Nr. 61, Seiten 6501 ff.; zuletzt geänd. durch Beschl. v. 19.09.2006, BAnz. 2006, Nr. 241, Seite 7356.
[842] So auch Becker, Seite 152.

## 2. Gründe für den Arbeitgeber

Da den Arbeitgeber nach der gesetzlichen Konzeption zumindest in Bezug auf den Kreis der in einem Arbeitsverhältnis stehenden Leistungsberechtigten eine rechtliche Verpflichtung zur Durchführung einer stufenweisen Wiedereingliederung trifft[843], ist dieser nicht ohne weiteres zu einem vorzeitigen einseitigen Abbruch berechtigt. Hinzu kommt, dass mangels Anwendbarkeit der §§ 620 ff. BGB[844] bei Nichtvorliegen einer anders lautenden vertraglichen Vereinbarung eine ordentliche fristgebundene Kündigung ohne Vorliegen von Gründen ebenfalls nicht in Betracht kommt. Der Arbeitgeber ist daher zur vorzeitigen Beendigung des Wiedereingliederungsverhältnisses nach § 314 BGB nur aus wichtigem Grund berechtigt. Ein solcher wichtiger Grund liegt insbesondere vor, wenn sich Anhaltspunkte dafür ergeben, dass die Fortsetzung des Wiedereingliederungsverhältnisses zu einer Verschlechterung des Gesundheitszustands des Leistungsberechtigten führt oder führen kann und dieser Umstand vom behandelnden Arzt bestätigt wird (vgl. Ziff. 5 S. 3 der Anlage zu den AU-RL). Ferner muss ein vorzeitiges Beendigungsrecht des Arbeitgebers insbesondere dann angenommen werden, wenn für ihn die Fortführung der Maßnahme nach umfassender Interessenabwägung im Einzelfall zu einer unzumutbaren Belastung führt, weil die Tätigkeit des Leistungsberechtigten etwa zu einer erheblichen Störung der betrieblichen Abläufe oder zu einem materiellen oder immateriellen Nachteil in nicht unbeträchtlichem Umfang geführt hat bzw. zu führen droht.

## II. Auswirkungen

Kann das Ziel der erfolgreichen Reintegration in das Erwerbsleben aufgrund eines vorzeitigen einseitigen Abbruchs nicht erreicht werden, bleibt der Leistungsberechtigte weiterhin arbeitsunfähig. In diesem Fall müssen weitergehende medizinische Rehabilitationsleistungen bzw. besondere Leistungen zur Teilhabe am Arbeitsleben oder auch ein Rentenbezug erwogen werden.

## C. Einvernehmliche Beendigung mit dem Ergebnis, dass die Maßnahme nicht erfolgreich war

## I. Rechtliche Qualifizierung

Den Parteien des Wiedereingliederungsverhältnisses bleibt es aufgrund der Privatautonomie unbenommen, dieses jederzeit ohne Vorliegen von Gründen ein-

---

[843] Vgl. hierzu bereits unter Teil 2, 3. Kapitel, § 2, C, III.
[844] Bei dem Rechtsverhältnis der stufenweisen Wiedereingliederung handelt es sich nicht um ein Dienstverhältnis.

vernehmlich vorzeitig aufzulösen. Insbesondere in den Fällen, in denen sich während des Vollzugs der Maßnahme herausstellt, dass keine positive medizinische Prognose für die (bessere) Wiedereingliederung in das Erwerbsleben mehr besteht oder dass bei weiterem Vollzug der Maßnahme für den Leistungsberechtigten nachteilige gesundheitliche Folgen erwachsen können, wird statt eines einseitigen Abbruchs regelmäßig eine einvernehmliche vorzeitige Beendigung erfolgen. Eine solche einvernehmliche vorzeitige Beendigung des Wiedereingliederungsverhältnisses ist rechtlich als Aufhebungsvertrag zu werten.

## II. Auswirkungen

Kann das Ziel der erfolgreichen Reintegration in das Erwerbsleben aufgrund einer einvernehmlichen vorzeitigen Beendigung nicht erreicht werden, bleibt der Leistungsberechtigte ebenfalls weiterhin arbeitsunfähig. In diesem Fall müssen gleichfalls weitergehende medizinische Rehabilitationsleistungen bzw. besondere Leistungen zur Teilhabe am Arbeitsleben oder auch ein Rentenbezug erwogen werden.

## 8. Kapitel: Geltendmachung des Anspruchs in der Praxis

Sofern der behandelnde Arzt dem Leistungsberechtigten eine stufenweise Wiedereingliederung empfohlen und der betreffende Arbeitgeber trotz Vorlage eines ordnungsgemäß ausgestellten, insbesondere vollständigen Wiedereingliederungsplans die Durchführung der Maßnahme unter Hinweis auf Freiwilligkeit, Unmöglichkeit oder Unzumutbarkeit abgelehnt hat, stellt sich für den in einem Arbeitsverhältnis stehenden Leistungsberechtigten[845] die Frage, wie er möglicherweise dennoch möglichst schnell und effektiv seinen dahingehenden Rechtsanspruch weiterverfolgen kann.

### § 1 Außergerichtliche Geltendmachung

Auch wenn ein „vorgeschalteter" außergerichtlicher Einigungsversuch nach einmal geäußerter Ablehnung des Arbeitgebers nicht zwingend ist, kann er dennoch nur empfohlen werden, zumindest dann, wenn die berechtigte Hoffnung einer Umstimmung des Arbeitgebers besteht (z.B. weil er sich ersichtlich im Rechtsirrtum bzgl. der Freiwilligkeit der Maßnahme befindet). Denn bei sofortiger gerichtlicher Geltendmachung geht ggf. auf Kosten eines möglichen Rehabi-

---

[845] Dass hinsichtlich arbeitsloser Leistungsberechtigter keine rechtliche Verpflichtung von Arbeitgebern zur Durchführung einer stufenweisen Wiedereingliederung besteht, wurde bereits unter Teil 2, 3. Kapitel, § 2, C, III, 4 dargelegt.

litations- bzw. Eingliederungserfolgs wertvolle Zeit verloren. Sofern dabei vor dem Hintergrund einer weiteren zukünftigen gedeihlichen Zusammenarbeit nicht sogleich die Beauftragung eines Rechtsanwalts gewollt ist, empfiehlt sich die Einschaltung des zuständigen Rehabilitationsträgers bzw. der zuständigen gemeinsamen Servicestelle, welche im Rahmen des § 28 i.V.m. § 26 Abs. 3 Nr. 3 u.a. auch Informations- und Beratungsleistungen in Bezug auf Vorgesetzte erbringen[846] sowie hierbei die Möglichkeit haben, Rechtsirrtümer bzgl. der Freiwilligkeit aufzuklären bzw. Unmöglichkeits- und/oder Unzumutbarkeitsargumente des Arbeitgebers argumentativ zu entkräften. Bei Bestehen eines Betriebsrats und/oder einer Schwerbehindertenvertretung können entweder ausschließlich oder parallel diese informiert und um Mithilfe gebeten werden, zumal diese häufig wertvolle Kenntnisse über die konkreten betrieblichen Gegebenheiten besitzen bzw. kurzfristig erlangen können, welche dem Rehabilitationsträger regelmäßig fehlen. Da jedoch insgesamt davon auszugehen ist, dass die Rehabilitationsträger bzw. ihre gemeinsamen Servicestellen regelmäßig über das größere Fachwissen zur Entkräftung der Arbeitgeberargumente verfügen, empfiehlt sich eine lediglich parallele Einschaltung des Betriebsrats bzw. der Schwerbehindertenvertretung. Auf das Setzen kurzer Fristen ggü. dem Arbeitgeber ist dabei zu achten, um in jedem Fall keine kostbare Zeit zu verlieren.

## § 2   Gerichtliche Geltendmachung

Scheitern außergerichtliche Einigungsversuche mit dem Arbeitgeber, ist der Leistungsberechtigte darauf angewiesen, seinen Anspruch gerichtlich durchzusetzen, sofern er nicht gewillt ist, die ablehnende Haltung seines Arbeitgebers zu akzeptieren.

## A.   Hauptsacheverfahren

## I.   Zuständiges Gericht

Im Hauptsacheverfahren erstinstanzlich sachlich zuständig sind nach § 2 Abs. 1 Nr. 3 a ArbGG die Gerichte für Arbeitssachen im Urteilsverfahren. Denn unter Berücksichtigung der Rechtsgrundlage für die Verpflichtung zur Durchführung einer Maßnahme zur stufenweisen Wiedereingliederung[847] handelt es sich um einen Anspruch aus dem Arbeitsverhältnis, auch wenn das Rechtsverhältnis der stufenweisen Wiedereingliederung selbst eine Maßnahme mit rehabilitativ-therapeutischer Zielsetzung außerhalb des Arbeitsverhältnisses darstellt. Die ört-

---

[846] Vgl. hierzu bereits unter Teil 2, 7. Kapitel, § 1, A, I, 2, b.
[847] Vgl. hierzu bereits unter Teil 2, 3. Kapitel, § 2, C, III.

liche Zuständigkeit richtet sich gem. § 46 Abs. 2 ArbGG nach den allgemeinen in §§ 12 ff. ZPO geregelten Grundsätzen. Demzufolge ist entweder am Sitz des Arbeitgebers als allgemeiner Gerichtsstand nach §§ 12, 17 ZPO, bei Vorliegen der Voraussetzungen des § 21 ZPO am Ort der Niederlassung, in welcher der Arbeitnehmer beschäftigt ist, am Erfüllungsort nach § 29 ZPO oder seit 01.04.2008 am Gerichtsstand des Arbeitsortes nach § 48 Abs. 1 a ArbGG[848] zu klagen.

## II. Bestimmtheit des Klageantrags

Damit die Klage überdies zunächst die Hürde der Zulässigkeit nimmt, muss sie nach § 46 Abs. 2 ArbGG i.V.m. § 253 Abs. 2 Nr. 2 ZPO insbesondere hinreichend bestimmt sein. Hierzu ist erforderlich, dass die Klageschrift die bestimmte Angabe des Gegenstands und des Grundes des erhobenen Anspruchs sowie insgesamt einen bestimmten Antrag enthält. Streitgegenstand und Umfang der gerichtlichen Prüfungs- und Entscheidungsbefugnis müssen dabei klar umrissen sein. Der Leistungsberechtigte muss festlegen, welche Entscheidung er konkret begehrt, weil bei einer stattgebenden Entscheidung keine Unklarheit über den Umfang der Rechtskraft bestehen darf. Dies setzt im Zusammenhang mit einer auf Beschäftigung gerichteten Klage grundsätzlich voraus, dass der Antrag u.a. das Berufsbild und die Arbeitsbedingungen enthält, zu denen eine Beschäftigung begehrt wird. Nur wenn beides nicht in Streit steht, ist diese Anforderung nach der Rechtsprechung des BAG auch dann erfüllt, wenn der Antrag, insbesondere unter Heranziehung der Klageschrift und des sonstigen Vorbringens des Klägers, entsprechend ausgelegt werden kann.[849] Da sich Art und Umfang der zu erfüllenden Aufgaben im Rahmen einer stufenweisen Wiedereingliederung aus dem ärztlich aufgestellten Wiedereingliederungsplan ergeben und die konkreten Beschäftigungstage und -zeiten überdies in das Belieben des Arbeitgebers gestellt werden können, hat das BAG in seiner Entscheidung vom 13.06.2006 (Az.: 9 AZR 229/05)[850] nachfolgenden Klageantrag, der weder das Berufsbild des Leistungsberechtigten, die begehrten Arbeitsbedingungen noch Angaben zu den Beschäftigungstagen und -zeiten enthielt, für hinreichend bestimmt erachtet:

„Die Beklagte wird verurteilt, dem Kläger im Rahmen der Maßnahme der stufenweisen Wiedereingliederung in das Erwerbsleben entsprechend der ärztlichen Empfehlung zur Wiedereingliederung vom ... einen Arbeitsplatz zur Verfügung zu stellen und zu beschäftigen."

---

[848] Vgl. RegEntw vom 15.11.2007, BR-Drs. 820/07, Seite 8.
[849] Vgl. BAG, Urt. v. 13.06.2006 (Az.: 9 AZR 229/05), NZA 2007, 91, 92.
[850] Vgl. NZA 2007, 91, 92.

Es hat dabei zugleich darauf hingewiesen, dass sich die Parteien unter Berücksichtigung der aktuellen Leistungsfähigkeit jeweils zu verständigen haben, wie der Plan im betrieblichen Alltag umzusetzen ist und dass die damit verbundenen möglichen Unwägbarkeiten wegen des Justizgewährleistungsanspruchs (Art. 20 Abs. 3 GG) hinzunehmen sind. Insbesondere habe bei Streit über die ordnungsgemäße Erfüllung des Beschäftigungsanspruchs das Arbeitsgericht als Vollstreckungsgericht (§ 888 ZPO) unter Berücksichtigung der Entscheidungsgründe zu entscheiden.

Auch wenn das BAG bzgl. des Klagebegehrens demzufolge erheblichen Auslegungsspielraum lässt, ist doch zu empfehlen, die Notwendigkeit einer - immer mit Unsicherheiten behafteten - Auslegung gar nicht erst zu veranlassen, indem der Klagantrag selbst hinreichend bestimmt formuliert wird. Vor diesem Hintergrund ist folgender Klageantrag zu empfehlen:

**„Die/Der Beklagte wird verurteilt, dem Kläger/der Klägerin im Rahmen einer Maßnahme zur stufenweisen Wiedereingliederung in das Erwerbsleben unter Berücksichtigung der in der ärztlichen Empfehlung zur Wiedereingliederung vom ... enthaltenen Angaben zu Art und zum Umfang der zu erfüllenden Aufgaben einen Arbeitsplatz zur Verfügung zu stellen und als ... zu beschäftigen, und zwar an folgenden Beschäftigungstagen und zu folgenden Beschäftigungszeiten: ..."**

## B. Einstweiliges Verfügungsverfahren

Möglicherweise kann der Leistungsberechtigte seinen Anspruch auch erfolgreich im einstweiligen Verfügungsverfahren nach § 62 Abs. 2 ArbGG i.V.m. §§ 935 ff. ZPO geltend machen.[851] Erstinstanzlich zuständig hierfür ist nach § 62 Abs. 2 ArbGG i.V.m. § 937 ZPO das Gericht der Hauptsache, also das örtlich zuständige Arbeitsgericht im Urteilsverfahren. Neben der Darlegung und Glaubhaftmachung des Anspruchs auf Beschäftigung im Rahmen einer Maßnahme zur stufenweisen Wiedereingliederung als Verfügungsanspruch muss ein Verfügungsgrund, also eine besondere Eilbedürftigkeit dargelegt und glaubhaft gemacht werden. Die auf Erfüllung einer Leistung und damit Befriedigung eines Anspruchs gerichtete einstweilige Verfügung erfordert nach Maßgabe der §§ 935, 940 ZPO das Vorliegen besonderer Voraussetzungen, um den Verfügungsgrund bejahen zu können. Der Gläubiger muss auf die sofortige Erfüllung dringend angewiesen sein, weil er beispielsweise andernfalls wesentliche Nacheile erleidet.[852] Der im Wege einer einstweiligen Verfügung geltend gemachte An-

---

[851] Zum einstweiligen Rechtsschutz in der Sozialgerichtsbarkeit, insbesondere in der Rehabilitation ausführlich Lode, SGb 2009, 211 ff.

[852] Vgl. Vollkommer, in Zöller, Komm. zur ZPO, § 940 Rdnr. 6 m.w.N.

spruch auf Beschäftigung im Rahmen einer Maßnahme zur stufenweisen Wiedereingliederung ist auf Befriedigung gerichtet und nimmt wegen der zumeist nicht längeren Dauer der Maßnahme von sechs Monaten (vgl. Ziff. 1 S. 4 der Anlage zu den AU-RL[853]) die Hauptsache auch vorweg. Vor diesem Hintergrund muss der Leistungsberechtigte, der in der Sache eine Arbeitsmarktintegration verlangt, darlegen und glaubhaft machen können, dass er auf die sofortige Erfüllung des Anspruchs dringend angewiesen ist, weil durch Zeitablauf schwere und unzumutbare Nachteile drohen, die später nicht oder nur schwer wieder gut gemacht werden können.[854] Zu fragen ist, inwieweit diese Anforderungen im Zusammenhang mit einer stufenweisen Wiedereingliederung erfüllt sein können. Denkbar sind dabei Konstellationen, in denen der Leistungsberechtigte glaubhaft machen kann, dass ohne die sofortige bzw. alsbaldige Durchführung der stufenweisen Wiedereingliederung oder zumindest bei Abwarten des rechtskräftigen Abschlusses des Hauptsacheverfahrens seine Reintegration in das Erwerbsleben auf lange Sicht ernstlich gefährdet ist oder gar eine dauerhafte Aussteuerung aus dem Arbeitsleben droht. Insofern kann es nicht generell als ausgeschlossen angesehen werden, dass durch eine verfahrensbedingte verlängerte Arbeitsabstinenz über mehrere Monate oder gar Jahre der nach Rechtskraft begonnene Wiedereingliederungsversuch scheitert. Denn insoweit ist zu berücksichtigen, dass sich bestimmte Krankheitsbilder auch und gerade wegen der mit einer langen krankheitsbedingten Arbeitsabstinenz verbundenen psychischen Belastung so verfestigen können, dass der Erfolg von Wiedereingliederungsmaßnahmen wesentlich von einer frühen Durchführung abhängt. Angesichts dessen erscheint die Glaubhaftmachung eines Verfügungsgrundes im Einzelfall zumindest als nicht ausgeschlossen. Problematisch ist allerdings, dass zu Beginn einer Maßnahme zur stufenweisen Wiedereingliederung nie mit Sicherheit prognostiziert werden kann, ob ihr Ziel - die Wiedereingliederung in das Erwerbsleben - am Ende auch erreicht wird, selbst wenn sie alsbald nach der ärztlich ausgesprochenen Empfehlung und nicht erst nach einem lange währenden instanzdurchlaufenden Gerichtsprozess durchgeführt wird. Diese Unsicherheit könnte i.E. dem Vorliegen eines Verfügungsgrundes entgegenstehen, weil im Zeitpunkt der gerichtlichen Entscheidung unklar bleibt, ob ein möglicher späterer Misserfolg der Maßnahme nicht auch bei sofortiger bzw. alsbaldiger Durchführung eintritt. Hinzu kommt, dass auch eine Genesung des Leistungsberechtigten während des Rechtsstreits eintreten kann, was im Rahmen des Verfügungsgrundes unter Kausalitätsgesichtspunkten problematisch erscheint. Lässt man es allerdings genügen, dass die Erfolgswahrscheinlichkeit bei alsbaldiger

---

[853] Abgedr. im BAnz. 2004, Nr. 61, 6501 ff.; zuletzt geänd. durch Beschl. v. 19.09.2006 (vgl. BAnz. 2006, Nr. 241, 7356).

[854] Vgl. hierzu Lode, SGb 2009, 211, 214 m.w.N.

Durchführung wesentlich größer erscheint als bei Durchführung nach rechtskräftigem Abschluss eines Verfahrens vor der Arbeitsgerichtsbarkeit, kann in derartigen Konstellationen im Einzelfall ein Verfügungsgrund bejaht werden. Angesichts der Unsicherheit über den Ausgang einer Maßnahme zur stufenweisen Wiedereingliederung dürfte es für die Annahme eines Verfügungsgrundes jedenfalls nicht genügen, wenn der Leistungsberechtigte darlegt, dass bei alsbaldiger Durchführung das Arbeitsverhältnis wesentlich früher wieder reaktiviert werden kann und daher erhebliche finanzielle Nachteile vermieden werden.

TEIL 3:     ABSCHLIEßENDE BEWERTUNG

1. Kapitel:  Zusammenfassende Thesen

Nachfolgend werden die als wesentlich betrachteten Ergebnisse, welche im
Rahmen dieser Arbeit erzielt worden sind, wie folgt zusammengefasst:

**§ 1  Im Normengefüge des SGB wird der Regelungsgehalt des § 28 von ver-
schiedenen Vorschriften entscheidend beeinflusst:**

**A. Grundlegend ist zunächst das Zusammenwirken mit § 74 SGB V.** So
sind § 28 und § 74 SGB V aufgrund der Regelung in § 7 S. 1 derart untrennbar miteinander verknüpft, dass § 74 SGB V die Vorschrift des § 28
um die dort fehlenden Hinweise ergänzt. Insbesondere muss die in § 74
SGB V enthaltene „Vollzugs"-Voraussetzung „Ausstellung einer ärztlichen
Arbeitsunfähigkeitsbescheinigung nach ggf. erfolgter Einholung einer Stellungnahme des Betriebsarztes oder des Medizinischen Dienstes der Krankenkasse" auch im Rahmen des § 28 Beachtung finden.

**B. Von zentraler Bedeutung ist zudem das Verhältnis zu §§ 81, 84 als wei-
tere Instrumente der Rehabilitationsförderung.** So bildet der in § 81
Abs. 4 S. 1 Nr. 1 geregelte spezielle Beschäftigungsanspruch für den Personenkreis der schwerbehinderten Arbeitnehmer die Rechtsgrundlage für
eine Beschäftigung im Rahmen einer stufenweisen Wiedereingliederung. §
81 enthält dabei ein einheitlich zu sehendes Diskriminierungsverbot, das
einerseits in sachlicher Hinsicht den Anforderungen der RL 2000/78/EG
entspricht und andererseits auch in persönlicher Hinsicht unter Einbeziehung des daneben im AGG geregelten, den § 81 ergänzenden bzw. ausfüllenden Diskriminierungsverbots der RL 2000/78/EG gerecht wird. Der Umstand, dass weder im SGB IX noch im AGG in Bezug auf die Gruppe der
(nicht schwerbehinderten) behinderten Menschen die Pflicht zum Treffen
angemessener Vorkehrungen nach Art. 5 RL 2000/78/EG ordnungsgemäß
umgesetzt wurde, kann durch eine entsprechende richtlinienkonforme Auslegung des § 618 BGB kompensiert werden. Als verfahrensrechtliche
Konkretisierung der materiellen Verpflichtung aus § 81 Abs. 4 spielt für §
28 zugleich die auf sämtliche Beschäftigte im Betrieb/Unternehmen anwendbare Vorschrift des § 84 Abs. 2 eine wichtige Rolle. Denn die stufenweise Wiedereingliederung stellt sich als mögliches Ergebnis des in § 84
Abs. 2 vorgesehenen Klärungsverfahrens sowie unter Berücksichtigung ih-

rer Zielsetzung als eine Möglichkeit dar, die von § 84 Abs. 2 verfolgten Ziele zu erreichen.

**§ 2** *In tatbestandlicher Hinsicht lassen sich die nachfolgenden grundlegenden Thesen aufstellen:*

A. **Im Hinblick auf das nach § 28, § 74 SGB V bestehende Erfordernis der Arbeitsunfähigkeit kann unter Berücksichtigung der Rechtsprechungsentwicklung nunmehr von einem einheitlichen arbeits- und sozialversicherungsrechtlichen Begriffsverständnis ausgegangen werden,** das sich überdies mit der in den AU-RL aktuell verwendeten Begrifflichkeit deckt.

B. **„Leistungsberechtigte" i.S. des § 28 sind auch arbeitslose Personen i.S. der §§ 16, 118 SGB III, die sich in keinerlei Arbeitsverhältnis (mehr) befinden.** Aus der Vorschrift des § 2 Abs. 2 S. 1 SGB III lässt sich insoweit der Rückschluss ziehen, dass die Arbeitgeber gehalten sind, freie Arbeitsplätze auch für eine stufenweise Wiedereingliederung arbeitsloser Versicherter zur Verfügung zu stellen und ggf. - in einem gewissen zumutbaren Rahmen - gar freie Arbeitsplätze hierfür zu schaffen, auch wenn eine arbeitsrechtliche Rechtspflicht hieraus nicht abgeleitet werden kann.

C. **Die Anwendbarkeit der § 28, § 74 SGB V hängt nicht davon ab, dass der Leistungsberechtigte „lang anhaltend" arbeitsunfähig ist.** Vielmehr zeigen Normzweckerwägungen und systematische Gründe, insbesondere eine Einbeziehung des sachlichen Regelungsgehalts des § 84 Abs. 2, dass eine stufenweise Wiedereingliederung bei einem entsprechend indizierenden Krankheitsbild bereits in einem frühen Stadium der Arbeitsunfähigkeit durchgeführt werden kann und sollte.

D. **Bei der Bestimmung des in § 28, § 74 SGB V verwendeten Begriffspaares „bisherige Tätigkeit" ist im Grundsatz an die gesamte Palette der arbeitsvertraglich geschuldeten Tätigkeiten anzuknüpfen.** Hierbei ist eine Überschreitung der Betriebsgrenzen möglich, weil entscheidend auf die Reichweite des arbeitsvertraglichen Direktionsrechts abzustellen ist, welches sich bei entsprechender Versetzungsklausel und ordnungsgemäßer arbeitgeberseitiger Ermessensausübung eben auch - soweit vorhanden - auf andere Betriebe erstrecken kann. In Abweichung von diesem Grundsatz ergibt sich für den Personenkreis der (schwer-) behinderten Arbeitnehmer aus dem systematischen Zusammenhang zu § 81 und Art. 5 RL

2000/78/EG, dass neben sämtlichen arbeitsvertraglich geschuldeten (auch betriebsübergreifenden) Tätigkeiten gleichfalls anders geartete, den Kenntnissen und Fähigkeiten des Betroffenen entsprechende, weil zumindest „berufsnahe" bzw. zur Berufsgruppe gehörende Tätigkeiten, erfasst werden.

E. **Eine positive berufliche Prognose liegt auch dann vor, wenn der Leistungsberechtigte zumindest in der Lage ist, eine nach Art, Dauer, zeitlicher und/oder räumlicher Lage veränderte Arbeitstätigkeit aufzunehmen,** also eine auf die Wiederherstellung teilweiser Arbeitsfähigkeit gerichtete Prognose getätigt werden kann.

*§ 3 Auf der Rechtsfolgenseite können folgende erzielte Ergebnisse als zusammenfassende Thesen festgehalten werden:*

A. **Trotz der mittlerweile im Sozialrecht zunehmend betonten eigenverantwortlichen Mitwirkungspflicht der Betroffenen besteht für den Leistungsberechtigten weder in sozialrechtlicher noch in arbeitsrechtlicher Hinsicht eine Verpflichtung zur Teilnahme an einer Maßnahme zur stufenweisen Wiedereingliederung.**

B. **Arbeitgeber hingegen sind bezüglich sämtlicher ihrer Arbeitnehmer unabhängig von einer bestehenden (Schwer-) Behinderung verpflichtet, diesen im Rahmen des Zumutbaren die Gelegenheit zur Reintegration in das Erwerbsleben durch eine stufenweise Wiedereingliederung zu geben.**

C. **Die Nutzung des durch § 28, § 74 SGB V gegebenen Instrumentariums zählt zu den Obliegenheiten im Kündigungsschutzverfahren wegen krankheitsbedingter Kündigung.** Im Anwendungsbereich des KSchG mangelt es dabei wegen der ärztlicherseits getätigten positiven beruflichen Prognose regelmäßig an der negativen Gesundheitsprognose. Im Übrigen erweist sich die Kündigung als vermeidbar, sofern die stufenweise Wiedereingliederung zumutbar war. Gleiches gilt bei Bestehen einer lediglich auf die Wiederherstellung teilweiser Arbeitsfähigkeit gerichteten beruflichen Prognose, wenn im Kündigungszeitpunkt davon auszugehen ist, dass nach Durchlaufen des Wiedereingliederungsplans das Restleistungsvermögen im Betrieb oder an einer anderen Stelle im Unternehmen (sinnvoll) verwertet werden kann. Eine außerhalb des Anwendungsbereichs des KSchG und nach Ablauf der Wartezeit ausgesprochene Arbeitgeberkündigung kann sich als treuwidrig i.S. des § 242 BGB erweisen, sofern konkrete Anhalts-

punkte dafür existieren, dass durch die ärztlicherseits empfohlene stufenweise Wiedereingliederung der Arbeitsplatz hätte erhalten und damit die
Kündigung vermieden werden können.

**D.** **Durch die Verknüpfung der § 28, § 74 SGB V mit der - europarechtskonformen - materiell-rechtlichen Verpflichtung aus § 81 Abs. 4 S. 1
Nr. 1, die ihrerseits Bestandteil des aus Art.** 5 RL 2000/78/EG resultierenden Diskriminierungsschutzes ist, kann sich eine krankheitsbedingte Kündigung nach verweigerter stufenweiser Wiedereingliederung im
persönlichen Anwendungsbereich des SGB IX und AGG als diskriminierend und damit sozialwidrig i.S. des § 1 KSchG erweisen.

*§ 4   Vor dem Hintergrund ihrer arbeitspolitischen, sozialmedizinischen sowie
wirtschaftlichen Bedeutung stellt sich die stufenweise Wiedereingliederung für die betriebliche, arbeits- und sozialrechtliche Praxis als unverzichtbares Handlungsinstrumentarium dar.*

*§ 5   Dem Wiedereingliederungsplan kommt im Zusammenhang mit der ge-
richtlichen Durchsetzung des Anspruchs auf Beschäftigung im Rahmen
einer stufenweisen Wiedereingliederung zentrale Bedeutung zu.* Er muss
inhaltlich hinreichend bestimmt sein und dabei - unabhängig von den präzise aufgeführten einzelnen Stufen der Wiedereingliederung - insbesondere
Angaben zur absehbaren Arbeitsfähigkeit des Leistungsberechtigten enthalten.

*§ 6   In arbeitsrechtlicher Hinsicht handelt es sich bei der stufenweisen Wie-
dereingliederung um ein Rechtsverhältnis eigener Art, dessen Rechte und
Pflichten nur geringfügig gesetzlich vorgegeben sind, sondern sich wesentlich aus einem zwischen dem Arbeitgeber und dem Leistungsberechtigten abzuschließenden privatrechtlichen Wiedereingliederungsvertrag
ergeben.*

*§ 7   Die sozialrechtlichen Auswirkungen während des Vollzugs einer Maß-
nahme zur stufenweisen Wiedereingliederung lassen sich in folgenden
Thesen zusammenfassen:*

**A.**   Die die stufenweise Wiedereingliederung im Einzelfall unterstützenden
medizinischen Leistungen i.S. des § 26 sind insbesondere die Belastungserprobung und Arbeitstherapie (§ 26 Abs. 2 Nr. 7), die Information und Beratung von Vorgesetzten und Kollegen (§ 26 Abs. 3 Nr. 3) sowie die Hilfen

zur seelischen Stabilisierung und zur Förderung der sozialen Kompetenz (§ 26 Abs. 3 Nr. 5). Relevante Leistungen zur Teilhabe am Arbeitsleben i.S. der §§ 33 ff. sind insbesondere die Übernahme der Kosten für eine notwendige Arbeitsassistenz (§ 33 Abs. 3 Nr. 1 i.V.m. Abs. 8 Nr. 3), die Übernahme der Kosten technischer Arbeitshilfen (§ 33 Abs. 3 Nr. 1 i.V.m. Abs. 8 Nr. 5) sowie die Gewährung von Zuschüssen für Arbeitshilfen im Betrieb (§ 34 Abs. 1 Nr. 3). Hierbei ist grundlegend zu beachten, dass trotz der Beschränkung der Rechtsfolge auf die Erbringung von medizinischen (§§ 26 ff.) und die sie ergänzenden Leistungen (§§ 44 ff.) die Vorschrift des § 28 parallel möglicherweise angezeigte Leistungen zur Teilhabe am Arbeitsleben nach §§ 33 ff. nicht ausschließt. Vielmehr sind derartige Leistungen von den Rehabilitationsträgern in geeigneten Fällen bereits im Stadium der stufenweisen Wiedereingliederung zu prüfen und ggf. flankierend zu erbringen. Diese Möglichkeit kann im Einzelfall den Erfolg einer stufenweisen Wiedereingliederung entscheidend beeinflussen.

**B. Auch ohne Vergütung der Wiedereingliederungstätigkeit ist der Lebensunterhalt des Leistungsberechtigten während der Durchführung einer Maßnahme zur stufenweisen Wiedereingliederung gesichert.** Denn zum einen bleiben in allen Zweigen der Sozialversicherung der Status des Betroffenen sowie die damit verbundenen sozialrechtlichen Leistungsansprüche unbeeinflusst und zum anderen ordnet § 28 die Erbringung von ergänzenden Leistungen i.S. des § 44 an. Die stufenweise Wiedereingliederung steht insbesondere nicht einem möglichen Anspruch auf ALG I entgegen, und zwar nicht nur in den Fällen der Nahtlosigkeitsregelung des § 125 SGB III. Bezüglich des Anspruchs auf Übergangsgeld in den Fällen des § 51 Abs. 5 gilt, dass sich die stufenweise Eingliederung nicht völlig nahtlos an die vorangegangene Reha-Leistung anschließen muss. Es genügt vielmehr, wenn unter Berücksichtigung der Umstände des Einzelfalles die Wiedererlangung der Erwerbsfähigkeit des Leistungsberechtigten bzw. dessen Rückkehr in das Erwerbsleben möglichst auf Dauer (vgl. § 9 SGB VI; § 4 Abs. 1) aufgrund der vom RVT eingeleiteten medizinischen Reha unter Wahrung der erforderlichen Einheitlichkeit durch die nachgehende stufenweise Wiedereingliederung erfolgreich zum Abschluss gebracht werden kann. Die stufenweise Wiedereingliederung muss daher nicht in Anlehnung an § 32 Abs. 1 S. 2 SGB VI i.d.R. spätestens 14 Tage nach Abschluss der Leistungen zur medizinischen Rehabilitation beginnen. Vielmehr entbehrt eine dahingehend feststehende zeitliche Grenze einer gesetzlichen Grundlage.

**§ 8** *Der in einem Arbeitsverhältnis stehende Leistungsberechtigte kann seinen Rechtsanspruch auf Durchführung einer Maßnahme zur stufenweisen Wiedereingliederung sowohl im Hauptsacheverfahren als auch im einstweiligen Verfügungsverfahren vor dem Arbeitsgericht durchsetzen.* Letzteres gilt allerdings nur, wenn im Einzelfall die strengen Anforderungen an den Verfügungsgrund gegeben sind. Von grundlegender Bedeutung ist ein hinreichend bestimmter Antrag i.S. des § 46 Abs. 2 ArbGG i.V.m. § 253 Abs. 2 Nr. 2 ZPO.

## 2. Kapitel: Konsequenzen aus den erzielten Ergebnissen

Aus den im Rahmen dieser Arbeit entwickelten zusammenfassenden Ergebnissen lassen sich im Wesentlichen die folgenden zentralen Schlussfolgerungen ziehen:

**§ 1** *Erfordernis einer Gesamtbetrachtung von § 28, § 74 SGB V im Normengeflecht des SGB IX*

Die Vorschriften zur stufenweisen Wiedereingliederung dürfen vor dem Hintergrund ihrer grundlegenden sozialmedizinischen sowie wirtschaftlichen Bedeutung und zur Optimierung der Wiedereingliederungserfolge keinesfalls isoliert, sondern müssen im Zusammenhang mit dem diese beeinflussenden Normengefüge betrachtet werden. Dabei sind in allen geeigneten Fällen insbesondere medizinische und berufliche Rehabilitation gleichzeitig durchzuführen und zu vernetzen.

**§ 2** *Erfordernis des Umdenkens der Arbeitgeber bzgl. der Ermöglichung einer Maßnahme zur stufenweisen Wiedereingliederung*

Angesichts des für den Arbeitgeber verpflichtenden Charakters - der zumindest für den Personenkreis der schwerbehinderten Arbeitnehmer durch das BAG bestätigt wurde - ist für viele Arbeitgeber in Bezug auf ihre Arbeitnehmer ein Umdenken bezüglich der Ermöglichung einer Maßnahme zur stufenweisen Wiedereingliederung erforderlich. Dies gilt dabei nicht nur für den Personenkreis der Langzeiterkrankten, sondern insbesondere angesichts des Regelungszusammenhangs zu § 84 Abs. 2 gleichermaßen für Arbeitnehmer, die sich in einem sehr frühen Stadium der Arbeitsunfähigkeit befinden. Auch wenn im Hinblick auf arbeitslose Leistungsberechtigte keine Rechtspflicht zur Ermöglichung einer stufenweisen Wiedereingliederung statuiert werden kann, sollten die Arbeitgeber

vor dem Hintergrund des § 2 Abs. 2 S. 1 SGB III alles Erdenkliche unternehmen, um diesem Personenkreis eine Wiedereingliederungschance in ihrem Unternehmen zu geben. Um zu einer dahingehenden praktischen Umsetzung zu
gelangen, bedarf es jedoch zugleich eines Umdenkens und aktiven Handelns seitens der Rehabilitationsträger, insbesondere seitens der BA, die bzgl. als geeignet erscheinender Arbeitsloser auf mögliche Arbeitgeber zugehen müssten.

### § 3 Erfordernis größtmöglicher Flexibilität der Arbeitgeber bei der Suche nach einem Wiedereingliederungsarbeitsplatz

Bei der Suche nach einem tauglichen Wiedereingliederungsarbeitsplatz darf sich
der Arbeitgeber nicht auf den bislang angestammten Arbeitsplatz des Arbeitnehmers beschränken. Vielmehr muss er größtmögliche Flexibilität zeigen. D.h.,
wenn nach Ansicht des Arbeitgebers der bisher vom Arbeitnehmer eingenom-
mene Arbeitsplatz für eine stufenweise Wiedereingliederung nicht tauglich ist,
muss er nach anderen geeigneten und im Wege des Direktionsrechts
zuweisbaren Arbeitsplätzen suchen, und zwar bei Vorhandensein von mehreren
Betrieben auch außerhalb des Beschäftigungsbetriebs. Dies gilt zugleich bezogen auf Arbeitnehmer, bei denen nach entsprechender ärztlicher Prognose die
Leistungsfähigkeit auf Dauer nur teilweise wiederhergestellt werden wird. In
Bezug auf die Personengruppe der (schwer-) behinderten Arbeitnehmer gilt
überdies die Besonderheit, dass gleichfalls nach anders gearteten, den Kenntnissen und Fähigkeiten des Betroffenen entsprechenden, weil zumindest zur Berufsgruppe gehörenden Tätigkeiten, Ausschau gehalten werden muss.

### § 4 Umfassende Möglichkeit flexibler Vertragsgestaltung auch außerhalb des Anwendungsbereichs von § 28, § 74 SGB V

Der Umstand, dass die gegenseitigen Rechte und Pflichten im Wiedereingliederungsverhältnis nur geringfügig gesetzlich vorgegeben sind und im Übrigen der
freien Vereinbarung durch die Parteien des Wiedereingliederungsverhältnisses
überlassen bleibt, eröffnet die Möglichkeit, die Gestaltung flexibel den medizinischen Vorgaben, den Bedürfnissen und Wünschen des Arbeitnehmers und der
Zumutbarkeit für den Arbeitgeber anzupassen. Hierbei ist zu beachten, dass das
durch § 28, § 74 SGB vorgezeichnete Wiedereingliederungsmodell nicht als
ausschließliches Modell zu betrachten ist. Vielmehr gibt es weitere Möglichkeiten, die Leistungsfähigkeit des Leistungsberechtigten schrittweise zu verbessern,
auch wenn die Voraussetzungen der § 28, § 74 SGB V im Einzelfall nicht vorliegen (etwa bei einer Wiedereingliederung durch eine gänzlich andere Tätigkeit). So können jederzeit während einer bestehenden Arbeitsunfähigkeit oder

während eines Rentenbezugs freie Wiedereingliederungsverträge geschlossen werden. Für die konkrete rechtliche Ausgestaltung existieren dabei mehrere Möglichkeiten: Sofern zwischen den Beteiligten bereits ein - durch die Arbeitsunfähigkeit ruhendes - Arbeitsverhältnis besteht, kann zunächst für die Dauer der Maßnahme ein weiterer - insoweit befristeter - Arbeitsvertrag geschlossen werden, dessen Bedingungen im Einzelnen auf die Maßnahme zur stufenweisen Wiedereingliederung angepasst sind (etwa geringere oder andere Tätigkeitsanforderungen bzw. gänzlich andere Tätigkeitsinhalte). Sofern unter Leistungsgesichtspunkten erforderlich, können sich die Parteien später auch auf eine unbefristete Fortführung dieses Arbeitsvertrages einigen. Hierdurch wird u.U. auch ein dauerhafter Übergang in eine Teilzeittätigkeit möglich. Überdies kann allgemein ein „Vertrag zu therapeutischen Zwecken" bzw. ein „Eingliederungsvertrag" als Schuldverhältnis i.S. des § 311 Abs. 1 BGB geschlossen werden, zumal durch § 28, § 74 SGB V die besondere Rechtsfigur eines rehabilitativ-therapeutischen Beschäftigungsverhältnisses mit dem Ziel der Wiedereingliederung in das Erwerbsleben rechtlich anerkannt ist. Dies gilt auch für Leistungsberechtigte, die in keinem Arbeitsverhältnis zum betreffenden Arbeitgeber stehen. Jede so gewählte Form eines Wiedereingliederungsmodells muss nicht zwingend auf Vorschlägen des Hausarztes bzw. des Arztes in einer Rehabilitationseinrichtung als Kassen- bzw. Vertragsarzt beruhen. Vielmehr kann der Leistungsberechtigte auch auf Vorschlag des Betriebsarztes oder gar eines Privatarztes ein Modell zur stufenweisen Wiedereingliederung mit seinem Arbeitgeber vereinbaren, selbst wenn der behandelnde Hausarzt oder Arzt der Rehabilitationseinrichtung zuvor schon ein anderes Wiedereingliederungsmodell vorgeschlagen hat. Wählen die Beteiligten ein Wiedereingliederungsmodell, das entweder nicht dem vom Vertragsarzt bzw. MDK vorgeschlagenen Modell entspricht, oder außerhalb des Anwendungsbereichs der § 28, § 74 SGB V liegt, hat dies keinerlei Einfluss auf den sozialversicherungsrechtlichen Status und die damit verbundenen lebensunterhaltssichernden Leistungsansprüche des Leistungsberechtigten. Denn insoweit ist zu berücksichtigen, dass es schon nach der Konzeption der AU-RL keine Bindung an bestimmte Vertragsmodelle gibt. So wird in Ziff. 2 der Anlage zu den AU-RL betont, dass eine standardisierte Betrachtung der stufenweisen Wiedereingliederung nicht möglich ist, vielmehr zwischen allen Beteiligten eine einvernehmliche Lösung unter Berücksichtigung der Umstände des Einzelfalles angestrebt werden sollte. Letzteres ist ohnedies stets zu begrüßen. Denn die besten Chancen für eine erfolgreiche stufenweise Wiedereingliederung bestehen regelmäßig dann, wenn eine enge Zusammenarbeit zwischen allen Beteiligten erfolgt, da nur so eine optimale Vernetzung aller in Betracht kommenden Leistungen auch anderer Rehabilitationsträger gewährleistet ist.

## 3. Kapitel: Schlussbemerkung

Um abschließend auf das eingangs gewählte Zitat von Erwin Brocke zurückzukommen, bleiben nach alledem folgende Anmerkungen: Das Rechtsinstitut der stufenweisen Wiedereingliederung ist mit den Normen der § 28, § 74 SGB V in einem klassisch sozialrechtlichen Umfeld gesetzlich normiert und betrifft damit tatsächlich (primär) das Sozialrecht. Dies wird nunmehr durch die in § 28 enthaltene Rechtsfolgenanordnung („*...sollen die medizinischen und die sie ergänzenden Leistungen entsprechend dieser Zielsetzung erbracht werden*") noch bekräftigt. Gleichwohl wirkt sich das Instrumentarium zwangsläufig auf das arbeitsrechtliche Verhältnis aus, sofern ein solches in ruhender Form zugrunde liegt und greift damit tatsächlich auch in selbiges und in die damit einhergehenden Beziehungen des erkrankten Versicherten und seines Arbeitgebers ein. Dies gilt schon deshalb, weil für den Arbeitgeber eine arbeitsvertragliche Pflicht zur Durchführung besteht und die Maßnahme mit allen damit verbundenen Chancen und Risiken im betrieblichen Umfeld vollzogen wird. Da es überdies an einer detaillierten gesetzlichen Ausgestaltung der Rechte und Pflichten im Wiedereingliederungsverhältnis fehlt, trifft zudem die Aussage zu, dass durch die gesetzliche Normierung das Verhältnis zwischen den Parteien einer stufenweisen Wiedereingliederung nicht substantiell abgeklärt wird. Dies stellt aber zugleich eine Chance für flexible Vertragsgestaltungen in der Praxis dar, ist also trotz der daraus teilweise resultierenden Rechtsunsicherheiten durchaus als positiv zu bewerten.

**Anlage 1:**

GRG-Entwurf vom 16. November 1987

Entwurf eines
Gesetzes zur Strukturreform im Gesundheitswesen
(Gesundheits-Reformgesetz - GRG)

Der Bundestag hat mit Zustimmung des Bundesrates das folgende
Gesetz beschlossen:

Erster Teil
Ergänzung und Änderung des Sozialgesetzbuchs

Artikel 1
Sozialgesetzbuch (SGB)
- Gesetzliche Krankenversicherung -

In das Sozialgesetzbuch wird folgendes Fünftes Buch eingefügt:

"Fünftes Buch (V)
Gesetzliche Krankenversicherung

Erstes Kapitel
Allgemeine Vorschriften

§ 1
Krankenkassen

(1) Leistungsträger der gesetzlichen Krankenversicherung sind
die Krankenkassen. Sie sind in folgende Kassenarten gegliedert:
Ortskrankenkassen,
Betriebskrankenkassen,
Innungskrankenkassen,
Handwerkerkrankenkassen,
Landwirtschaftliche Krankenkassen,
die Bundesknappschaft,
die See-Krankenkasse,
Ersatzkassen.

a) Praktikabilität

Abs. 2 Satz 2 begründet nach der Formulierung im Grundsatz eine Verpflichtung der Krankenkassen zur Zusammenarbeit sowohl innerhalb der Kassenarten als auch kassenartenübergreifend. In Einzelfällen kann es allerdings zweifelhaft sein, wann eine konkrete Verpflichtung besteht und wie sie durchgesetzt werden kann, z.B. durch Maßnahmen der Aufsicht oder Klagen von Kassen und Verbänden. Zu überlegen wäre, ob der Grundsatz für bestimmte Bereiche weiter konkretisiert werden kann, um z.B. für die GKV ungünstigen Einzelabschlüssen bestimmter Kassen mit Leistungserbringern entgegenwirken zu können.

b) Fachliche Beurteilung

Abs. 1 entspricht § 21 Abs. 2 SGB I und ersetzt zugleich § 225 RVO. Damit wird eine Grundlage für die Gleichstellung der Krankenkassen geschaffen, die besonders im Hinblick auf die Ersatzkassen zu begrüßen ist. Abs. 2 Satz 1 wiederholt die Regelung in § 29 SGB IV und betont die Zuständigkeit der Selbstverwaltung bei der Durchführung der Krankenversicherung. Daraus können generell Spielräume/Entscheidungsbefugnisse für die Selbstverwaltung abgeleitet werden. Den Grundsatz der Zusammenarbeit gemäß Satz 2 ist im Interesse der GKV, aber auch der AOK-Gemeinschaft, zuzustimmen. Eine weitere Verdeutlichung und teilweise Konkretisierung sollte angestrebt werden.

...

Anmerkungen zum GRG-Entwurf

a) Praktikabilität/Durchführungsprobleme der Einzelbestimmungen
b) fachliche Beurteilung der Einzelbestimmungen

Fünfter Abschnitt
Leistungen bei Krankheit

Erster Titel
Krankenbehandlung

§ 20
Krankenbehandlung

a) Die Vorschrift ist praktikabel.

Versicherte haben von Beginn der Krankheit an Anspruch auf Krankenbehandlung einschließlich der Leistungen zur Rehabilitation. Die Krankenbehandlung umfaßt insbesondere

1. ärztliche Behandlung,

2. zahnärztliche Behandlung einschließlich der Versorgung mit Zahnersatz,

b) - Nr. 2 muß lauten: ... mit Zahnersatz <u>und Zahnkronen.</u>

Anmerkung:

3. Versorgung mit Arznei-, Heil- und Hilfsmitteln und mit Sehhilfen,

4. häusliche Krankenbehandlung und Haushaltshilfe,

5. stationäre Behandlung,

6. weitere Leistungen zur Rehabilitation.

Verbandmittel sind aus dem Leistungskatalog der GKV herausgenommen worden. Das hat zur Folge, daß z.B. die Wundversorgung der Versicherte selbst finanzieren muß. Das wird - ähnlich wie bei den Zuzahlungen im Rettungsdienst - erhebliche Schwierigkeiten mit sich bringen.

Anmerkung:

wie § 179 Abs. 1 RVO

§ 35

Teilarbeitsfähigkeit

(1) Kann ein arbeitsunfähiger Versicherter nach ärztlicher Feststellung seine bisherige oder eine vergleichbare Tätigkeit noch teilweise verrichten, sollen auf der Grundlage über die Arbeitsunfähigkeit Art und Umfang der möglichen Tätigkeiten angegeben werden.

(2) Bei der Feststellung der Teilarbeitsfähigkeit kann der Arzt im Einvernehmen mit dem Versicherten bei dessen Arbeitgeber oder im Einvernehmen mit dem Versicherten und dem Arbeitgeber den Betriebsarzt fragen, ob die Teilarbeitsleistung im Betrieb untragbar und das Versicherten sowie dem Arbeitgeber zugemutet werden kann.

(3) Der Arzt soll eine Teilarbeitsfähigkeit insbesondere dann angeben, wenn zu erwarten ist, daß die Wiederaufnahme der Beschäftigung die Rehabilitation des Versicherten beschleunigt, erleichtert oder sichert.

Anmerkung:

Die Vorschrift ist neu. Sie veranlaßt den behandelnden Arzt bei der Beschleunigung der Arbeitsunfähigkeit zu differenzieren, damit eine verbliebene Restarbeitsfähigkeit eingesetzt oder der Rehabilitationsprozeß verbessert werden kann.

Folgeregelungen sind im AFG notwendig, um zu vermeiden, daß die Höhe eines später evtl. zu zahlenden Arbeitslosengeldes durch das Teilarbeitszeit gemindert wird.

Anmerkungen zum GRG-Entwurf

a) Praktikabilität/Durchführungsprobleme der Einzelbestimmungen

b) fachliche Beurteilung der Einzelbestimmungen

a) und b)

Dieser Vorschrift kann nicht entnommen werden, welche Konsequenzen zu ziehen sind, wenn bei offensichtlicher Teilarbeitsfähigkeit einer der Beteiligten diese gesetzliche Vorschrift negiert. Eine Umsetzung der in § 35 genannten Grundüberlegungen ist nur dann möglich, wenn eine Konkretisierung (z. B. in Richtlinien des Bundesausschusses der Ärzte und Krankenkassen) erfolgt.

**Anlage 2:**

B M A                                   Bonn, den 20.01.1988
V b 1 - 44 000 - 7

R e f e r e n t e n e n t w u r f

Gesetz zur Strukturreform im Gesundheitswesen

(Gesundheits-Reformgesetz - GRG)

Stand: 20.01.1988

R e f e r e n t e n e n t w u r f

Gesetz zur Strukturreform im Gesundheitswesen

(Gesundheits-Reformgesetz - GRG)

I n h a l t s ü b e r s i c h t                    §§

- II -

Artikel 2   Änderung des Ersten Buches Sozialgesetzbuch

Artikel 3   Änderung des Vierten Buches Sozialgesetzbuch

Artikel 4   Änderung des Zehnten Buches Sozialgesetzbuch
- Verwaltungsverfahren -

## § 41
### Teilarbeitsfähigkeit

Kann ein arbeitsunfähiger Versicherter nach ärztlicher Feststellung seine bisherige oder eine vergleichbare Tätigkeit teilweise verrichten und kann er durch eine stufenweise Wiederaufnahme einer Erwerbstätigkeit voraussichtlich wieder in das Erwerbsleben eingegliedert und dadurch Berufs- oder Erwerbsunfähigkeit abgewendet werden, soll der Arzt auf der Bescheinigung über die Arbeitsunfähigkeit Art und Umfang der möglichen Tätigkeiten angeben und dabei in geeigneten Fällen die Stellungnahme des Betriebsarztes und des Medizinischen Dienstes der Krankenkassen einholen.

Referentenentwurf
eines Gesetzes zur Strukturreform im Gesundheitswesen
(Gesundheitsreformgesetz - GRG)

B. **Besonderer Teil der Begründung**

I. **Zum Ersten Teil** - Ergänzung und Änderung des Sozialgesetzbuchs

Zu **Artikel 1** - Sozialgesetzbuch (SGB)
- Gesetzliche Krankenversicherung -

zu § 41 - Teilarbeitsfähigkeit

Schon das geltende Recht läßt zu, daß der behandelnde Arzt die
Teilarbeitsfähigkeit eines Versicherten feststellt. Von dieser
Möglichkeit wurde bisher in der Praxis jedoch nur wenig Gebrauch
gemacht.

Satz 1 soll den behandelnden Arzt veranlassen, bei der Bescheinigung der Arbeitsunfähigkeit stärker als bisher auch die Möglichkeit einer Teilarbeitsfähigkeit mit dem Ziel der Rehabilitation
des Versicherten zu prüfen und sich zu diesem Zweck auch mit
dem Betriebsrat und dem Medizinischen Dienst der Krankenkassen
in Verbindung zu setzen. Die ärztliche Feststellung erstreckt
sich sowohl auf die Teilarbeitsfähigkeit wie auf die Möglichkeit
einer Wiedereingliederung in das Erwerbsleben.

Die ärztliche Angabe einer Teilarbeitsfähigkeit auf der Bescheinigung über die Arbeitsunfähigkeit ändert nichts daran, daß der
Versicherte arbeitsunfähig im Rechtssinne bleibt. Er bleibt auch
ohne Rücksicht auf die Höhe des durch Teilarbeit erzielten Arbeitsentgelts, das auf das Krankengeld angerechnet wird (vgl.
§ 46 Nr. 1), in der gesetzlichen Krankenversicherung versichert.
Die Teilarbeit kann auch nicht dazu führen, daß z.B. für Höher-
verdienende, die bislang während ihrer Vollarbeit versicherungs-
frei waren, Versicherungspflicht eintritt.

# LITERATURVERZEICHNIS

Aichberger, Friedrich .................... Sozialgesetzbuch mit Nebengesetzen, Ausführungs- und Verfahrensvorschriften, 103. Auflage, Verlag C.H. Beck, München, Stand: 2010

Annuß, Georg .................... Das Allgemeine Gleichbehandlungsgesetz im Arbeitsrecht, BB 2006, 1629 - 1636

Balders, Sven-Frederik; .................... Das betriebliche Eingliederungsmanagement nach dem SGB IX, NZA 2005, 854 - 857
Lepping, Christian

Baumann, Ricardo; .................... Teilhabe am Arbeitsleben durch Betriebliches Gesundheitsmanagement, iqpr-Forschungsbericht Nr. 3/2007, Köln, März 2007 (veröff. unter: http://www.iqpr.de/iqpr/seiten/publikationen/forschungsberichte/forschungsberichte-de.asp)
Czarny, Matthias;
Flach, Thorsten;
Hetzel, Christian;
Mozdzanowski, Matthias;
Schian, Marcus;
Überle, Max;
Wellmann, Holger

Bauschke, Hans-Joachim .................... Fehlzeiten - Führungsprobleme und aktuelle Rechtsfragen, RiA 2006, 97 - 105

Becker, Isabell .................... Arbeits- und sozialrechtliche Beurteilung der stufenweisen Wiedereingliederung in das Erwerbsleben gem. § 74 SGB V, Centaurus-Verlagsgesellschaft, Pfaffenweiler 1995

Becker, Ulrich; .................... Kommentar zum SGB V - Gesetzliche Krankenversicherung, Verlag C.H. Beck, München 2010
Kingreen, Thorsten

Beckschulze, Martin .................... Auswirkung des § 2 SGB III auf das Arbeitsrecht, BB 1998, 791 - 794

Bepler, Klaus .................... Sozialrechtliche Gestaltung des laufenden Arbeitsverhältnisses durch das neue SGB III - Kündigungsschutz, Sozialplanförderung, Eingliederungsvertrag, ArbuR 1999, 219 - 229

ders. .................................................... Kein Schadensersatz bei unterlassener Information nach § 2 Abs. 2 Nr. 3 SGB III, jurisPR-ArbR 35/2004, Anm. 3

Berger-Delhey, Ulf ............................. Gesetz ist mächtiger, mächtiger ist die Not - Anmerkungen zum reformierten Schwerbehindertenrecht, ZTR 2004, 347 - 348

Biester, Frauke .................................... Auswirkungen des Allgemeinen Gleichbehandlungsgesetzes auf die betriebliche Praxis - Teil 1, jurisPR-ArbR 35/ 2006, Anm. 6

Bihr, Dietrich; .................................... Kommentar und Praxishandbuch zum
Fuchs, Harry; SGB IX, Asgard-Verlag, Sankt Augus-
Krauskopf, Dieter; tin 2006
Ritz, Hans-Günther

Blens, Dirk .......................................... Eingliederungsmanagement bei längerer Krankheit, ZMV 2005, 64 - 66

Boemke, Burkhard ....................... Altersgruppenbildung bei der Sozialauswahl - Anmerkung zu BAG, Urteil vom 06.11.2008, 2 AZR 523/07, jurisPR-ArbR 20/2009, Anm. 1

Börgmann, Udo ................................. Anm. zum Urt. des BAG v. 17.02.1998 (Az.: 9 AZR 84/97), AP Nr. 26 zu § 618 BGB, Bl. 438 - 440

Brackmann, Kurt ............................... Handbuch der Sozialversicherung, Band 1/2 - Gesetzliche Krankenversicherung, Soziale Pflegeversicherung, 12. Auflage, Asgard-Verlag Dr. Werner Hippe GmbH, Sankt Augustin, Stand: 2007

Braun, Stefan .............................. Betriebliches Eingliederungsmanagement gem. § 84 Abs. 2 SGB IX, ZTR
2005, 630 - 633

Britschgi, Siggy ........................... Betriebliches Eingliederungsmanagement - Das geht alle Arbeitnehmer an!,
AiB 2005, 284 - 288

Brocke, Erwin .............................. Die stufenweise Wiedereingliederung in
den Arbeitsprozeß, SGb 1990, 45 - 49

Brors, Christiane ........................... Berechtigtes Informationsinteresse und
Diskriminierungsverbot - Welche Fra-
gen darf der Arbeitgeber bei der Einstellung eines behinderten Bewerbers stellen?, DB 2003, 1734 - 1736

Brose, Wiebke .............................. Das betriebliche Eingliederungsmanagement nach § 84 Abs. 2 SGB IX als
eine neue Wirksamkeitsvoraussetzung
für die krankheitsbedingte Kündigung?,
DB 2005, 390 - 394

Brost, Reinhard; .......................... Untersuchungen zur stufenweisen Ar-
Krasemann, Ernst-Otto; beitsaufnahme nach langer Krankheit,
Stolley, Bernd Die Rehabilitation 1982, 45 - 50

Brox, Hans; ............................... Allgemeiner Teil des BGB, 33. Auf-
Walker, Wolf-Dietrich lage, Carl Heymanns Verlag, Köln 2009

Bundesarbeitsgemeinschaft für
Rehabilitation ............................. Arbeitshilfe für die stufenweise Wie-
dereingliederung in den Arbeitsprozess,
Schriftenreihe, Heft 8, Böhler Verlag
GmbH, Würzburg 2004

Bundesministerium für Arbeit
und Soziales ............................... Sicherheit und Gesundheit bei der Arbeit 2008 - Bericht der Bundesregierung
über den Stand von Sicherheit und Ge-

sundheit bei der Arbeit und über das Unfall- und Berufskrankheitengeschehen in der Bundesrepublik Deutschland im Jahre 2008 (veröff. unter: http://de. osha.europa.eu/statistics/statistiken/ suga)

Bundesvereinigung Lebenshilfe für Menschen mit geistiger Behinderung .................................... Zusammenfassung des Rehabilitationsrechts in einem SGB IX, RdL 1996, 66 - 68

Bundesversicherungsanstalt für Angestellte .......................................... Arbeitsanweisung Rehabilitation , § 28 SGB IX, Stand: 12.01.2005

dies. .................................... Anschlussheilbehandlung, Informationsschrift für Krankenhäuser, Ausgabe 2005

Bürger, Wolfgang ............................... Stufenweise Wiedereingliederung nach orthopädischer Rehabilitation - Teilnehmer, Durchführung, Wirksamkeit und Optimierungsbedarf, Rehabilitation 2004, 152 - 161

Bürger, Wolfgang; ....................... Stufenweise Wiedereingliederung zu Kluth, Wiebke; Lasten der Gesetzlichen Rentenversi-Koch, Uwe cherung - Häufigkeit, Indikationsstellung, Einleitung, Durchführung, Bewertung und Ergebnisse - Abschlussbericht, November 2008 (veröff. unter: http:// forschung.deutsche-rentenversicherung.de/ForschPortalWeb/ contentAction.do?key=main_reha_reha _ ep_stw)

Clemens, Thomas; ............................. Kommentar zum Sozialgesetzbuch

Godschalk, Bettina;                 Fünftes Buch - SGB V - Gesetzliche
Heberlein, Ingo u.a.                 Krankenversicherung, Band 1 und 2,
Verlag R. v. Decker, Heidelberg 2006

Compensis, Ulrike .................. Sozialrechtliche Auswirkungen der stufenweisen Wiedereingliederung arbeits-
unfähiger Arbeitnehmer nach § 74 SGB
V, NZA 1992, 631 - 637

Cramer, Horst H. .................. Die Neuerungen im Schwerbehindertenrecht des SGB IX, NZA 2004, 698 -
714

Dalichau, Gerhard ....................... Kommentar zum SGB V - Gesetzliche
Krankenversicherung, Band 1, Verlag
CW Haarfeld Köln, Stand: 01.07.2009

Dalichau, Gerhard; ............................. Gesetzliche Krankenversicherung,
Schiwy, Peter                 Sozialgesetzbuch (SGB) Fünftes Buch
(V), Verlag R. S. Schulz, Percha am
Starnberger See, Stand: 2008

Dalichau, Gerhard; ............................. Gesundheitsstrukturgesetz - Kommentar
Grüner, Hans                 zur Weiterentwicklung der Krankenversicherung mit Rechtssammlung, Band
1, Teil 2, Verlag R.S. Schulz GmbH,
Starnberg, Stand: 2001

Däubler, Wolfgang; ............................. Handkommentar Allgemeines Gleich-
Bertzbach, Martin            behandlungsgesetz, Nomos-Verlag, Baden-Baden 2007

Deinert, Olaf ............................. Privatrechtsgestaltung durch Sozialrecht
- Begrenzung des Akzeptanz- und Ver-
mögenswertprinzips durch sozialrechtliche Regelungen, Nomos-Verlag, Baden-Baden 2007

Deutsche Rentenversicherung
Bund ................................................ Jahresbericht 2005, Berlin (veröff. unter: http://www.deutsche-rentenversi-
cherung-bund.de/ nn_7130/SharedDocs
/de/Inhalt/04__Formulare__Publikation
en/03__publikationen/Statistiken/Bro-
schueren/jahresbericht__05.html)

Domröse, Ronny ............................... Krankheitsbedingte Kündigung als Verstoß gegen das Verbot der Diskriminie-
rung wegen einer Behinderung in Beschäftigung und Beruf, NZA 2006,
1320 - 1325

Düwell, Franz Josef .......................... Das Gesetz zur Förderung der Ausbildung und Beschäftigung schwerbehin-
derter Menschen, FA 2004, 200 - 202

ders. .................................................. Das reformierte Arbeitsrecht - Arbeitsrecht im Reformprozess, 1. Auflage,
Verlag juris, Saarbrücken 2005

ders. .................................................. Präventionspflicht bei längerer oder
häufiger Arbeitsunfähigkeit - Anm. zum
Urt. des ArbG Halberstadt v. 11.05.
2005 (3 Ca 114/05), jurisPR-ArbR 43/
2005, Anm. 4

ders. .................................................. Die Neuregelung des Verbots der Benachteiligung wegen Behinderung im
AGG, BB 2006, 1741 - 1745

ders. .................................................. Prävention und betriebliches Eingliederungsmanagement - Neue Aufgaben für
Arbeitgeber und Arbeitnehmervertre-
tungen, Festschrift für Wolfdieter
Küttner zum 70. Geburtstag (Personal-
recht im Wandel), 139 - 153, Verlag
C.H. Beck, München 2006

ders.; ...................................... Lehr- und Praxiskommentar zum
Joussen, Jacob                          Sozialgesetzbuch IX Rehabilitation und
                                        Teilhabe behinderter Menschen, 3. Auf-
                                        lage, Nomos-Verlag, Baden-Baden
                                        2010

Eichenhofer, Eberhard .................. Neue Grundsätze der Arbeitsförderung,
                                        SGb 2000, 289 - 295

Eicher, Wolfgang; ...................... SGB III Sozialgesetzbuch Drittes Buch
Schlegel, Rainer                        - Arbeitsförderung - Kommentar mit
                                        Nebenrecht, Verlag Luchterhand, Neu-
                                        wied, Stand: August 2010

Eissenhauer, Wolfgang ..................  Teilarbeitsfähigkeit und stufenweise
                                        Wiederaufnahme der Arbeit bei Leis-
                                        tungsgeminderten - aus sozialmedizini-
                                        scher Sicht, MED SACH 1989, 78 - 80

Etzel, Gerhard; ........................ KR - Gemeinschaftskommentar zum
Bader, Peter;                           Kündigungsschutzgesetz und zu
Fischermeier, Ernst;                    sonstigen kündigungsschutzrecht-
Friedrich, Hans-Wolf;                   lichen Vorschriften, 9. Auflage, Ver-
Griebeling, Jürgen u.a.                 lag Luchterhand, Neuwied 2009

Faber, Ulrich .......................... Eingliederungsmanagement nach § 84
                                        Abs. 1 SGB IX und Anspruch auf be-
                                        hinderungsgerechte Beschäftigung nach
                                        § 81 Abs. 4 SGB IX - Anm. zu BAG,
                                        Urt. v. 04.10.2005 - 9 AZR 632/04, Teil
                                        II, veröff. unter: http://www.reha-
                                        recht.de, Forum B (Schwerbehinderten-
                                        recht und Fragen des betrieblichen
                                        Gesundheitsmanagements), Diskussi-
                                        onsbeitrag Nr. 11/2006

Faßmann, Hendrik; ..................... Stufenweise Wiedereingliederung -
Oertel, Martina                         Bestandsaufnahme von Konzepten, Er-
                                        fahrungen und Problemen, Forschungs-
                                        bericht 204 zur Gesundheitsforschung,

|  | hrsg. v. Bundesminister für Arbeit und Sozialordnung, 1990 |
| dies. ............................................... | Stufenweise Wiedereingliederung in den Arbeitsprozess, BKK 1991, 18 - 28 |
| dies. ............................................... | Maßnahmen zur stufenweisen Wiedereingliederung in den Arbeitsprozeß - Untersuchung zur Effektivität der stufenweisen Wiedereingliederung in den Arbeitsprozeß nach langer schwerer Krankheit, Forschungsbericht 249 zur Sozialforschung, hrsg. v. Bundesminister für Arbeit und Sozialordnung, 1995 |
| Feldes, Werner ............................... | Kündigungsprävention und betriebliches Eingliederungsmanagement im novellierten SGB IX, BehindR 2004, 187 - 193 |
| ders. ............................................... | Eingliedern statt Kündigen - Eckpunkte für eine Betriebsvereinbarung zum Eingliederungsmanagement, AiB 2005, 546 - 548 |
| ders.; .............................. Kohte, Wolfhard; Stevens-Bartol, Eckart | Kommentar zum Sozialgesetzbuch Neuntes Buch, BUND VERLAG, Frankfurt a.M. 2008 |
| Finkenbusch, Norbert ................... | Das ausgewählte Urteil, WzS 2009, 150 |
| Fischermeier, Ernst ......................... | Die betriebsbedingte Kündigung nach den Änderungen durch das Arbeitsrechtliche Beschäftigungsförderungsgesetz", NZA 1997, 1089 - 1100 |
| Fraisse, Eckart; ................................. Karoff, Marthin | Verbesserung des Überganges zwischen medizinischer und beruflicher Rehabilitation - Pilotprojekt des Berufsförderungswerkes Dortmund und der |

300

LVA-Klinik Königsfeld, Ennepetal, zur
stufenweisen Wiedereingliederung
chronisch Kranker ins Erwerbsleben,
Rehabilitation 1997, 233 - 237

Franke, Dietmar .................... Betriebliches Eingliederungsmanagement, AuA 2006, 452 - 454

Franke, Edgar; .................... Lehr- und Praxiskommentar zum SGB
Molkentin, Thomas               VII - Gesetzliche Unfallversicherung, 2.
Auflage, Nomos-Verlag, Baden-Baden
2007

Fuchs, Maximilian; .................... Das Sozialrecht in der Rechtsprechung
Kruse, Jürgen                   des Bundesarbeitsgerichts, JbSozR Gegenwart 20 (1998), 405 - 422

Fuchs, Maximilian; .................... Europäisches Arbeitsrecht, 2. Aufla-
Marhold, Franz                  ge, Springer Verlag, Wien/New York
2006

Fuerst, Anna-Miria .................... Behinderung zwischen Diskriminierungsschutz und Rehabilitationsrecht -
Ein Vergleich zwischen Deutschland
und den USA, Nomos-Verlag, Baden-
Baden 2009

Gagel, Alexander .................... Die Veränderung der Kündigungssitua-
tion durch das SGB III, in Arbeitsrecht
und Arbeitsgerichtsbarkeit - Festschrift
zum 50-jährigen Bestehen der Arbeitsgerichtsbarkeit in Rheinland-Pfalz, 521
- 532, Verlag Luchterhand, Neuwied
1999

ders. .................... Rehabilitation im Betrieb unter Berücksichtigung des neuen SGB IX - ihre Be-
deutung und das Verhältnis von Arbeitgebern und Sozialleistungsträgern, NZA
2001, 988 - 993

ders. .................................................. § 2 SGB III: Schlüssel zum eingliede-
rungsorientierten Kündigungsrecht und
zu Transfer-Sozialplänen, BB 2001, 358
- 363

ders. .................................................. Arbeitsrechtliche Probleme u.a. im
Kontext des SGB IX, veröff. unter:
http://www.reha-recht.de, Forum B
(Schwerbehindertenrecht und Fragen
des betrieblichen Gesundheitsmanagements), Diskussionsbeitrag Nr. 1/2003

ders. .................................................. Betriebliches Eingliederungsmanagement, NZA 2004, 1359 – 1362

ders. .................................................. Stärkung des Kündigungsschutzes
durch § 84 Abs. 1 und 2 SGB IX (Wür-
digung des Beitrags von Wiebke Brose,
DB 2005, S. 390 - 394), veröff. unter:
http://www.reha-recht.de, Forum B
(Schwerbehindertenrecht und Fragen
des betrieblichen Gesundheitsmanagements), Diskussionsbeitrag Nr. 1/2005

ders. .................................................. Zustimmung des Integrationsamtes zur
Kündigung eines schwerbehinderten
Menschen - Anm. zum Urt. des LAG
Köln v. 16.06.2006 (Az.: 12 Sa 168/06),
jurisPR-ArbR 50/2006, Anm. 3

ders. .................................................. Betriebliches Eingliederungsmanagement und Stufenweise Wiedereingliede-
rung für Beamte, veröff. unter: http://
www.reha-recht.de, Forum B (Schwerbehindertenrecht und Fragen des betrieblichen Gesundheitsmanagements),
Diskussionsbeitrag Nr. 4/2007

ders. .................................................. Keine offensichtliche Unzuständigkeit
der Einigungsstelle beim betrieblichen

Eingliederungsmanagement - Anm. zum
Beschluss des LAG Kiel vom 19.12.
2006 (Az.: 6 TaBV 14/06), jurisPR-
ArbR 18/2007, Anm. 1

ders. .................................................. Loseblattkommentar zum SGB III Arbeitsförderung mit SGB II Grundsiche-
rung für Arbeitssuchende, Band 1 und
2, Verlag C.H. Beck, München, Stand:
Juli 2009

ders. .................................................. Kündigung in der Wartezeit auch ohne
Präventionsverfahren - Anm. zu BAG,
Urt. v. 28.06.2007 - 6 AZR 750/ 06,
jurisPR-ArbR 39/2007, Anm. 1

ders. .................................................. Zur Unterhaltssicherung während Stufenweiser Wiedereingliederung nach §
28 SGB IX/§ 74 SGB V, veröff. unter:
http://www.reha-recht.de, Forum B
(Schwerbehindertenrecht und Fragen
des betrieblichen Gesundheitsmanagements), Diskussionsbeitrag Nr. 24/2007

ders. .......................................... Mitbestimmungsrechte des Betriebsra-
tes beim betrieblichen Eingliederungs-
management - Anm. zu LArbG Hamburg 3. Kammer, Beschluss vom 21.05.
2008 - H 3 TaBV 1/08, jurisPR-ArbR
39/2008, Anm. 5

ders. .......................................... Aufteilung der Kosten stufenweiser
Wiedereingliederung zwischen Kran-
kenkassen und Rentenversicherungsträ-
gern, veröff. unter: http://www.reha-
recht.de, Forum B (Schwerbehindertenrecht und Fragen des betrieblichen
Gesundheitsmanagements), Diskussionsbeitrag Nr. 3/2009 samt Ergänzung
vom Februar 2009

ders. .................................... Klarstellungen zur Stufenweisen Wiedereingliederung (§ 28 SGB IX), Teile I
- III, veröff. unter: http://www.reha-
recht.de, Forum B (Schwerbehindertenrecht und Fragen des betrieblichen
Gesundheitsmanagements), Diskussi-
onsbeiträge Nr. 1-3/2010

ders. .................................... Überlegungen zu Begriff und Bedeutung der Eignung behinderter Menschen
für ausgeschriebene Stellen, veröff. unter: http://www.reha-recht.de, Forum B
(Schwerbehindertenrecht und Fragen
des betrieblichen Gesundheitsmanagements), Diskussionsbeitrag Nr. 12/2010

Gagel, Alexander; .............................. § 84 Abs. 2 SGB IX gilt auch für Be-
Schian, Marcus                          amte, veröff. unter: http://
http://www.reha-recht.de, Forum B
(Schwerbehindertenrecht und Fragen
des betrieblichen Gesundheitsmanagements), Diskussionsbeitrag Nr. 3/2007

dies. .................................... Die Dominanz der Rehabilitation bei
Bearbeitung und Begutachtung in Ren-
tenverfahren, SGb 2002, 529 - 536

dies. .................................... Stufenweise Wiedereingliederung in das
Erwerbsleben (§ 74 SGB V/§ 28 SGB
IX), BehindR 2006, 53 - 56

Gagel, Alexander; .............................. Bedeutung des Eingliederungsmanage-
Schian, Marcus;                         ments (§ 84 Abs. 2 SGB IX) für den
Schian, Hans-Martin                     Kündigungsschutz Teil II, veröff. unter:
http://www.reha-recht.de, Forum B
(Schwerbehindertenrecht und Fragen
des betrieblichen Gesundheitsmanagements), Diskussionsbeitrag Nr. 5/2004

dies. ............................................... Die Rolle der Krankenkassen und des
Kassenarztes bei stufenweiser Wieder-
eingliederung, veröff. unter: http://
www.reha-recht.de, Forum B (Schwerbehindertenrecht und Fragen des betrieblichen Gesundheitsmanagements),
Diskussionsbeitrag Nr. 16/2006

dies. ............................................... § 84 Abs. 2 SGB IX gilt auch für Beamte, veröff. unter: http://www.reha-
recht.de, Forum B (Schwerbehindertenrecht und Fragen des betrieblichen
Gesundheitsmanagements), Diskussionsbeitrag Nr. 3/2007

Gagel, Alexander; .............................. Bedeutung des Eingliederungsmana-
Schian, Hans-Martin; gements (§ 84 Abs. 2 SGB IX) für den
Dalitz, Sabine; Kündigungsschutz, Teil I, veröff. unter:
Schian, Marcus http://www.reha-recht.de, Forum B
(Schwerbehindertenrecht und Fragen
des betrieblichen Gesundheitsmanage-
ments), Diskussionsbeitrag Nr. 4/2004

dies. ............................................... Stufenweise Wiedereingliederung -
Voraussetzungen und Möglichkeiten,
veröff. unter: http://www.reha-recht.de,
Forum B (Schwerbehindertenrecht und
Fragen des betrieblichen Gesundheitsmanagements), Diskussionsbeitrag Nr.
6/2004

dies. ............................................... Stufenweise Wiedereingliederung in das
Erwerbsleben (§ 74 SGB V/§ 28 SGB
IX), veröff. unter: http://www.reha-
recht.de, Forum B (Schwerbehindertenrecht und Fragen des betrieblichen
Gesundheitsmanagements), Diskussionsbeitrag Nr. 9/2005

dies. ............................................... Entscheidung des Arbeitsgerichts Lübeck vom 24.11.2005 - 1 Ca 1738/05 - zur Bedeutung des BEM für krankheits-bedingte Kündigungen und der Darle-gungs- und Beweislast im Kündigungs-schutzverfahren, veröff. unter: http://www.reha-recht.de, Forum B (Schwer-behindertenrecht und Fragen des be-trieblichen Gesundheitsmanagements), Diskussionsbeitrag Nr. 4/2006

dies. ...................................................... Betriebliches Eingliederungsmanage-ment als Konkretisierung des betriebli-chen Gesundheitsmanagements (Anm. zum Urt. des LAG Berlin v. 27.10. 2005 - 10 Sa 783/05), veröff. unter: http://www.reha-recht.de, Forum B (Schwer-behindertenrecht und Fragen des be-trieblichen Gesundheitsmanagements), Diskussionsbeitrag Nr. 5/2006

Gasser, Stefan ................................... Zum Begriff der „Arbeitsunfähigkeit" - neue Rechtsentwicklung, neue Proble-me, MED SACH 1998, 69 - 72

Gaul, Björn; ...................................... Keine krankheitsbedingte Kündigung
Süßbrich, Katrin; ohne betriebliches Eingliederungsma-
Kulejewski, Darius nagement, ArbRB 2004, 308 - 312

Gawlick, Jörg ............................. Die stufenweise Wiedereingliederung arbeitsunfähiger Arbeitnehmer in das Erwerbsleben nach § 28 SGB IX, § 74 SGB V, Centaurus Verlag & Media KG, Freiburg 2009

Gebauer, Martin ................................ Umsetzungsprobleme von EG-Richt-linien und ihre Lösung, AnwBl. 2007, 314 - 319

Gerlach, Werner .............................. Die für die Beurteilung der Arbeitsunfähigkeit maßgebende Arbeit, WzS, 158
- 166

Gerst, Thomas ................................. Betriebliche Gesundheitsförderung -
Lohnende Investition in Mitarbeiter,
DÄBl. 2006, A 989 - A 994

Geschwinder, Jürgen .................... Anm. zum Urt. des BSG v. 15.11.1984
(Az.: 3 RK 21/83), SGb 1985, 469 - 471

Gitter, Wolfgang ............................ Arbeitsrechtliche Probleme der stufenweisen Wiedereingliederung arbeitsun-
fähiger Arbeitnehmer, ZfA 1995, 123 -
179

Glaubitz, Werner ............................ Nochmals: Das Rechtsverhältnis der
stufenweisen Wiedereingliederung ar-
beitsunfähiger Arbeitnehmer, NZA
1992, 402

Göhde, Thomas .............................. Aktuelle Entwicklungen im Rehabilitationsrecht, AmtlMitt LVA Rheinpro-
vinz 2004, 89 - 99

Großmann, Ruprecht; ....................... Gemeinschaftskommentar zum Sozial-
Schimanski, Werner;                        gesetzbuch IX - Rehabilitation und
Löschau, Martin;                           Teilhabe behinderter Menschen, Verlag
Marschner, Andreas;                        Luchterhand, Neuwied/Kriftel -
Spiolek, Ursula;                           Grundwerk 2002
Steinbrück, Hans-Joachim

Haines, Hartmut; ......................... Stellungnahme zu „Stufenweise Wie-
Liebig, Olaf                               dereingliederung in das Erwerbsleben (§
74 SGB V/§ 28 SGB IX), veröff. unter:
http://www.reha-recht.de, Forum B
(Schwerbehindertenrecht und Fragen
des betrieblichen Gesundheitsmanagements), Diskussionsbeitrag Nr. 9/2005",
Forum B, Januar 2006

Hanau, Peter ............................... Offene Fragen zum Teilzeitgesetz, NZA
2001, 1168 - 1175

Hauck, Karl; ............................... Loseblattkommentar zum SGB III -
Noftz, Wolfgang                           Arbeitsförderung, Band 1, Erich
Schmidt Verlag, Berlin, Stand: Januar
2010

dies. ...................................... Loseblattkommentar zum SGB V - Gesetzliche Krankenversicherung, Bände 1
bis 3, Erich Schmidt Verlag, Berlin,
Stand: Februar 2010

dies. ...................................... Loseblattkommentar zum SGB VII -
Gesetzliche Unfallversicherung, Band 1
Erich Schmidt Verlag, Berlin, Stand:
Januar 2010

dies. ...................................... Loseblattkommentar zum SGB IX - Rehabilitation und Teilhabe behinderter
Menschen, Band 1 und 2, Erich
Schmidt Verlag, Berlin, Stand: Dezember 2009

Heinze, Helmut ........................... Gesamtkommentar Sozialgesetzbuch,
Sozialversicherung, RVO, Die neue
Krankenversicherung - Fünftes Buch
SGB, Teil A (Inhaltsverzeichnis, Einleitung, Synopse, Kommentierung § 1 - §
219), Verlag Chmielorz GmbH, Wies-
baden 1989

Herschel, Wilhelm ....................... Zur Dogmatik des Arbeitsschutzrechts,
RdA 1978, 69 - 74

Hitzfeld, Ulrike ........................... Wiedereingliederung und Teilarbeitsfähigkeit, in Liber Discipulorum, Dank-
schrift für Prof. Dr. Günther Wiese, 55 -
63, GOR-Verlag, Weinheim 1996

| | |
|---|---|
| Högenauer, Nikolaus ........................ | Die europäischen Richtlinien gegen Diskriminierung im Arbeitsrecht. Analyse, Umsetzung und Auswirkung der Richtlinien 2000/43/EG und 2000/78/EG im deutschen Arbeitsrecht, Verlag Dr. Kovač, Hamburg 2002 |
| Horch, Raymund; .............................. Hoffart, Jürgen; Stenner, Dieter | Zur Problematik der „Arbeitsunfähigkeit und deren Begutachtung durch den Medizinischen Dienst der Krankenversicherung", MED SACH 1993, 25 - 29 |
| Höß, Brigitte ............................ | Stufenweise Wiedereingliederung, Mitt bay LVAen, 2004, 559 - 562 |
| Hüllen, Barbara ............................... | Schritt für Schritt zurück in die Arbeitswelt, Stufenweise Wiedereingliederung - Eine gemeinsame Aufgabe von Betriebskrankenkassen und Betriebsärzten, ErgoMed 1993, 178 - 181 |
| Hunold, Wolf ................................... | „Eingliederungsmanagement", AuA 2005, 422 |
| ders. ................................. | BB-Kommentar zur Entscheidung des LAG Niedersachsen vom 29.03.2005 - 1 Sa 1429/04, BB 2005, 1684 - 1685 |
| ders. ................................. | BB-Kommentar zur Entscheidung des LAG Niedersachsen vom 25.10.2006 - 6 Sa 974/05, BB 2007, 724 |
| Jarass, Hans D. ................................ | Richtlinienkonforme bzw. EG-rechtskonforme Auslegung nationalen Rechts, EuR 1991, 211 - 223 |
| Karoff, Marthin ................................ | Ambulante/teilstationäre Rehabilitationsverfahren im Ennepetaler Modell, Herz 1998, 533 - 535 |

Karoff, Marthin; .................................... Stufenweise Wiedereingliederung: eine
Goedecker, Norbert                                  Möglichkeit die Reintegration in das
                                                    Berufsleben nach langer Krankheit zu
                                                    fördern, Herz/Kreisl. 1993, 215 - 217

Kciuk, Katharina .................................. Betriebliches Eingliederungsmanage-
                                                    ment und krankheitsbedingte Kündi-
                                                    gung, DÖD 2005, 151 - 153

Klaesberg, Sabrina .............................. Das Betriebliche Eingliederungsmana-
                                                    gement gem. § 84 Abs. 2 SGB IX,
                                                    PersR 2005, 427 - 431

Knittel, Bernhard ......................... Kommentar zum SGB IX - Rehabilita-
                                                    tion und Teilhabe behinderter Men-
                                                    schen, Verlag CW Haarfeld, Köln,
                                                    Stand: 1. November 2008

Knufinke, Ralf ........................... Stufenweise Wiedereingliederung nach
                                                    § 28 SGB IX, Kompass (Knappschaft
                                                    Bahn See) Nov./Dez. 2006, 18 - 21

Köhn, Manfred; ................................... Wiedereingliederung in den Arbeits-
Moch, Peter                                         prozess nach schwerer Krankheit, BKK
                                                    1990, 485 - 489

Köhn, Manfred; ................................... Wiedereingliederung in den Arbeits-
Müller, Ludwig                                      prozess nach schwerer Krankheit
                                                    („Siemens-Modell"), BKK 1990, 700 -
                                                    704

Kohte, Wolfhard ................................ Rehabilitationsförderung durch Reali-
                                                    sierung behinderungsbezogener Teil-
                                                    zeitarbeit, veröff. unter:
                                                    http://www.reha-recht.de, Forum B
                                                    (Schwerbehindertenrecht und Fragen
                                                    des betrieblichen Gesundheitsmanage-
                                                    ments), Diskussionsbeitrag Nr. 12/2003
                                                    - Bewältigung von Leistungseinschrän-
                                                    kungen im Betrieb

ders. ...................................... Die Verantwortung für Prävention im
Arbeitsleben von Arbeitgebern, Rehabi-
litationsträgern und Integrationsamt,
ZSR 2003, 443 - 460

ders. ...................................... Das SGB IX als arbeits- und sozial-
rechtliche Grundlage der Teilhabe am
Arbeitsleben, ZSR, 51. Jahrgang,
Sonderheft 2005, 7 - 35

ders. ...................................... Beschäftigungspflicht von Schwerbehinderten - Anm. zum Urt. des LAG
Baden-Württemberg v. 22.06. 2005
(Az.: 2 Sa 11/05), jurisPR-ArbR 47/
2005, Anm. 1

ders. ...................................... Konkrete Darlegung von Betriebsab-
laufstörungen bei Krankheitskündigun-
gen - Anm. zum Urt. des LAG Hamm v.
06.05.2004 [Az.: 8 (2) Sa 1615/ 03],
jurisPR-ArbR 6/2005, Anm. 5

ders. ...................................... Anspruch auf Wiedereingliederung eines schwerbehinderten Menschen -
Anm. zum Urt. des LAG Rheinland-
Pfalz v. 04.03.2005 (Az.: 12 Sa 566/04),
jurisPR-ArbR 21/2006, Anm. 4

ders. ...................................... Behinderungsgerechter Arbeitsplatz -
Anm. zum Urt. des BAG v. 04.10.2005
(Az.: 9 AZR 632/04), jurisPR-ArbR
27/2006, Anm. 2

ders. ...................................... Lang andauernde Krankheit eines
schwerbehinderten Arbeitnehmers ohne
vorheriges betriebliches Eingliederungsmanagement - Anm. zum Urt. des
LAG Nürnberg v. 21.06. 2006 [Az.: 4
(9) Sa 933/05], jurisPR-ArbR 49/2006,
Anm. 6

ders. .................................. Rechtsdurchsetzung im betrieblichen
Eingliederungsmanagement, veröff. un-
ter: http://www.reha-recht.de, Forum B
(Schwerbehindertenrecht und Fragen
des betrieblichen Gesundheitsmanagements), Diskussionsbeitrag Nr. 9/2006

ders. .................................. Altersgruppen und Altersdiskriminie-
rung - Anm. zu LArbG Hannover, Ur-
teil vom 13.07.2007 - 16 Sa 269/07 -,
jurisPR-ArbR 5/2008, Anm. 1

ders. .................................. Betriebliches Eingliederungsmanagement und Bestandsschutz, DB 2008,
582 - 587

ders.; .................................. Neue Rechtsprechung des BAG zum
Beetz, Claudia Urlaubsrecht - Anm. zu BAG, Urteil
vom 24.03.2009, 9 AZR 983/07,
jurisPR-ArbR 25/2009, Anm. 1

Kohte, Wolfhard; .................................. Personenbedingte Kündigung - Alko-
Faber Ulrich holkrankheit - Anm. zum Urt. des LAG
Chemnitz v. 16.02.2006 (Az.: 8 Sa 968/
04), jurisPR-ArbR 36/2006, Anm. 2

Kollmer, Norbert Franz .................. Kommentar zum Arbeitsschutzgesetz
mit BetrSichV • BaustellV •
BildscharbV • LasthandhabV • PSA-BV
• BiostoffV • MuSchArbV • ArbStättV,
Verlag C.H. Beck, München 2010

Kort, Michael .................................. Inhalt und Grenzen der arbeitsrechtlichen Personenfürsorgepflicht, NZA
1996, 854 - 858

Kossens, Michael; .................................. Das Gesetz zur Bekämpfung der Ar-
Maaß, Michael beitslosigkeit Schwerbehinderter - ein

Weg zu mehr Beschäftigung schwerbehinderter Menschen?, NZA 2000, 1025
- 1033

Kossens, Michael; ............... Kommentar zum SGB IX - Rehabilita-
von der Heide, Dirk; tion und Teilhabe behinderter Men-
Maaß, Michael schen, 3. Auflage, Verlag C.H. Beck,
München 2009

Krauskopf, Dieter ............... Soziale Krankenversicherung und Pflegeversicherung, Loseblattkommentar,
Band 1 und 2, Verlag C.H. Beck, München 2007

Kreikebohm, Ralf; ................... Kommentar zum Sozialrecht, Verlag
Spellbrink, Wolfgang; C.H. Beck, München 2009
Waltermann, Raimund

Kruck, Peter ......................... Stufenweise Wiedereingliederung ins
Erwerbsleben - „Teilarbeitsfähigkeit" -
aus juristischer Sicht, MED SACH
1989, 76 - 78

Kruse, Jürgen; ...................... Gesetzliche Krankenversicherung,
Hänlein, Andreas Lehr- und Praxiskommentar, 3. Aufla-
ge, Nomos-Verlag, Baden-Baden 2008

Küttner, Wolfdieter; ........................... Personalbuch 2010 - Arbeitsrecht ·
Röller, Jürgen Lohnsteuerrecht · Sozialversicherungs-
recht, 17. Auflage, Verlag C.H. Beck,
München 2010

Lachwitz, Klaus; ...................... Handkommentar - SGB IX, Rehabilita-
Schellhorn, Walter; tion und Teilhabe behinderter Men-
Welti, Felix schen, 3. Auflage, Verlag Luchterhand,
Neuwied 2010

dies. ...................................... SGB IX - Rehabilitation, Textausgabe
des Sozialgesetzbuches - Neuntes Buch
(SGB IX), Rehabilitation und Teilhabe

behinderter Menschen mit einer systematischen Einführung, 2. Auflage, Verlag Luchterhand, Neuwied 2005

Lambeck, Rainer .................................. Zum Beweiswert ärztlicher Arbeitsunfähigkeitsbescheinigungen im Entgeltfortzahlungsprozeß, NZA 1990, 88 - 91

Lange, Hartmut .......................... Die Wiedereingliederung von Arbeitnehmern, SAE 2007, 303 - 310

Langenfeld, Christine ........................ Zur Drittwirkung von EG-Richtlinien, DÖV 1992, 955 - 965

Leder, Tobias .................................. Anm. zum Urt. des LAG Rheinland-Pfalz vom 09.02.2004 (Az.: 7 Sa 1099/ 03), LAGE Nr. 2 zu § 81 SGB IX

ders. .................................... Das Diskriminierungsverbot wegen einer Behinderung, Verlag Duncker & Humblot, Berlin 2006

Leinemann, Wolfgang ........................ Kommentar zur Gewerbeordnung, Arbeitsrechtlicher Teil (§§ 105 - 141), Verlag Luchterhand, Neuwied, Stand: März 2009

Lilge, Werner .................................. Handkommentar zum SGB VI - Gesetzliche Rentenversicherung, Band 1, Erich Schmidt Verlag, Berlin, Stand: März 2009

Lode, Maren ........................... Leistungen zur Teilhabe am Arbeitsleben durch einstweiligen Rechtsschutz, SGb 2009, 211 - 217

Löw, Stefan .................................. Betriebliches Eingliederungsmanagement - Die Auswirkungen auf krankheitsbedingte Kündigungen, MDR 2005, 608 - 609

Löwisch, Manfred .............................. Die besondere Verantwortung der „Arbeitnehmer" für die Vermeidung von Arbeitslosigkeit, NZA 1998, 729 – 730

Luik, Steffen ............................. Stufenweise Wiedereingliederung und Arbeitslosigkeit, Anm. zu BSG, Urteil vom 21.03.2007 - B 11a AL 31/06 R -, jurisPR-SozR 24/2007, Anm. 4

Magin, Johannes; .............................. Die Einführung des betrieblichen Eingliederungsmanagements - Erste Erfahrungen aus der Praxis, BehindR 2005, 52 - 59
Schnetter, Bettina

Marburger, Horst .............................. Zur Entwicklung des Arbeitsunfähigkeitsbegriffes im Bereich der gesetzlichen Krankenversicherung, SGb 1988, 228 - 231

Maurer, Hartmut .............................. Allgemeines Verwaltungsrecht, 17. Auflage, Verlag C.H. Beck, München 2009

May, Artur .............................. Die krankheitsbedingte Arbeitsunfähigkeit - Feststellung und Rechtsbegriff -, SGb 1988, 477 - 481

Messingschlager, Thomas .................... „Sind Sie schwerbehindert?" - Das Ende einer (un)beliebten Frage, NZA 2003, 301 - 305

Morawe, Mario .............................. Schrittweise Rückkehr Langzeiterkrankter ins Arbeitsleben, AuA 1998, 273 - 276

Moritz, Heinz Peter .............................. Die rechtliche Integration behinderter Menschen nach SGB IX, BGG und Antidiskriminierungsgesetz, ZFSH/SGB-Sozialrecht in Deutschland und Europa 2002, 204 - 214

Mrozynski, Peter .................... Rehabilitationsrecht - Eine Darstellung der sozialrechtlichen Grundlagen unter Berücksichtigung der Rechtsprechung, 3. Auflage, Verlag C.H. Beck, München 1992

ders. .................................... Kommentar zum SGB IX, Teil 1 - Regelungen für behinderte und von Behinderung bedrohte Menschen, Verlag C.H. Beck, München 2002

Müller-Glöge, Rudi; ..................... Erfurter Kommentar zum Arbeitsrecht,
Preis, Ulrich; 11. Auflage, Verlag C.H. Beck,
Schmidt, Ingrid München 2011

Müller-Wenner, Dorothee; ................. Kommentar zum SGB IX, Teil 2 -
Schorn, Ulrich Schwerbehindertenrecht, Verlag C.H. Beck, München 2003

Namendorf, Annette; ........................ Betriebliches Eingliederungsmanage-
Natzel, Ingo ment - Wunderwaffe im Kündigungsrechtsstreit?, FA 2005, 162 - 164

dies. .................................... Betriebliches Eingliederungsmanagement nach § 84 Abs. 2 SGB IX und seine arbeitsrechtlichen Implikationen, DB 2005, 1794 - 1798

Nann, Hans-Peter .............................. Belastungserprobung und Arbeitstherapie - Chancen und Grenzen, BG 2000, 618 - 627

Nägele, Stefan ................................. EG-Arbeitsrecht in der deutschen Praxis, Verlag Recht und Wirtschaft GmbH, Frankfurt am Main 2007

Nebe, Katja ............................ (Re-)Integration von Arbeitnehmern: Stufenweise Wiedereingliederung und Betriebliches Eingliederungsmanage-

|   |   |
|---|---|
|   | ment - ein neues Kooperationsverhält-<br>nis, DB 2008, 1801 - 1805 |
| Neumann, Dirk; ..................<br>Pahlen, Ronald;<br>Majerski-Pahlen, Monika | Kommentar zum SGB IX - Rehabilita-<br>tion und Teilhabe behinderter Men-<br>schen, 12. Auflage, Verlag C.H. Beck,<br>München 2010 |
| Niesel, Klaus .......................... | Kasseler Kommentar zum Sozialversi-<br>cherungsrecht, Band 1, Verlag C.H.<br>Beck, München 2007 |
| ders. .................................. | Kommentar zum SGB III - Arbeitsför-<br>derung, 4. Auflage, Verlag C.H. Beck,<br>München 2007 |
| ders. .................................. | Die wichtigsten Änderungen des Ar-<br>beitsförderungsrechts durch das Ar-<br>beitsförderungs-Reformgesetz (AFRG),<br>NZA 1997, 580 - 588 |
| Oetker, Hartmut .......................... | „Gibt es einen Kündigungsschutz<br>außerhalb des Kündigungsschutzgeset-<br>zes?", ArbuR 1997, 41 - 54 |
| Orlowski, Ulrich; ..........................<br>Schermer, Joachim;<br>Zipperer, Manfred;<br>Rau Ferdinand;<br>Wasem, Jürgen | Kommentar zum Sozialgesetzbuch<br>Fünftes Buch - SGB V - Gesetzliche<br>Krankenversicherung (GKV), Verlag<br>C.F. Müller, Heidelberg 2007 |
| Palandt, Otto; ..........................<br>Bassenge, Peter;<br>Brudermüller, Gerd | Kommentar zum Bürgerlichen Gesetz<br>buch, 70. Auflage, Verlag C.H. Beck,<br>München 2011 |
| Peters, Horst .......................... | Handbuch der Krankenversicherung,<br>Teil II - Sozialgesetzbuch V, Band 1<br>und 2, 19. Auflage, Verlag W. Kohl-<br>hammer, Stuttgart, Stand: 2007 |

Pick, Daniela .......................................... Zum betrieblichen Eingliederungsmanagement bei einer Kündigung im
Kleinbetrieb aus krankheitsbedingten
Gründen (Anm. zum Urt. des LAG
Schleswig-Holstein v. 17.11.2005 - 4 Sa
328/05), veröff. unter: http://www.reha-
recht.de, Forum B (Schwerbehindertenrecht und Fragen des betrieblichen
Gesundheitsmanagements), Diskussionsbeitrag Nr. 6/2006

dies. ....................................................... Zur Prüfkompetenz des MDK im Hinblick auf eine ärztliche Therapieempf-
fehlung - hier: stufenweise Wiedereingliederung, veröff. unter: http://www.
reha-recht.de, Forum B (Schwerbehindertenrecht und Fragen des betrieblichen Gesundheitsmanagements), Diskussionsbeitrag Nr. 6/2007

Preis, Ulrich ......................................... Prinzipien des Kündigungsrechts bei
Arbeitsverhältnissen - Eine Untersu-
chung zum Recht des materiellen Kün-
digungsschutzes, insbesondere zur
Theorie der Kündigungsgründe, Verlag
C.H. Beck, München 1987

ders. ...................................................... Der Kündigungsschutz außerhalb des
Kündigungsschutzgesetzes, NZA 1997,
1256 - 1270

ders. ...................................................... Die Verantwortung des Arbeitgebers
und der Vorrang betrieblicher Maßnah-
men vor Entlassungen (§ 2 I Nr. 2 SGB
III) - Programmsatz oder verbindlicher
Rechtssatz?, NZA 1998, 449 - 458

Reinecke, Gerhard ...................... Krankheit und Arbeitsunfähigkeit - die
zentralen Begriffe des Rechts der Ent-
geltfortzahlung, DB 1998, 130 - 133

Renn, Heribert .................... SGB IX - Rehabilitation und Teilhabe
behinderter Menschen - Eine Arbeitshil-
fe, Diakonisches Werk Hessen und Nas-
sau e.V., Frankfurt a.m. 2001

Richardi, Reinhard; ................ Münchener Handbuch zum Arbeits-
Wlotzke, Otfried recht, Ergänzungsband Individualar-
beitsrecht, 2.Auflage, Verlag C.H.
Beck, München 2001

Rolfs, Christian ..................... Arbeitsrechtliche Aspekte des neuen
Arbeitsförderungsrechts, NZA 1998, 17
- 23

ders. .............................. Das neue Recht der Teilzeitarbeit, RdA
2001, 129 - 143

Rolfs, Christian; ................... Die Pflichten des Arbeitgebers und die
Paschke, Derk Rechte schwerbehinderter Arbeitnehmer
nach § 81 SGB IX, BB 2002, 1260 -
1264

Rose, Franz-Josef; ................. Wiedereingliederung: Schrankenloser
Gilberger, Christin Anspruch schwerbehinderter Men-
schen?, DB 2009, 1986 - 1990

Schaaf, Michael ................... Anspruch auf Arbeitsentgelt aus einem
Wiedereingliederungsverhältnis - Das
Urt. des Bundesarbeitsgerichts v. 29.01.
1992 und die Folgen, SGb 1993, 506 -
510

Schäfer, Horst ..................... „Pflicht zu gesundheitsförderndem Verhalten?", NZA 1992, 529 - 534

Schaub, Günter .................... Die besondere Verantwortung von Arbeitgeber und Arbeitnehmer für den Ar-
beitsmarkt - Wege aus der Krise oder
rechtlicher Sprengstoff, NZA 1997, 810
- 811

ders. .................................................... Die Abmahnung als zusätzliche Kündigungsvoraussetzung, NZA 1997, 1185 - 1188

ders. .................................................... „Ist die Frage nach der Schwerbehinderung zulässig?", NZA 2003, 299 - 301

Schaub, Günter; .................................. Arbeitsrechts-Handbuch, 13. Auflage,
Koch, Ulrich; Verlag C.H. Beck, München 2009
Linck, Rüdiger;
Vogelsang, Hinrich

Schiek, Dagmar .................................. Gleichbehandlungsrichtlinien der EU - Umsetzung im deutschen Arbeitsrecht, NZA 2004, 873 - 884

Schlegel, Rainer; .......................... juris Praxis Kommentar Sozialgesetzbuch Fünftes Buch - Gesetzliche Krankenversicherung -, juris GmbH, Saarbrücken 2008
Engelmann, Klaus

Schlewing, Anja .................................. Das betriebliche Eingliederungsmanagement nach § 84 Abs. 2 SGB IX - Keine Wirksamkeitsvoraussetzung für die Kündigung wegen Krankheit, ZfA 485 - 503

Schmal, Andreas; .................................. Betrieblicher Umgang mit der Gruppe
Niehaus, Mathilde; leistungsgewandelter und behinderter
Heinrich, Thomas Mitarbeiter/innen: Befragungsergebnisse aus Sicht unterschiedlicher Funktionsträger, Rehabilitation 2001, 241 - 246

Schmidt, Marina .................................. Kündigungen im Rahmen des § 74 SGB V - Beendigung des Wiedereingliederungsverhältnisses sowie des Arbeitsverhältnisses, NZA 2007, 893 - 897

Schmitt, Jochem ..................................... Kommentar zum SGB VII - Gesetzliche
Unfallversicherung, 4. Auflage, Verlag
C.H. Beck, München 2009

Schneider-Sievers, Astrid ................... Gemeinschaftsrechtliche Vorgaben für
ein Verbot der Diskriminierung behin-
derter Menschen in Beschäftigung und
Beruf, in Festschrift für Hellmut Wissmann zum 65. Geburtstag (Arbeitsrecht
im sozialen Dialog), 588 - 598, Verlag
C.H. Beck, München 2005

Schwartau, Michael; ..................... Arbeitsunfähigkeit nach Herzinfarkt,
Frombach, Reinhold; MED SACH 1997, 93 - 99
Seger, Wolfgang

Stahlhacke, Eugen; ............................. Kündigung und Kündigungsschutz im
Preis, Ulrich; Arbeitsverhältnis, 10. Auflage, Verlag
Vossen, Reinhard C.H. Beck, München 2010

Steinwedel, Ulrich ....................... „Verweisung" bei Arbeitsunfähigkeit,
SozV 1988, 151 - 157

Stückmann, Roland ..................... „Krankfeiern" und „Krankschreiben" -
Überlegungen zur Entgeltfortzahlung
im Krankheitsfalle, NZS 1994, 529 -
537

Suhre, Nadja ............................. Benachteiligung wegen Behinderung -
Diskriminierungsverbot vor Inkrafttre-
ten des AGG, veröff. unter: http://www.
reha-recht.de, Forum B (Schwerbehindertenrecht und Fragen des betrieblichen Gesundheitsmanagements), Diskussionsbeitrag Nr. 4/2009

Tavs, Hans-Jürgen ....................... Betriebsarzt und medizinische Rehabilitation, Dissertation zur Erlangung des
Doktorgrades der Medizin der Medizi-

nischen Fakultät der Universität Ulm, 2005

Thüsing, Georg ................................. Der Fortschritt des Diskriminierungsschutzes im Europäischen Arbeitsrecht -
Anm. zu den Richtlinien 2000/43/EG
und 2000/78/EG, ZfA 2001, 397 - 418

ders. ................................................. Handlungsbedarf im Diskriminierungs-
recht - Die Umsetzungserfordernisse auf
Grund der Richtlinien 2000/78/EG und
2000/43/EG, NZA 2001, 1061 - 1064

ders. ................................................. Richtlinienkonforme Auslegung und
unmittelbare Geltung von EG-Richtli-
nien im Anti-Diskriminierungsrecht,
NJW 2003, 3441 - 3445

ders. ................................................. Das Arbeitsrecht der Zukunft? - Die
deutsche Umsetzung der Anti-Diskri-
minierungsrichtlinien im internationalen
Vergleich", NZA 2004, Sonderbeilage
zu Heft 22, 3 - 16

ders. ................................................. Arbeitsrechtlicher Diskriminierungsschutz - Das neue Allgemeine Gleich-
behandlungsgesetz und andere arbeitsrechtliche Benachteiligungsverbote,
Verlag C.H. Beck, München 2007

Thüsing, Georg; ............................... Das Verbot der Diskriminierung we-
Wege, Donat gen einer Behinderung nach § 81 Abs. 2
Satz 2 Nr. 1 SGB IX, FA 2003, 296 -
300

dies. ................................................. Behinderung und Krankheit bei Einstellung und Entlassung, NZA 2006, 136 -
137

Verband Deutscher
Rentenversicherungsträger ................. Bericht der Reha-Kommission des Verbandes Deutscher Rentenversicherungs-
träger - Empfehlungen zur Weiterentwicklung der medizinischen Rehabilitation in der gesetzlichen Rentenversicherung, 1991

Vetter, Lore ........................................ Stufenweise Wiedereingliederung - § 74
SGB V, BKK 1989, 676 - 679

von Hoyningen-Huene, Gerrick ......... Das Rechtsverhältnis zur stufenweisen
Wiedereingliederung arbeitsunfähiger
Arbeitnehmer (§ 74 SGB V), NZA
1992, 49 - 55

von Staudingers, J. .............................. Kommentar zum Bürgerlichen Gesetzbuch mit Einführungsgesetz und Ne-
bengesetzen, Buch 2, Recht der Schuldverhältnisse (§§ 616 - 630), Neubearbei-
tung 2002, Verlag Sellier - de Gruyter

von Steinau-Steinrück, Robert; .......... Das neue betriebliche Eingliederungs-
Hagemeister, Volker                         management, NJW-Spezial 2005, 129 -
130

Wank, Rolf ........................................ Reform des Lohnfortzahlungsrechts,
BB 1992, 1993 - 1999

Wanner, Ernst .................................... Arbeitsunfähigkeits-Richtlinien in Kraft
- Konkretisierung der Regelungen des
Gesundheitsreformgesetzes zur Arbeitsunfähigkeit und zur stufenweisen Wiedereingliederung, DB 1992, 93 - 95

Weber, Andreas; .................................. Arbeitslosigkeit und Gesundheit aus
Hörmann, Georg;                               sozialmedizinischer Sicht, DÄBl.
Heipertz, Walther                             2007, A 2959 - 2962

Welti, Felix ........................................ Änderungen im Sozialrecht durch das
Gleichbehandlungsgesetz, veröff. unter:
http://www.reha-recht.de, Forum A
(Diskussionsforum Teilhabe und Prävention), Leistungen zur Teilhabe und
Prävention - Diskussionsbeitrag Nr.
9/2006

ders. ............................................. Stufenweise Wiedereingliederung: Er-
stattung an erstangegangenen Rehabili-
tationsträger bei Weigerung des möglicherweise zuständigen Trägers von
vornherein, Anm. zu BSG, Urteil vom
20.10.2009 - B 5 R 44/08 R -, jurisPR-
SozR 12/2010, Anm. 5

Wetzling, Frank; .................................. Betriebliches Eingliederungsmanage-
Habel, Maren                                        ment und Mitwirkung des Mitarbeiters,
NZA 2007, 1129 - 1135

Wiedemann, Herbert .................... Kommentar zum Tarifvertragsgesetz
mit Durchführungs- und Nebenvor-
schriften, Verlag C.H. Beck, München
2007

Wiegand, Bernd ............................... Handkommentar zum SGB IX, Teil 1 -
Regelungen für behinderte und von Be-
hinderung bedrohte Menschen, Erich
Schmidt Verlag, Berlin, Stand: Januar
2009

Winkel, Klaus .................................. Europäisches Wirtschaftsrecht - Sammlung von EG-Rechtsvorschriften für den
europäischen Binnenmarkt, Band 1,
Verlag C.H. Beck, München, Stand
2009

Wisskirchen, Gerlind ......................... Das Allgemeine Gleichbehandlungsgesetz - Auswirkungen auf die Praxis -, 3.

Auflage, Verlag Datakontext, Frechen
2007

Wolff, Hans J.; ........................... Verwaltungsrecht I - Ein Studienbuch,
Bachof, Otto;                               12. Auflage, Verlag C.H. Beck, Mün-
Stober, Rolf;                               chen 2007
Kluth, Winfried

Wulfhorst, Traugott ........................... Leistungssteuerndes Verhalten der Berechtigten im Sozialrecht, VSSR 1982,
1 - 18

Zöller, Richard ................................... Kommentar zur Zivilprozessordnung,
28. Auflage, Verlag Dr. Otto Schmidt,
Köln 2010

Zöllner, Wolfgang; ............................. Arbeitsrecht, Studienbuch, 6. Aufla-
Loritz, Karl-Georg                          ge, Verlag C.H. Beck, München 2008

Zorn, Gerhard ................................... Betriebliches Eingliederungsmanagement - Rechtsfragen zur praktischen
Umsetzung, BehindR 2006, 42 - 46

Zwade, Christian ................................ Die Teilarbeitsfähigkeit aus arbeits- und
sozialrechtlicher Sicht, S. Roderer Ver-
lag, Regensburg 1995

**Frankfurter Abhandlungen zum Sozialrecht**

Herausgegeben von
Ingwer Ebsen, Astrid Wallrabenstein und Ulrich Wenner

In der Reihe "Rechtswissenschaft" der EUROPÄISCHEN HOCHSCHULSCHRIFTEN sind bereits erschienen:

Gudrun Doering-Striening: Die Versagung von Opferentschädigungsleistungen gemäß § 2 Abs. 1 OEG. Zugleich ein Beitrag über Handhabung und Bedeutung von § 2 Abs. 1 OEG in der Praxis. EHS II, Band 657. 1988.

Ernst-Peter Gerhardt: Integrative Erziehung behinderter und nichtbehinderter Kinder im Kindergarten – rechtlicher Rahmen und Finanzierung. EHS II, Band 947. 1990.

Anne Breuer: Antidiskriminierungsgesetzgebung – Chancen oder Irrweg? Zur Verfassungsmäßigkeit und Geeignetheit gesetzgeberischer Maßnahmen zur Förderung der Gleichberechtigung. EHS II, Band 1112. 1991.

Michael von Savigny: Die Gesundheitsfürsorge im Strafvollzug unter besonderer Berücksichtigung der Gefangenen im freien Beschäftigungsverhältnis. EHS II, Band 1254. 1992.

Bernd Schieferstein: Die Wahrnehmung überörtlicher Sozialhilfeaufgaben durch höhere Kommunalverbände – am Beispiel des Landeswohlfahrtsverbandes Hessen. EHS II, Band 1294. 1992.

Band 1    Theresia Degener: Das ambulante Pflegerechtsverhältnis als Modell eines Sozialrechtsverhältnisses. 1994.

Band 2    Martina Keil-Löw: Die Kündigung des Versorgungsvertrags eines Plankrankenhauses nach § 110 SGB V. Suche nach einem wirksamen Instrument zur Steuerung der Krankenhauskapazität. 1994.

Band 3    Thomas Stöhr: Reform der einkommensteuerlichen Behandlung von Alterseinkünften. 1998.

Band 4    Martin Gegenwart: Die sozialrechtliche Stellung des Asylbewerbers in Frankreich und Deutschland. 1998.

Band 5    Frank Ehmann: Verwaltungsakte mit Dauerwirkung im Sozialhilferecht. 1999.

Band 6    Georg Karuth: Kindererziehungszeiten in der gesetzlichen Rentenversicherung. Verfassungsmäßigkeit der subsidiären Anrechnungsmethode. 2000.

Band 7    Angela Busse: Die medizinische Rehabilitation geistig und psychisch Behinderter. Zur Dogmatik medizinischer Rehabilitationsleistungen im Recht der finalen Sozialversicherungsträger. 2000.

Band 8    Knut Hinrichs: Selbstbeschaffung im Jugendhilferecht. Zur Aktualität fürsorgerechtlicher Grundsätze in der Jugendhilfe. 2003.

Band 9    Jürgen Fenn: Verfassungsfragen der Beitragsgestaltung in der gewerblichen Unfallversicherung. Gefahrtarif und DDR-Altlasten als Gleichheitsproblem. 2006.

Band 10   Olaf Dziallas: Das neuseeländische Accident Compensation Scheme. Haftungsersetzung durch Volksunfallversicherung. 2006.

Band 11   Jeannine Anton-Dyck: Stufenweise Wiedereingliederung nach § 28 SGB IX, § 74 SGB V. 2011.

www.peterlang.de